HISTOIRE

Collection dirigée

par

Michel Desgranges et Pierre Vidal-Naquet

LE JUIF SÜSS ET LA PROPAGANDE NAZIE

L'Histoire confisquée

CLAUDE SINGER

LE JUIF SÜSS ET LA PROPAGANDE NAZIE

L'Histoire confisquée

PARIS

LES BELLES LETTRES

2003

www.lesbelleslettres.com

Pour consulter notre catalogue
et être informé de nos nouveautés
par courrier électronique

ISBN : 2-251-38061-2
ISSN : 1140-2539

En mémoire de Lilly Scherr

Introduction

Le Juif Süss n'est pas un personnage fictif, inventé *ex nihilo*. Joseph Süss Oppenheimer dont Veit Harlan s'est fort librement inspiré pour son film a bel et bien existé. De fait, il a joué un rôle politique de premier plan dans le Wurtemberg du début du XVIIIe siècle et son itinéraire a donné lieu, de son vivant même, à nombre de chansons, de gravures et de pamphlets. Au XIXe siècle, après la publication d'une nouvelle de Wilhelm Hauff, *Jud Süss*[1], les versions romanesques et théâtrales de sa vie se multiplient. La notoriété du personnage grandit et dépasse les frontières de l'Allemagne, surtout lorsque Lion Feuchtwanger signe, au début du XXe siècle, une pièce et un roman pour le réhabiliter. C'est immédiatement un énorme succès et les écrits du dramaturge donnent lieu à d'autres adaptations en Allemagne et aussi à des traductions dans de nombreuses langues. Le théâtre et le cinéma anglais s'emparent d'ailleurs à cette époque du destin tragique de Joseph Süss Oppenheimer sous le titre : *Jew Süss*.

Le film allemand de 1940 cherche à se présenter comme la synthèse des multiples représentations du personnage[2] ; mais c'est

1. La nouvelle de W. Hauff a été publiée pour la première fois dans la presse, en 1827, sous la forme d'un feuilleton à épisodes. Elle a été rééditée en volume en 1891.

2. H. G. Happel, *Der historische Film im Nationalsozialismus*, Francfort, Fischer, 1984.

une synthèse très orientée où une thématique typiquement nazie apparaît en faisant appel à des formes plus anciennes d'antisémitisme. Il est vrai qu'il existait déjà une tradition antijuive bien établie en Allemagne à la fin du XIXe siècle.[3]

Dès les années 1850 les personnages juifs se multiplient dans les romans allemands. Ils apparaissent notamment dans trois livres à succès de l'époque, analysés par Pierre Angel dans une étude mettant en évidence « la racine littéraire de l'antisémitisme Outre-Rhin » : *Soll und Haben (Doit et avoir),* de Gustav Freytag (1855), *Der Hungerpastor* (*Le Pasteur de la faim)*, de Wilhelm Raabe (1864) et *Ein Kampf um Rom (Combattre pour Rome),* de Félix Dahn (1876).[4]

Pierre Angel explique dans cette étude que les personnages juifs de ces trois romans sont présentés de manière systématiquement négative, comme des êtres à la fois laids et égoïstes, fourbes et vicieux, en opposition complète avec les beaux, honnêtes et vertueux Allemands. Cette présentation tendancieuse ne se limite pas à quelques romans populaires en Allemagne. Elle concerne aussi un vaste pan de la littérature européenne de l'époque mais elle est plus poussée dans le monde germanique et contribue donc, plusieurs décennies avant l'accession de Hitler au pouvoir, à enraciner les préjugés antijuifs dans la conscience et la psychologie des Allemands.[5]

Peut-on invoquer pour autant, comme le suggèrent le politologue américain Daniel Goldhagen ou d'autres chercheurs, un chemin particulier (*Sonderweg*) de l'Allemagne : chemin

3. George Mosse, *The Crisis of German Ideology, Intellectual Origins of the Third Reich,* The Original Library, Grosset Dunlap, New York, 1964, Pierre Sorlin, *L'antisémitisme allemand*, Flammarion, coll. Question d'Histoire, 1969, Léon Poliakov, *Histoire de l'antisémitisme*, *L'Europe suicidaire 1870-1933,* Calmann-Lévy, 1977, Helmut Berding, *Histoire de l'antisémitisme en Allemagne*, Maison des Sciences de l'Homme, 1991 et Roberto Finzi, *L'antisémitisme,* Casterman-Giunti, coll. XXe siècle, Florence, 1997.

4. Pierre Angel, *Le Personnage juif dans le roman allemand (1855-1915), La racine littéraire de l'antisémitisme Outre-Rhin*, Didier, Germanica, 1973.

5. Pierre Angel, *op. cit.,* p. 28, 158 et 208 et Fritz Stern, *Politique et désespoir, Les Ressentiments contre la modernité dans l'Allemagne pré-hitlérienne*, Armand Colin, 1990.

débouchant nécessairement sur Auschwitz et sur la Shoah ?[6] C'est une thèse discutée et pour le moins discutable. Ce qui l'est moins en revanche c'est la virulence d'un antijudaïsme de plume qui contamine progressivement toute la presse populaire à gros tirage, surtout après le krach de 1873, lorsqu'un puissant courant antisémite submerge l'Allemagne.[7] C'est l'époque où une certaine élite, notamment le pasteur Adolf Stoecker, l'historien Henrich von Treitschke et le journaliste Theodor Fritsch, mène campagne en stigmatisant « l'emprise des juifs » et leur rôle « corrupteur ». Cette campagne a un véritable écho en Allemagne et dans l'empire austro-hongrois. L'agitation antijuive touche ensuite d'autres pays, en particulier la France de l'affaire Dreyfus. Elle se prolonge toutefois plus durablement dans l'Allemagne wilhelmienne et au sein de l'empire austro-hongrois où des hommes comme Georg von Schönerer et Karl Lueger, à la pointe du combat, sont à l'origine des premiers mouvements antisémites de masse.[8] Et même si l'antisémitisme amorce un certain reflux à partir de 1893, il joue encore, bien au-delà, un rôle non négligeable dans certaines provinces germaniques. C'est l'époque d'ailleurs où la presse satirique multiplie les caricatures de juifs malfaisants. Ces images représentent souvent des juifs répugnants aussi bien physiquement que moralement.[9]

L'image d'un juif ventripotent, au nez crochu et aux cheveux crépus, qui s'évertue à séduire une jeune fille blonde, évidemment

6. Daniel Goldhagen, *Les Bourreaux volontaires de Hitler, Les Allemands ordinaires et l'Holocauste*, Seuil, 1997, *cf.* chapitre 2.

7. Le concept d'antisémitisme a été forgé en Allemagne, dans ce contexte. Son inventeur est Wilhelm Marr, qui signe *La victoire du judaïsme sur le germanisme* en 1873 où il popularise l'expression. Le publiciste fonde aussi, quelques années plus tard, en 1879, une Ligue antisémite qui se propose d'organiser la résistance face à « l'invasion juive » à laquelle, selon lui, l'Allemagne était confrontée.

8. Peter Pulzer, *The Rise of Political Antisemitism in Germany and Austria*, New York, John Wiley & Sons, 1964. Si Georg von Schönerer ne joue qu'un rôle politique de second plan, l'ascension de Karl Lueger est en revanche spectaculaire. Élu député en 1884, son programme antisémite lui ouvre en 1897 les portes de la mairie de Vienne. Il y restera jusqu'en 1910. Hitler rend d'ailleurs un hommage très appuyé dans *Mein Kampf* (chapitre III) au « génie » de ce tacticien et à « l'œuvre inachevée du précurseur ».

9. Eduard Fuchs, *Die Juden in der Karikatur,* Albert Langen, Munich, 1921.

aussi pauvre qu'innocente, devient alors presque banale. C'est une représentation qui s'éloigne de l'antijudaïsme médiéval dans la mesure où, au-delà des clichés traditionnels liés à l'argent et à la religion, on associe désormais aux juifs une influence politique démesurée et des prouesses sexuelles également impressionnantes.

Le thème du juif comploteur et prévaricateur figure d'ailleurs régulièrement dans *Simplicissimus*, un hebdomadaire satirique aux relents antisémites très marqués, dont la publication a débuté en 1896. Il est également au cœur d'une propagande nationaliste de plus en plus active au début du XXe siècle. L'histoire de *Simplicissimus* est intéressante de ce point de vue car l'hebdomadaire fait le lien entre l'époque impériale et la période nazie. En effet, après les années troubles de la République de Weimar, et après bien des évolutions, *Simplicissimus* a fini par se rapprocher de la presse de Julius Streicher.[10] Il devient d'ailleurs, au printemps 1933, l'un des fleurons de la propagande antisémite du IIIe Reich.

Il existe donc, avant la victoire du parti nazi et la mise en chantier du film de Veit Harlan, une tradition antijuive déjà solidement établie en Allemagne. Cette tradition est renforcée par l'image négative des juifs qui apparaît notamment dans le domaine romanesque, le débat politique et la caricature satirique. Le film nazi *Jud Süss* joue un rôle comparable. Comme les défilés grotesques qui, après 1933, s'évertuent à ridiculiser les juifs à l'occasion du carnaval, il vise à présenter une image négative des juifs.[11] L'analyse de cette image a le mérite de le souligner en mettant en évidence les racines spécifiquement populaires et germaniques de l'antisémitisme nazi.

10. Julius Streicher (1885-1946), fondateur du parti nazi à Nuremberg en 1921 et spécialiste de « la question juive » en Allemagne, était aussi le responsable du *Stürmer*, un hebdomadaire où antisémitisme et pornographie faisaient très bon ménage.

11. Cf. photographie p. 140 d'hommes déguisés en juifs sur un char lors du carnaval de Cologne en 1934 et défilé à Singen, pour le carnaval, en 1938. Des chars ridiculisant les juifs apparaissent également dans d'autres villes allemandes, notamment à Nuremberg en 1936 et à Dresde en 1938.

À l'époque du IIIe Reich, les artistes ne cherchent pas uniquement à confisquer l'Histoire en exaltant le passé romantique d'une Allemagne présentée comme éternelle. Le ministre de la Propagande souligne d'ailleurs, le 1er mai 1936, devant la Chambre de culture du Reich, que l'art doit certes valoriser les traditions allemandes mais qu'il doit également se conjuguer au présent. Et Joseph Goebbels de préciser même que l'art nazi doit :

> « exprimer en la tirant du passé et du présent, dans une forme artistique et poétique, l'âme immortelle de notre peuple et permettre ainsi à sa vertu toujours agissante de créer la force pour l'avenir ».[12]

À l'automne 1939, Goebbels déclare encore :

> « L'art n'est pas un divertissement du temps de paix, mais il est lui aussi une arme spirituelle et tranchante pour la guerre ».[13]

En exaltant une « Allemagne éternelle libérée de l'emprise juive », le cinéma nazi se tourne résolument vers l'avenir, affichant l'ambition de jouer aussi un rôle de premier plan dans la guerre des images. Il faut dire qu'avant la Seconde Guerre mondiale le cinéma ne joue pas encore un rôle de premier plan dans la propagande nazie. Seule un poignée de films magnifie les héros du national-socialisme, *Horst Wesell (Hans Westmar* de Franz Wenzler) et *Hitlerjunge Quex* (*Le jeune hitlérien* d'Hans Steinhoff en 1933), les vertus du patriotisme, *Stosstrupp 1917* (*Troupe de choc 1917* de Hans Zöberlein en 1934) et *Viktoria* (*Victoire* de Carl Hoffmann en 1935), le génie de Hitler, *Triumphs des Willens (Le Triomphe de la volonté* de Léni Riefenstahl en 1935) et les valeurs de l'Allemagne éternelle, *Fridericus* (*Frédéric II* de Johannes Meyer en 1937), *Heimat* (*Magda* de Carl Froelich en 1938) ; mais avant l'attaque de la

12. Traduction et citation d'après Éric Michaud, *Un art de l'éternité, L'image et le temps du national-socialisme*, Gallimard, 1996, p. 177.

13. Déclaration de Joseph Goebbels le 27 novembre 1939 sur la vie culturelle en temps de guerre.

Pologne, la propagande politique n'est pas encore omniprésente au cinéma.[14] Jusqu'en 1939, les films allemands ne délivrent pour la plupart aucun message politique. Ce sont surtout des films distrayants. L'antisémitisme apparaît d'ailleurs moins développé au cinéma que dans la presse, l'édition, la radio ou les expositions. Certes, les speakers des actualités ou des films documentaires stigmatisent parfois les juifs, mais ces attaques restent ponctuelles, peu fréquentes et vagues. De plus, elles visent davantage « les juifs » que « le judaïsme ».

L'observation vaut encore plus pour les films de fiction où, dans un premier temps, les références aux juifs sont rares. De 1933 à 1938, on ne note la représentation de juifs antipathiques que dans une poignée de films, notamment *S.A. Man Brandt* (*Le S.A. Brandt* de Franz Seitz, 1933), *Um das Menschrecht* (*Pour le droit des hommes* de Hans Zöberlein et Ludwig Schmidt-Wildy, 1934) et *Togger* (*Togger* de Jürgen von Alten, 1937) ; mais ces individus sont seulement des personnages secondaires qui n'ont qu'un rôle réduit dans l'intrigue même du film.[15] Un changement s'amorce toutefois à partir du moment où les responsables nazis prennent l'intiative d'une croisade raciste en Europe. Le résultat de l'entreprise est d'ailleurs spectaculaire. En 1939-1940, cinq films dénoncent l'influence néfaste des juifs : *Robert und Bertram* (Hans Heinz Zerlett, 1939), *Leinen aus Ireland (Les Rapaces* de Heinz Helbig, 1939), *Die Rothschild* (Erich Waschneck 1940), *Jud Süss* (*Le Juif Süss* de Veit Harlan 1940) et *Der Ewige Jude* (*Le Juif éternel* de Fritz Hippler 1940). *Le Juif Süss* s'inscrit dans une offensive médiatique qui accompagne aussi de nouvelles dispositions après le déclenchement de la guerre : déportation des juifs autrichiens et tchèques vers la Pologne (octobre 1939),

14. Francis Courtade et Pierre Cadars, *Histoire du cinéma nazi*, Eric Losfeld, Le Terrain vague, 1972, Eric Rentschler, *The Ministry of Illusion : Nazi Cinema and its Afterlife,* Harvard University Press, Cambridge, Massachusetts, 1996 et Linda Schulte-Sasse, *Entertaining the Third Reich : Illusions of Wholeness in Nazi Cinema,* Duke University Press, 1996.

15. Dorothea Hollstein, *Antisemitische Filmpropaganda,* Die Darstellung des Juden im nationalsozialistischen Spielfilm, München-Pullach, Berlin, Verlag Dokumentation, 1971.

port obligatoire de l'étoile en Pologne (novembre 1939), établissement du ghetto de Lodz (février 1940).

L'offensive correspond également à une compétition plus aiguë en matière de propagande cinématographique entre d'une part l'Allemagne nazie et d'autre part les démocraties anglo-américaines. Il faut rappeler en effet que, contrairement à la France[16], l'Angleterre et les États-Unis avaient mis en chantier des films antiracistes dès l'accession de Hitler au pouvoir. Des films comme *Jew Süss (Le Juif Süss* de Lothar Mendes, 1934), *The House of Rothschild* (*La Maison des Rothschild* d'Alfred Werker, 1934) et *The Life of Emile Zola* (*La vie d'Émile Zola* de William Dieterle, 1937) dénonçaient clairement l'antisémitisme ; mais comme l'action de ces films se situait dans le passé et même parfois hors d'Allemagne, l'antisémitisme n'était pas directement associé au régime hitlérien. Une partie non négligeable des spectateurs, informés par la presse, la radio et les actualités cinématographiques, faisaient toutefois le rapprochement entre la période évoquée et l'application des mesures antijuives en Allemagne nazie. D'autant que ces films, volontairement ou involontairement, multipliaient les anachronismes. Par exemple, dans le film de Dieterle, il est question d'un autodafé visant à brûler les livres de Zola, pendant l'affaire Dreyfus, en France. Cet épisode est purement fictif mais il fait directement référence à l'Allemagne nazie où, à l'initiative de Goebbels, on a brûlé de manière spectaculaire, le 10 mai 1933, des livres écrits par des juifs et des opposants, et parmi eux d'ailleurs le roman *Le Juif Süss* de Lion Feuchtwanger.

Les films antiracistes tournés dans les studios de Londres et de Hollywood n'attaquent donc, dans un premier temps, qu'indirectement le régime nazi ; ils n'en sont pas moins interdits en Allemagne et dans les pays situés dans la sphère d'influence du Reich. Ce n'est qu'à la suite de Munich et de la Nuit de Cristal, dans les mois précédant la déclaration de guerre, que les Anglais

16. Le film d'Alexandre Ryder, *Après Mein Kampf... mes crimes*, (produit par Jacques Haïk) n'est sorti sur les écrans français qu'en mars 1940, au cinéma « L'Olympia » à Paris, pendant quelques semaines. C'est pratiquement le seul long métrage antinazi français. Détruit par les Nazis en 1940, il a été restauré en 2001 par le CNC.

et les Américains entreprennent des films antinazis. Parmi ces films, citons au moins, en ce qui concerne la Grande-Bretagne, le documentaire *The Lion Has Wings (Le Lion a des ailes* de Michael Powel) et deux films de fiction : *Pastor Hall (Sublime sacrifice* de Roy Boulting) et *Night Train to Munich (Train de nuit pour Munich* de Carol Reed).[17] En 1939-40, les États-Unis dénoncent de leur côté la barbarie nazie dans des films comme *Confession of a Nazi Spy (Les Aveux d'un espion nazi* d'Anatole Litwak), *Foreign Correspondant (Correspondant 17* d'Alfred Hitchcock) et *Escape* (*Évadé* de Mervyn Le Roy).[18] Ces films ont été tournés plus de deux années avant l'entrée en guerre des États-Unis, en décembre 1941, et la mise en chantier, l'année suivante, d'une grande série documentaire dirigée par Frank Capra : *Why We Fight For (Pourquoi nous combattons*). Les années 1939-40 correspondent donc à une radicalisation de la propagande cinématographique. Avant même le début des opérations militaires la propagande cinématographique a d'ailleurs nettement tendance à s'intensifier, tant en Angleterre qu'aux États-Unis.[19]

Le processus est plus poussé encore en Allemagne nazie où, sous l'impulsion du ministère de la Propagande et grâce à une centralisation très poussée de l'industrie cinématographique, le cinéma produit des films résolument offensifs dès 1938-39. La série de films antijuifs entreprise à cette époque est toutefois présentée comme une riposte (*Gegenschlag*) aux anglo-saxons et aux juifs.[20]

17. *Pastor Hall* d'après la pièce d'Ernst Toller, avec Wilfrid Lawson dans le rôle du pasteur antinazi. *Night Train to Munich* d'après le roman de Gordon Wellesley avec Rex Harisson dans le rôle de l'agent secret anglais Gus Bennett qui aide des internés à s'échapper d'un camp de concentration nazi.

18. *Les Aveux d'un espion nazi* d'Anatole Litwak, avec Edward G. Robinson, Paul Lucas et George Sanders, *Foreign Correspondant* d'Alfred Hitchcock, avec Joel McCrea, Laraine Day et George Sanders, *Escape* de Mervyn Le Roy, avec Norma Shearer, Robert Taylor et Conrad Veidt

19. James Chapman, *The British at War, Cinema, State and Propaganda*, I. B. Tauris, Londres, 1998, Clayton R. Koppes et Gregory D. Black, *Hollywood goes to War, How Politics, Profits and Propaganda Shaped World War II Movies*, University of California Press, Berkeley, 1990 et David Welch, *Propaganda and the German Cinema 1933-1945*, Clarendon Press, Oxford, 1985.

20. Victor Klemperer, *Journal 1933-1941*, Seuil, 2000, à la date du 10 mai 1940.

Même si on rejette une telle présentation, on doit souligner que, simple coïncidence ou volonté délibérée, *Le Juif Süss* de Veit Harlan occupe les écrans allemands en septembre 1940, c'est-à-dire pratiquement au moment où *Le Dictateur* de Charlie Chaplin sort sur les écrans américains, en octobre 1940. En fait, l'Allemagne nazie et les États-Unis s'affrontent au cinéma bien avant décembre 1941, et leurs films sont utilisés comme de véritables armes de propagande. Au-delà de la simultanéité de leur diffusion, les films de Chaplin et de Harlan ont au moins un autre point commun : ils attribuent un sens nouveau à des images déjà familières.

Annoncé après la Nuit de Cristal, à la fin 1938, le projet de film de Chaplin suscite aussitôt l'inquiétude des autorités allemandes. Ces dernières tentent même, en octobre 1939, d'empêcher sa réalisation. Elles échouent mais réussissent en revanche à limiter sa diffusion, tant d'ailleurs en Amérique qu'en Europe.[21] La propagande nazie tire alors à boulets rouges sur Chaplin présenté (à tort) comme un artiste juif. L'acteur-réalisteur multiplie de son côté les déclarations dans la presse pour dénoncer le régime nazi. Il s'affiche aussi ostensiblement avec des intellectuels antinazis réfugiés en Californie, notamment le romancier Lion Feuchtwanger. Selon le biographe de ce dernier, Chaplin aurait même caressé l'idée à cette époque de réaliser un film sur le destin tragique de Joseph Süss Oppenheimer. Le projet n'aboutit pas mais l'auteur du roman *Le Juif Süss* reste proche de Chaplin et l'aide, avec d'autres intellectuels allemands antinazis, à se documenter pour *Le Dictateur*.[22]

21. George Byssling, consul allemand à Los Angeles, tente en vain d'empêcher la réalisation du film. À la fin du tournage, des pressions allemandes et des menaces de boycott parviennent à limiter la diffusion du film aux États-Unis et dans plusieurs pays d'Europe (en particulier en Irlande et en Suède) et d'Amérique latine, (notamment au Mexique et en Argentine). Précisons qu'en France le film n'est sorti qu'après la Libération. *Cf.* Robert Cole, « Anglo-American Anti-Fascist Film Propaganda in a Time of Neutrality : *The Great Dictator*, 1940 » in *Historical Journal of Film, Radio and Television*, vol. 21, n° 2, juin 2001, p. 137-152.

22. Lothar Kahn, *Insight and Action, The Life and Work of Lion Feuchtwanger*, Rutherford, Fairleigh Dickinson University Press, 1975, p. 295.

Une fois ce film achevé, les autorités nazies s'irritent de la présentation de dignitaires nazis sous un jour ridicule, en particulier Hitler-Hynkel et Goebbels-Garbitsch. D'autant que Chaplin, renouant avec ses débuts de mime, s'est visiblement beaucoup inspiré de leur véritable manière de bouger et de s'exprimer. Pour obtenir un résultat crédible, il a étudié certaines images d'actualités et certains films de propagande, notamment *le Triomphe de la volonté* (1935) de Léni Riefenstahl.

Pour *Le Juif Süss,* Harlan a utilisé les mêmes techniques mais dans une perspective bien différente. À la demande de Joseph Goebbels, il a visionné à plusieurs reprises certains films anglo-américains, notamment le *Jew Süss* anglais de Lothar Mendes, 1934, et plusieurs films yiddish où le folklore et les traditions juives sont valorisées, notamment *Le Dibbouk* du juif polonais Michael Waszinsky, 1938. En agissant ainsi il ne cherche évidemment pas à copier ces films mais à s'en imprégner pour mieux les démarquer. Ce type de manipulation est devenu presque banal en Allemagne nazie où le cinéma n'hésite pas à présenter sous un éclairage national-socialiste des œuvres issues du patrimoine littéraire (Kleist, Theodor Fontane), des biographies de savants (Koch, Paracelse) ou l'évocation de grands hommes d'État (Frédéric II, Bismarck).

La technique visant à modifier le sens initial d'une œuvre est très prisée sous le régime nazi où le cinéma multiplie les adaptations de romans et de nouvelles littéraires. Cette technique fonctionne sur le principe du photomontage : c'est le même sujet mais l'œuvre est présentée dans une perspective radicalement différente. Par exemple, les juifs présentés dans la version nazie *Les Rothschild* ou *Le Juif éternel* n'apparaissent plus comme des victimes mais comme des parasites. La propagande nazie utilise également cette technique du détournement de sens dans la guerre des ondes, à la radio, à l'occasion de la campagne des « V ».[23]

23. La campagne des « V » débute le 14 janvier 1941, lorsque Victor Laveleye lance un appel pressant sur les ondes de la BBC pour stimuler la Résistance belge. Les auditeurs sont incités ce jour-là à écrire le signe « V » (pour « Victoire » en français et liberté, « Vrijheit » en flamand) sur tous les

La propagande nazie n'a sans doute jamais été meilleure que dans l'orchestration de campagnes visant à altérer et dénaturer un message lancé par ses adversaires. *Le Juif Süss* a été conçu dans cette perspective, en s'appuyant sur la notoriété de la nouvelle de Wilhelm Hauff, le succès du roman de Lion Feuchtwanger, et l'impact du film anglais de Lothar Mendes.

Si on cherche à décrypter aujourd'hui le film nazi, il faut garder en mémoire l'habileté d'une propagande s'employant constamment à brouiller les cartes, en manipulant la réalité et les images déjà existantes. Il faut se pencher sur le film dans cette perspective de manière à mieux analyser les techniques cinématographiques mises au service de l'idéologie nazie. En effet, le film fait appel à des cadrages, des mouvements d'appareil et des thèmes musicaux qui, loin d'être innocents, ne font qu'alimenter et renforcer son message antisémite. Il faut donc analyser et expliquer en quoi certaines techniques ont contribué à véhiculer l'idéologie nazie. Il faut par ailleurs chercher à évaluer l'impact du film en étudiant les critiques et les réactions des spectateurs de l'époque. Soulignons d'emblée que le film a eu une audience considérable en Europe pendant la guerre : il a été vu par plus de 20 millions de spectateurs ce qui dépasse même l'audience de très gros succès de films français récents comme *Le Pacte des loups*, *Astérix* et *La Vérité si je mens*. Cela ne signifie pas que les spectateurs européens de l'époque aient tous adhéré à l'idéologie raciste du film, d'autant que *Le Juif Süss* a suscité aussi des incidents et des manifestations hostiles dans plusieurs pays, notamment en France. L'écroulement du nazisme a brutalement interrompu sa diffusion en Europe mais le film a continué à circuler, sous le manteau, dans le monde arabe et les

murs. L'appel est largement suivi et fait rapidement tache d'huile en Hollande et en France. Le mouvement prend bientôt une telle ampleur que les autorités nazies, incapables d'endiguer le phénomène, décident de faire volte-face. En juillet 1941, elles lancent une contre-offensive, à la radio, au cinéma, dans la presse, par voie d'affiches et de tracts, où le « V », présenté comme l'initiale du mot « Viktoria », apparaît désormais comme la promesse d'une victoire allemande en Europe. *Cf.* Jean Dujardin, *La Guerre des ondes, Histoire des radios de langue française pendant la Deuxième Guerre mondiale*, Armand Colin, 1985, p. 207-214.

milieux néo-nazis. Depuis une vingtaine d'années, il devient un objet d'étude à part entière dans les cours et les séminaires universitaires consacrés à la propagande nazie, en particulier aux États-Unis, en Allemagne et en Israël. Il a en effet l'avantage de mettre en évidence les fondements de l'antisémitisme nazi à la veille de la Shoah. Examiné dans une perspective où cinéma et histoire sont étroitement associés, il est devenu un outil indispensable pour « atteindre des zones non visibles du passé ».[24]

L'historien Marc Ferro, pionnier en France du cinéma utilisé comme « agent de l'Histoire », rappelle qu'un film doit toujours être étudié en l'associant au monde qui le produit :

> « (...) Le film n'est pas considéré d'un point de vue sémiologique. Il ne s'agit pas non plus d'esthétique ou d'histoire du cinéma. Le film est observé, non pas comme une œuvre d'art, mais comme un produit, une image-objet dont les significations ne sont pas seulement cinématographiques. Il ne vaut pas seulement par ce dont il témoigne mais par l'approche socio-historique qu'il autorise (...) »[25]

C'est dans cette perspective, en nous inspirant également des travaux de Pierre Sorlin[26], que nous avons entrepris cette recherche consacrée au film nazi *Le Juif Süss*. C'est donc l'étude d'un film dans sa globalité où sont analysés ses origines, son mode de fonctionnement et sa postérité. Elle s'appuie sur les recherches d'autres historiens et critiques de cinéma, sur la presse et les archives, sur l'analyse également des versions romanesques, théâtrales et cinématographiques qui se sont inspirées, plus ou moins fidèlement, de la vie de Joseph Süss Oppenheimer, sur le procès et les mémoires de Veit Harlan.[27] Elle prend également en

24. Marc Ferro, *Cinéma et Histoire*, Denoël-Gonthier, 1977, rééd. Galimmard, 1993, p. 27.
25. *Ibid*, p. 41.
26. Pierre Sorlin, *Sociologie du cinéma*, Aubier-Montaigne, 1977.
27. Veit Harlan, *Le Cinéma allemand selon Goebbels,* éd. France-Empire, 1974 ; Régine Mihal Friedman, *L'Image et son Juif ; le Juif dans le cinéma nazi*, Payot, 1983 ; Baruch Gitlis, *Cinema of Hate : Nazi Film in the War against the Jews,* Alfa Communication LDT, Israël, 1996 et Susan Tegel, *Jew Süss,* Flicks Books, Londres, 1996.

compte les recherches personnelles que je mène depuis un certain nombre d'années déjà dans les cinémathèques, les centres d'archives et les bibliothèques spécialisées de divers pays.[28]

28. Certains éléments de ces recherches ont déjà été exposés oralement dans des séminaires ou face aux étudiants qui suivent mon cours à l'université de Paris I, dans le cadre du DUEJ (Diplôme universitaire d'études sur le judaïsme), sur l'image des juifs au cinéma.

Joseph Süss Oppenheimer : de l'histoire à la légende noire

Joseph Süss Oppenheimer est un personnage historique ayant vécu dans les provinces allemandes, au Wurtemberg, dans le premier tiers du XVIIIe siècle. Si on connaît bien les dernières années de sa vie, grâce aux archives laissées par un retentissant procès, ses origines restent plutôt obscures.[1] Même l'année de sa naissance (à Heidelberg) est incertaine : 1692 ou 1693 selon certaines sources, 1698 ou 1699 selon d'autres. Sa filiation est également problématique. La rumeur publique a en effet attribué à sa mère, Michale Chazan, la fille du ministre-officiant des juifs de Francfort, présentée comme une personne sensuelle et frivole, de coupables faiblesses pour le maréchal-lieutenant Baron von Heidersdorf alors gouverneur militaire de Heidelberg. Ces « faiblesses » sont d'autant plus crédibles que le mari de la jeune Michale Chazan, un marchand nettement plus âgé qu'elle, était fréquemment amené à s'absenter de Heidelberg pour ses affaires. Réalité ou fantasme ? Quoi qu'il en soit Süsskind Oppenheimer, le père déclaré de Joseph Süss, était (comme tous les

1. Léon Poliakov, « La véridique histoire du Juif Süss », *L'Arche*, n° 260, novembre 1978, p. 57-60, Lazare Landau, « Le Juif Süss : histoire et mythe », *Tribune juive*, n° 712, 5-11 mars 1982, p. 15-18 et Barbara Gerber, *Jud Süss, Ein Beitrag zur historischen Antisemitismus und Rezeptionsforschung*, Hans Christians Verlag, Hambourg, 1990.

Oppenheimer) originaire d'Oppenheim dans le Palatinat, petit village situé à proximité de la ville universitaire de Heidelberg.[2] Établi en 1688 dans cette ville, il y était connu non seulement comme marchand mais également comme percepteur des impôts et taxes. Veuf et déjà père de deux garçons, qui se convertiront par la suite au catholicisme, il a donc épousé en secondes noces Michale Chazan. Il a eu avec elle trois enfants : une fille et deux fils. L'un d'entre eux, Joseph Süss, se détache du judaïsme, devient « libre penseur » sous l'influence des Lumières, et quitte Heidelberg dès ses vingt ans.

D'abord coiffeur à Prague, puis marchand ambulant à Bonn, Joseph Süss voyage et vit un certain temps à Mannheim, Amsterdam et Vienne. Comme d'autres jeunes juifs, qui cherchent à l'époque à échapper au monde étouffant des ghettos et aspirent à l'émancipation, il est fasciné par l'itinéraire des *Hofjuden*, ces juifs de cour qui sont les premiers juifs véritablement émancipés de la période moderne.[3] C'est l'époque en effet où chaque cour allemande fait appel à *son juif* pour administrer les finances, battre monnaie, collecter les impôts, ravitailler les armées, fournir tissus, produits et pierres précieuses aux seigneurs.[4]

Dans l'Empire germanique morcelé en États, villes et principautés il n'y a jamais eu, à l'inverse de la France, de l'Angleterre ou de l'Espagne, d'expulsions générales et simultanées des juifs. Toutefois, ces deniers ont été également expulsés à plusieurs reprises de certains États et n'étaient pas non plus libres de leurs mouvements. Pour la plupart, ils vivaient confinés dans les ruelles étroites de quelques ghettos (notamment ceux de Francfort, Worms, Prague et Mayence) où ils devaient porter des vêtements

2. C'est le cas des ancêtres du père de Marcel Ophuls, le cinéaste Max Ophuls (1902-1957), dont le nom était à l'origine Max Oppenheimer.

3. Selman Stern, *The Court Jew*, The Jewish Publication Society of America, Philadelphie, 1950, Francis L. Carsten, « The Court Jews : A Prelude to Emancipation », *Leo Baeck Institute*, Londres, 1958, III, p. 140-156, Vivian B. Mann et Richard I. Cohen (dir.), *From Court Jews to the Rothschilds 1600-1800*, The Jewish Museum of New York, Prestel, NY, 1996.

4. Adrien Fauchier-Magnan, *Les petites cours d'Allemagne au XVIIIe siècle*, Flammarion, 1947, et Pierre Lafue, *La Vie quotidienne des cours allemandes au XVIIIe siècle*, Hachette, 1963.

les distinguant des chrétiens et payer toutes sortes de taxes et péages discriminatoires. Au début du XVIIIe siècle, la majorité des juifs des provinces germaniques végètent dans la *Judengasse* (la rue aux juifs) et sont donc confrontés à des conditions de vie misérables. La multiplicité des entités territoriales (terres d'Empire, États, villes libres...) favorise toutefois une certaine mobilité géographique et l'émergence d'un petit nombre de familles juives privilégiées. Bien que marginal, l'itinéraire de ces familles préfigure, d'une certaine façon, celui des juifs émancipés à la fin du XVIIIe siècle et au XIXe siècle.

Dès la seconde partie du XVIIe siècle, après les ravages consécutifs à la guerre de Trente Ans (1618-1648), les princes allemands font appel à quelques juifs d'exception pour reconstruire, développer et moderniser leurs provinces dévastées. Bénéficiant d'un statut particulier, équivalant pratiquement à celui des nobles, les juifs de cour relèvent personnellement, directement et exclusivement des princes. Ils ont l'autorisation de résider en ville, hors des ghettos, et en profitent souvent pour aligner leurs tenues vestimentaires, leur mode de vie et leurs habitudes sur celles en vigueur à la cour. Certains d'entre eux vont même être à l'origine de nouvelles modes. Leur tenue ostentatoire et leur présence hors des ghettos sont souvent mal acceptées, surtout au sein des classes populaires.

L'initiative des princes n'en contribue pas moins à l'émergence d'une petite élite composée de financiers, de commerçants, de percepteurs, de diplomates et de fournisseurs aux armées (qui contribuent à nourrir, équiper et payer les soldats). Les hommes qui la composent mettent toute leur énergie et toutes leurs compétences au service des princes et parviennent rapidement à amasser une fortune personnelle. Ils ont contribué à la modernisation de l'administration et des États princiers grâce aux relations commerciales et familiales dont ils disposaient. Ils ont également joué un rôle non négligeable dans le développement du commerce et d'une économie moderne alors étroitement associée au mercantilisme, en stimulant la production et la vente de produits à l'étranger et en alimentant les revenus des états par toutes sortes de moyens. Fondateur de la dynastie des Rothschild, Meyer

Amschel (1744-1812) était au départ également fournisseur à la cour de Hesse, mais au XVIIe siècle la famille de juifs de cour la plus en vue est sans conteste celle des Oppenheimer.

La notoriété de Samuel Oppenheimer (1630-1703), cousin éloigné de Joseph Süss Oppenheimer, a certainement joué un rôle déterminant dans son ascension politique au Wurtemberg. *Hofjude* à Vienne auprès de l'empereur Léopold pendant plus de trente ans, Samuel Oppenheimer avait été surnommé par certains le « Judenkaiser » (l'empereur des juifs), pour sa longévité, mais également pour son ouverture d'esprit, sa culture (sa collection de manuscrits hébraïques des Balkans fait aujourd'hui encore la fierté de la Bodleian Library d'Oxford), sa générosité envers ses coreligionnaires démunis, et surtout parce qu'il avait contribué à repousser les assauts répétés des Turcs contre Vienne, en 1683, en assurant le ravitaillement des armées.

Quelques années après l'illustre cousin viennois qui est certainement aussi pour lui un modèle, Joseph Süss Oppenheimer, formé aux affaires presque dans le même milieu, devient à son tour un juif de cour et l'homme le plus influent du duché. Il doit sa fonction de conseiller financier au hasard d'une rencontre : celle qu'il fait durant l'été 1732, à Wildbad (près de la ville de Ratisbonne), avec le prince Charles-Alexandre et celle qui allait devenir peu de temps après l'épouse de ce dernier, Marie-Augusta, princesse de Thurn et Taxis. À la suite de cette double rencontre, il devient l'homme de confiance de Charles-Alexandre qui n'est au départ qu'un prince en titre, sans fonction ni richesses particulières. La mort subite, le 31 octobre 1733, du duc Eberhard-Ludwig qui n'a pas d'héritier direct va tout changer. Charles-Alexandre devient en effet pendant quelques années le duc régnant du Wurtemberg (1733-1737).

L'ascension de Charles-Alexandre est d'une certaine manière également celle de Joseph Süss. Plénipotentiaire mais ayant en fait les prérogatives d'un Premier ministre, Süss réside désormais à Francfort, hors du ghetto, dans un splendide hôtel particulier : « Le Cygne d'or ». Il y mène grand train, collectionnant les meubles précieux et les tableaux de maîtres (Rubens, Van De Velde et autres grands peintres flamands), et se conduisant en tout point comme un chrétien. Il ne fréquente pas la synagogue et s'habille à la mode du temps, c'est-à-dire avec perruque poudrée, vêtements courts et couleurs vives, et entretient ostensiblement une maîtresse chrétienne.

Commerçant, changeur et banquier, il amasse en moins de quatre années une grande fortune. Son train de vie princier, son arrogance, ses frasques vestimentaires et sentimentales conjuguées à l'augmentation substantielle des impôts alimentent rapidement une haine tenace des Wurtembergeois à son égard. Dès 1735, de son vivant, des pamphlets clandestins le fustigent et une émeute populaire aboutit, à Francfort, au pillage de son hôtel particulier. Loin de le pousser à une quelconque prudence, ces attaques le conduisent à se mêler davantage encore à la vie politique. Il nourrit en particulier le projet insensé de lever, seul, une armée permanente de 12 000 hommes pour le Wurtemberg.

Mais ce plan, très ambitieux pour l'époque car il n'existait pas alors dans cette province d'armée permanente de cette importance, n'a pas eu le temps d'aboutir car, le 12 mars 1737, le duc Charles-Alexandre meurt subitement. Privé de son protecteur, Süss Oppenheimer est arrêté dès le lendemain sur ordre du Conseil de régence. À l'issue d'un procès expéditif, ses biens sont confisqués et, le 13 décembre 1737, il est condamné à la peine de mort pour « haute trahison, vol, usurpations, escroquerie, violation des lois ». Humiliation supplémentaire, c'est dans une cage de fer, un peu comme un oiseau, sous les huées d'une foule déchaînée, qu'il est pendu publiquement à Stuttgart, le 4 février 1738. Libre penseur revenu tardivement au judaïsme, après son arrestation, il refuse une conversion au christianisme qui lui aurait pourtant très probablement permis de sauver sa vie. Selon divers témoignages de l'époque, il fait même le choix de mourir en récitant l'antique prière juive « *Shema Israël* ».

L'arrestation, le procès et l'exécution du juif de cour le plus célèbre et le plus contesté de l'époque eurent un retentissement considérable sur les contemporains : libelles, pamphlets et caricatures du malfaisant « Juif Süss » inondent villes et campagnes allemandes par l'intermédiaire des colporteurs, des almanachs et des calendriers. On dénombre 113 chansons

évoquant la vie et le destin de ce « perfide juif de cour » uniquement pour les années 1737-1738 et les échos de cette affaire dépassent largement le monde germanique puisqu'on évoque également le procès et l'exécution de Joseph Süss Oppenheimer dans plusieurs cours européennes.[5]

Il faut dire que le procès de cet homme est un événement unique en son genre, en tout cas sans équivalent dans les annales judiciaires de l'époque. Il constitue un fait social complet dans la mesure où il s'agit d'une affaire qui touche pratiquement à tous les domaines : la politique évidemment, mais également l'économie, la religion, la magie et la sexualité.

Joseph Süss Oppenheimer est accusé d'abord d'avoir joué un rôle néfaste dans la vie politique du Wurtemberg en s'employant notamment à renforcer le pouvoir du duc au détriment des franchises traditionnelles, des villes et des états. Sur le plan économique, on lui reproche surtout une forte augmentation des impôts et des charges injustifiées. D'un point de vue religieux, outre les interdictions qu'il

5. Cf. documents iconographiques sur Joseph Süss Oppenheimer, 1738. Richard Gottheil, « Bibliography of Pamphlets Dealing with Joseph Süss Oppenheimer » *in Zeitschrift fur Hebraïsche Bibliographie*, Francfort, 1906, p. 106-113, Geneviève Bollène, *Les almanachs populaires au* XVIIe-XVIIIe *siècles*, Essai d'histoire sociale, Livre et Société, 3, Paris-La Hague, 1969, et pour les chansons populaires, Barbara Gerber, *Jud Süss*, *op. cit.,* p. 590-594.

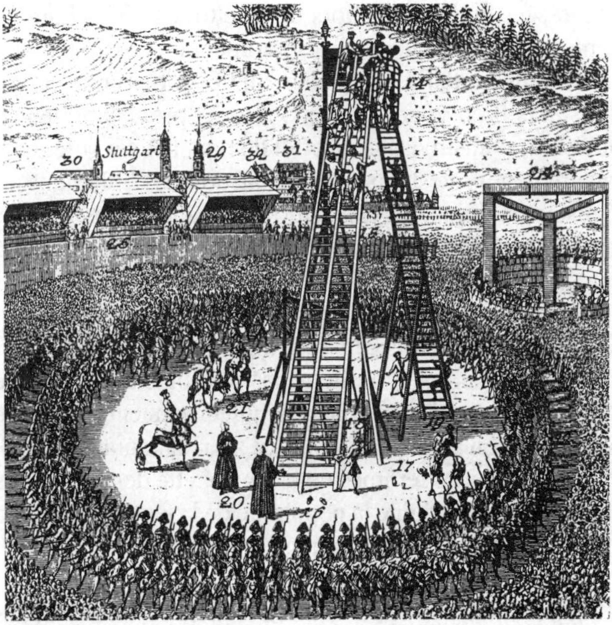
Stuttgart

Denkmel af Jauseph Süss Oppenheimer.
Er hot gemusst mit Chibbelekeit aun Krap-
peln ze teudt sich zappeln.

a transgressées en habitant hors du ghetto, en s'habillant comme tout le monde et en fréquentant des femmes chrétiennes, il est accusé d'avoir stimulé les tensions localement très fortes entre catholiques et protestants. Peu avant sa mort, le duc, protestant converti au catholicisme, avait envisagé en effet de ramener ses sujets souabes, majoritairement protestants dans ce bastion des luthériens, au sein de l'église catholique. Sa disparition soudaine a mis fin au projet et permis au Wurtemberg d'éviter une nouvelle guerre civile à propos des questions religieuses. Joseph Süss n'avait pas la moindre responsabilité en la matière, s'étant toujours gardé d'intervenir d'une manière quelconque dans cette querelle entre chrétiens. Les juges l'accablent pourtant et n'hésitent pas non plus à lui attribuer des pouvoirs magiques, liés à des philtres, qui lui auraient permis d'établir et de maintenir son ascendant sur le duc, sur l'entourage de ce dernier et même sur certaines femmes de la cour. Cette dernière accusation a certainement pour origine la popularité de la légende du Juif errant, alors très en vogue chez les chrétiens, et un renouveau d'intérêt chez les juifs pour l'ésotérisme et la Kabbale.[6]

Les juges interrogent aussi à différentes reprises l'accusé sur ses ébats amoureux. Joseph Süss refuse obstinément, en dépit de la torture, de livrer le moindre nom d'une femme chrétienne avec laquelle il aurait entretenu un commerce charnel. Chansons grivoises et pamphlets scabreux lui attribuent pourtant immédiatement d'extraordinaires prouesses sexuelles.

Avant même le procès et la condamnation de Joseph Süss Oppenheimer, il devient délicat de démêler ce qui s'apparente aux fantasmes et ce qui correspond à la réalité. Süss Oppenheimer occupe en effet dans l'esprit des Allemands, à lui seul, la place de Fouquet et du capitaine Dreyfus dans l'esprit des Français. Loin de clarifier les choses, le procès du financier juif contribue à brouiller un peu plus encore les pistes. L'essentiel des sources disponibles sur ce personnage relève du procès. Il en résulte donc une vision nécessairement négative et biaisée du personnage. C'est ce qui explique

6. Gershom Scholem, *Les Grands Courants de la mystique juive*, Payot, 1977 et George K. Anderson, *The Legend of the Wandering Jew*, Providence, Brown University Press, 1965.

sans doute que sa légende noire soit aujourd'hui encore si tenace. Süss Oppenheimer continue en effet à incarner aux yeux de certains « la sangsue juive » et l'affairiste sans scrupule qui cherchent à s'enrichir à l'ombre d'un pouvoir, au détriment des chrétiens et du petit peuple. Cet imaginaire particulier, déjà présent au XVIIIe siècle, a été ensuite stimulé par toutes sortes de récits, d'études plus ou moins savantes, et de représentations fantasmatiques.

C'est un spécialiste des contes et légendes, le romancier souabe[7] Wilhelm Hauff (1801-1827), dont les histoires fantastiques peuplées de démons et de gnomes ont bercé plusieurs générations de jeunes enfants allemands un peu comme les *Contes* de Perrault en France, qui fixe durablement dans les esprits la légende noire du Juif Süss.[8] C'est le titre sous lequel il publie une nouvelle s'inspirant des récits de son grand-père. Paraissant pour la première fois en 1827 sous la forme d'un feuilleton dans la presse, quelques semaines seulement avant la mort du conteur-romancier, *Le Juif Süss* a été ensuite régulièrement repris, dans d'autres publications, notamment dans des recueils de nouvelles plusieurs fois réédités en Allemagne.[9] Traduit en français, le texte a été publié pour la première fois en français en 2001, sous la forme d'un petit livre.[10] On serait en droit de se demander si cette traduction tardive s'imposait tant la description de Süss charrie les clichés antijuifs. Dans la courte introduction la traductrice soutient pourtant que, d'après elle, la nouvelle de Hauff n'est pas « naïvement antisémite » et met au contraire en évidence de « généreux appels à la tolérance ».[11]

7. La plupart des Wurtembergeois étaient souabes (*schwaben* en allemand), issus du duché de Souabe situé à l'origne dans le Sud-Ouest de la Bavière du Saint-Empire germanique. Tombé dans les mains des Hohenstaufen en 1079, le duché fut définitivement démantelé en 1648, au traité de Wesphalie.

8. W. Hauff, *Contes*, trad. française, Arles, Actes Sud, 1998, rééd. en format de poche, Babel, 2002. Précisons que cet écrivain avait fait des études de théologie et de philologie à l'université de Tübingen, et qu'il devait également sa célèbrité à la publication des *Mémoires de Satan* (1825).

9. Wilhelm Hauff, « Jud Süss » in *Morgenblatt*, n° 157-182, du 2 au 31 juillet 1827. La nouvelle a été rééditée en Allemagne en 1891, 1907 et 1988.

10. Traduction française de Nicole Casanova, éditions du Félin-Arte, 2001, sous le titre : *La Véritable Histoire du Juif Süss*, 139 p.

11. *La Véritable Histoire du Juif Süss*, p. 12-13.

On peut ne pas partager ce point de vue tout en soulignant que Süss est présenté sous la plume de Hauff comme un bien triste sire, à la fois cupide, sournois, sans morale ni scrupule, orgueilleux et méprisant. Physiquement, il ne ressemble pas non plus au héros positif de la nouvelle, le jeune allemand Gustav Landek, décrit par le romancier comme un être d'une grande beauté et d'une belle prestance, avec des cheveux blonds, des yeux bleus et un nez aquilin.[12] Süss est physiquement nettement moins attrayant : il a des cheveux noirs, des yeux étincelants, une petite moustache et, autour des yeux, « des plis hostiles, dédaigneux (...) et une ride sournoise » qui mettent en évidence un sourire railleur. De plus, en dépit de ses trop beaux habits, il ne parvient jamais à dissimuler « les manières orgueilleuses du parvenu ».[13]

Contrairement à ce que soutient la traductrice dans l'introduction de l'édition française, W. Hauff ne semble pas le moins du monde « indigné » par les préjugés antijuifs de l'époque. Il ne lance pas non plus dans ce récit un quelconque appel à la tolérance « dans l'esprit des Lumières ».[14] Il présente plutôt « le Juif Süss » comme un comploteur cynique, sournois et sans scrupule, qui accable la population du Wurtemberg d'impôts et de taxes. Süss ne cherche-t-il pas avant tout le profit et un moyen « d'écorcher notre beau pays » ?[15] De plus, W. Hauff présente à tort Süss Oppenheimer comme à l'origine d'un coup d'État visant à contraindre les protestants à se convertir au catholicisme. En dépit du titre du récit, le véritable héros du récit n'est pas Süss Oppenheimer mais Gustav Landek, un jeune allemand subjugué par la beauté de Léa, la sœur vertueuse de Süss. Léa n'est pas non plus insensible au charme de Gustav Landek mais tout devient très compliqué lorsque ce dernier est chargé d'instruire le procès de son frère. Elle finit alors par renoncer à cet amour impossible. Seul personnage juif présenté sous un jour positif dans la nouvelle, Léa est un personnage fictif alors que Süss, bien réel, est présenté

12. *La Véritable Histoire du Juif Süss*, p. 23 et 28.
13. *La Véritable Histoire du Juif Süss*, p. 21, 33, 55 et 104.
14. *La Véritable Histoire du Juif Süss.* p. 12 et 18.
15. *La Véritable Histoire du Juif Süss*, p. 35 et 64

par W. Hauff comme un être prêt à tout sacrifier, y compris cette sœur imaginaire, pour satisfaire son inextinguible soif de pouvoir. L'amour contrarié de Léa pour Gustav Landek n'est pas sans évoquer celui de Rébecca pour Ivanhoé dans le roman historique de Walter Scott en 1817. Hauff s'est d'ailleurs visiblement beaucoup inspiré d'*Ivanhoé* pour *Le Juif Süss* mais, sous sa plume, contrairement au roman médiéval, les « forfaits » et les « exactions » du personnage juif sont détaillés.

Après la publication de ce récit fondateur, lorsqu'il va être à nouveau question de Joseph Süss Oppenheimer dans une pièce de théâtre, un roman ou même une étude historique, c'est presque toujours comme un criminel et dans une optique largement imprégnée d'antijudaïsme. Dès le début du XIXe siècle, *Le Juif Süss* de Wilhelm Hauff, malfaisant et prévaricateur, relègue donc dans l'ombre le véritable Joseph Süss Oppenheimer. Ce dernier n'apparaît même plus sous cette dénomination. Désormais on utilise en effet pour en parler, signe qui ne trompe pas, l'expression péjorative « Jud Süss /Le Juif Süss ».

De la légende noire aux relectures juives (1847-1902)

La publication de la nouvelle de Wilhelm Hauff stimule d'autres disciples de Walter Scott à évoquer le destin de ce célèbre juif de cour. Dans l'étude éditée en 1990 par Barbara Gerber qui fait référence, on signale aussi plusieurs pièces de théâtre sur ce sujet au milieu du XIXe siècle, notamment celles de E. F. Grünwald, *Lea* (1847), Albert Dulk, *Lea*, (1848), Otto Ludwig, *Der Jakobsstab* (*Le Bâton de Jacob*,1850), Robert Prutz, *Jud Süss* (1853), Eleonore von Schwartz-Norberg, *Süss Oppenheimer* (1878). Le livre de Barbara Gerber recense aussi pour cette période les textes de Friedrich Bülau (1851), Wilhelm Friedrich Wüst (1853), Theodor Griesinger (1860), George Hesekiel (1870).[1] Ces publications qui évoquent la vie de Joseph Süss Oppenheimer n'ont évidemment pas un retentissement aussi grand que la nouvelle de W. Hauff dont il a été question. Elles n'en contribuent pas moins à ancrer, elles aussi, la légende noire de Joseph Süss Oppenheimer dans la mémoire collective.

Un théologien protestant, Manfred Zimmermann, qui signe en 1874 la première véritable étude historique consacrée au financier du duc de Wurtemberg, assure de son côté que, cent cinquante ans après « les faits », la simple évocation du nom de Joseph Süss Oppenheimer suscite encore dans cette province une vive émotion.

1. Barbara Gerber, *op. cit.,* p. 612-621.

Zimmermann est l'auteur d'une thèse d'histoire, *Joseph Süss Oppenheimer : un financier du XVIIIe siècle*, où il s'est surtout attaché à mettre en évidence l'influence néfaste des Jésuites sous le règne de Charles-Alexandre. N'ayant eu accès qu'à quelques témoignages de contemporains et aux archives de l'avocat de la défense, archives inédites et qui ne seront publiées partiellement qu'au XXe siècle, il n'apporte somme toute que des retouches mineures au portrait de Joseph Süss Oppenheimer. Lui aussi présente celui-ci comme un individu âpre au gain et arrogant, mais il assure que, contrairement à une idée largement répandue, Süss était loin d'être indifférent à la haine qu'il suscitait. Au contraire, conscient *de son vivant* du rejet dont il était l'objet, il aurait présenté sa démission au duc, qui l'aurait refusée, plusieurs mois avant que celui-ci n'envisage de fomenter un coup d'État.[2]

Cette précision ne remet pas en question la légende noire qui reste étroitement associée au nom de Joseph Süss Oppenheimer. Elle ouvre toutefois une brèche dans le portrait presque entièrement répulsif de ce personnage que la justice avait largement contribué à forger. Elle permet à d'autres auteurs, pour la plupart juifs, de s'engouffrer dans la brèche et d'esquisser un portrait plus contrasté du financier du Wurtemberg. C'est ce que Marcus Lehmann, Salomon Kohn et Adolph Kohut ont entrepris de faire.

Marcus Lehmann (1831-1890), rabbin orthodoxe de Mayence, fondateur d'une revue destinée à l'édification des jeunes juifs (*Der Israelit*) et à ses heures historien du judaïsme, se penche en 1876 sur la vie et la mort de Joseph Süss Oppenheimer. Il le présente comme une victime des préjugés de son époque et comme un « martyr du judaïsme ».[3]

2. Manfred Zimmermann, *Joseph Süss Oppenheimer : ein Finanzmann des 18. Jahrhunderts*, Stuttgart, Rieger, 1874. Régine Mihal Friedman a analysé plus en détail l'étude de ce théologien dans *L'Image et son Juif, Le Juif dans le cinéma nazi*, Payot, 1983, p. 128-131.

3. Marcus Lehmann, *Süss Oppenheimer, Eine Jüdische Erzählung*, 1876, rééd. Verlag von J. Kauffmann, Francfort, 1888. Cette étude, destinée à édifier les jeunes lecteurs juifs, est disponible en français : traduite de l'allemand par Marguerite Klein, elle a été éditée sous la forme d'une brochure par le Joint, à Paris, en octobre 1959.

Salomon Kohn (1825-1904), poète juif vivant à Prague, cherche de son côté à briser l'image d'un Joseph Süss Oppenheimer présenté à la fois comme un séducteur, un libertin et un manipulateur. Dans un roman publié en 1886 il le décrit au contraire comme un jeune homme trop sage et trop timide, incapable de résister aux assauts d'une chrétienne lascive et dominatrice.[4]

Le journaliste du *Berliner Zeitung* Adolph Kohut (1848-1917) insiste de son côté, dans une étude publiée en 1898, c'est-à-dire au moment où l'affaire Dreyfus fait rage en France, sur la dimension politique du procès de Joseph Süss Oppenheimer. Il présente d'ailleurs aussi ce dernier comme une victime de la « raison d'État ».[5]

Même s'ils ont des itinéraires assez différents, Marcus Lehmann, Salomon Kohn et Adolph Kohut partagent tous l'idéal de la *Bildung* (l'Éducation) élaboré par l'*Aufklärung* (les Lumières). Ils font en effet tous trois référence, avec optimisme, à l'avènement d'une culture universelle, accessible à tous, fondée sur la raison et centrée sur l'homme en tant qu'individu. En exaltant cet idéal, ils rappellent aussi dans leurs récits respectifs les discriminations dont les juifs étaient l'objet avant l'émancipation, y compris d'ailleurs les juifs de cour pourtant considérés comme privilégiés. Alors que la vogue de l'historicisme (une forme de positivisme historique) fait de plus en plus d'adeptes chez les juifs après l'émancipation de 1870 et que la littérature du ghetto (valorisant un « âge d'or » mythique du judaïsme) remporte également un succès durable chez les juifs dans le dernier tiers du XIXe siècle, Joseph Süss Oppenheimer ne peut plus être perçu uniquement comme une victime de l'obscurantisme et des temps anciens. Il apparaît alors comme un héros et comme le représentant d'une double identité, juive et allemande, en cours

4. Salomon Kohn, *Ein deutscher Minister, Roman aus dem Achtzehnten Jahrhundert*, Cincinnati, The Bloch Publishing and Printing Company, 1886.

5. Adolph Kohut, *Geschichte der deutschen Juden*, Berlin, Deutscher Verlag, 1898, p. 664-669 et Adolph Kohut, « Joseph Süss Oppenheimer. Ein Beitrag zur deutschen Kulturgeschichte », *in Jahrbuch für jüdische Geschichte und Literatur*, Berlin, 5-1902, p. 110-139.

de construction mais désormais clairement revendiquée. C'est l'époque en effet où de nombreux juifs, surtout chez les intellectuels, se passionnent pour l'histoire dans la perspective d'une éventuelle symbiose judéo-allemande.

Pendant la Première Guerre mondiale, un écrivain juif se penche sur la vie de Joseph Süss Oppenheimer dans le même état d'esprit. C'est un critique dramatique et dramaturge en vogue, Lion Feuchtwanger, dont plusieurs pièces ont déjà remporté un succès éclatant. Incontestablement, cet auteur est le premier à donner à ce Wurtembergeois oublié depuis longtemps hors d'Allemagne, une renommée mondiale. Son roman historique intitulé *Le Juif Süss* devient en effet, en 1925, l'un des premiers « best-sellers » du XXe siècle. Il s'inspire de la vie du personnage historique, de la nouvelle de Wilhelm Hauff, des études de Manfred Zimmermann, Marcus Lehmann, Salomon Kohn et Adolph Kohut dont il a été question, et reprend une pièce de théâtre que Lion Feuchtwanger avait déjà écrite, quelques années auparavant.

La version théâtrale de Lion Feuchtwanger (1917)

Lion Feuchtwanger est né en 1884, à Munich, dans une famille juive établie en Bavière au XVIe siècle. Son père est un industriel qui a élevé ses neuf enfants dans l'orthodoxie la plus stricte. Comme ses frères, Lion a donc étudié l'hébreu dès l'âge de cinq ans, appris à lire dans la Bible, et reçu une instruction religieuse très poussée.[1] Au lycée, il manifeste une prédilection particulière pour la littérature et l'histoire. Par la suite, pendant ses études supérieures, il rompt brutalement avec ses parents et l'orthodoxie religieuse. Ce n'est donc pas tout à fait un hasard si le sujet de sa thèse porte sur *Le rabbin de Bacherach*, un essai inachevé de Henrich Heine, écrivain juif qui a également pris ses distances avec le judaïsme.

Quoi qu'il en soit, après avoir soutenu son doctorat ès lettres en 1907, Lion Feuchtwanger s'émancipe encore plus nettement. Il abandonne le monde universitaire et s'oriente vers une vie de bohème, fréquentant assidûment théâtres, cafés et cercles littéraires à Munich. Il prône même ouvertement la liberté sexuelle et, en dépit d'un mariage heureux, multiplie les conquêtes féminines.

1. Elizabeth M. Petuchowski, « Some Aspects of Judaïc Element in the Work of Lion Feuchtwanger », *Leo Baeck Institute Year Book*, XXIII, 1978, p. 213-226.

Ami de Bruno Frank, Heinrich Mann et Frank Wedekind, il devient un critique dramatique redouté à la veille de la Grande Guerre et une étoile montante de la littérature allemande. Il signe alors plusieurs nouvelles et drames historiques, situés pour la plupart à l'époque biblique ou dans l'Antiquité.[2]

La Première Guerre mondiale marque un autre tournant essentiel dans sa vie. Incorporé dans l'armée impériale, il est en effet vite réformé en raison d'un ulcère. Pacifiste déclaré, il se trouve alors en décalage complet avec le nationalisme et le militarisme qui submergent l'Allemagne. Il décide donc de s'isoler, multiplie les publications et devient un dramaturge prisé : ses pièces, influencées par celles d'Ibsen, de Strindberg et de Wedekind, remportent en effet un vif et durable succès, en particulier *Warren Hastings* en 1916. C'est aussi l'année où meurt son père avec lequel, nous l'avons souligné, il avait brutalement rompu ; il refuse alors catégoriquement sa part d'héritage. L'année 1916 correspond aussi à une poussée sensible de l'antisémitisme en Allemagne. Le phénomène est si marqué que le ministère de la Guerre va jusqu'à ordonner, le 11 octobre 1916, une enquête statistique sur « les conditions de service des juifs allemands dans la guerre ». En principe, cette enquête devait contribuer à calmer les esprits mais cela n'a pas été véritablement le cas.[3]

Comme Hermann Cohen, Jacob Wassermann, Stefan Zweig et d'autres intellectuels juifs allemands, Lion Feuchtwanger le constate et s'interroge avec amertume sur « l'impossible symbiose judéo-allemande ».[4] Déchiré entre sa judaïté et son adhésion pleine

2. Rudolf Wolff (dir.), *Lion Feuchtwanger : Werk und Wirkung*, Bonn, Bouvier Verlag Herbert Grundmann, 1984, et Wilhelm von Sternburg, *Lion Feuchtwanger : Ein deutsches Schrifstellerleben, Königstein*, Athenäum, 1984, rééd. à Berlin, Aufbau Verlag, 1994.

3. Helmut Berding, *Histoire de l'antisémitisme en Allemagne*, Paris, Maison des Sciences de l'Homme, 1991, p. 156 *sq.*

4. David Bronsen (dir.), *Jews and Germans from 1866 to 1933 : The Problematic Symbiosis*, Carl Winter, Heidelberg, 1979 ; Grab Walter (dir.), *Jüdische Integration und Identität in Deuschtland und Österreich 1848-1918*, Institut für deutsche Geschichte, Tel-Aviv, 1984 ; Daniel Azuelos, « Judéité et germanité : l'impossible symbiose ? Lion Feuchtwanger, Arnold Zweig et Jacob Wassermann »

et entière à la culture allemande, il a lui aussi du mal à trouver sa place dans la société de l'époque. Transformé en paria dans son propre pays, selon l'expression popularisée par Hannah Arendt, il remet donc en question son identité de « juif émancipé d'exception ».[5]

Cette remise en question, c'est à travers l'itinéraire d'un autre juif d'exception qu'il va la mener. En effet, la pièce *Le Juif Süss* qu'il achève en 1917 est en grande partie autobiographique, même si elle s'inspire aussi évidemment de la vie d'un personnage « historique ». Le dramaturge reconnaîtra d'ailleurs lui-même, par la suite, l'aspect largement autobiographique de la pièce écrite pendant l'hiver 1916-1917.[6] Il s'est inspiré, surtout pour cette pièce, au-delà de la nouvelle de Wilhelm Hauff et des études de Marcus Lehmann, Salomon Kohn et Adolph Kohut, de la thèse du théologien Manfred Zimmermann. Il insiste beaucoup sur les passages où ce dernier met en évidence l'isolement croissant de Süss et son refus de se convertir, même face au danger et à la mort.

Il faut dire qu'au moment où il écrit sa pièce, Lion Feuchtwanger est confronté presque au même dilemme dans l'Allemagne en guerre. Devenu un écrivain célèbre et un juif « parvenu » après avoir pris ses distances avec la religion, il n'en refuse pas moins obstinément de devenir un paria en reniant son identité. Quelques années plus tard, après avoir quitté l'Allemagne nazie, il tient à réaffirmer ses origines en déclarant : « Mon cœur est juif, mon esprit est international et ma langue est

in *Pardès*, Paris, 5, 1987, p. 159-177 ; Enzo Traverso, *Les Juifs et l'Allemagne*, De la « symbiose judéo-allemande » à la mémoire d'Auschwitz, La Découverte, 1993 ; Jacques Ehrenfreund, *Mémoire juive et nationalité allemande*, *Les juifs berlinois à la Belle Époque*, PUF, 2000 ; Delphine Bechtel, *La Renaissance culturelle juive, Europe centrale et orientale, 1897-1930*, Belin, 2002.

5. Hannah Arendt, « The Jew as Pariah : A Hidden tradition », *Jewish Social Studies,* New York, XI, 1944, p. 99-122, traduit en français *in* H. Arendt, *La tradition cachée. Le Juif comme paria*, Paris, Christian Bourgois, 1987, p. 122.

6. Lion Feuchtwanger, « Versuch ein Selbstbiographie » (1927), « Über Jüd Süss » (1929), « Der Autor über sich selbst » (1935), *in* Wolfgang Berntd (éd.), *Centum Opuscula : eine Auswall*, Rudolfstadt, Greifenverlag, 1956 ; Elizabeth M. Petuchowski, *op. cit.*

l'allemand ». En dépit de sa rupture avec un judaïsme orthodoxe qu'il juge étouffant et sclérosé, il situe pourtant la plupart des pièces et des romans historiques qu'il signe dans le cadre du judaïsme biblique. Il affiche donc clairement, même pendant les flambées d'antisémitisme, son identité juive.[7]

La pièce en trois actes et quatre tableaux que Lion Feuchtwanger présente pour la première fois au Schauspielhaus de Munich, le 13 octobre 1917, est très personnelle. Elle retrace une quête d'identité et cherche aussi, d'une certaine manière, à exorciser l'échec de la symbiose judéo-allemande. Elle apparaît également d'actualité puisqu'elle évoque la « question juive » au moment précisément où l'antisémitisme se déchaîne à nouveau en Allemagne. Mise en scène par un réalisateur alors célèbre, Georg Stollberg, et interprétée par un acteur non moins prestigieux, Franz Scharwenka dans le rôle de Süss, elle est jouée une trentaine de fois à Munich, entre octobre 1917 et octobre 1918. Six représentations de la pièce sont également montées au Deutsches Theater de Lodz, en janvier-février 1918, dans une mise en scène de Walter Wassermann, qui tient alors le rôle principal. Peu après la fin de la guerre, la pièce de Feuchtwanger est reprise avec une nouvelle distribution. C'est d'abord l'acteur wurtembergeois Eugen Klöpfer qui tient le rôle principal au Neues Theater de Francfort (février 1919), puis c'est un acteur issu du théâtre yiddish, Rudolf Schildkraut, qui reprend le rôle au Komödienhaus de Vienne (juin 1919).[8]

Pendant la guerre, la pièce avait eu des problèmes avec la censure car elle était perçue, à tort ou à raison, comme une « menace pour l'union sacrée indispensable en temps de guerre entre catholiques et protestants ». Il est vrai que la pièce reprend la thèse d'un complot catholique visant la majorité protestante,

7. Wilhelm von Sternburg, *Lion Feuchwanger : Ein deutsches Schriftstellerleben, Königstein*, Athenäum, 1984, rééd. à Berlin, Aufbau Verlag, 1994.

8. Claudie Villard, *L'œuvre dramatique de Lion Feuchtwanger (1905-1948) et sa réception à la scène*, Berne, Peter Lang, 1994, p. 149, et Sandra H. Hawrylchack, John M. Spalek, *Lion Feuchtwanger. Ein bibliographisches Handbuch*, Munich, K. G. Saur, 1999, p. 364-365.

complot que Zimmermann avait déjà évoqué, des années auparavant, dans sa thèse. D'abord interdite, la pièce a finalement été montée à Munich, avec quelques semaines de retard, grâce à l'intervention du directeur du théâtre auprès de la censure militaire locale. L'accueil de cette pièce a été dans l'ensemble positif avec toutefois certaines réserves.

Heinrich Mann, très proche de Feuchtwanger, était parmi les plus enthousiastes. Il se déclarait même « fasciné » par le personnage de Süss, un homme qui tout en exerçant le pouvoir a eu le courage de ne pas chercher à renier ses origines. Mais d'autres intellectuels également proches du dramaturge trouvaient que, dans le contexte si troublé de l'époque, la pièce était trop ambiguë. De plus, présentant un personnage juif peu sympathique, elle risquait de donner des arguments aux antisémites. Certains, plus acerbes encore, épinglaient l'aspect superficiel de la pièce et sa médiocre interprétation. On stigmatisait aussi à Vienne, en juin 1919, l'aspect antichrétien d'une pièce présentée par quelques critiques comme vide et caricaturale.[9]

Mais qu'elle soit louée ou dénigrée, cette pièce, montée pour la première fois en 1917 et publiée dès l'année suivante, faisait apparaître d'évidentes nouveautés par rapport aux récits qui retraçaient jusque-là la vie du financier wurtembergeois.[10] Reprenant l'archétype du Juif Süss, elle donnait en effet pour la première fois à ce personnage une dimension spirituelle, le présentant même sous la forme d'un être fragile et contradictoire, à la recherche de ses origines et d'un sens à sa vie. Cette quête, imaginée dans un contexte de guerre et d'une poussée d'antisémitisme, on l'observe également à travers deux person-

9. Heinrich Mann, *Berliner Tageblatt*, 20 octobre 1917, p. 2, Richard Elchinger, *Münchner Neueste Nachrichten*, 15 octobre 1917. Pour les critiques très négatives de la pièce lors des représentations à Vienne, *cf. Arbeiter Zeitung*, *Reichspost* et *Die Ostdeusche Rundschau* du 19 octobre 1919. Citations d'après Claudie Villard, *op. cit.*, p. 147-148, Friedrich Knilli et Ziegfried Zielinski, « Lion Feuchtwangers "Jud Süss" und die gleichnamigen Filme von Lothar Mendes (1934) und Veit Harlan (1940) » *in Text + Kritik*, Munich, n° 79-80, octobre 1983, p. 101-102.

10. Lion Feuchtwanger, *Jud Süss,* Schauspiel in drei Akten, mit vier Bildern, Munich, Georg Müller, 1918.

nages fictifs imaginés par le dramaturge : Tamar, la fille de Joseph Süss et le Mage, l'oncle de ce dernier.

Tamar, qui devient Noémi dans le roman de 1925, est la face lumineuse de Süss. Elle évoque un peu le personnage de Léa, la sœur de Süss inventée par W. Hauff, tout aussi fictif. Préservée de tout contact avec les non-juifs, Tamar vit à l'écart, dans un monde de contemplation qui l'aide à idéaliser son propre père. Menacée par la lubricité du duc, elle choisit le sacrifice ultime plutôt que le déshonneur. Elle a été élevée et éduquée par le Mage, présenté ultérieurement comme le rabbin Gabriel dans le roman, qui est un peu l'incarnation du Juif errant. Selon Lion Feuchtwanger ce personnage complexe met en évidence la permanence de l'antijudaïsme chrétien et l'impossibilité pour les juifs d'échapper à leur destin. Ce pessimisme évoque à la fois le mysticisme kabbalistique, qui existait dans certains milieux juifs bien particuliers à l'époque où le récit est situé, et l'attitude des vieux sages orientaux prêchant le renoncement face aux mirages du monde, courant particulièrement en vogue chez les intellectuels allemands pendant la Première Guerre mondiale. La kabbale et le renoncement oriental au monde ont d'ailleurs beaucoup inspiré le cinéma allemand muet, avec notamment des films comme *Le Golem* (Henryk Galeen et Paul Wegener, 1914) ou *Le Tombeau hindou* (Joe May, 1921).

La pièce de Lion Feuchtwanger ne se limite pas à l'invention de Tamar et du personnage du Mage. Elle développe aussi le rôle du duc Charles-Alexandre, plus réduit dans la nouvelle de W. Hauff, et évoque, pour la première fois, Johann-Heinrich Sturm, zélé conseiller au parlement qui interroge Süss sans bienveillance lors de son procès sur ses liaisons supposées avec des femmes chrétiennes. Quant à Süss, il apparaît dans cette pièce comme un être écartelé entre passé et présent, entre les humbles et les puissants, entre les guerriers toujours prêts à l'action et les philosophes attirés par le renoncement. C'est d'ailleurs cette voie, celle du mysticisme, de la contemplation et du retour à la foi juive, qu'il finit par choisir. En affrontant sa mort, il se réconcilie cependant non seulement avec les siens mais aussi avec lui-même.

Lion Feuchtwanger n'est apparemment pas satisfait de sa pièce car il a le sentiment qu'elle ne lui a pas permis d'exprimer tout ce qu'il voulait dire. Sensible à certaines critiques qui en dénoncent la superficialité, il se contente, dans un premier temps, de remanier quelques scènes. Puis, à la fin de 1919, il retire sa pièce de l'affiche et interdit toute nouvelle représentation. Quelques mois après, il déclare qu'il va écrire une autre version de l'histoire du *Juif Süss*, cette fois-ci sous la forme d'un roman. Cela doit lui permettre d'approfondir la psychologie du personnage central, en faisant aussi mieux apparaître la complexité de ses sentiments. Ce roman doit également mieux souligner l'hostilité dont il était constamment l'objet et l'isolement dans lequel il se trouvait, tant d'ailleurs à la cour qu'au sein de la communauté juive.[11]

11. Lothar Kahn, *Insight and Action, The Life and Work of Lion Feuchtwanger*, Rutherford, Fairleigh Dickinson University Press, 1975, p. 107, et Claudie Villard, *op. cit.,* p. 149.

Un « best-seller » romanesque de Lion Feuchtwanger (1925)

Le roman *Le Juif Süss* de Lion Feuchtwanger a été rédigé entre juillet 1921 et septembre 1922. Publié pour la première fois à Munich, en février 1925, soit cinq mois avant *Mein Kampf*, il a été conçu entre l'arrivée de Hitler à la tête du parti nazi, en juillet 1921, et l'organisation d'une des premières manifestations de masse de ce parti : 70 000 manifestants protestant en août 1922 contre les lois républicaines. Lion Feuchtwanger, juif et pacifiste, a donc rédigé ce livre dans la ville où Hitler faisait ses débuts d'agitateur antisémite et belliciste. Leurs chemins se sont même croisés et, d'après certains, ils se seraient rencontrés un jour au « Café Odéon », Hitler allant jusqu'à aider Feuchtwanger à mettre son manteau.[1] Apocryphe ou réelle, l'anecdote a le mérite de souligner la proximité géographique des deux hommes à cette époque, et le contexte si particulier dans lequel le roman *Le Juif Süss* a été conçu. C'est celui d'une époque particulièrement troublée où, après la chute de la République des conseils en Bavière (mai 1919) et l'échec de la tentative de putsch de Kapp à Berlin (mars 1920), peu avant l'occupation de la Ruhr par les troupes franco-belges (janvier 1923), la République de Weimar a le plus grand mal à imposer son autorité. Le mark poursuit sa

1. Claudie Villard, *op. cit.,* p. 129.

chute vertigineuse ; grèves, manifestations et assassinats politiques se multiplient.[2] Parallèlement à ces tensions extrêmes, le dialogue judéo-allemand, déjà très problématique pendant la guerre, se transforme en monologues.

Du côté allemand, ce monologue prend parfois la forme de virulentes attaques visant les juifs. En effet l'antisémitisme atteint alors des sommets inégalés et, en marge du succès éditorial des *Protocoles des Sages de Sion* dont la première édition en Allemagne paraît en juillet 1919, divers pamphlets et romans popularisent l'image de juifs comploteurs.[3] Arthur Dinter (1876-1948) signe en particulier un livre à succès, *Le Crime contre le sang*, où il accuse les juifs de « polluer le sang des Allemands ».

Le héros de ce livre est un jeune savant allemand, fougueux et de type aryen, qui démasque un complot fomenté par un vieux juif, évidemment riche et très typé physiquement. Conseiller commercial, ce juif tient une pension où il reçoit de jeunes vierges blondes qui sont systématiquement engrossées de manière à « abâtardir le monde aryen ». Ce brûlot, à la limite de la pornographie, dont Julius Streicher se fera une spécialité dans *Der Stürmer*, remporte un succès considérable : à l'automne 1922, il a déjà été vendu à 200 000 exemplaires et touché 1,5 million de lecteurs en Allemagne.[4]

2. Rita Thalmann, *La République de Weimar*, Coll. Que-sais-je ?, PUF, 1986.

3. Norman Cohn, *Histoire d'un mythe. La « conspiration juive » et les Protocoles des Sages de Sion*, Gallimard, NRF, 1967, rééd. 1992, et Pierre-André Taguieff, *Les protocoles des Sages de Sion. Faux et usages d'un faux*, Paris, Berg International, 1992. À la même époque, plusieurs romans développent également le thème d'un « complot juif », notamment Roderich-Stoltheim (Theodor Fritsch), *Das Rätsel des Jüdischen Erfolges*, Leipzig, 1919, Wilhelm Meister, *Judas Schulbuch*, Munich, 1919, Fritz Halbach, *Kamerad Levi*, 1921, Nathaniel Jünger, *Volk in Gefar*, 1921.

4. Le livre d'Arthur Dinter, *Die Sünde wider das Blut*, Leipzig, 1918, est réédité et très largement diffusé sous le IIIe Reich. Citation d'après George L. Mosse, *Germans and Jews, The Right, the Left, and the Search for a "third Force" in pre-nazi Germany*, New York, Howard Fertig, 1970, p. 56 *sq.*, Saul Friedländer, *L'antisémitisme nazi, Histoire d'une psychose collective*, Seuil, L'Histoire immédiate, 1971, p. 107 *sq.*, Lionel Richard, *Le Nazisme et la culture*, Bruxelles, éd. Complexe, 1988, p. 346 et H. Berding, *op. cit.,* p. 168 *sq.*

Face à une telle poussée d'antisémitisme, nombre d'intellectuels réalisent que toute tentative de dialogue ou de symbiose judéo-allemande sont désormais vouées à l'échec. Le sioniste Max Nordau publie en 1920 *La tragédie de l'assimilation* et, l'année suivante, Franz Rosenzweig et Jacob Wassermann signent respectivement *L'Étoile de la rédemption* et *Mon itinéraire d'Allemand et de Juif*. Ces livres décrivent trois aspects du désenchantement d'intellectuels juifs allemands écartelés entre leur amour de la culture allemande et leur fidélité à leurs racines juives.[5]

En 1920, peu avant d'entreprendre la rédaction du roman *Le Juif Süss* où il développe un dilemme du même type, Lion Feuchtwanger publie de son côté ses *Conversations avec le Juif errant*. Dans ce curieux livre, il affiche sa détermination à combattre l'antisémitisme des démagogues national-populistes tout en adoptant le point de vue de ces derniers afin, dit-il, de « mieux le réfuter ». Une démarche du même type est à l'œuvre avec le personnage romanesque de Joseph Süss qui, par certains aspects, évoque également l'itinéraire de Walter Rathenau.

Lion Feuchtwanger a en effet reconnu qu'il s'était largement inspiré de la vie et des engagements de Rathenau pour composer son personnage de Süss Oppenheimer. Au premier abord, la comparaison entre un juif de cour peu scrupuleux du XVIIIe siècle et un « Fou de la République » vertueux qui occupe le devant de la scène politique dans l'Allemagne de Weimar est pour le moins audacieuse.[6] Pourtant, pour le dramaturge, cette comparaison s'impose tant les points communs entre les deux hommes sont nombreux : d'abord ce sont des spécialistes des questions financières qui s'investissent dans la vie politique et les affaires militaires, ensuite ils sont tous deux confrontés à un environnement

5. Gershom Scholem a été plus loin en niant jusqu'à l'existence de tout dialogue judéo-allemand au XIXe-XXe siècles notamment *in* « Contre le mythe du dialogue judéo-allemand », dans *Fidélité et utopie, essai sur le judaïsme contemporain*, Calmann-Lévy, coll. Diaspora, 1978, p. 101-105.

6. L'expression a été popularisée en France par Pierre Birnbaum, *Les Fous de la République*, *Histoire politique des Juifs de Gambetta à Vichy*, Fayard, 1992.

hostile qui les pousse à remettre en question leur identité juive, enfin ils ont un destin tragique puisque Süss est pendu à l'issue d'un procès politique et Rathenau est assassiné à l'issue d'une campagne de presse le dénigrant sans ménagement.[7]

Walter Rathenau (1867-1922) apparaît un peu aussi comme le double de Lion Feuchtwanger. C'est un intellectuel cultivé et tourmenté qui fréquente et participe aux cercles littéraires. Il écrit lui-même plusieurs ouvrages de réflexion et de spiritualité. C'est aussi un juif assimilé, subjugué par la culture allemande, mais qui s'efforce de concilier ses origines et ses activités professionnelles. Héritier du groupe industriel AEG, il rêve de devenir officier dans l'armée impériale. Il doit se contenter d'une carrière moins prestigieuse dans la diplomatie et devient, après la mort de son père, en 1915, capitaine d'industrie. Chargé des questions d'armement pendant la Grande Guerre, il occupe vite de hautes fonctions au gouvernement où il est successivement conseiller financier lors des négociations sur les réparations allemandes (1919-1920), ministre de la Reconstruction (juillet 1921) et ministre des Affaires étrangères (à partir de janvier 1922). À ce titre, il signe le 16 avril 1922, à Rapallo, un traité de paix séparée fort controversé avec la Russie soviétique. Considéré par certains comme « un traître » et assimilé à la République de Weimar si mal aimée et dont il a été effectivement l'un des fondateurs, il est rapidement au cœur d'une virulente campagne de presse antisémite et, le 24 juin 1922, de jeunes fanatiques nationalistes l'assassinent.[8]

Ce meurtre, qui intervient trois mois avant la fin de la rédaction du roman *Le Juif Süss*, sème la consternation surtout parmi les démocrates et les juifs d'Allemagne. Lion Feuchtwanger, qui

7. Carole Fink, « The Murder of Walter Rathenau » *in Judaïsm*, n° 175, vol. 44, 3, été 1995, p. 259-270, et Claudie Villard, *op. cit.*, p. 131-143.

8. *Ibid.*, Peter Berglar, *Walter Rathenau : Ein Leben zwischen Philosophie und Politik*, Graz, 1987, Fritz Stern, « Walter Rathenau : une âme divisée dans un pays divisé » *in Commentaire*, Paris, 1990, n° 51, p. 573 *sq.*, Enzo Traverso, *op. cit.*, p. 125-131 et Paul Létourneau, *Walter Rathenau (1867-1922)*, Strasbourg, Presses universitaires de Strasbourg, coll. Les Mondes germaniques, 1995.

admire Walter Rathenau, s'est clairement inspiré de ce dernier lorsqu'il a tracé le portrait et l'itinéraire de Joseph Süss Oppenheimer dans son roman. Après sa disparition brutale, cette inspiration et cette influence vont apparaître encore plus éclatantes.

Feuchtwanger partageait bien des points communs avec Rathenau, cet homme d'exception qu'il avait eu l'occasion de rencontrer à plusieurs reprises avec son ami Frank Wedekind, dans un café littéraire de Munich.[9] Comme Rathenau, Feuchtwanger avait été totalement subjugué dans sa jeunesse par la langue et la culture allemandes. Détaché des pratiques religieuses, il portait son judaïsme un peu comme un fardeau, cultivant même une certaine haine de soi, cette *Jüdischer Selbsthass* analysée si subtilement par Theodor Lessing en 1930.[10]

La flambée d'antisémitisme qui ravage l'Allemagne pendant la Grande Guerre rend illusoire une « réconciliation » entre la culture allemande et le judaïsme. Les deux hommes, qui en sont pleinement conscients, vont alors manifester un regain d'intérêt pour la culture juive. Ils vont également partager une attirance commune pour tout ce qui concerne l'Inde, le bouddhisme et la philosophie orientale. On retrouve ces influences à plusieurs endroits dans le roman *Le Juif Süss.*

Divisé en cinq chapitres : 1. Les Princes, 2. Le Peuple, 3. Les Juifs, 4. Le Duc et 5. L'Autre, le récit de Feuchtwanger s'inspire également de la littérature du ghetto (*Ghettonovelle*). Ce genre littéraire, à la mode en Allemagne depuis la fin du XIXe siècle, dénonçait la persistance d'inégalités visant les juifs tout en valorisant le modèle germanique d'émancipation et l'identité des juifs d'Allemagne (censée avoir été préservée au sein des

9. Claudie Villard, *op. cit.,* p. 94.

10. Theodor Lessing, *La Haine de soi. Le refus d'être juif*, Berg International, 1990. Cette haine de soi se manifeste notamment chez Walter Rathenau par un article, « Hore Israël », publié en 1897 dans la Revue *Zukunft* sous le pseudonyme significatif de Walther Hartenau. Après y avoir encensé la beauté nordique des guerriers aryens, Rathenau y stigmatise la dégénérescence (*sic*) corporelle et intellectuelle des Juifs au cours des siècles. *Cf.* Léon Poliakov, *Le Mythe aryen*, Calmann-Lévy, 1971, p. 343-344 et Enzo Traverso, *op. cit.,* p. 126-127.

ghettos). C'était un peu l'équivalent pour les juifs du *Heimat* et de la littérature exaltant le terroir et les racines germaniques.[11]

Le roman de Lion Feuchtwanger décrit dans cette perspective, en 500 pages environ, l'itinéraire psychologique du financier Süss, de sa rencontre avec Charles-Alexandre à Wildbad en 1732 à son exécution sur la grande place de Stuttgart en 1738. Libéré des conventions dramatiques, en particulier de l'espace scénique, l'auteur peut multiplier les points de vue, élargir le cadre de l'histoire et aborder des thèmes qui lui tiennent à cœur.

On découvre donc dans ce roman, davantage que dans la nouvelle de W. Hauff et que dans sa pièce de 1917, la vie étriquée des princes dans un petite cour provinciale, celle du peuple souabe (bourgeois, artisans et commerçants) dans les villes du Wurtemberg, celle des juifs qui restent confinés dans les ghettos crasseux, celle aussi de Charles-Alexandre qui alterne obligations d'homme public et distractions plus intimes, celle enfin de Süss Oppenheimer, écartelé entre les images que se font de lui ceux qui l'entourent et celle qu'il réussira à imposer.

Évitant toute contre-vérité, le romancier n'en prend pas moins quelques libertés avec la réalité, en introduisant notamment une fausse accusation de crime rituel, en inventant divers personnages (Noémi, Gabriel et Isaac Landauer, respectivement la fille, l'oncle et l'ami de Süss), en brossant un tableau fantaisiste de la popularité de la Kabbale, à cette époque et dans ce milieu, et en présentant l'exécution de Süss comme un choix, lié à la fois à la mort de sa fille et à une quête identitaire purement individuelle.

Davantage encore que dans la pièce, les personnages du roman apparaissent comme des êtres contradictoires et ambivalents. Ainsi, le duc, décrit comme un homme distingué, ouvert et déterminé, apparaît-il également comme quelqu'un de faible, d'influençable et de versatile. Süss est généreux, sincère et courageux (en particulier lorsqu'il sauve le brocanteur injustement accusé d'un crime rituel), mais il est décrit également comme

11. Gabriele von Glasenapp, *Aus der Judengasse ; Zur Entstehung und Ausprägung deutschsprachiger Ghettoliteratur im 19 Jahrhundert*, Tübingen, Niemeyer, 1996.

un être obséquieux, manœuvrier et d'une ambition sans limite. L'auteur joue constamment sur le dédoublement de la personnalité, un thème alors très à la mode au cinéma et qui exprime sans doute une perte totale de repères des Allemands confrontés à une crise à la fois économique, sociale et politique.[12] Dans le roman de Lion Feuchtwanger, Süss et le duc apparaissent comme les doubles l'un de l'autre. Leur destin est aussi indissolublement lié.

> « Pas un mot ne fut dit entre le duc et Süss, mais cela flottait de l'un à l'autre, en pulsations qui n'avaient pas besoin de paroles. Il en avait toujours été ainsi dans les dernières semaines. Une même vie les animait ; le Juif répondait, sans un mot, par des actes aux questions, aux exigences non formulées de Charles-Alexandre, comme si l'un respirait l'air qu'exhalait l'autre : ils étaient les deux moitiés indissolubles d'un seul corps ».[13]

Dans cet univers étrange de possession des corps, de transmigration des âmes et de dédoublement des personnalités, qui évoque les mystères de la Kabbale, les deux hommes se livrent un moment à une introspection qui débouche sur l'examen de leur propre « face obscure » :

> « Il se tut soudain, la respiration coupée, la tête pendante de côté. Il lui semblait qu'un homme regardait par-dessus son épaule, un homme qui avait son visage, mais qui n'était qu'une ombre vague. Le duc aussi resta silencieux : les objets autour de lui perdirent leur couleur, le Juif s'estompa. Il se voyait s'avançant d'une allure étrange, irréelle, le mage Gabriel tenant une de ses mains, Süss l'autre. Le Juif l'arracha à cette vision, l'entraîna vers d'autres questions ».[14]

12. Lotte Eisner, *L'écran démoniaque*, Paris, Éric Losfeld, 1965, rééd. Ramsay-Poche-Cinéma, 1985, Siegfried Krakauer, *De Caligari à Hitler*, Lausanne, 1973, Jean-Michel Palmier, *L'expressionnisme comme révolte*, Payot, 1978 et Freddy Buache, *Le cinéma allemand 1918-1933*, Hatier, 5 continents, 1985. En 1921-22, de nombreux films expressionnistes allemands développent le thème du double. Citons au moins trois chefs-d'œuvre réalisées cette même année : *Docteur Mabuse* de Fritz Lang, *Nosferatu le vampire* de Friedrich Murnau et *Le Montreur d'ombres* d'Arthur Robison.

13. Lion Feuchtwanger, *Le Juif Süss*, trad. française, Balland, 1978, p. 325.

14. *Ibid.* p. 101.

> « Pendant ce temps Süss se dirigeait vers Hirsau (...). Un souffle courait sur ses papiers quand il faisait des comptes, se glissait dans ses nuits, lui caressait le dos, quand il chevauchait, magnifique et haï, à travers les rues sur sa jument blanche, si bien que sa bête, nerveuse, se cabrait et hennissait. Il arriva que lui, le calculateur positif, qui voyait les choses nettement, nues, avec leurs contours réels, et les appelait par leur nom, tressaillait de frayeur en plein jour et haletait, les épaules levées comme pour parer un coup : un visage regardait par-dessus son épaule, vague, estompé, et c'était le sien ».[15]

L'ambiguïté est poussée assez loin par Lion Feuchtwanger qui associe en permanence les juifs et l'argent et utilise même à plusieurs reprises l'expression « s'insinuer » pour décrire le comportement de Suss.[16] Quant aux descriptions physiques, elles évoquent à plusieurs reprises les pires caricatures antisémites du moment. Les hommes juifs « se traînaient, voûtés, (alors que) leurs femmes, jolies, se fanaient vite ». Le sourire de Landauer était « un peu narquois » et ses mains étaient « maigres et exsangues ». Certes, Süss « constatait avec plaisir qu'il avait le nez grec » mais il avait aussi, d'après l'un des protagonistes du roman, les yeux d'une « bête de proie » et « le regard rapace du Juif ». Feuchtwanger n'innove pas beaucoup en la matière dans la mesure où le regard de Süss était déjà comparé à celui d'un rapace dans la nouvelle de W. Hauff. Mais le fait que le romancier juif reprenne à son compte certains éléments de l'imaginaire antijuif contribue à troubler certains lecteurs.

> « Dans les villes de Méditerranée et de l'océan Atlantique, les juifs étaient tout-puissants (...). Mais en Allemagne ils n'avaient qu'une situation précaire (...). Sous les extorsions raffinées du peuple et des autorités, ils menaient une vie étroite, misérable, obscure,

15. *Ibid.* p. 119.

16. Notamment « Et qui donc était capable comme lui de *s'insinuer* auprès des femmes (...) » p. 34, « Avec quelle aisance les mots lui jaillissaient des lèvres pour monter à l'assaut de l'adversaire, se jeter sur lui, *s'insinuer* par toutes les brèches et tous les points faibles » p. 55, « Remchigen ne pouvait souffrir les juifs, et celui-là, avec ses manières trop polies et *insinuantes*, lui était doublement antipathique. » p. 100.

soumis à tous les caprices. (...) Ils n'avaient droit ni à la terre nourricière, ni au ciel, ni à la verdure. Le vent se perdait dans les rues noires et puantes, leurs maisons hautes et enchevêtrées leur ôtaient la vue des nuages mobiles, de la voûte bleue. Les hommes se traînaient, voûtés, leurs femmes, jolies, se fanaient vite : sur dix enfants qu'elles mettaient au monde, il en mourrait sept. Ils n'étaient qu'une eau morte, saumâtre, coupée de la vie qui coulait au dehors, bannis de la langue, de l'art, de l'esprit des autres. (...) Ils l'avaient appris par expérience : dans l'insécurité, dans le vagabondage des hors-la-loi, une seule protection, parmi les sols mouvants, trompeurs, un seul terrain solide : l'argent (...) ».[17]

« Isaac Landauer portait le costume juif, papillotes, bonnet et cafetan, barbe et bouc roussâtre. (...) Isaac était le manieur d'agent le plus habile de toute l'Allemagne occidentale, en relation avec tous les banquiers, depuis les Oppenheimer de Vienne jusqu'aux capitalistes de Provence, depuis les riches négociants du Levant jusqu'aux argentiers juifs de Hollande et des villes de la Hanse. Renversé sur les coussins, dans une pose sans élégance, il cachait ses mains maigres et exsangues sous son cafetan. Un peu somnolent, les yeux à demi fermés, il observait avec un bon sourire, un peu narquois, son compagnon de voyage. »[18]

« Süss avait l'air très jeune et il était fier qu'on ne lui donnât en général que la trentaine, près de dix ans de moins que son âge. Quand il passait à cheval sur la promenade, les têtes se tournaient, il sentait des regards de femme dans son dos. Il soignait avec mille essences la peau d'un blanc mat qu'il tenait de sa mère, il constatait avec plaisir qu'il avait le nez grec (...). Il prenait bien soin de ne pas déformer en riant trop sa bouche, qu'il avait petite avec des lèvres pleines et très rouges, et il observait anxieusement dans son miroir la pureté de son front lisse, qui était pour lui la marque d'un gentilhomme. Il savait qu'il plaisait, avait besoin d'en avoir sans cesse de nouvelles preuves, et une femme, qu'il congédia après une seule nuit, lui resta chère toute sa vie pour avoir appelé ses yeux brun foncé, vifs et brillants "des yeux prenants" ».

« Harpprecht, secondé de Bilfinger, s'échauffait en parlant et Süss l'écoutait avec une attention polie. Mais soudain le juriste remarqua les yeux du financier, ces yeux de bête de proie, grands,

17. Lion Feuchtwanger, *Le Juif Süss*, Balland, 1978, rééd. Le Livre de poche 1980, p. 163-164.
18. *Ibid.*, p. 20.

ovales, avides, aux aguets, sans conscience. Que signifiaient pour de pareils yeux les mots liberté, constitution, loyauté, peuple ? Devant le regard rapace du Juif, que ne purifiait aucun idéal, toutes ces grandes choses se décoloraient pour n'être plus que de sottes rêveries de jeunesse et devenir ridicules ».[19]

Cités d'après la traduction de Maurice Rémon[20], ces extraits du roman *Le Juif Süss* montrent que Lion Feuchtwanger avait le sens du rythme et des détails. Dans un style incisif qui s'apparente à celui du meilleur journalisme, il parvient en effet à recréer, en quelques lignes, un climat et des situations complexes. En dépit d'une ambiguïté voulue, où les thèmes du double et du déguisement sont omniprésents, ce roman ne se distingue ni par un souffle épique ni par une grande finesse psychologique. L'érotisme frise parfois le grivois et les femmes en particulier, tout comme les personnages juifs, sont présentées de manière caricaturale. De plus, l'Orient apparaît comme un univers de contemplation et de renoncement, en opposition à un Occident présenté comme le monde de l'action et de la volonté. Les personnages sont dès le départ prisonniers du Destin et incapables de s'y soustraire. Süss, anti-héros devenu martyr, apparaît comme le médiateur entre Orient et Occident. Par fidélité au judaïsme, il repousse une conversion qui pourrait le sauver. Il n'en apparaît pas moins comme un homme cupide, fasciné par l'argent et le pouvoir, jusqu'à son tardif rachat. Et l'auteur a beau revendiquer l'objectivité, souligner à plusieurs reprises que Süss est le double du duc, assurer qu'il ne privilégie aucun point de vue, il trace un portrait somme toute bien peu positif des juifs. En décrivant ainsi ces derniers, au moment précisément où déferle une vague antisémite en Allemagne, il pousse fort loin le paradoxe et encourage nombre de lecteurs à épouser sa propre schizophrénie. Quelques critiques juifs américains soulignent d'ailleurs, au moment de la publication du roman, les dangers d'une ambiguïté cultivée à l'excès.[21] Mais ces réserves restent isolées et, dans l'ensemble, le

19. *Ibid.*, p. 35 et 109-110.

20. La traduction française de Maurice Rémon, Albin Michel, 1929, a été reprise en 1978 par Balland et, l'année suivante, par Le Livre de poche.

21. Lothar Kahn, *Insight and Action*, p. 124.

roman *Le Juif Süss* de Lion Feuchtwanger a été accueilli avec enthousiasme, tant par la critique que par le public.

Sacré « meilleur roman historique de l'année » (par *le Berliner Tageblatt*, dès mars 1925) le succès du livre a été foudroyant en Allemagne où on a vendu 40 000 exemplaires dès les premières semaines (200 000 exemplaires du livre sont vendus dans le pays natal de l'auteur avant son interdiction en 1933). Ce triomphe était inattendu et Lion Feuchtwanger en fut d'ailleurs le premier surpris, lui qui avait eu tant de mal à trouver un éditeur pour ce livre. En effet, son manuscrit n'avait été accepté qu'à la suite de plusieurs démarches infructueuses, deux ans après la publication d'une commande du même éditeur, *La Duchesse laide* (1923).

Vendu à plus de trois millions d'exemplaires, ce roman devient l'un des premiers « best-sellers » du XXe siècle. Il est traduit dans une trentaine de langues, notamment en hébreu, en yiddish, en russe, en japonais, en tchèque, en suédois, en estonien, en croate, en polonais, en roumain, en portugais, en catalan, en irlandais.

Le livre est paru dans une traduction anglaise : d'abord sous le titre *Power* aux États-Unis, en octobre 1926 et, en novembre 1926, sous le titre *Jew Süss* en Grande-Bretagne. La critique anglaise encense le roman historique et le dramaturge Arnold Bennett (1867-1931) joue un rôle de tout premier plan dans son triomphe outre-Manche : on en est au 23e tirage dès la fin de l'année (*Time Literary Supplement* du 6 janvier 1927).[22] Lion Feuchtwanger est reçu triomphalement en Grande-Bretagne à la fin de 1927. À cette occasion, il rencontre George Bernard Shaw et Ramsay MacDonald, Premier ministre en exercice.

Aux États-Unis, les superlatifs accompagnent également le lancement du livre : l'auteur est comparé aux plus grands écrivains, en particulier à Walter Scott et Alexandre Dumas (*New York Times Books*). Félicité par Sinclair Lewis, il bénéficie

22. Voir aussi les critiques du livre de L. Feuchtwanger dans *The Evening Standard* (13.1.1927) et *The Daily Mail* (19.12.1927).

également d'un accueil enthousiaste aux États-Unis lors d'une tournée de conférences, à la fin de 1932.[23]

En France, le livre est publié pour la première fois en 1929 chez Albin Michel dans une traduction de Maurice Rémon.[24]

Lu aujourd'hui, après la Shoah, le roman de Lion Feuchtwanger provoque chez certains lecteurs un réel malaise en raison de ses ambiguïtés. Il n'en est pas moins régulièrement réédité, tant d'ailleurs en français (1978, 1980, 1999), qu'en allemand (1981, 1984, 1991), en hébreu (1984), en anglais (1984, 1986, 1997), en espagnol (1990), en italien (1992) et même en russe (1992, 1996).

Lors de la première édition, le triomphe du roman de Feuchtwanger a été si considérable qu'il a vite suscité un regain d'intérêt pour le personnage historique de Joseph Süss Oppenheimer. En 1926, le dramaturge Curt Elwenspoek (1884-1959) lui consacre une biographie, plutôt anecdotique, où il insiste surtout sur la vie sentimentale du financier juif et réunit divers documents iconographiques : la plupart étaient déjà cités par Manfred Zimmermann dans sa thèse mais ils n'avaient pas encore été reproduits. L'historienne Selma Stern soutient de son côté, en 1929, une thèse d'histoire beaucoup plus sérieuse, fondée notamment sur des archives inédites du Wurtemberg. Elle présente ce travail comme une biographie du « premier juif émancipé d'Allemagne » et comme une « contribution à l'histoire allemande et juive ».[25] Le regain d'intérêt pour le personnage de Joseph Süss Oppenheimer ne s'est pas limité à l'histoire et à la littérature. Il s'est manifesté également, à la même époque, au théâtre.

23. W. E. Yuill, « Jud Süss : Anatomy of a Best-Seller » *in* John Spalek, *Lion Feuchtwanger, The Man, His Ideas, His Work*, Los Angeles, Hennessey and Ingalls, 1972 ; Lothar Kahn, *Insight and Action* ; Friedrich Knilli et Ziegfried Zielinski, « Lion Feuchtwangers "Jud Süss" und die gleichnamigen Filme von Lothar Mendes (1934) und Veit Harlan (1940) » *in Text + Kritik*, Munich, n° 79-80, octobre 1983, p. 102-104.

24. La réédition du livre en français, en 1978 chez Balland, reprend la traduction de Maurice Rémon.

25. Curt Elwenspoek, *Jud Süss Oppenheimer. Der Grosse Finanzier und galante Abenteurer des 18. Jahrhunderts*, Stuttgart, 1926, trad. anglaise de Edward Cattle, Londres, Hurst and Black, 1931. Selma Stern, *Jud Süss. Ein Beitrag zur deutschen und zur jüdischen Geschichte*, Berlin, Akademie Verlag, 1929, rééd. à Munich, en 1973.

Les représentations théâtrales (1929-1933)

Avant que Lion Feuchtwanger écrive en 1916-17 une pièce consacrée à la vie de Joseph Süss Oppenheimer, d'autres auteurs avaient déjà évoqué au théâtre l'itinéraire de ce personnage. À la fin des années 1920, le succès du roman historique relance la vogue des pièces sur le même sujet. C'est en Grande-Bretagne que la première adaptation théâtrale du roman allemand voit le jour, en 1929. Elle est signée par un critique et auteur dramatique renommé, Ashley Dukes (1885-1959)[1], qui s'est inspiré de la version théâtrale montée par L. Feuchtwanger en Allemagne à la fin de la Première Guerre mondiale.

Mise en scène par Matheson Lang et Reginald Denham, la pièce bénéficie des décors de Audrey Hammond et de la musique de Scarlatti. L'interprétation réunit des acteurs de premier plan, notamment Matheson Lang (Süss), Veronica Turleigh (Marie Auguste), Frank Harvey (Charles-Alexandre), Félix Aylmer (Weissensee), Joan Maude (Madeleine-Sibylle) et Peggy Ashcroft (Noémi)… L'adaptation est présentée d'abord à Blackpool, à partir du 29 juillet 1929, puis à Londres, à partir du 19 septembre de la même année, au Duke of York Theatre où elle remporte immédiatement un triomphe. Restée à l'affiche pendant quatre

1. Ashley Dukes (1885-1959), *Jew Süss*, Une tragi-comédie en cinq actes fondée sur le roman de L. Feuchtwanger, Londres, Martin Secker, 1929.

années consécutives, sans interruption, elle circule ensuite dans un grand nombre de villes du Royaume-Uni.

On la présente notamment au Gate Theatre de Dublin, en octobre 1931, avec une troupe d'acteurs réputée dirigée par Hilton Edwards et Michael Mac Liammoir et, dans le rôle du duc Charles-Alexandre, un adolescent américain de seize ans encore inconnu : Orson Welles. La performance du jeune homme qui séjourne alors pour quelques semaines en Irlande, plusieurs années avant la création du Mercury Theatre et la réalisation de *Citizen Kane* au cinéma, ne passe pas cependant inaperçue. Elle est en effet signalée par J. J. Hayes, correspondant irlandais du *New York Times*, qui assiste le 21 octobre 1931 à la première de la pièce. De son côté, Orson Welles a laissé un petit dessin esquissé de sa main où il s'est représenté dans le costume de Charles-Alexandre (Cf. document-ci-dessus). Ce n'est pas son premier rôle au théâtre, puisqu'il est monté sur les planches pour la première fois à dix ans, mais c'est sans doute son premier rôle important.[2] Ce qui l'a poussé à jouer dans cette pièce, outre son audace et son admiration pour la troupe d'acteurs, c'est le fait que la critique présentait alors fréquemment Süss comme « un personnage shakespearien ».[3]

Maurice Schwartz (1890-1960), qui a traduit, adapté et interprété l'œuvre de Lion Feuchtwanger au Yiddish Art Theatre

2. André Bazin, *Orson Welles*, Paris, Cerf, 1972, p. 24 *sq.*, Richard France, *The Theater of Orson Welles*, Associated University Press, Cranbury, 1977, p. 30-35 et Charles Higham, *Orson Welles*, Saint Martin's Press, New York, 1985, p. 57-59.

3. Edward J. Mac Donald, « The Theatre World and Illustred Stage Review », Londres, octobre 1929, p. 8, cité d'après F. Knilli et S. Zielinski, *op. cit.,* p. 105.

de New York, en octobre 1929, a moins de chance. En yiddish, la pièce est en effet un échec commercial. Elle quitte donc très rapidement l'affiche mais, quelques semaines plus tard, elle réapparaît dans un autre théâtre de New York, cette fois-ci en anglais et avec succès. Elle remporte également un certain succès en Allemagne dans une adaptation de L. Dammert et Ben Spanier lors de sa diffusion à la radio à Francfort, Kassel, Stuttgart et Fribourg.[4]

L'œuvre de Feuchtwanger est également adaptée au théâtre par Paul Kornfeld. Kornfeld (1892-1942) était un écrivain et dramaturge expressionniste de langue allemande, né dans une famille juive à Prague. Ami de Max Brod, Franz Werfel et Willy Haas, il était l'auteur de comédies et tragédies très appréciées dans le monde germanique, en particulier *Himmel und Hölle* montée en 1920 au Deutsches Theater de Berlin par Max Reinhardt. Dans le *Jud Süss* qu'il monte dans une mise en scène de Léopold Jessner et des décors de Caspar Neher, d'abord au Theater am Schiffbauerdamm de Berlin, le 7 octobre 1930, puis à Braunschweig, Kiel et Berne,[5] il présente Süss sous les traits d'un éternel errant. Dans cette version, le juif de cour devient une sorte de Don Juan insatiable et insatisfait, fasciné davantage par le duc qu'il admire que par l'argent qui n'est qu'un moyen parmi d'autres pour parvenir à ses fins. La pièce est en fait un plaidoyer pour l'intégration des juifs en Allemagne. C'est Ernst Deutsch (1890-1969), acteur spécialisé dans les rôles de juifs au théâtre et au cinéma,

4. *Theater Heute*, 2, 1988, p. 23-25, F. Knilli et S. Zielinski, *op. cit.*, p. 106, Sandra H. Hawrylchack, John M. Spalek, *Lion Feuchtwanger, op. cit.*, p. 364-365.

5. Paul Kornfeld, *Jud Süss*, tragédie en trois actes et un épilogue, Berlin, Osterheld und Co., 1930, rééd. *in Theater Heute*, 2, 1988, p. 29 *sq*. Claudie Villard, *op. cit.*, p. 150.

par ailleurs ami d'enfance de Paul Kornfeld, qui y tient le rôle de Süss Oppenheimer. (Cf. photographie page précédente.)[6]

Mais dans l'Allemagne de 1930, où la crise économique fait rage et où le parti nazi progresse rapidement (avec 107 sièges obtenus aux élections législatives de septembre 1930 il est déjà le second parti à l'Assemblée), le message de la pièce de Kornfeld est devenu inacceptable pour nombre d'extrémistes. Le film *Dreyfus*, réalisé par Richard Oswald en 1930, avec Fritz Kortner dans le rôle principal, Heinrich George et Bernhard Goetz dans des rôles secondaires, a d'ailleurs été, quelques mois auparavant, à l'origine d'affrontements violents. La presse nationaliste présente la pièce de Kornfeld comme une nouvelle « provocation juive » et les représentations donnent lieu rapidement à de violents affrontements entre manifestants et contre-manifestants.

Le camp nationaliste ne se contente pas d'empêcher les représentations de la pièce de Kornfeld. Le dramaturge et journaliste Eugen Ortner (1890-1947) monte de son côté à Breslau, le 18 novembre 1931, en réponse à la pièce de Kornfeld, sa propre version, nationaliste et antijuive, du *Juif Süss*. Cette version s'inspire essentiellement de la nouvelle de Wilhelm Hauff.[7]

Alors que la situation économique continue de se dégrader et que la décomposition de la République de Weimar s'accélère, la politisation de la vie culturelle devient chaque jour plus évidente. Si évidente qu'avant même l'avènement de Hitler, dès la fin de 1932, certains intellectuels décident de quitter l'Allemagne et de s'exiler à l'étranger. C'est le cas notamment des artistes juifs impliqués dans la pièce de 1930 : Paul Kornfeld retourne à Prague,

6. Ernst Deutsch, né à Prague, à joué tant à l'écran que sur les planches (avec Max Reinhardt) de nombreux personnages juifs. On le remarque notamment au cinéma dans *Le Golem*, de Paul Wegener et Carl Boese (1920) et dans *Baruch, Das alte Gesetz* de Emile-André Dupont (1923). Il était alors très connu et très apprécié en Allemagne.

7. Eugen Ortner, *Jud Süss. Ein deutsches Volkstück aus der Zeit des Absolutismus*, Geschriben 1911. Uraufführung Furth, 1933, Unveröff, Bünhnenskript. Dorothea Hollstein, *Antisemitische Filmpropaganda,* Die Darstellung des Juden im nationalsozialistischen Spielfilm, München-Pullach, Berlin, Verlag Dokumentation, 1971, note 168 p. 326, Régine Mihal Friedman, *L'Image et son Juif*, p. 151, et Barbara Gerber, *Jud Süss*, p. 284 et 296.

Léopold Jessner s'installe en Californie après un bref détour en Palestine et Ernst Deutsch part pour Londres puis Hollywood, après des étapes à Prague, Vienne, Zurich et Bruxelles. De son côté, Lion Feuchtwanger, dont le nom apparaît dès août 1932 sur la liste noire du *Völkischer Beobachter*, le principal quotidien des nazis, entame une tournée de conférences aux États-Unis. Il y stigmatise le « style littéraire » de *Mein Kampf* et les « bandits nazis ». Au lendemain des élections législatives allemandes du 6 novembre 1932, où les nazis perdent environ deux millions de voix et 34 sièges, il prophétise maladroitement, tout comme Léon Blum en France, le déclin irréversible de Hitler et du nazisme.[8] On ne le lui pardonnera pas. Peu après l'arrivée de Hitler à la Chancellerie, en mars 1933, alors qu'il poursuit sa tournée en Amérique, la police allemande investit sa maison à Berlin, confisquant ses biens, pillant sa bibliothèque, ses manuscrits et ses notes personnelles. Son éditeur (Ullstein) prend de son côté l'initiative, sans même le consulter, de retirer tous ses livres de la vente et il détruit les volumes déjà imprimés de son dernier ouvrage en raison « de ses attaques répétées contre le nouveau régime ».

Le 9 avril et le 10 mai 1933, les livres de Lion Feuchtwanger sont publiquement brûlés, avec ceux d'auteurs proscrits, dans les autodafés érigés dans les universités allemandes et sur la place de l'Opéra, à Berlin. Goebbels présente à diverses reprises, dans les meetings et sur les ondes de la radio, l'écrivain comme un « ennemi du peuple allemand ». Son nom figure également, le 23 août 1933, sur la première liste d'hommes politiques et d'intellectuels déchus de la nationalité allemande.[9]

Dans ces conditions, il n'est pas question pour Feuchtwanger de rentrer en Allemagne où sa vie serait menacée. Après une courte étape en Suisse où il retrouve sa femme, qui a quitté l'Allemagne de son côté *via* l'Autriche, il s'installe à la fin avril 1933 dans le Sud de la France, à Sanary près de Toulon, où résident déjà d'autres émigrés du monde des arts et des lettres, notamment

8. *New York Times* du 7 février 1933, cité d'après Lothar Kahn.

9. Postface de Jean-Claude Capèle *in* Lion Feuchtwanger, *Le Diable en France*, Belfond, 1996, p. 222-223.

ses amis Bertold Brecht, Bruno Frank, Alfred Kantorowitz, Arnold Zweig, Klauss et Erica Mann.

Avant même le triomphe du régime nazi, la vie de Joseph Süss Oppenheimer pouvait être appréhendée de manière radicalement différente en Allemagne. Elle relevait moins de la vérité historique que des options philosophiques et politiques de ceux qui l'évoquaient. La querelle des interprétations déborde progressivement les frontières de l'Allemagne puisque le succès de la pièce adaptée par A. Dukes en Angleterre et aux États-Unis s'explique aussi en grande partie par la montée en puissance du nazisme.

En juin 1933, quelques jours après la mise en application des premières mesures antijuives dans l'Allemagne nazie, *Le Juif Süss* de Feuchtwanger est monté pour la première fois en Palestine par la troupe de théâtre Habima. L'histoire a été traduite et adaptée en hébreu par Mordekhai Avi-Shaul. Ce militant socialiste, né en Hongrie en 1898, était « monté » en Palestine en 1921. Professeur, écrivain et critique littéraire, il est surtout célèbre pour ses traductions en hébreu d'écrivains de langue allemande, notamment Goethe, Thomas Mann, Stefan Zweig et Bertold Brecht. La pièce de Feuchtwanger qu'il a également traduite est jouée tout d'abord à Tel-Aviv, puis à Jérusalem et Haïfa. Habima l'a présentée ensuite dans divers kibboutzim et théâtres ruraux de Palestine, notamment en décembre 1934 à Ain Tabun, une ville située entre Tibériade et Haïfa.[10] Les spectateurs sont enthousiastes et la pièce remporte partout un vif succès. Il faut préciser que ce succès est lié au développement des mesures antijuives en Allemagne nazie et dans certains pays d'Europe. C'est aussi par solidarité avec les victimes de l'antisémitisme que s'ouvre, à la même époque en Angleterre, le chantier d'une première version cinématographique s'inspirant du roman de Lion Feuchtwanger consacrée à Joseph Süss Oppenheimer.

10. Erich Gottgetreu, « Jew Süss in Palestine » *in Egyptian Gazette*, Le Caire, 24.12.1934 et Margarete Pazi, « Zwei Kaum bekannte "Jud Süss" Theaterstücke » (P. Kornfeld und M. Avi-Shaul) *in Lion Feuchtwanger* de Walter Huder et Friedrich Knilli, Berlin, Publica, 1985, p. 111-121.

Jew Süss / Power : Le film anglais de Lothar Mendes (1934)

En avril 1933, les autorités nazies appellent au boycott des commerces juifs. Des incidents violents éclatent dans différentes villes d'Allemagne et on brûle publiquement des livres écrits par des auteurs juifs. Avec la loi du 7 avril 1933, les juifs sont exclus de la fonction publique, de l'Université, et de toutes sortes de professions, notamment le journalisme, la publicité et l'édition. L'industrie du cinéma est également totalement interdite aux juifs.

Ces mesures provoquent une vive émotion hors d'Allemagne. Pendant plusieurs semaines, manifestations de solidarité et meetings de protestations se multiplient un peu partout dans le monde. Ce mouvement de sympathie à l'égard des victimes de la « barbarie nazie » est à l'origine d'une production artistique dénonçant l'antisémitisme. En France, on enregistre une multiplication d'écrits sur ce thème et trois pièces de théâtre sont à l'affiche en juin 1933 à Paris : *La maison d'Israël* de Matéï Rousso, *Les Juifs* de Tchirikoff, et *Ézechiel* d'Albert Cohen.[1]

1. Trois autres pièces sur le même thème juif sont montées dans la capitale en octobre-novembre 1933. Soulignons d'autre part que dès le 16 mai 1933, Pils et Tabet interprètent une chanson très populaire, *La fille à Lévy*, dans le cadre d'un gala organisé par le Comité de défense des juifs persécutés en Allemagne.

Aux États-Unis, le milieu du cinéma exprime également sa solidarité aux juifs d'Allemagne. Darryl Zanuck met en chantier *House of the Rothschild* (1933), un film réalisé par Alfred Werker (1896-1975), avec l'acteur anglais George Arliss dans le rôle principal. Le film raconte l'histoire de la famille Rothschild tout en dénonçant « la permanence des préjugés antijuifs ». Il y a plusieurs anachronismes significatifs dans ce film, notamment la scène du pogrome à Francfort qui fait référence aux troubles de l'Allemagne hitlérienne. Toujours est-il que le film, en prise directe avec l'actualité, remporte un vif succès dans plusieurs pays et décroche même, en Grande-Bretagne, pendant plusieurs semaines, la première place au box-office.

Au même moment, dans le cadre d'une vaste offensive visant à remettre en question « l'hégémonie hollywoodienne » en Europe, le cinéma anglais met plusieurs films à thèmes juifs en chantier. Dès juillet 1933, on projette *Loyalties* dans plusieurs salles de Londres. C'est un film curieux et peu connu de Basil Dean[2], où Basil Rathbone, spécialiste des rôles de crapules et de traitres dans le cinéma anglais, incarne Ferdinand De Levis, un personnage somme toute fort peu sympathique.[3] Et bien que le personnage soit présenté comme un juif assimilé il apparaît en fait comme un juif religieux et typé. Il est donc tout désigné pour devenir la victime de l'antisémitisme ordinaire, même si l'action du film se situe dans les salons feutrés et les propriétés cossues de l'aristocratie anglaise.

L'affaire débute par le vol d'une forte somme d'argent appartenant à De Levis, dans sa chambre, lors d'un week-end entre personnes de bonne compagnie. Comme le voleur ne peut être

2. Basil Dean (1888-1978) est une figure centrale du théâtre anglais. Il est aussi l'un des fondateurs des Ealing Studios au moment de l'apparition du cinéma parlant. Devenu réalisateur et producteur de cinéma dans les années 1930, il revient au théâtre par la suite. Partisan d'un cinéma national anglais, il dénonce l'internationalisme des films d'Alexandre Korda. *Cf.* Basil Dean, *The Mind's Eye : An Autobiography 1927-1972*, Londres, 1972.

3. Basil Rathbone (1892-1967) est un acteur de théâtre et de cinéma qui tient des rôles antipathiques dans d'autres films, notamment *David Copperfield* (George Cukor, 1935), *Capitaine Blood* (Michael Curtiz, 1935) et *Le Signe de Zorro* (Rouben Mamoulian, 1940).

que l'un des invités, la situation devient rapidement assez embarrassante. Pour éviter un scandale, on presse donc la victime de garder le silence et, en échange, on lui promet l'accès à un club prestigieux dont, normalement, les juifs sont bannis. De Levis hésite, puis finit par accepter la proposition à contre-cœur ; mais la promesse n'est pas tenue. Et comme il est toujours ostracisé, il décide finalement de briser la loi du silence en portant plainte. Mal lui en prend ! À la fin du film, il se retrouve en effet plus isolé et plus rejeté encore qu'auparavant.

Construit entièrement autour de la « question juive », le film s'inspire d'une pièce de John Galsworthy, célèbre chroniqueur de la société anglaise et prix Nobel de littérature en 1932, auteur également du scénario du film. Plutôt caricatural sur le plan psychologique et techniquement médiocre, ce film n'en remporte pas moins un certain succès en Grande-Bretagne. Il est en revanche mal accueilli aux États-Unis et, en raison du sujet, peu diffusé dans le reste de l'Europe.[4]

4. Critiques du film *in Variety Film Review* (New York) des 1.8.1933 et 6.11.1934 et *in L'Univers israélite* (Paris) du 16.3.1934.

Il en va de même pour un autre film anglais à thème juif réalisé au même moment : *The Wandering Jew (Le Juif errant).* Projeté à Londres à partir de février 1934, *The Wandering Jew* raconte l'histoire du Juif errant. Ce personnage aurait été condamné à errer à travers les siècles pour avoir ignoré la souffrance du Christ. Le film de 1934 n'est pas la première représentation cinématographique de cette légende chrétienne. C'est en effet un « remake » car le réalisateur, Maurice Elvey[5], avait déjà filmé dix ans auparavant, en 1923, une première version sans son de cette légende médiévale devenue très populaire dans la seconde partie du XIXe siècle.[6] Les deux films de Maurice Elvey s'inspirent d'une pièce anglaise de E. Temple Thurston. Dans la version de 1933, le rôle du Juif errant (Matathias-Ahasver) a été confié à Conrad Veidt.

Conrad Veidt (1894-1943), formé à l'école du théâtre de Max Reinhardt, est une star du cinéma expressionniste allemand. Il est connu grâce à son interprétation saisissante et poétique de Cesare dans *Le Cabinet du docteur Caligari*, réalisé par Robert Wiene en 1919. Installé en Grande-Bretagne en 1933, il entame une nouvelle étape dans sa carrière. Celle-ci le conduira en 1940 à Hollywood où, en raison de sa notoriété et d'un fort accent allemand, on le cantonnera dans des rôles de nazis démoniaques. Son interprétation du major Strasser dans *Casablanca* (Michael Curtiz, 1943), aux côtés notamment d'Humphrey Bogart et d'Ingrid Bergman, est dans la mémoire de tous les cinéphiles.[7] Sa présence dans *The Wandering Jew*, un film de 1933 qui met

5. Maurice Elvey (1887-1967), producteur et réalisateur au total de plus de 200 films, est surtout connu pour *The Hound of Baskerville* (1921), sa série de Sherlock Holmes la même année et *Beware of Pity* (Amour tragique) avec Lilli Palmer et Cedrick Hardwicke (1945). En dehors des deux versions de *The Wandering Jew* (1923 et 1933), il a réalisé d'autres films à thème juif : *Esther* (1916) et *The Grit of a Jew* (1917)... Les premiers films de M. Elvey ont été étudiés par Denis Gifford dans *Griffithiana*, Pordenone, n° 60-61, octobre 1997, p. 77-125.

6. Richard I. Cohen, *Jewish Icons*, Berkeley, University of California Press, 1998 et le catalogue de l'exposition *Le Juif errant*, Musée d'art et d'histoire du judaïsme, Paris, Les éditions Adam Biro, 2001.

7. Herbert Holba, « Conrad Veidt : from Caligari to Hollywood » *in Focus on Film*, n° 21, summer 1975, p. 27-46, Jerry C. Allen, *Conrad Veidt. From Caligari to Casablanca,* Los Angeles, Pacific Grove, The Boxwood Press, 1987, rééd. 1993, et Wolfgang Jacobsen, *Conrad Veidt. Lebensbilder*, Berlin, Argon, 1993.

CONRAD VEIDT AS JEW SÜSS

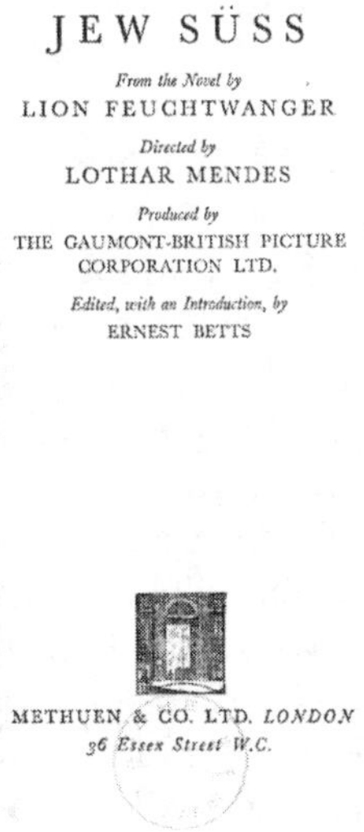

JEW SÜSS

From the Novel by
LION FEUCHTWANGER

Directed by
LOTHAR MENDES

Produced by
THE GAUMONT-BRITISH PICTURE CORPORATION LTD.

Edited, with an Introduction, by
ERNEST BETTS

METHUEN & CO. LTD. *LONDON*
36 Essex Street W.C.

en évidence la persécution des Juifs à travers le temps, en Palestine à l'époque du Christ, dans l'Angleterre des Croisades, dans l'Italie médiévale et sous l'Inquisition espagnole, donne au film, surtout avec le recul, un aspect résolument antinazi. Quelques semaines plus tard, on retrouve le même acteur dans un autre film anglais du même esprit : *Jew Süss*. C'est la première version cinématographique de la vie de Joseph Süss Oppenheimer. (Cf. photographie ci-dessus.)

Jew Süss de Lothar Mendes, réalisé en 1934 d'après le roman de Lion Feuchtwanger, est le plus ambitieux des trois films à thème juif tourné en Angleterre après l'accession de Hitler au pouvoir. C'est celui également qui a eu le plus grand retentissement. Il avait été envisagé avant les deux films anglais à thème juif dont il vient d'être question. En effet, l'idée d'entreprendre un film sur la vie de Jospeh Süss Oppenheimer s'impose dès le triomphe, en 1926, du roman de Lion Feuchtwanger en Angleterre. En décembre 1927, l'écrivain allemand vend même fort cher les droits d'une adaptation cinématographique de son livre à Ludwig Blattner. Ce contrat le chargeait, en outre, de superviser lui-même la réalisation du film.

Une autre version cinématographique, inspirée de la nouvelle (libre de droits d'auteur) de Wilhelm Hauff, est également mise en chantier peu de temps après en Allemagne. Le projet est même très avancé puisqu'une publicité, diffusée dans la presse professionnelle en février 1930, présente le début du tournage comme étant imminent. Produit par Gold Sprechfilm, ce film devait être réalisé par Conrad Wiene, le frère de Robert Wiene qui signe en 1919 *Le Cabinet du docteur Caligari* avec Conrad Veidt. Le rôle principal était attribué à l'acteur juif Fritz Kortner.[8] Mais, pour diverses raisons, ce film ne vit jamais le jour.

Les divers facteurs qui se sont conjugués pour empêcher la réalisation du film en Allemagne sont les mêmes qui retardent la mise en chantier du film en Angleterre. Le plus déterminant, outre la montée en puissance de l'antisémitisme en Europe, est l'apparition du parlant. Après des débuts difficiles en 1927 aux États-Unis, le cinéma parlant tue progressivement le cinéma muet. Il se développe aussi bien en Angleterre qu'en Allemagne, surtout à partir de 1929. Tant sur le plan technique que sur le plan juridique et financier, le passage du muet au parlant pose toutes sortes de problèmes, si bien que les producteurs de cinéma redoublent alors de prudence et retardent leurs projets les plus ambitieux.

Le son est en effet à l'origine de nouvelles contraintes pour les prises de vue. Au départ, il entraîne aussi un recul du langage cinématographique en figeant la caméra, enfermée désormais dans une boîte hermétique pour éviter le bruit du moteur. On a donc tendance au début du parlant à éviter les films bavards et les adaptations de textes littéraires, d'autant qu'il est indispensable de renégocier juridiquement et financièrement les droits d'auteur.

Cela n'a pas été une mince affaire pour Gaumont-British, producteur de *Jew Süss* en 1934, dans la mesure où l'accord signé en 1927 avec Feuchtwanger ne suffisait plus. Après le triomphe de la pièce de Dukes au théâtre (1929), il fallait aussi obtenir,

8. *Filmwoche*, n° 7, 12 février 1930 p. 221 et *Film-Journal* (Berlin), 17-2, avril 1930, p. 27. Citations d'après Dorothea Hollstein, *op. cit.*, note 166, p. 326 et Susan Tegel, « The Politics of Censorship : Britain's "Jew Süss" (1934) in London, New York and Vienna », *Historical Journal of Film, Radio and TV*, Londres, vol. 15, n° 2, juin 1995, note 13, p. 241.

moyennant finances, l'accord de Martin Secker, éditeur de l'adaptateur. De plus, en période de crise économique, alors que les budgets des films parlants avaient tendance à exploser, il était très risqué de se lancer dans une production de cette envergure sans envisager plusieurs versions, en différentes langues, et au moins une co-production avec une firme européenne. De tels accords ont bien été négociés, notamment en France avec la firme Pathé-Natan mais, pour des raisons qui nous échappent, ils n'ont jamais abouti. À la fin de 1932, Gaumont-British se lance donc seul, sans co-production avec un pays étranger, dans l'aventure de *Jew Süss*.

Si on en croit Ernest Betts, qui édite et introduit la publication du scénario en 1935, c'est Lothar Mendes, auteur du premier synopsis et réalisateur de *Jew Süss*, qui est à l'origine de ce film.[9] Lothar Mendes (1894-1974) est un Juif allemand qui, après avoir débuté comme acteur dans la troupe de Max Reinhardt, est devenu réalisateur de cinéma. Il tourne d'abord à Vienne, puis à Berlin et s'installe à Hollywood en 1926.[10] En 1930, il s'enthousiasme pour la pièce de Dukes après avoir assité à une représentation à New York. Il cherche aussitôt à monter une version cinématographique à Hollywood mais il ne réussit pas à convaincre les responsables des grands studios américains. En août 1932, alors qu'il se trouve en vacances à Londres, il propose son synopsis à Gaumont-British. La compagnie se déclare intéressée et, quelques semaines plus tard, Michael Balcon, directeur de production à Gaumont-British et l'un des principaux producteurs du cinéma anglais[11], parvient à imposer le projet aux frères Ostrer qui apparaissent alors comme

9. Ernest Best *in* Arthur Richard Rawlinson et Dorothy Farnum, *Jew Süss*, Londres, Methuen, 1935, rééd. Garland Classics of Film Literature, New York, 1978.

10. Il signe notamment en 1925 *L'Amour aveugle* (Liebe macht blind) avec Lil Dagover et Conrad Veidt et, en 1931, *Le Monsieur des dames* (Ladies' Man) avec William Powel, Kay Francis et Carole Lombard.

11. Michael Balcon (1896-1977) a produit 350 films. Il a été notamment producteur d'Alfred Hitchcock, Robert Flaherty, Charles Crichton, Robert Hamer et Alexandre Makendrick. Il a également aidé au sein du BFI de nombreux réalisateurs débutants, en particulier Ken Russell, Ridley Scott et Stephen Fears. *Cf.* Michael Balcon, *A Lifetime in Films*, Londres, Hulchinson, 1969 et Geoff Brown and Laurence Kardish (dir.), *Michael Balcon : The Pursuit of British Cinema*, The Museum of Modern Art, New York, 1984.

les véritables patrons de Gaumont-British. C'est l'époque où *La vie privée de Henry VIII*, un film anglais d'Alexandre Korda avec Merle Oberon et Charles Laughton, oscar du meilleur acteur en 1933, triomphe et où, après l'arrivée de Hitler au pouvoir, la propagande antinazie s'intensifie. Lion Feuchtwanger est contacté en mars 1933 par Sydney Gilliat, scénariste à Gaumont-British, alors qu'il est encore en Suisse. Se présentant comme un émissaire personnel du Premier ministre anglais Ramsay MacDonald, Gilliat suggère à l'homme de lettres d'écrire une nouvelle originale dont on pourrait s'inspirer pour en tirer un scénario antinazi.

L. Feuchtwanger se met aussitôt au travail et, deux mois plus tard, il achève *The Oppermanns* devenu, sous la plume de Franz Schultz, *A German Tragedy*, un scénario de film pour Gaumont-British. Ce récit décrit l'engagement progressif d'un médecin juif exclu de son travail après l'arrivée des nazis au pouvoir. Le projet de film est toutefois rapidement remis en question principalement pour deux raisons : d'une part parce que Gaumont-British juge le scénario peu convaincant et d'autre part parce que la firme de cinéma estime que la réalisation d'un film sur ce thème a de fortes chances d'attiser les tensions et les divisions politiques en Angleterre. Peu de temps auparavant, de violents affrontements avaient en effet opposé juifs et fascistes à Leicester Square. C'est la raison invoquée explicitement par le British Board of Film Censors, le 10 mai 1933, lorsqu'il écarte définitivement ce projet de film. Le récit de Feuchtwanger est donc publié sous forme d'une simple nouvelle, d'abord à Amsterdam, sous le titre *Geschwister Oppenheim*, puis à Paris, Londres et New York où il obtient immédiatement un grand retentissement.[12] C'est seulement en 1938 que Grigori Roshal réalise, en URSS, un film antifasciste à partir de cette nouvelle.[13]

Le 2 novembre 1933, six mois après que la censure anglaise eut refusé la mise en chantier d'un film inspiré par *The Oppermanns*,

12. Précisons que la nouvelle a été publiée sous le titre *The Oppermanns* en anglais et *Les Opperman* en français (traduction de Maurice Rémon), Albin Michel, 1934.

13. Grigori Roshal (1899-1983), ancien acteur du théâtre Habima, a d'abord réalisé deux films yiddish muets en URSS, *His Exelency /Son Exellence* (1928) et *A Man from the Shtetl* (1930), avant de devenir un illustrateur « dans la ligne »

Gaumont-British obtient l'aval de ces mêmes autorités pour adapter *Le Juif Süss* au cinéma. Ce qui a poussé les censeurs anglais à accepter ce scénario alors qu'ils refusaient pratiquement au même moment plusieurs projets de films antinazis, c'est le fait que le roman et la pièce de Lion Feuchtwanger, écrits bien avant l'accession de Hitler au pouvoir, étaient déjà connus d'un large public. Dans ces conditions, le film risquait moins, d'après eux, d'être pris pour de la propagande politique.[14] Le scénario du *Juif Süss* pouvait en effet laisser espérer la réalisation d'un drame historique à costumes, tout à fait dans la lignée de *La vie privée de Henry VIII*. Les fonds considérables engagés par les producteurs pour ce film devaient déboucher sur la réalisation d'un film de prestige susceptible de toucher un très large public. Le coût final du projet dépasse les 100 000 livres, ce qui est alors tout à fait exceptionnel et fait même de cette production le film anglais le plus cher de l'époque.

Le tournage du film a réuni 214 techniciens, six caméramen et une pléiade d'acteurs pendant près de cinq mois. Quatre plateaux ont été mobilisés simultanément par les meilleurs spécialistes du moment. Le film bénéficie aussi des décors d'Alfred Junge qui reconstituent l'immense palais du duc, la maison de Süss avec son jardin d'hiver et le ghetto de Francfort, avec ses ruelles étroites et ses maisons penchées.[15] L'enveloppe

du Parti communiste au cinéma. Son film *The Oppermanns /La Famille Oppenheim* passe à New York à partir de mai 1939 mais sa diffusion est brusquement interrompue, en août 1939, au lendemain de la signature du pacte germano-soviétique. *Cf. New York Times* du 24 mai 1939, *Variety* du 31 mai 1939 et Peter Kenez, « Jewish Themes in Stalinist Films, *in Judaïsm*, vol. 45, n° 179, été 1996, p. 277-284.

14. James C. Robertson, *The Hidden Cinema : British Film Censorship in Action (1913-1975)*, Londres, Routledge, 1989, rééd. 1993, p. 60-62, et Jeffrey Richards, « The British Board of Film Censors and Content Control in 1930s : Foreign Affairs », *in Historical Journal of Film Radio and TV*, vol. 2, n° 1, 1982, p. 39 *sq*.

15. Alfred Junge (1886-1964) est un décorateur expressionniste allemand qui, après avoir travaillé pour l'UFA à Berlin, s'est établi à Londres. Il y a travaillé pour Ewald-André Dupont (*Piccadilly*, 1929), puis Alfred Hitchcock (*L'Homme qui en savait trop*, 1934) et Sam Wood (*Good Bye Mr. Chips*, 1939)... Il est surtout connu pour les films de M. Powell et E. Pressburger, notamment *Colonel Blimp* (1943) et *Le Narcisse noir* qui, en 1947, remporte l'Oscar des meilleurs décors.

des costumes créés par Herbert Norris a englouti à elle seule presque 20 % du budget du film : le séducteur Veidt-Süss a des costumes étincelants et les femmes qui l'entourent changent également fréquemment de toilettes. Les costumes jouent à plusieurs moments un rôle déterminant dans la diégèse même du film : lors de la première rencontre à Wilbad, Süss prête un costume à Charles-Alexandre ; Seligman, accusé de meurtre rituel, est fripier et Michèle, la mère de Süss, accueille son fils en héros, lui déclarant : « Je suis si fière de toi. Tu as un si beau costume. » Après la mort de sa fille, Süss porte ostensiblement le deuil et ses habits deviennent de plus en plus dépouillés. Les costumes donnent donc constamment un sens et une orientation au récit. (Cf. photographies page précédente et ci-dessus)

L'image du directeur de la photographie, Bernard Knowles, joue surtout sur les contrastes du noir et blanc et sur l'alternance du jour et de la nuit.[16] Elle met également en valeur les éclairages

16. Bernard Knowles (1900-1975) a été, après *Jew Süss,* directeur de la photo de plusieurs films d'Alfred Hitchcock, notamment en 1935 *Les 39 marches* et en 1936 *Young and Innocent*, avant de devenir réalisateur et critique de cinéma.

aux bougies, les lumières plus violentes, notamment dans la séquence où un feu d'artifice est tiré en l'honneur du mariage du duc et de la duchesse, et les ombres qui envahissent les murs comme à la grande époque des films expressionnistes muets. La musique du compositeur Louis Levy type les divers milieux dans lesquels Süss évolue : le monde juif avec ses prières et ses chants religieux, celui des nobles, des bals et de la cour avec sa musique légère, celui de la fête et de la séduction avec l'opéra et la musique classique lorsque le financier apparaît dans son propre hôtel particulier.

Après plusieurs semaines de montage, le film est achevé en juin et il est soumis le mois suivant à une autre instance de censure. Pour des questions liées à la moralité, cette instance de censure réserve le film à un public adulte. Le lancement du film est ensuite soigneusement programmé. La première est organisée simultanément à Londres, New York et Toronto, le 4 octobre 1934. À Londres, la soirée de gala se déroule au Tivoli Théâtre, en présence du prince George (futur duc de Gloucester), de la reine Marie de Roumanie, de Lion Feuchtwanger venu spécialement en Grande-Bretagne à cette occasion, et de l'équipe technique et artistique du film au grand complet. À New York la première du film a lieu au Radio City Music Hall (présenté avec ses 6 200 places comme « le plus grand théâtre du monde »), en présence du réalisateur Charlie Chaplin, du physicien Albert Einstein, du dramaturge Berthold Viertel et d'un aréopage d'intellectuels et d'artistes antifascistes. On refuse beaucoup de monde ce jour-là.[17]

Avant de chercher à mesurer l'impact du film et d'analyser la manière dont il a été accueilli, nous allons tenter d'en dégager les traits spécifiques. Le film de Lothar Mendes reste assez proche du roman de Feuchtwanger, dont le nom figure dans les premières images du générique. Cette fidélité au roman est d'ailleurs gênante pour les spectateurs qui, n'ayant pas lu le roman, ont eu parfois du mal à comprendre l'enchaînement, l'enjeu et la logique de

17. Susan Tegel, « The Politics of Censorship », *op. cit.,* p. 225 *sq.* et L. Kahn, *op. cit.,* p. 177 *sq.* Selon *Motion Picture Daily,* le film aurait rapporté pour cette seule journée du 4 octobre 1934 15 480 dollars.

certaines séquences. D'autant que le nombre élevé de personnages (plus de cinquante), même s'il est moins important que dans le roman, ne contribue pas à simplifier les choses.

Autour de Joseph Süss (Conrad Veidt), on retrouve dans le film plusieurs personnages déjà décrits dans le roman : Noémi, la fille de Süss (Pamela Ostrer), Michèle, la mère de Süss (Haidee Wright), Rabbi Gabriel, l'oncle de Süss (Cedrick Hardwicke), Isaac Landauer (Paul Graetz), le collègue et ami de Süss, le conseiller Weissensee (Gerald du Maurier) et sa fille, Madeleine Sibylle (Joan Maude). Les personnages secondaires sont interprétés par des acteurs populaires du théâtre et du cinéma anglais, notamment Percy Parsons, James Raglan, Sam Livesey, Eva Moore et Mary Clare... Ils incarnent des personnages fictifs ou historiques, notamment Charles-Alexandre, duc de Wurtemberg (Frank Vosper), Remchingen (Francis L. Sullivan) et Thurne et Taxis (Campbell Gullan). Mais Lothar Mendes a pris soin d'éliminer quelques personnages secondaires du roman et il a gommé des passages ambigus sur les juifs. Il a mis l'accent sur Süss lui-même dont il a fait le véritable pivot du film en le faisant apparaître dans presque toutes les séquences. Il a aussi mis en valeur les relations contradictoires, admiration réciproque et compétition permanente, qui lient Süss à Charles-Alexandre. Le duc est donc lui aussi très présent à l'écran alors qu'il n'était pas si central dans la nouvelle de Hauff. Dans le film anglais, il apparaît certes comme un homme sympathique mais aussi comme un être faible, incapable de résister à ses pulsions pour l'alcool, le jeu et les femmes. Le film fait apparaître une complémentarité tant physique que psychologique entre Süss : – grand et anguleux, cérébral et calculateur – et Charles-Alexandre – petit et gras, animal et sanguin. Bien plus que dans le roman de Feuchtwanger, on suggère une relation amoureuse entre Süss et Marie-Augusta, la belle duchesse (Betina Hume). Le jeu stylisé des acteurs, en particulier celui de Conrad Veidt et Paul Graetz, la présence de plusieurs techniciens allemands, le rythme lent de l'histoire, la sophistication des costumes et des décors, le choix des éclairages et des cadrages évoquent irrésistiblement l'expressionnisme allemand de la grande époque du cinéma muet.

Il n'est pas véritablement utile de résumer l'intrigue du film qui, comme le roman, joue constamment sur l'ambivalence des situations et des sentiments.[18] Nous allons en revanche reproduire, en le commentant, le texte d'un prospectus publicitaire en français, distribué à Paris en novembre 1934, à l'occasion du lancement du film :

> « Au XVIIIe siècle, le Wurtemberg était un petit État gouverné par un duc héréditaire. C'était une époque de brutalité et d'intolérance universelle. Les Juifs surtout étaient opprimés et mis à l'index. Joseph Süss Oppenheimer, riche marchand israélite, rêvait d'accéder au pouvoir, pour rehausser le prestige de l'État et renverser, une fois pour toutes, les barrières du Ghetto.
>
> Après avoir rendu quelques services au prince Charles-Alexandre, grand général, très populaire, Joseph Süss devient son conseiller financier lorsque Charles-Alexandre prend le pouvoir à la suite de la mort du duc régnant resté sans descendance. Joseph Süss met dès lors toute son ambition pour capter l'entière confiance de son maître. Il lui apprend son métier de souverain, le conseille habilement, flatte ses goûts de débauche et gouverne effectivement à sa place. Il sauve ainsi les Juifs menacés de mort pour des crimes qu'ils n'avaient pas commis.
>
> Acclamé par ceux de sa race comme un sauveur, il apprend par sa mère qu'il n'est pas juif, mais qu'il est le fils d'un maréchal chrétien. Il part chercher conseil auprès de sa propre fille qu'il tient éloignée de cette cour dissolue. Or, un conseiller du duc qui nourrit une haine personnelle contre Joseph Süss, [car à cause de lui] sa fille est devenue la maîtresse du duc, apprenant la retraite de la fille de Süss, décide de le frapper dans ce qu'il a de plus cher. À l'insu de Süss, il met Charles-Alexandre en présence de sa fille dans le lieu solitaire où elle habite ; mais la jeune fille, épouvantée par les avances du duc, s'enfuit et, dans sa course, fait une chute mortelle.
>
> Le duc explique à Süss qu'il n'est pas responsable du malheur qui est arrivé, et pour lui prouver son amitié, il le nomme ministre des Finances. Joseph Süss n'a qu'une seule pensée : se venger de Charles-Alexandre. Il le perd en décrétant une odieuse charge fiscale, et en suggérant un coup d'État qui doit donner au duc le pouvoir absolu, en violant la Constitution. Charles-Alexandre tombe dans le piège, et la manœuvre est déjouée par les soins de Joseph Süss qui dénonce le complot. Le duc, dont la santé laisse à désirer depuis quelques temps, se voyant déchu et abandonné, meurt d'épouvante.

18. D'autant que Régine M. Friedman a fort bien résumé les grandes séquences de ce film dans *L'Image et son Juif*, p. 156-164.

> Dès lors rien ne retient Süss à la vie, si ce n'est le souvenir de sa fille qu'il veut aller retrouver. Il se fait arrêter comme coupable. Condamné à mort, il doit être pendu dans une cage à trente mètres de hauteur. Il marche fièrement au supplice, sous les injures et les cris de ses ennemis, entourés de ceux pour qui il a lutté, et qui pourtant n'étaient pas de sa race. L'œuvre de Joseph Süss est restée inachevée, mais son histoire demeure ».[19]

Ce résumé du film de Lothar Mendes a l'avantage d'utiliser les expressions et les mots de l'époque où il a été conçu. Il met aussi en évidence l'aspect très linéaire de la version cinématographique et souligne, comme *Loyalties* et *The Wandering Jew*, que l'antisémitisme est désormais indissociable de l'actualité la plus brûlante. Le réalisateur du film n'hésite pas en effet à mettre dans la bouche de ses personnages des dialogues qui n'existaient pas dans le roman de Lion Feuchtwanger. Ainsi, Isaac Landauer, juif de cour traditionnel et ami de Süss, va jusqu'à déclarer dans le film, à propos de la fausse accusation de meurtre rituel visant les juifs :

> « Ce qui est arrivé en 1430 peut arriver aussi en 1730, en 1830 et en 1930. Ils nous ont toujours persécutés et qui va les arrêter ? »

Quant à Süss, que ses juges menacent d'une condamnation pour avoir eu « des relations sexuelles avec une non-juive » (proscrites en Allemagne nazie), il leur rétorque qu'en ce cas « on va certainement bien rire dans tout l'Empire mais, précise-t-il, pas nécessairement de lui ! »

Lothar Mendes multiplie également les séquences où la foule excitée s'en prend aux juifs : celle où Seligman (Joseph Markovitch), un fripier juif, est forcé à danser sur un marché, celle où le même homme, célébrant tranquillement la fête de Pessah (Pâque) avec son épouse, est victime d'un pogrome, celle où un mannequin, avec l'écriteau « Pig Jew Süss » (Cochon de Juif Süss) pendu à son cou, est brûlé sur une place publique, celle enfin où la pendaison réelle de Süss provoque des hurlements et des applaudissements.

19. Arsenal, 8° Rj 5621 (2), *Jew Süss* (1934).

Ces séquences font à l'évidence référence aux événements survenus dans l'Allemagne nazie. Christopher Isherwood évoque l'émotion intense qui régnait sur le plateau pendant le tournage de certaines séquences, en particulier celle où Süss doit être pendu. Il précise que Conrad Veidt s'était tellement identifié à son personnage qu'il n'arrivait plus parfois à parler et s'éloignait en silence, dans un coin, pour pleurer.[20] Les spectateurs de l'époque faisaient certainement eux aussi le rapprochement entre les images d'actualité et celles que le film présentait. La référence aux mesures antijuives de l'Allemagne nazie apparaît évidente dès le générique. On lit en effet sur un texte ouvrant le film qu'au XVIIIe siècle les juifs du Wurtemberg souffraient de l'oppression et du « boycott » (sic). Le terme de « boycott » est anachronique et renvoie évidemment moins à l'Irlande de 1880 (où l'expression est utilisée pour la première fois) qu'à l'Allemagne de 1933.

D'autres séquences du film font apparaître un message en rapport avec l'actualité : l'attrait du sionisme. Seuls les initiés pouvaient décrypter ce message qui paraît d'autant plus surprenant qu'il était encore rare à l'époque, même dans les films en yiddish destinés aux spectateurs juifs. La séquence qui suit le générique d'ouverture, et qui n'existe pas dans le roman de Feuchtwanger, montre un rabbin avec de jeunes garçons dans un Heder, une école religieuse traditionnelle, en train de lire un passage de la Bible : « Si l'Éternel nous est favorable, il nous mènera dans ce pays et nous le donnera. » Le film évoque à plusieurs reprises Süss et « ceux de sa race », comme si l'existence d'un peuple juif unique ne faisait aucun doute. Dans un autre passage, après la libération du fripier juif accusé à tort de crime rituel, Süss est acclamé en « héros national » et le résumé du film le présente même comme l'auteur « d'une œuvre inachevée ». En outre, dans une des ultimes séquences du film, juste avant l'exécution de Süss, le rabbin Gabriel apporte une orange à Süss, l'invitant à boire pour son dernier repas du vin doux de Palestine (« Sweet Wine of Palestine »), ce qui paraît pour le moins étrange dans un film censé se dérouler au XVIIIe siècle. Enfin, alors que Süss est déjà hissé dans sa cage, juste avant qu'il soit pendu,

20. Christopher Isherwood, « Through the Eyes of Süss », *in Christopher and his Kind*, New York, 1976.

c'est la prière du *Shema Israël*, prière qui promet une terre féconde aux fidèles en Canaan qui, psalmodiée par un groupe de Juifs, couvre pendant quelques instants les hurlements de la foule haineuse. Il faut souligner également l'importance toute particulière dans le film du personnage interprété par Paul Graetz : Landauer. Georg Landauer est le nom alors réel et très connu de l'un des principaux dirigeants sionistes allemands.[21]

On suppose donc qu'un message sioniste codé, et peut-être en partie inconscient, existe bel et bien dans ce film destiné également aux spectateurs juifs américains, palestiniens et réfugiés européens. Le message semble avoir été décrypté par certains critiques anglais qui soulignent parfois avec dépit le nombre trop élevé, d'après eux, de juifs ayant participé à ce film : Lion Feuchtwanger pour le scénario initial, les frères Ostrer et Michael Balcon pour la production, Lothar Mendes et Louis Levy pour la mise en scène et la musique, Paul Graetz et Pamela Ostrer (la propre fille de l'un des principaux patrons de Gaumont-British) pour l'interprétation, sans même parler des rôle secondaires... Cette forte implication des juifs a certainement contribué à accentuer, dans le contexte des mesures antijuives de l'Allemagne nazie, l'aspect militant d'un film qui devait être, au départ, essentiellement un spectacle et une distraction.

L'ambiguïté des personnages, pourtant moins poussée que dans le roman, donne une image si particulière des juifs que le message du film apparaît pour le moins troublant. Il nous semble en effet, après avoir vu et revu plusieurs fois le film, que Süss cherche moins à « rehausser le prestige de l'État » et à « renverser pour toujours les barrières du ghetto » qu'à asseoir son pouvoir et sa propre fortune. Il est présenté pendant toute la première partie du film comme un arriviste, un être à la fois cupide et sans scrupule, qui proclame dès les premières images et répète à plusieurs reprises : « I want Power ». Sacrifiant l'amour qu'il porte à Madeleine Sibylle,

21. Georg Landauer (1895-1954), originaire de Cologne, dirigeait à partir de 1925 le Bureau palestinien à Berlin. De 1929 à 1933, il a pris la tête de la Fédération sioniste d'Allemagne. Installé en Palestine en 1934, il a ensuite travaillé à l'Agence juive où il a cherché à favoriser l'immigration des Juifs allemands et leur installation en Palestine.

il cause le déshonneur de cette dernière, provoquant des émeutes antijuives et, indirectement, la mort de sa propre fille. Il est déterminé à tout sauf à user de l'influence dont il dispose pour sauver un coreligionnaire menacé de mort. C'est seulement au dernier moment que, pressé par la communauté des fidèles et par le rabbin Gabriel qui invoque devant lui le nom de sa fille, il finit par intervenir auprès du duc. Apprenant de la bouche de sa mère (juive) l'identité véritable de son père (non-juif), il hésite à continuer à vivre comme un proscrit et déclare : « Alors je ne suis pas juif. Mes efforts, mes calculs, mes souffrances, tout était inutile ! »

C'est donc un personnage calculateur, peu sympathique et dont la conduite est pour le moins discutable, auquel les spectateurs ont du mal à s'identifier. Les autres personnages juifs, Isaac Landauer et Rabbi Gabriel, ne sont pas non plus des héros positifs. Ce sont des victimes auxquelles on n'a pas non plus nécessairement envie de ressembler.

Isaac Landauer est plus sympathique dans le film que dans le livre, mais il est présenté comme un être un peu ridicule : il gesticule dans des vêtements démodés et beaucoup trop larges pour lui ; il parle trop vite, avec un fort accent et en employant des expressions yiddish imagées et, tel un oiseau de mauvaise augure, il prédit sans cesse les pires catastrophes jusqu'au moment où celles-ci finissent par se produire.

De son côté, Rabbi Gabriel est présenté comme un être inquiétant, une sorte de mage mystérieux au regard perçant. Il n'intervient qu'à quelques rares moments du film et ne prononce que peu de phrases, mais la simple évocation de son nom terrorise Süss et ceux qui le croisent : le duc, Michèle, Noémi... Tous paraissent comme envoûtés en sa présence et le réalisateur accentue l'aspect étrange de Rabbi Gabriel en le faisant apparaître ou disparaître soudainement du champ visuel, le faisant aussi parler en voix-off et le filmant aussi systématiquement dans l'obscurité et en contre-plongée. L'image des juifs véhiculée par ce film est donc celle d'êtres étranges, peu sympathiques, et en partie responsables des persécutions dont ils sont victimes. Dès sa sortie, le film anglais a d'ailleurs donné lieu à des interprétations contradictoires. (Cf. notre propre analyse du film anglais en annexe.)

En Angleterre, le film est plutôt bien accueilli. La presse met surtout en valeur l'interprétation de Conrad Veidt et les qualités techniques de l'œuvre. *The Daily Telegraph* parle d'un « film prestigieux qui va accroître encore la demande pour les films anglais à l'étranger ». *The Sunday Times* multiplie les superlatifs, qualifiant le film de « l'une des productions les plus réussies jamais encore réalisées dans le pays ». *The Times* décèle même dans ce film une « nouvelle preuve de l'avance artistique et technique de l'industrie du cinéma en Grande-Bretagne ».[22] Tout en soulignant les indéniables qualités du film et sa sympathie personnelle pour les opprimés, la journaliste C. A. Lejeune s'interroge cependant dans *The Observer* sur la nécessité de produire un film si cher en Angleterre juste après *House of the Rothschild*. D'autant que, d'après elle, la plupart des juifs qui y sont présentés apparaissent exactement comme les antisémites se les figurent.[23] Un journaliste de *Punch* estime de son côté que le cinéma anglais parle beaucoup trop ces temps-ci de la persécutions des juifs en Allemagne nazie. Il critique aussi Conrad Veidt qui, selon lui, interprétait déjà pratiquement le même rôle dans *Le Juif errant* de Maurice Elvey.[24] D'autres critiques de la presse anglaise sont encore plus sévères, allant jusqu'à dénoncer « l'opportunisme et l'artificialité du film ».[25]

Aux États-Unis, où le film est présenté comme le roman de Feuchtwanger sous le titre *Power*, l'accueil est plus mitigé. Dans l'ensemble, le film est jugé « décevant » car on le trouve à la

22. *The Daily Telegraph* du 8 octobre 1934, *The Sunday Times* du 7 octobre 1934 et *The Times* du 5 octobre 1934. Traduction d'après les citations de Susan Tegel, « The Politics of Censorship : Britain's "Jew Süss" (1934) in London, New York and Vienna », *Historical Journal of Film, Radio and TV*, Londres, vol. 15, n° 2, juin 1995, p. 226.

23. C. A. Lejeune, *The Observer* du 7 octobre 1934 : « (…) most of the Jews in this picture are just what the less tolerant Gentiles have always imagined them to be ». *Ibid.*

24. *Punch* du 17 octobre 1934. *Ibid.* Joan Maude, Denis Hoey et Francis L. Sullivan que l'on retrouve également dans *Jew Süss* de Lothar Mendes étaient déjà à l'affiche dans *Le Juif errant* de Maurice Elvey.

25. G. A. Atkinson, *Era* du 10 octobre 1934 et Paul Rotha, *Cinema Quaterly*, 1934, vol. II, p. 44-45. *Ibid.*

fois confus et moins subtil que le roman.[26] Plusieurs critiques dénoncent sa longueur démesurée, même après la coupe de plusieurs séquences, et son manque de rythme.[27] Le jeu des comédiens n'est dans l'ensemble pas critiqué mais André Sennwald estime tout de même, dans *The New York Times*, que plusieurs interprètes du film sont « peu convaincants » en raison de leur accent oxfordien. Il déplore aussi l'absence d'explications des motivations guidant certains personnages.[28] La critique publiée dans *Harrison's Reports*, un périodique professionnel qui joue un rôle de censure morale comparable à l'Office catholique en France, est sans appel : « Ce n'est pas du spectacle. » Et d'assurer que le film risque « d'attiser les tensions entre juifs et chrétiens » avant d'enjoindre les exploitants à ne pas le programmer.[29] Les ambiguïtés du film anglais ont également choqué nombre de spectateurs juifs à New York.[30]

À Vienne, en Autriche, où le film est projeté à partir du 16 octobre 1934, ce sont surtout les catholiques et les nationalistes qui se déclarent choqués. Dans *Wiener Zeitung*, un journal proche du gouvernement, on dénonce également un film « dévalorisant systématiquement les personnages chrétiens au profit des personnages juifs ». Et dans l'organe du parti social-chrétien au pouvoir, le film est même présenté comme « de la pure propagande juive » et « une provocation à l'encontre des catholiques ».[31] À la suite d'une campagne de presse contre ce film « réalisé par un Juif polonais qui a émigré en Angleterre », la police décide de mettre fin à sa diffusion.[32] Elle redoute en effet de violentes manifestations. Six jours à peine après son lancement, le 22 octobre 1934, le film

26. *New York Herald Tribune* du 5 octobre 1934 et *Time* du 15 octobre 1934.

27. *Variety* du 9 octobre 1934, p. 18.

28. *The New York Times* du 5 octobre 1934, p. 29.

29. *Harrison's Reports* du 13 octobre 1934, p. 162. Le film est classé « Unsuitable for any decent person » et l'auteur de la critique ajoute dans une note l'ultime réserve suivante : « I am making a personal appeal to every exhibitor in the land not to show this picture. In addition to the fact that it is not entertaining, this is not the time to show anything that arouses racial prejudices. »

30. *Cf.* témoignage de Rachael Low, cité par Régine Mihal Friedman, *op. cit.,* p. 153 et Susan Tegel, *op. cit.,* p. 229 et note 47.

31. *Wiener Zeitung* et *Neuigkeist Welt Blatt* du 19 octobre 1934.

32. *Deutsche Zeitung* des 19 et 24 octobre 1934.

est donc brusquement retiré de l'affiche à Vienne. En dépit de protestations et de pressions diplomatiques, il ne sera jamais projeté par la suite ni à Vienne ni dans le reste de l'Autriche. Il en sera de même en Suisse, en Hongrie et en Pologne.[33]

En Allemagne nazie, où le film est également proscrit, comme l'ensemble des films « réalisés par des juifs », on se félicite de la fermeté des pays ayant interdit « un film de propagande anti-allemand ». Plusieurs articles, qui évoquent les « troubles » suscités par ce « film juif » lors de son éphémère diffusion en Autriche, dénoncent aussi son « manque de tact », son « manichéisme » et son « agressivité ». Ils s'en prennent particulièrement à la séquence de la fausse accusation de meurtre rituel, présentée « comme une monstrueuse impertinence juive et une insulte contre tous les Chrétiens ». Et de prolonger cette indignation et cette défense pour le moins inattendue de la chrétienté en prophétisant que toute « propagande exagérée » se retourne un jour contre ceux qui l'utilisent.[34]

En France, le film est présenté d'abord en exclusivité à Paris, à l'Élysée-Gaumont, à partir du 23 novembre 1934. (Cf. document page suivante.) Il est dans l'ensemble plutôt bien accueilli par la critique. Dans la presse juive et antinazie on souligne surtout le nombre important d'acteurs et techniciens allemands qui, à un titre ou à un autre, y ont participé.[35] L'écrivain Nina Gourfinkel le salue comme « un film particulièrement bien venu, justement parce qu'il ne comporte aucun élément de propagande » et elle enjoint donc ses lecteurs à aller le voir sans tarder.[36]

33. Susan Tegel, *op. cit.*, p. 233-237 et *l'Univers israélite*, Paris, 2 novembre 1934, p. 120.

34. *Der gute Film* du 26 octobre 1934 et *Deutsche Filmzeitung* du 4 novembre 1934. Citations d'après Susan Tegel, *op. cit.*, p. 237-238.

35. Emile Grant (Erich Kaiser) *in Pariser Tageblatt* du 7 décembre 1934. Sur la participation des émigrés allemands à l'industrie anglaise du cinéma, on consultera Kevin Gough-Yates, « The British Feature Film as a European Concern : Britain and the Emigré Film-Maker, 1933-1945 » *in* Günter Berghaus, *Theatre and Film in Exile : German Artists in Great Britain, 1933-1945*, Oxford, Berg, 1989, p. 135-162 et Kevin Gough-Yates, « Jews and Exiles in British Cinema » *in Leo Baeck Institute*, Year Book XXXVII, 1992, p. 517-543.

36. Nina Gourfinkel, « Le Juif Süss », *in l'Univers israélite* du 4 janvier 1935, p. 269. (Cf. document reproduit en annexe.)

François Vinneuil, qui lui consacre un article élogieux dans *L'Action française*, assure de son côté que le film n'est pas, comme il le redoutait, « une œuvre de propagande sémitique appuyée ». D'après lui, ce film apporte même « de l'eau un peu à tous les moulins » en fournissant « des preuves aux antisémites comme aux défenseurs d'Israël ». Certes, il déplore les longueurs et l'emphase des séquences finales, celle en particulier où « le Juif reprend avec le chœur des rabbins les antiques lamentations de la synagogue ». Il dénonce également la séquence où Süss, personnage « médiocrement scrupuleux » et inquiétant par son « machiavélisme, sa force de persuasion, son art de s'insinuer partout » obtient « la grâce d'un Juif que l'on détenait, paraît-il, à tort en prison ». Mais il affiche aussi sa satisfaction de voir apparaître pour une fois à l'écran, selon lui, la « physionomie troublante du Juif » : « le Juif insinuant, démesurément ambitieux, le Juif corrupteur, malgré lui peut-être, et prétendant justifier les pires manœuvres par la poursuite d'un fumeux rêve d'équité et d'égalité ».[37] On retrouvera quelques années plus tard, en 1941, dans la presse de la collaboration, sous la même signature, pratiquement les mêmes expressions et le même raisonnement pour encenser le film nazi de Veit Harlan : *Jud Süss*.[38]

37. François Vinneuil, « Le Juif Süss » *in l'Action française* du 30 novembre 1934, p. 4 (L'Écran de la semaine). (Cf. document reproduit en annexe.)

Le film de Lothar Mendes a été distribué également en Belgique, en Hollande, en Suède (Cf. photographie ci-dessus) et dans d'autres pays scandinaves. En l'absence de statistiques, il est difficile d'en mesurer l'impact commercial. En dehors de l'Angleterre où il occupe la sixième place au box-office pour la saison 1934-35, de New York et de certaines grandes villes d'Europe occidentale, il ne paraît pas avoir remporté un très vif succès. Ce film de prestige, cher et compliqué, a eu un grand retentissement lors de sa sortie dans de nombreux pays, alors que les mesures antijuives se multipliaient en Allemagne nazie, mais il a été aussi une véritable catastrophe financière. Il n'aurait même pas rapporté à la société de production Gaumont-British les 100 000 livres qu'il avait coûtées.[39] Ce film a tout de même marqué les esprits des spectateurs et son accueil controversé ne

38. François Vinneuil, *in Je Suis Partout* du 21 février 1941 et *Le Petit Parisien* du 2 mars 1941. Robert Belot a détaillé le parcours de François Vinneuil dans *Lucien Rebatet : un itinéraire fasciste*, Paris, Seuil, 1994.

39. J. Sedgwick, « The Market for Feature Films in Britain in 1934 », *in Historical Journal of Film, Radio and TV*, Londres, vol. 14, n° 1, janvier 1994, p. 19 et 34. Citation d'après Susan Tegel, *op. cit.,* note 23, p. 241.

l'a pas empêché de devenir une référence. Au lendemain de la déclaration de guerre, des extraits du film sont en effet inclus dans un autre film antinazi, en langue yiddish celui-là, que Henry Lynn commence à projeter à New York sous le titre : *A People Eternal*. Présenté à la fin de 1939, le film réunissait d'autres extraits de films, également doublés en yiddish, qui détaillaient les persécutions successives dont les juifs furent les victimes, de l'Antiquité jusqu'à la période contemporaine et sous diverses latitudes.[40] À cette époque le projet d'un autre film retraçant la vie de Joseph Süss Oppenheimer commence à prendre corps en Allemagne nazie. Même si ce projet s'inscrit dans une perspective radicalement différente c'est aussi, d'une certaine façon, la preuve que le film anglais est encore présent dans les esprits. Par bien des côtés, le film nazi de 1940 doit être en effet considéré comme une réponse au film anglais de 1934.

40. Eric Goldman, *Visions, Images and Dreams*, Yiddish Film Past and Present, New York, 1979, rééd. 1988 Ergo Media, p. 77. Ce film a été présenté à Paris, en VOSTF, au Studio 43, en avril 1953, sous le titre *Peuple éternel* et il était alors accompagné d'un court métrage en hébreu sur Israël.

Les films antisémites en Allemagne nazie (1935-1939)

Au moment où la pré-production de *Jew Süss* débute en Angleterre, Joseph Goebbels, ministre de l'Information et de la Propagande en Allemagne, cherche à empêcher la réalisation du film par divers moyens. Il encourage en particulier l'acteur Conrad Veidt[1], installé à Londres depuis avril 1933, à revenir en Allemagne pour achever le tournage d'un autre film auquel il participe. Selon Victor Saville, qui réalise alors *I Was a Spy (J'étais une espionne)* pour Gaumont-British, avec Madeleine Carroll, Herbert Marshall et Conrad Veidt, Joseph Goebbels aurait même appelé Conrad Veidt au téléphone, personnellement, pour lui suggérer de « rentrer au pays » et de ne pas s'associer à un « film anti-allemand ».[2] À la suite de ces pressions, l'acteur retourne effectivement en Allemagne où il achève les prises de vues de *Guillaume Tell.*

C'est un film de Heinz Paul, tiré d'un scénario du dramaturge nazi Hanns Johst, avec Emmy Sonnemann, la future épouse

1. Conrad Veidt n'a pas été d'emblée antinazi. Son engagement est seulement progressif. Avant son arrivée à Londres il assiste, à Berlin, le 28 mars 1933, à une réunion de l'industrie du cinéma allemand présidée par Joseph Goebbels.

2. Victor Saville (1897-1979) est quelqu'un d'important dans le cinéma de l'époque. On lui doit notamment la production de *Goodbye Mr Chips* (Sam Wood, 1939) en Angleterre, et la réalisation de *Kim* (1950), d'après R. Kipling, aux États-Unis.

d'Hermann Goering, dans l'un des rôles principaux.[3] Les autorités nazies retiennent un moment le comédien, prétextant qu'il lui est impossible de se déplacer « pour des raisons de santé ». Mais le producteur Michael Balcon n'entend pas céder. Il dépêche aussitôt un médecin anglais à Berlin et, pour éviter un grave incident diplomatique, les responsables allemands laissent finalement Conrad Veidt repartir en Angleterre. C'est dans ce contexte passablement tendu que débute, quelques semaines plus tard, le tournage de *Jew Süss* à Londres.[4]

Ces précisions montrent que, dès 1933-34, le cinéma est devenu un outil de propagande essentiel et un champ d'affrontement entre pays de régimes opposés. C'est pour ces raisons que les autorités nazies cherchent, par divers moyens, à empêcher la réalisation d'un film tiré du roman de Lion Feuchtwanger.

Si la propagande antijuive utilise largement certains supports en Allemagne nazie, enseignement, presse, radio, expositions, conférences, au départ, elle reste néanmoins discrète dans les films de fiction. La plupart des 1 094 films que l'Allemagne nazie a produits de 1933 à 1945 ne sont pas à proprement parler des films de propagande.[5] Ce sont des comédies ou des films d'aventures, sans message politique et sans orientation idéologique. Même l'anticommunisme est peu présent dans les films de fiction de l'Allemagne nazie, surtout avant l'offensive de juin 1941 contre l'URSS. Il n'apparaît que dans un petit nombre de films : *Hans Westmar* de Franz Wenzler, *SA-Mann Brandt* (*Le SA Brandt*) de Franz Seitz, *Hitlerjunge Quex* (*Le Jeune hitlérien*)

3. Réalisé en 1933 par Heinz Paul (1893-1983), un spécialiste des reconstitutions historiques, pour le compte de la firme Terra, *Guillaume Tell* est projeté pour la première fois à l'UFA-Palast de Berlin le 12 janvier 1934. Signalons l'existence d'une version anglaise de ce film, avec les mêmes acteurs principaux, mais supervisée celle-là par Manning Haynes.

4. Jerry C. Allen, *Conrad Veidt. From "Caligari" to "Casablanca"*, Los Angeles, Pacific Grove, The Boxwood Press, 1987 et Wolfgang Jacobsen, *Conrad Veidt. Lebensbilder*, Berlin, Argon, 1993.

5. Eric Rentschler est même plus précis puisqu'il affirme dans *The Ministry of Illusion : Nazi Cinema and its Afterlife*, Cambridge, Massachusetts, 1996, p. 7, qu'il y a 941 films de pure distraction sur un total de 1 094 films produits du 30 janvier 1933 au 7 mai 1945.

de Hans Steinhoff, *Flüchtlinge* (*Les Fugitifs*) de Gustav Ucicky (1933), *Um das Menschenrecht* (*Pour le droit des hommes*) de Hans Zöberlein (1934) et *Weisse Sklaven* (*Le croiseur "Sébastopol"*) de Karl Anton (1936).[6] Quant aux autres « ennemis » du IIIe Reich, à l'extérieur les Français, les Polonais et les Américains, et à l'intérieur les tsiganes, les homosexuels et les malades mentaux, ils sont également peu présents à l'écran avant 1939.[7]

En ce qui concerne les juifs, le cinéma nazi est surtout offensif entre 1939 et 1941 : on compte en effet une quinzaine de films avec des personnages juifs (plus ou moins importants) au cours de ces trois années. C'est d'autant plus remarquable que les juifs n'apparaissaient jusque-là que fort peu : on en dénombre tout au plus une dizaine dans les films de fiction de 1933 à 1938[8], et ils sont à nouveau rares de 1942 à 1945.[9] La production de films antijuifs en Allemagne est donc réduite et très limitée dans le temps.

Le premier film où les personnages juifs jouent un rôle de premier plan en Allemagne nazie est un film étranger (en l'occurrence suédois) : *Peterson & Bendel*. Réalisé par Per-Axel Branner (1899-1975) en 1933, il s'inspire d'un livre à succès de Waldemar Hammenhog. C'est une comédie qui décrit la rencontre, une nuit sous la pluie, dans le port de Stockholm, entre un jeune

6. Francis Courtade et Pierre Cadars, *Histoire du cinéma nazi*, Éric Losfeld-Le Terrain vague, 1972, « La lutte contre le bolchevisme », p. 181-188.

7. David Hull, *Film in the Third Reich*, LA, University of California Press, 1969 et Erwin Leiser, *Nazi Cinema*, NY, Macmillan, 1975.

8. Des personnages juifs apparaissent de manière fugitive dans une dizaine de films nazis de 1933 à 1938, notamment *Hans Westmar* (1933) de Franz Wenzler, *Um das Menschenrecht* (*Pour le droit des hommes*, 1934) de Hans Zöberlein et Ludwig Schmid-Wildy, *Togger* (1937) de Jürgen von Alten, *Mit versiegelte Order* (*Ordres cachetés*, 1938) de Karl Anton et *Pour le mérite* (1938) de Karl Ritter. *Cf.* Dorothea Hollstein, *Antisemitische Filmpropaganda, Die Darstellung des Juden im nationalsozialistischen Spielfilm*, München-Pullach, Berlin, Verlag Dokumentation, 1971 et Baruch Gitlis, *Cinema of Hate, Nazi Film in the War against the Jews*, Israël, Bnei-Brak, 1996.

9. On ne relève que deux films de fiction avec des personnages juifs en 1942 : *GPU* (*GUEPEOU*) de Karl Ritter et *Die Entlassung* de Wolfgang Liebeneiner. Il y en a encore deux en 1943, *Wien 1910* d'Emerich Emo et *Titanic* d'Herbert Selpin et Werner Klingler, mais plus aucun en 1944-1945.

suédois au chômage (Adolf Jahr dans le rôle de Peterson) et un juif étranger (Sammy Friedman dans le rôle de Bendel). Les deux hommes décident de s'associer. À partir de là, grâce à l'habileté et l'absence totale de scrupules de Bendel, ils gagnent vite beaucoup d'argent. Mais le naïf Peterson, qui n'a pas compris que Bendel est un escroc et qu'il se sert de lui surtout comme prête-nom, devient plus lucide lorsqu'il découvre que son associé, recherché par la police, s'est enfui avec la caisse et sa fiancée (Bridget Sergelius dans le rôle de Mia). Il les rejoint *in extremis*, sur un bateau, récupère son argent, et regagne le cœur de sa bien-aimée.

Ce film parodique, qui fait largement écho aux séries très populaires des « Cohen » aux États-Unis, des « Lévy » en France et des « Meyer » en Allemagne[10], a obtenu un vif succès en Suède lors de sa sortie. Il a été distribué ensuite dans divers pays, sans que l'on souligne davantage le judaïsme de Bendel ou des autres protagonistes du récit.[11] Mais, détourné de son sens initial, il a aussi été utilisé comme une arme de propagande contre les juifs en Allemagne nazie. En effet, dans ce pays, *Peterson & Bendel* a été diffusé en version originale (ce qui est déjà exceptionnel car les spectateurs allemands n'apprécient généralement que les versions doublées) et avec des sous-titres soulignant volontairement le judaïsme de certains personnages (Bendel et Emmanuel). Les sous-titres allemands accréditent aussi l'idée que les juifs sont des parasites et qu'il s'insinuent dans le pays en menaçant progressivement l'intimité d'un couple d'aryens trop naïfs. Dès la première projection du film à Berlin, le 11 juillet 1935, cette

10. Aux États-Unis la série The *Cohens and Kellys* réalisée pour Universal débute en 1926. Elle a inspiré notamment la série des Lévy entreprise en France par André Hugon (1886-1960) pour Pathé-Natan à partir de 1930. Celle-ci est ensuite adaptée en Allemagne par Jaap Speyer (1891-1952) sous les titres *Meyers, Meier und Co*. et *Moritz macht sein Gluck* en 1931.

11. Le critique de *Variety* évoque, le 26 septembre 1933, outre le succès important remporté par ce film en Suède, ses perspectives d'exploitation prometteuses dans d'autres pays scandinaves et en Amérique. Ce film a été étudié par Rochelle Wright dans *The Invisible Wall : Jews and others Ethnic ousiders in Swedish Film*, Carbondale & Edwardsville, Southern Illinois University Press, 1998.

version très particulière du film provoque des réactions contradictoires parmi les spectateurs. Elle reste cependant à l'affiche deux mois encore, jusqu'à la promulgation des lois de Nuremberg, le 15 septembre 1935, qui visent à « la protection du sang et de l'honneur allemand ». Elle disparaît ensuite pendant quelques temps des écrans allemands mais réapparaît à nouveau, cette fois-ci dans une version doublée en allemand, peu après la Nuit de cristal, à partir du 2 décembre 1938.[12]

Comment expliquer que ce film suédois soit projeté à nouveau ? Pendant l'été 1938, le Reich adopte une série de nouvelles mesures à l'encontre des juifs : exclusion de la vie économique (14-21 juillet), exclusion des professions juridiques (27 septembre), privation du passeport et carte d'identité frappée du signe J (5 octobre), première déportation de juifs non allemands vers la Pologne (28 octobre), Nuit de cristal (9 novembre), réparations juives (12 novembre), exclusion totale des enfants juifs des écoles allemandes (15 novembre), interdiction de certains lieux publics (28 novembre).

C'est l'époque également où Goebbels, revenu en grâce auprès de Hitler après une histoire d'amour tapageuse avec la jeune actrice tchèque Lydia Baarova (1914-2000), demande aux professionnels du cinéma des films antijuifs. Il est d'ailleurs beaucoup plus précis puisqu'il suggère l'adaptation de deux pièces de théâtre au cinéma : *Le Juif de Malte* de Marlowe et *Le Marchand de Venise* de Shakespeare. Le cinéma nazi ne s'emparera pas de ces deux pièces aux personnages juifs caricaturaux ; elles seront toutefois montées au théâtre : *Le Juif de Malte* à Munich et Weimar, en avril 1939, et *Le Marchand de Venise* à Vienne, en septembre 1942 et mai 1943.[13]

La directive de Goebbels a cependant également eu des conséquences au cinéma. Elle a débouché en effet, après la

12. Dorothea Hollstein, *op. cit.*, p. 38-42.

13. Joseph Wulf, *Theater und Film im Dritten Reich*, Gütersloh, Sigbert Mohn Verlag, 1964, p. 255-259. Le 14 décembre 2001 Peter Zadek crée une nouvelle version du *Juif de Malte* au Brugtheater de Vienne, dans une traduction d'Elfriede Jelinek, où il s'emploie à dévoiler et pourfendre les mécanismes de l'antisémitisme.

présentation du film suédois en version doublée, sur la mise en chantier de films allemands où apparaissent des personnages juifs : *Robert und Bertram* et *Leinen aus Irland* dès 1939, *Die Rothschilds*, *Der Ewige Jude*, *Jud Süss* en 1940 et, en 1941, six autres films où les personnages juifs ont un rôle de second plan.[14] C'est donc la radicalisation des mesures antijuives, avant même la Nuit de cristal, l'offensive lancée par Goebbels « en réponse à l'agressivité des Anglo-Américains », et l'emprise croissante de l'État national-socialiste au sein de l'industrie cinématographique, qui expliquent la mise en chantier des films antisémites en Allemagne.

Le premier de la série, *Robert und Bertram* de Hans Heinz Zerlett (1892-1962), est projeté à Berlin à partir du 7 juillet 1939. C'est une comédie musicale de la société Tobis, inspirée d'une pièce passablement kitsch écrite par Gustav Raeder en 1864. Le film, située en 1839, raconte les mésaventures de deux clochards : le maigre Robert (Rudi Godden), portant monocle et haut de forme, et le gros Bertram (Kurt Seifert), avec son parapluie et un collier de barbe soigneusement taillé. Après s'être évadés de prison, les deux amis font la connaissance de Lenchen, une sympathique adolescente aux yeux clairs, aux tresses blondes et évidemment au grand cœur (Carla Rust dans le rôle de la fille de l'aubergiste). Lenchen est désespérée car on la pousse, malgré elle, à épouser un homme riche mais vieux. Or elle aime secrètement Michel (Heinz Schorlemmer), un jeune homme pauvre qui doit partir prochainement à l'armée. Elle confie son secret à Robert et Bertram. Les deux compères décident aussitôt de l'aider. Ils partent donc pour Berlin où ils espèrent trouver quelque argent. Ils cherchent à cet effet Moïse Ipelmeyer (Herbert

14. Les six films allemands représentant des personnages juifs secondaires en 1941 sont : *Karl Peters* de Hans Selpin avec Hans Albers, *Ohm Krüger (Le président Krüger)* de Hans Steinhoff avec Emil Jannings, *Reitet für Deutschland* (*Court pour l'Allemagne*) d'Arthur Maria Rabenalt avec Willi Birgel, *Der Weg ins Freie (Le Chemin de la liberté)* de Rolf Hansen avec Sarah Leander, *Venus vor Gericht (Le Jugement de Vénus)* de Hans Zerlet avec Hansi Knoteck et *Heimkehr (Le Retour au pays)* de Gustav Ucicky avec Paula Wessely.

Hübner), un banquier juif qu'ils n'ont encore jamais vu mais qu'ils reconnaissent sans difficulté en le croisant dans la rue grâce à son profil si particulier.

Prototype du « nouveau riche » ridicule, Ipelmeyer est présenté comme un homme sans manière, déclarant d'emblée aux deux gaillards : « Je vais vous confier un gros secret, je suis Israélite ». Est-ce bien nécessaire ? Le type du personnage est en effet très appuyé. Lorsqu'il parle, il gesticule, zézaye et s'exprime avec un fort accent étranger, cherchant même visiblement ses mots. De plus, il habite dans un magnifique château avec une épouse (Inge von dem Straaten) présentée comme une obsédée sexuelle aussi grosse que grotesque. Le château abrite aussi une fille volage (Tatjana Sais) et une cohorte de soupirants et de domestiques qui sont à la fois louches et en quête de gros profits immédiats. Tous ces individus s'expriment dans un allemand approximatif, utilisant même parfois des mots ou des expressions en yiddish. Leur absence de maîtrise de la langue allemande est soulignée notamment dans la scène où un vieil homme demande qu'on lui explique ce qui vient d'être dit dans un allemand parfait et qu'il ne peut de ce fait parvenir à comprendre.

En se faisant passer pour des nobles, Robert et Bertram réussissent à capter l'attention du parvenu Ipelmeyer. Ils sont invités chez lui à une grande soirée qui doit s'achever par un bal masqué. Le jour de la réunion, Ipelmeyer porte les vêtements de Louis XIV, sa femme ceux de madame de Pompadour, et leur fille ceux de Cléopâtre. (Cf. photographie page précédente et suivante.) Robert et Bertram dérobent les bijoux de leurs hôtes et des invités et les font aussitôt parvenir à Lenchen. La fille de l'aubergiste peut donc épouser Michel, de retour de l'armée où il a été métamorphosé. Robert et Bertram sont poursuivis par des gendarmes lancés à leurs trousses ; ils se cachent, finissent par être reconnus dans une fête villageoise, mais parviennent à échapper à leurs poursuivants en grimpant dans la nacelle d'un ballon. Dans une séquence finale onirique, ils atteignent les portes du Paradis et se rapprochent de la sainteté. En 1942, à l'heure où débute « la guerre totale », on proposera aux spectateurs une fin légèrement différente : désormais Robert et Bertram ne sont plus accueillis au Paradis par des anges mais par des sergents recruteurs de l'armée allemande ![15]

Sous l'apparence d'une farce anodine, cette comédie fait passer un triple message antisémite : les juifs se sont enrichis au détriment

15. Dorothea Hollstein, *op. cit.*, « Test mit Herz und Humor », p. 47-53, Régine Friedman, *op. cit.*, « Une comédie musicale antisémite », p. 38-45 et Linda Schulte-Sasse, *Entertaining the Third Reich*, chap. 8, « Money and Foreignness in Nazi Film », p. 231-273.

des autres, y compris leurs propres amis, ils sont tous obsédés sexuels et parlent, pensent, et agissent différemment des autres Allemands. Ce film laborieux, à la technique rudimentaire (certains décors sont de simples toiles peintes), ne suscite qu'un intérêt très limité en Allemagne. Il n'arrive même pas à convaincre l'ensemble des dignitaires nazis. Alfred Rosenberg, rival de Goebbels, note dans son journal, à la date du 19 décembre 1939, que Hitler n'a pas du tout apprécié ce film parce qu'il présente les Allemands, comme les Juifs, sous un jour ridicule. La propagande antijuive n'en continue pas moins à se développer.

Avec *Leinen aus Irland* on retrouve une dénonciation caricaturale des juifs, à nouveau sur un mode comique, mais dans un film déjà un peu plus élaboré. Réalisé par Herbert Helbig (né en 1902) pour Wien-Film en Autriche[16], d'après une pièce de Stephan von Kamare (1928), le film *Leinen aus Irland* est projeté pour

16. W. Fritz (éd.), *Der Wiener Film im Dritten Reich*, Vienne, Österreichisches Filmarchiv, 1988.

la première fois à Berlin le 16 octobre 1939. Il décrit le rôle néfaste du docteur Kohn (Siegfried Breuer[17]) qui s'est camouflé maladroitement sous le nom hongrois de Kuhn. Ce juif provincial, gérant de la société Libussa à Prague, est un être très ambitieux et amoral. Dans la Bohême cosmopolite de l'Empire austro-hongrois des Habsbourg, en 1910, il cherche à s'emparer du marché textile de toute l'Europe centrale. Pour y parvenir, il tente par divers moyens d'obtenir du ministère du Commerce l'autorisation d'importer un tissu irlandais exonéré de droits de douane. Si cette autorisation lui était accordée, les honnêtes tisserands allemands des Sudètes seraient fatalement ruinés. Kohn-Kuhn n'en a cure et songe uniquement à ses propres intérêts. Ce comportement doit souligner, aux yeux des spectateurs de 1939 qui ont encore en mémoire les effets dévastateurs de la crise économique de 1929, l'influence néfaste du « capital apatride » dans l'Autriche de la Belle Époque. Il doit également mettre en lumière la corruption d'une administration aussi pléthorique qu'inefficace, thème qui revient constamment dans la propagande nazie. Le film témoigne donc, juste après l'Anschluss, de l'alignement idéologique de l'Autriche sur l'Allemagne hitlérienne. Ce n'est d'ailleurs pas un hasard si, dans le film, c'est grâce au Dr Goll (Rolf Wanka), un fonctionnaire allemand intègre et lucide, que le plan de Kohn est mis en échec. Finalement, c'est aussi Goll, et non comme prévu initialement Kohn-Kuhn, qui épouse la fille du directeur, la blonde Lilly Kertner (Irène von Meyerdorff). Kohn-Kuhn et son oncle Sigi Pollak (Fritz Imhof) sont contraints de s'exiler à New York où, comme le suggèrent les dernières images du film, ils vont rejoindre « d'autres rapaces sans scrupules ».

Le film est insidieux parce qu'il présente constamment les juifs comme des êtres comploteurs et malfaisants qui dissimulent leur identité (le fourbe Kohn-Kuhn change même de nom) et leurs véritables intentions. Le cauteleux Seligman (Ernst Arnold), syndic de la société Libussa, cherche visiblement à séduire et embobiner

17. On retrouve l'acteur Siegfried Breuer (1906-1954), aux côtés de Joseph Cotten, Alida Valli et Orson Welles, dans *Le Troisième Homme* (Carol Reed, 1949) où il interprète le rôle du mystérieux Popescu.

ses divers interlocuteurs. Avec ces personnages, on justifie d'une certaine manière l'adoption des nouvelles mesures visant les juifs, en particulier la loi du 5 janvier 1938 qui les contraint d'adjoindre à leur prénom usuel un autre prénom révélateur de leur « identité raciale » : Israël pour les hommes et Sarah pour les femmes. Le film prend donc en compte les dernières lois raciales, en égratignant au passage l'incurie et le manque de lucidité des bureaucrates viennois. À travers ce film, l'Allemagne nazie accuse aussi indirectement l'ancien régime d'avoir mis en danger la communauté allemande toute entière. En outre, le film oppose l'individualisme forcené des juifs, prêts à tout pour réaliser leurs objectifs personnels, à une mythique communauté du peuple allemand (*Volksgemeinschaft*). Cette communauté, magnifiée sans relâche par la propagande national-socialiste, était censée placer les intérêts du groupe au-dessus de ceux des individus. Il n'était donc pas question que les juifs, présentés comme d'irréductibles individualistes, puissent un jour en faire partie.

L'impact de *Leinen aus Irland* a été somme toute réduit car ce film est apparu bavard, théâtral et également assez pauvre sur le plan visuel. Il avait aussi une propension à opposer de manière assez caricaturale divers éléments : les grandes villes corrompues et les campagnes restées saines, un être désintéressé (Goll) et un fourbe calculateur (Kohn-Kuhl), un juif assimilé (Kohn-Kuhl) et un juif traditionnel (Zigi Pollak). En dépit de son manichéisme et de ses nombreuses imperfections techniques, le film a obtenu la mention « bonne valeur politique », ce qui lui a permis d'être diffusé dans plusieurs pays.

En France, *Leinen aus Irland* a été présenté dans les premiers mois de l'Occupation, dans deux grandes salles d'exclusivité à Paris, sous le titre *Les Rapaces* : d'abord au cinéma Normandie, à partir du 29 janvier 1941, avec des sous-titres français (en version originale), puis au cinéma Impérial (en version doublée), à partir du 26 février 1941.[18] Le film est à nouveau à l'affiche à Paris à la fin de 1941, pendant plusieurs semaines, dans le cadre de

18. Le cinéma Le Normandie est situé au 116, avenue des Champs-Élysées et L'Impérial se trouve au 29, boulevard des Italiens.

l'exposition antijuive « Le Juif et la France » au Palais Berlitz.[19] Précisons que la version française est signée Chabrier, un pseudonyme utilisé habituellement par le scénariste Charles Spaak.[20] Ce dernier a formellement nié toutefois, lorsqu'il a été interrogé à ce sujet, après la Libération, avoir été l'auteur du texte français du film. Il a reconnu avoir bénéficié de droits d'auteur pour ce film mais, selon lui, uniquement en contrepartie de l'utilisation de son pseudonyme par d'autres responsables du doublage (en l'occurrence, d'après lui, Maurice Grieffe, Nicolas Kattkoff et Gérard Rey).[21]

Il est impossible aujourd'hui de faire toute la lumière sur cette affaire mais, quoi qu'il en soit, même en version française, *Les Rapaces /Leinen aus Irland* n'obtient qu'un succès fort limité à Paris, ne parvenant même pas à convaincre les critiques de la presse ultra-collaborationniste : pour *L'Effort* du 17 janvier 1941, c'est un film très moyen, pour *Le Petit Parisien* du 31 janvier 1941 c'est un film trop lent et trop édifiant, pour *La Gerbe* du 6 février 1941 c'est une œuvre primaire et pour *L'Atelier* du 8 février 1941 c'est un film qui manque singulièrement de subtilité et

19. CDJC, XIe-23, Cinéma La Michodière, 31, boulevard des Italiens à Paris. Précisons que les séances cinématographiques organisées dans le cadre de l'exposition « Le Juif et la France », qui se tient du 5 septembre 1941 au 11 janvier 1942, accueillent au total (tous films confondus) plus de 80 000 spectateurs.

20. Charles Spaak (1903-1975) a été scénariste et dialoguiste de films célèbres, notamment *La Kermesse héroïque* (J. Feyder, 1935), *La Bandera* (J. Duvivier, 1935), *La Belle équipe* (J. Duvivier, 1936), *La Grande illusion* (J. Renoir, 1937)…

21. AN F 21 8126, Archives de Paris, AP 338 et Perotin 901 /61 /1 /287.

d'imagination. Seul *Au Pilori* du 14 février 1941 recommande chaleureusement le film « au peuple de France » de manière à ce que ce dernier ne soit plus dupe à l'avenir de « la rapacité juive ». La publicité qui accompagne la sortie de ce film met l'accent surtout sur l'aspect distrayant et souriant d'un spectacle présenté comme « une satire mordante ». *Les Rapaces / Leinen aus Irland* est annoncé également ici ou là comme « le premier film qui ose dire la vérité ».[22]

Si le film est plutôt mal reçu, il n'en constitue pas moins une étape décisive dans la mise au point d'une propagande antijuive efficace en Allemagne nazie. Dans *Robert et Bertram,* les juifs étaient certes présentés de manière négative mais ils ne jouaient qu'un rôle assez limité : Ipelmeyer n'apparaissait qu'à la 43e minute du film et les personnages juifs pouvaient à la rigueur être remplacés par d'autres personnages antipathiques sans que cela change véritablement le sens du film. Les choses sont déjà plus complexes dans *Les Rapaces* car les juifs sont véritablement au cœur de l'intrigue. Cette centralité, on la retrouve dans *Les Rothschild* où, pour la première fois, le message antijuif du film n'est plus conjugué sur le mode d'une comédie. C'est en effet un drame, basé sur d'authentiques personnages historiques et une pièce de théâtre à

22. *Au Pilori* du 31 janvier 1941, p. 2. Précisons que c'est le journaliste Maurice Bessy (1910-1994) qui orchestre et supervise la publicité de la société Tobis à Paris de 1940 à 1942. Il signe aussi dans la presse parisienne de l'époque (notamment à *Aujourd'hui* et *Comœdia*) des articles où il stigmatise le rôle des cinéastes et des producteurs juifs réfugiés à Cannes. Questionné par une commission d'épuration du cinéma à la Libération, il déclare avoir cru, au début de l'Occupation, à la victoire allemande. Il nie cependant tout antisémitisme et obtient, en janvier 1946, un simple blâme. AP, Pérotin 901 /61 /1 /26.

succès, qui prend complétement à contre-pied un film américain presque sur le même sujet.

Tourné en 1940 par Erich Waschneck (1887-1970) pour la firme UFA[23], *Die Rothschilds* est nettement plus ambitieux que les deux films dont il vient d'être question. Il dénonce en effet le complot des juifs et des « ploutocrates anglais » en détournant le message de tolérance d'un film américain de 1933 : *House of the Rothschilds*.[24] Le film allemand *Die Rothschilds* a été présenté à Berlin le 17 juillet 1940, quelques jours à peine avant le début de l'offensive allemande contre les îles britanniques, au moment où l'Allemagne nazie réalisait qu'une entente avec l'Angleterre « enjuivée » n'était plus possible. Le film se situe pendant les guerres napoléoniennes, mais comme il a été tourné après le début de la Seconde Guerre mondiale, il a de fortes résonances contemporaines. Il stigmatise en particulier « le juif qui spécule à la Bourse pendant que les peuples versent leur sang sur les

23. Fondée en 1917, l'UFA, Universum Film AG, est la plus grande compagnie de cinéma outre-Rhin jusqu'à son effondrement, en 1945. Klaus Kreimeier, *Une histoire du cinéma allemand : la UFA*, Flammarion, 1992.

24. Produit par Darryl Zanuck pour la 20th Century Fox et réalisé par Alfred Werker, le film américain *House of the Rothschilds* (1933) était un film important. Nominé aux Oscars de 1934 « meilleur film de l'année », il avait notamment pour interprètes principaux George Arliss, Boris Karloff, Loretta et Robert Young. Notons qu'il présentait les membres de la famille Rothschild comme des êtres nobles, désintéressés et victimes des préjugés idéologiques de l'époque. Cf. p. 70 et photographie p. 71.

champs de bataille ».[25] Il explique aussi comment les Rothschild s'y sont pris pour fonder un empire international (avec des succursales à Francfort, Vienne, Paris et Londres), après avoir détourné à leur profit l'argent de Guillaume IX, le naïf *landgrave* de Hesse (Michael Bohnen).

On présente également dans ce film les Rothschild comme de redoutables comploteurs qui poussent l'Angleterre dans la guerre. Une guerre qui se solde par l'écrasement des armées de Napoléon à Waterloo, la ruine des banquiers Bearing (Albert Florath) et Turner (Herbert Hübner), mais des profits considérables pour les divers membres de la famille Rothschild. Quoi qu'en pense l'historien Jean Tulard[26], on est loin avec ce film de « la vérité historique » : la fortune des Rothschild est en effet largement antérieure aux guerres napoléoniennes et ces guerres ne provoquent pas non plus « l'effondrement boursier » dont il est question dans plusieurs séquences. Mais le véritable problème n'est pas là car la vision nazie de l'histoire ne s'embarrasse pas de tels détails. Ce qui compte le plus dans l'optique nazie c'est moins la quête d'une quelconque vérité historique que l'instrumentalisation de l'Histoire et la possibilité de développer une vision bien particulière du monde. Et, de ce point de vue, le film d'Erich Waschneck est très clair puisqu'il présente les Rothschild comme des individus fourbes, corrupteurs et dangereux. Ils sont dangereux parce qu'ils sont nombreux (Mayer-Anselme, Salomon, Nathan, Charles, James), solidaires et bien organisés (une carte évoque même dans le film « les filiales de Jérusalem » dans le monde), et qu'ils disposent aussi d'agents dévoués (Leib Hersch, Rubiner, Ruthworth, Bronstein). De plus, en dehors des rares personnes qui perçoivent de manière instinctive leur rôle néfaste[27],

25. Dialogues du film cités d'après Courtade et Cadars, *op. cit.*, p. 190.

26. Selon Jean Tulard, dans son *Guide des films 1895-1995*, Robert Laffont, 1990, rééd. Bouquins, 1995, t. 2, p. 797, le film nazi *Les Rothschild* « travestit moins la vérité historique qu'on ne l'a dit ». La remarque est pour le moins étonnante sous la plume d'un homme qui est à la fois un cinéphile éclairé et un spécialiste incontestable de la période napoléonienne.

27. Hilde Weissner dans le rôle de Sylvia Turner et Herbert Wilk dans le rôle de George Crayton.

la plupart apparaissent inconscientes du « danger » que les juifs représentent. Le prince de Hesse, Wellington et Fouché se laissent d'ailleurs manipuler par l'or des Rothschild. Afin que les spectateurs ne soient pas victimes du même aveuglement et qu'ils prennent conscience du « danger », le réalisateur prend soin de donner aux acteurs qui interprètent des personnages juifs un aspect physique qui révèle leur laideur morale. Face aux Anglais toujours dignes, posés et vêtus avec soin, il présente donc les juifs constamment mobiles, multipliant mimiques et regards appuyés, évoluant dans l'ombre et la saleté, et même parmi les rats, vêtus parfois de vieilles hardes afin de dissimuler leur véritable richesse.

Les juifs sont également présentés dans ce film de manière très défavorable sur le plan moral puisque Nathan Rothschild courtise une femme mariée, fait espionner les banquiers rivaux et parle sans arrêt d'argent, y compris pendant les prières. Persuadé que tout peut être acheté, il déclare aussi à Bronstein :

> « Contemplez-vous, Bronstein, vous êtes laid et pas très propre, mais votre fils saura se faire passer pour un gentleman et votre petit-fils sera Lord dans ce pays ».
>
> Il lui met alors une Guinée dans sa main aux ongles sales et ajoute : « C'est avec "ça" qu'on devient anglais ! »[28]

Cette phrase met en évidence le message antijuif du film et la profondeur de « l'enjuivement » de l'Angleterre, présentée comme un pays décadent et pratiquement à la dérive. Seule une poignée d'irréductibles échappe d'ailleurs au naufrage final : Sylvia Turner, une irlandaise qui éconduit Nathan et fait libérer son mari en liquidant ses dettes, George Crayton et Phyllis Bearing, les jeunes amoureux qui, de leur côté, finissent par quitter l'Angleterre à la fin du film. Le départ de ce couple souligne aux yeux des spectateurs allemands que les Anglais n'ont pas la chance d'avoir chez eux un Führer et des lois susceptibles de « les protéger des envahisseurs juifs ».

28. Citation d'après Régine Friedman, *op. cit.,* p. 103.

En dépit d'un lancement publicitaire très soigné, l'aspect caricatural d'un film techniquement assez médiocre[29], avec des acteurs peu connus, sauf peut-être Albert Florath qui n'intervient que dans un rôle secondaire, et un réalisateur visiblement peu inspiré, n'a pas attiré un grand nombre de spectateurs. Après quelques semaines d'exploitation, le film quitta l'affiche en Allemagne. Il ressortit en août 1941 sous un autre titre, *Die Rothschilds, Aktien von Waterloo*, mais sans obtenir davantage de succès. Il n'a même pas été distribué en France.

Malgré sa faible crédibilité, le film *Les Rothschild* (1940) marque une nouvelle étape dans la propagande antijuive des nazis au cinéma. En effet, pour la première fois un drame historique, centré exclusivement sur des juifs, démarque un film anglo-saxon déjà tourné sur le même sujet. Comme Régine Friedman et Gertrud Koch l'ont bien souligné, ce n'est pas un hasard si le film nazi *Die Rothschilds* met en scène presque les mêmes personnages et les mêmes situations que le film américain *House of Rothschilds* (1933).[30] La propagande national-socialiste cherchait ainsi à créer une confusion dans l'esprit des spectateurs. Alors que les juifs apparaissaient en victimes dans *House of Rothschilds,* ils sont présentés au contraire dans *Die Rothschilds* comme les principaux bénéficiaires d'une guerre dévastant l'Europe tout entière. On rejoint sur le plan thématique la propagande nazie de l'époque qui présente inlassablement les juifs comme des « fauteurs de guerre ».[31] C'est exactement dans la même optique, avec les mêmes techniques mais avec davantage de moyens, de talent et de succès, que *Jud Süss* a été conçu.

29. Courtade et Cadars soulignent, *op. cit.,* p. 193, la médiocrité d'un film « entièrement tourné en studio, théâtral et bavard ». Ajoutons que le réalisateur a commencé sa carrière à l'époque du cinéma muet et que le film comporte plusieurs cartons qui en alourdissent le rythme et soulignent son aspect désuet.

30. Régine Friedman, *op. cité*, p. 98 et Gertrud Koch, « Tauben oder Falken – Die Rothschild-Filme im Vergleich » *in Jüdische Figuren in Film und Karikatur*, Francfort, Jüdisches Museum, Jan Thorbeckr Verlag, 1996, p. 65-95.

31. Victor Klemperer, *LTI : La Langue du IIIe Reich*, chapitre 26, « La guerre juive », Albin Michel, 1996

Aux origines du *Jud Süss* de Veit Harlan (1940)

Il n'était pas question dans l'Allemagne de 1939 de rappeler l'existence du roman de Lion Feuchtwanger, interdit depuis 1933, et du film anglais de Lothar Mendes, réalisé en 1934 mais jamais projeté outre-Rhin. C'est donc un scénario « original », écrit par Ludwig Metzger, qui constitue le point de départ de la version nazie du film racontant la vie de Joseph Süss Oppenheimer.

Ludwig Metzger (1898-1948) est né à Karlsruhe, une ville du pays de Bade, à la frontière du Wurtemberg, où il a entendu sa propre mère, souabe, lui raconter alors qu'il était encore enfant l'histoire de Joseph Süss Oppenheimer. Bien des années plus tard Metzger est devenu scénariste et rédige un script pour le cinéma où il raconte à son tour la vie du conseiller financier juif. Ce script de 1922, influencé par la nouvelle de Wilhelm Hauff mais achevé plusieurs années avant la publication du roman de Feuchtwanger, n'a pas trouvé de producteur. Il reste donc dans les tiroirs de son auteur pendant plusieurs années. En janvier 1939, quelques semaines après la directive de Goebbels visant à encourager la réalisation de films antisémites, Metzger propose à nouveau son projet à Alf Teichs, responsable des scénarios à la société Terra. Comme ce dernier manque d'enthousiasme, il adresse aussi son scénario au ministère de la Culture et de la Propagande. Dans ce ministère le projet fait aussitôt « l'effet d'une bombe » et le ministère ordonne à la société Terra de mettre rapidement en chantier ce film.

La compagnie Terra, filiale de l'UFA, rédige alors un contrat, daté du 18 février 1939, où Metzger s'engage à livrer en juillet 1939 un nouveau traitement du scénario, plus élaboré et surtout mieux adapté au cinéma parlant.[1] Après avoir visionné le film anglais *Jew Süss* de Lothar Mendes, le scénariste du film nazi se rend aux archives de Stuttgart pour compléter sa documentation ; il y consulte notamment les minutes du procès Oppenheimer. En juillet 1939, comme convenu, il remet un nouveau traitement du scénario à la société Terra. Celle-ci annonce alors le tournage imminent d'un film qui doit être réalisé par l'un des responsables de la compagnie : Peter Paul Brauer.

Brauer (1899-1958) n'était absolument pas un cinéaste de premier plan. Il n'avait réalisé jusque-là que quelques films de série B, notamment *Das Verlegenheitskind* (1938), mais il était devenu directeur de la production à la compagnie Terra où, peu de temps auparavant, il avait pris la succession d'Alfred Greven. Ce dernier, muté à l'UFA où il supervisait la production du film *Les Rothschild*, dirigera par la suite, de 1940 à 1944 à Paris, la firme Continental. C'est lui qui a permis notamment à A. Cayatte et H-G. Clouzot de tourner pendant l'Occupation leur premier long métrage.

Au ministère de la Propagande, le scénario de Metzger, jugé bâclé et grossièrement antisémite (Süss y est présenté comme un vulgaire criminel), est très mal accueilli. On suggère dans un premier temps à la société Terra de retarder le tournage, alors que les prises de vues sont déjà programmées et certains décors déjà montés, tout en demandant à Ludwig Metzger de retravailler le script avec Eberhard Möller.

Eberhard Wolfgang Möller (1906-1972), qui était un écrivain et un dramaturge de premier plan dans l'Allemagne nazie, occupait aussi de hautes fonctions au ministère de la Propagande. Auteur

1. Susan Tegel, « Veit Harlan and the Origins of "Jew Süss", 1938-1939 : Opportunism in the Creation of Nazi Anti-Semitic Film Propaganda », *Historical Journal of Film, Radio and TV*, Londres, vol. 16, n° 4, 1996, p. 517-519.

de pièces de théâtre à succès, notamment une pièce sur les Rothschild à Waterloo dont le film d'Erich Waschneck s'est largement inspiré, d'un livre sur le scandale de Panama dans la France antisémite de la fin du XIXe siècle et d'une biographie de Hitler, il a été également, en 1935, lauréat du prix national de littérature. C'est donc un nazi convaincu et un responsable chevronné de la propagande qui reprend en main le script de Ludwig Metzger.[2]

Möller s'efforce d'atténuer l'antisémitisme grossier de Metzger en présentant les juifs de manière "plus objective" et en laissant « parler » l'Histoire : il atténue la virulence des dialogues, abandonne la présentation de Süss en vulgaire criminel et souligne l'abîme qui, d'après l'idéologie nazie, sépare juifs et aryens dans leur conception respective du monde. Pour donner plus de clarté au récit, il prend plus nettement ses distances avec la nouvelle de Wilhelm Hauff, supprimant plusieurs personnages secondaires et recentrant l'action sur l'itinéraire et la carrière de Joseph Süss Oppenheimer. À l'issue d'une collaboration de plusieurs semaines, un second script du scénario est présenté et le réalisateur Peter Paul Brauer engage alors acteurs et techniciens pour le tournage imminent du film. Joseph Goebbels, mécontent de la tournure prise par le projet, donne peu après l'ordre de tout arrêter. Il reprend alors le projet en main, personnellement, car son journal intime l'atteste, il lui accorde d'emblée une très grande importance.[3] En octobre 1939, après avoir déchargé Brauer de la mise en scène du film mais pas de la production, il en confie la réalisation à un autre cinéaste, plus expérimenté et plus célèbre : Veit Harlan. Cet ancien acteur, devenu scénariste, réalisateur et producteur à succès, est alors l'étoile montante du cinéma nazi.

2. H. Frenzel, *Eberhard Wolfgang Möller*, Munich, 1938, Joseph Wulf, *Theater und Film im Dritten Reich : Ein Dokumentation*, Gütersloh, Sigbert Mohn Verlag, 1964, p. 204-206 et Lionel Richard, *Le nazisme et la culture*, Bruxelles, éd. Complexe, 1988, p. 349.

3. Entre le 5 décembre 1939 et le 1er février 1940, Goebbels fait mention à six reprises de l'avancement du film *Jud Süss* dans son journal. *Cf.* Fred Taylor (éd.), *The Goebbels Diaries 1939-1941*, Londres, Hamish Hamilton, 1982, p. 60, 67, 78, 87, 98 et 110. À notre connaissance, aucun autre film n'est mentionné à de si nombreuses reprises dans le journal qu'il tient presque quotidiennement.

Par ailleurs, aux yeux de Joseph Goebbels, Veit Harlan est véritablement l'homme de la situation.[4]

Qui était au juste ce Veit Harlan dont la vie, l'ambition et l'itinéraire fascinèrent tant Stanley Kubrick que ce dernier envisagea même assez sérieusement de lui consacrer une biographie filmée ? Il est difficile de répondre avec précision tant l'homme a cultivé de son vivant l'ambiguïté mais ce fut certainement cette ambiguïté, conjuguée avec une ambition considérable qui fascinèrent Stanley Kubrick lorsque sa femme Christiane Harlan-Kubrick et son beau-frère Jan Harlan, le producteur exécutif de tous ses films depuis *Orange mécanique* (1971) jusqu'à *Eyes Wide Shut* (1999), évoquaient devant lui l'itinéraire de leur oncle paternel. Kubrick ne se lassait pas de les écouter parler de cet homme et alla même jusqu'à visionner certains de ses films tournés pendant le IIIe Reich. Étonnante situation où un cinéaste antimilitariste, auteur notamment des *Sentiers de la gloire* (1957) et du *Docteur Folamour* (1964) se penche sur un cinéaste nazi qui magnifia la guerre totale pendant le second conflit mondial, avec notamment *Le Grand Roi* (1942) et *Kolberg* (1945). Que pouvait donc raconter de si passionnant le frère et la sœur à Stanley Kubrick à propos de l'itinéraire et de la vie de leur oncle Veit Harlan ?[5]

Né dans une famille d'artistes berlinois, Veit Harlan (1899-1964) a fréquenté dès son plus jeune âge l'intelligentsia. Son père, Walter Harlan (1867-1931), romancier et dramaturge célèbre en Allemagne, recevait chez lui nombre d'intellectuels et d'artistes, notamment ses amis Walter Rathenau, Werner Krauss et Emil Jannings. En 1915, le jeune Veit Harlan est déjà figurant et assistant sur le tournage d'un film d'un des pionniers du cinéma, l'acteur et réalisateur Max Mack.[6] C'est seulement

4. Frank Noack, *Veit Harlan, Das Teufels Regisseur,* Munich, Belleville Verlag, 2000.

5. Jan Harlan, *Stanley Kubrick, A Life in Pictures*, documentaire Warner Home Video, 2001 et Christiane Kubrick, *Stanley Kubrick : une vie en instantanés*, éd. Cahiers du Cinéma, Paris, 2002.

6. Max Mack (1884-1973) a réalisé et produit plus de 200 films à partir de 1911. Issu d'une famille juive traditionnelle (son père était chantre dans une

au lendemain de la Grande Guerre que Veit Harlan devient comédien professionnel, se lançant à corps perdu dans l'aventure du théâtre d'avant-garde aux côtés notamment de Max Reinhardt et d'Erwin Piscator. Engagé par Léopold Jessner au Staatstheater de Berlin il apparaît en avril 1930 dans une comédie du dramaturge Lion Feuchtwanger : *Wird Hill amnestiert ?*[7]

Protestant non pratiquant, il fréquente les milieux artistiques sans préjugés religieux. Il est d'ailleurs marié en première noce avec l'actrice juive Dora Gerson et son premier rôle au cinéma est celui de Mandelstam, un coiffeur juif, qu'il interprète aux côtés de Werner Krauss dans *Die Hose (La Culotte)* en 1927.[8] Il joue ensuite d'autres rôles typés, tant au théâtre qu'au cinéma, et double la voix de Paul Muni, célèbre acteur issu du théâtre yiddish, dans la version allemande du film *I am a Fugitive from a Chain Gang* (*Je suis un évadé*, Mervyn Le Roy, États-Unis, 1932).

À partir de 1933 pourtant, il change subitement de répertoire et d'attitude. Bien qu'il soit ancien adhérent au SPD et ancien sympathisant communiste, Veit Harlan s'intéresse fort peu aux questions politiques ; il n'en affiche pas moins sous la République de Weimar des sympathies pour l'extrême gauche. Il fait donc preuve d'une capacité d'adaptation étonnante, aussi bien dans la vie privée que sur le plan professionnel puisque, après avoir fréquenté l'avant-garde et les milieux juifs jusqu'au début des années 1930, il proclame aussitôt après l'arrivée des nazis au pouvoir un soutien inconditionnel au nouveau régime.

synagogue et son véritable nom était Moritz Myrtenzweig), il quitte l'Allemagne nazie en 1933 et s'installe dabord à Prague, puis à Londres. Le premier film auquel Veit Harlan participe a été tourné par Max Mack dans le jardin des parents de l'adolescent. *Cf.* Klaus Kreimeier, *Une histoire du cinéma allemand : la UFA*, Flammarion, 1992, p. 34, 88, 157 *sq.* et Michael Wedel, *Max Mack : Showman im Glashaus*, 1996.

7. La pièce de Lion Feuchtwanger *Wird Hill amnestiert ?* était mise en scène par Leopold Jessner.

8. Le film *Die Hose* de Hans Behrendt, 1927, était tiré d'une comédie de Carl Sternheim. *Cf.* K. Kreimeier, *op. cit.,* p. 214.

Son ralliement dépasse une déclaration d'intention puisqu'il apparaît effectivement, dès avril 1933, aux côtés d'Emmy Sonnemann dans *Schlageter* de Hanns Johst.[9]

Cette pièce est un vibrant hommage à Albert Léo Schlageter, fusillé en 1923 par les troupes françaises d'occupation « pour sabotage et terrorisme ». Ce criminel sans envergure avait été présenté par la propagande nazie, avant même l'arrivée de Hitler au pouvoir, comme un martyr du combat national-socialiste.[10] La célébrité de la pièce de Johst tenait moins à ses qualités artistiques qu'à la fameuse réplique : « Quand j'entends le mot culture, je sors mon revolver. » Attribuée à tort à Goebbels, la phrase était en fait prononcée par Veit Harlan, exclusivement sur les planches d'un théâtre, lorsqu'il interprétait le rôle de Friedrich Thiemann dans *Schlageter*.[11]

Veit Harlan ne s'est pas contenté de ce rôle et de ceux qu'il a interprétés ensuite dans d'autres pièces national-socialistes. Cet artiste fort ambitieux a également fréquenté assidûment divers hauts dignitaires nazis comme Goering, Goebbels et Streicher puis, fort de leur soutien, après avoir mis en scène quelques pièces de théâtre, il a commencé à réaliser lui-même des films. Le succès aidant, il devient l'un des cinéastes les plus célèbres du IIIe Reich. Entre 1935 et 1945, il tourne vingt films (soit en moyenne deux par an) qui attirent au total plus de 80 millions de spectateurs. Certains de ces films, dont il est l'heureux producteur, représentent les plus gros succès commerciaux du cinéma allemand de l'époque, notamment *Der*

9. Hanns Johst (1890-1978), écrivain pacifiste et expressionniste, s'est rallié au nazisme dès 1929. Sa pièce *Schlageter* date de 1932. Deux ans plus tard, en janvier 1934, il est nommé président de la Chambre de littérature du Reich. *Cf.* Joseph Wulf, *Literatur und Dichtung im Dritten Reich*, Sigbert Mohn Verlag, 1963 et Jean-Michel Palmier, *L'Expressionnisme comme révolte*, Payot, 1978, « Hanns Johst : portrait d'un expressionniste nazi », p. 415-427.

10. J.W. Baird, *To Die for German. Heroes in the Nazi Pantheon*, Bloomington, Indiana Unversity Press, 1990, et M. Loiperdinger, *Märtyrerlegenden im NS-Film*, Opladen, Leske & Budrich, 1991.

11. La première représentation de la pièce *Schlageter* de Hans Johst, le 22 avril 1933, était réservée aux dignitaires nazis, en l'honneur de l'anniversaire d'Adolphe Hitler.

Herrscher (Crépuscule) avec Emil Jannings en 1937, *Das Unsterbliche Herz (Cœur immortel)* en 1939 et *Jud Süss (Le Juif Süss)* avec Heinrich George en 1940. Veit Harlan obtient également un succès considérable pour ses films en couleurs, qui bénéficient du procédé Agfacolor et de l'interprétation de Kristina Söderbaum, une jeune actrice suédoise qui devient sa troisième épouse : *Die Goldene Stadt (La Ville dorée)* en 1942, *Immensee (Le Lac aux chimères)* en 1943, *Opfergang (Offrande au bien-aimé)* en 1944 et *Kolberg* en 1945.[12]

Les films de Veit Harlan sont, sans ambiguïté, au service de l'idéologie national-socialiste. *Der Herscher* obtient d'ailleurs le premier « prix de la Nation », décerné par Hitler en personne, le 1er mai 1937. *Das Unsterbliche Herz* est un pur produit nazi, réalisé à Nuremberg et encensé par Julius Streicher. Quant à *Kolberg*, tourné pendant la débâcle militaire de 1944 pour stimuler la « guerre totale » prônée par Goebbels, il a eu le privilège d'être parachuté par avion aux troupes allemandes bloquées dans la poche de La Rochelle, en janvier 1945, afin d'entretenir leur combativité ![13]

Même s'il se présente dans ses mémoires comme un cinéaste « apolitique », n'ayant jamais formellement adhéré au nazisme, Veit Harlan a, en réalité, défendu le national-socialisme jusqu'au bout. C'est d'autant plus remarquable que, nous l'avons souligné, la constance et la fidélité n'étaient pas ses principales qualités.

Comment interpréter son revirement en 1933 ? Il est toujours difficile de sonder les âmes et les cœurs mais pour le romancier Michel Tournier, Veit Harlan est le prototype même de l'artiste arriviste, prêt à sacrifier son âme pour assouvir son ambition. L'écrivain français compare Veit Harlan à Gustav Gründgens[14]

12. Filmographie complète du réalisateur *in* Veit Harlan, *Le Cinéma allemand selon Goebbels,* p. 367-372. Son plus gros succès est certainement *La Ville dorée*. Ce film en couleurs situé à Prague a en effet réuni 31 millions de spectateurs et rapporté 12,5 millions de reichsmarks.

13. Veit Harlan, *op. cit.,* p. 114 et 272 ; Courtade et Cadars, *op. cit.,* p. 101 et 226.

14. Gustav Gründgens (1899-1963) a été marié à Erica Mann, la sœur jumelle de Klaus Mann. Gründgens a servi de modèle à ce dernier pour son personnage de Höfgen dans *Méphisto*. De la même génération que Veit Harlan, il a un itinéraire

l'acteur et metteur en scène dont Klaus Mann s'inspire en décrivant l'acteur de *Méphisto* :

> « (...) Qu'il y ait du Gründgens dans [Méphisto] c'est indéniable. Mais le personnage créé par Klaus Mann déborde infiniment ce cas particulier. Qu'on me pardonne une incidence personnelle. J'ai vu Gründgens à la scène, je ne l'ai pas connu personnellement. En revanche j'ai pratiqué de près un autre homme de spectacle de sa génération, beaucoup plus compromis que lui avec le IIIe Reich, le cinéaste Veit Harlan auquel on doit notamment *Le Juif Süss* et *La Ville dorée*. Or c'est à lui que je ne cesse de penser quand je relis *Méphisto*. Je retrouve dans le personnage sa vitalité, sa séduction, sa naïveté plus ou moins roublarde, ce curieux mariage d'une personnalité éclatante et d'un caractère assez faible et, dans la dernière phrase du roman, je crois entendre les exclamations de Veit Harlan revendiquant lors de son procès comme criminel de guerre l'impunité du bouffon de cour ».[15]

La comparaison entre Veit Harlan et Gustav Gründgens établie par Michel Tournier dans sa préface à *Méphisto* de Klaus Mann nous paraît très pertinente. Il faut souligner toutefois que Gründgens, pressenti pour interpréter le rôle de Süss dans la version nazie, déclina cette proposition alors que Veit Harlan prit en charge le scénario et la réalisation du film. Dans ses mémoires, le réalisateur nie être antisémite et soutient aussi qu'il aurait voulu éviter de réaliser *Jud Süss* car le film risquait « de compromettre sa réputation ». Il aurait même préparé des arguments pour étayer un refus catégorique avant de se rendre à contre-cœur au ministère de la Propagande :

comparable. Démocrate et acteur du répertoire classique sous la République de Weimar, il était spécialisé dans le rôle de Méphisto qui figure dans *Faust* de Goethe. On lui doit également l'interprétation du chef de la pègre (Schränker) dans le film de Fritz Lang : *M. le Maudit* (1931). Rallié aux nazis en 1933, il dirige l'année suivante, et pendant toute la durée du régime nazi, le Staatstheater de Berlin. Il est également surintendant du Schauspielhaus de Berlin et Conseiller d'État de Prusse. Comme Harlan, mais avec un succès moindre, il réalise un certain nombre de films. Pressenti pour interpréter le rôle de Süss par Brauer, il refuse catégoriquement. Sa carrière sous le IIIe Reich n'a nullement souffert de ce refus. *Cf.* Heinrich Goertz, *Gustav Gründgens*, Reinbek bei Hamburg, Rowohlt, 1982.

15. Michel Tournier dans son introduction au roman de Klaus Mann, *Méphisto*, rééd. Grasset, Les Cahiers rouges, 1993, p. 9.

« (...) Je soulignai les passages les plus mauvais (du scénario de Metzger-Möller) pour pouvoir faire comprendre à Goebbels que personne ne pourrait exiger de me faire tourner un scénario aussi lamentable et susceptible de compromettre ma réputation. Goebbels me reçut très aimablement (et) me donna entièrement raison. (...) Ensuite, il m'expliqua qu'il désirait un scénario décrivant avec objectivité le cas de Süss. L'aspect criminel du personnage étant si évident que point n'était besoin de trop le souligner.

Goebbels savait qu'en première noce j'avais été marié à une juive, que Fritz Kortner et Francesko von Mendelssohn – tous deux juifs – avaient été les témoins de mon mariage avec Hilde Körber. Il connaissait aussi mon admiration pour cet autre grand juif qu'était Max Reinhardt (admiration que, soit dit en passant, il partageait). Il en déduisait que je connaissais bien les juifs et que je n'aurais guère de mal à trouver des traits humoristiques pour les dépeindre. Il me demanda donc de lui soumettre un nouveau scénario en tenant compte des critiques faites (à celui de Metzger-Möller). Et cela très vite car le film devait être fait de toute urgence (...) ».[16]

Toujours est-il qu'à l'issue d'une rencontre où il a été reçu selon ses propres termes « très aimablement » par Goebbels, Veit Harlan est chargé, en plus de la réalisation, de l'écriture d'un nouveau traitement du scénario. Le comédien-réalisateur oublie donc ses velléités de refus et retravaille le scénario de Metzger-Möller. Il se documente à son tour sur le sujet en lisant la nouvelle de Hauff, des notices biographiques concernant Süss dans diverses encyclopédies, et en visionnant à plusieurs reprises la version anglaise du film *Jew Süss* de Lothar Mendes. Il se fait aussi projeter un certain nombre de films yiddish tournés en Pologne, notamment *Yidl mitn fidl* de Joseph Green, 1936 et *Dibbouk* de Michael Waszynski, 1938, et effectue un "voyage d'études" en janvier 1940 au ghetto de Lublin, nouvellement créé par les autorités nazies en Pologne, « pour donner une authenticité indiscutable aux scènes de synagogue ».[17] Aidé par son assistant, Alfred Braun, il transforme le scénario du film, entre novembre

16. Veit Harlan, *op. cit.,* p. 133-135.

17. Veit Harlan, *op. cit.,* p. 163-164. Sur le cinéma yiddish, *cf.* Claude Singer, « Le cinéma yiddish : entre deux mondes » *in Les cahiers du judaïsme*, Paris, AIU, 2, 1998, p. 49-58.

1939 et mars 1940, sous la surveillance certes tatillonne mais toujours bienveillante de Goebbels. Puis il tourne les prises de vues, à Berlin et à Prague, de mars à mai 1940, achevant le montage dans la foulée, en août de la même année.

Scénario et thématique d'un film nazi

En dépit des affirmations de Veit Harlan, le scénario du film qu'il a mis en scène ne fait nullement l'économie de l'antisémitisme. Loin s'en faut ! Par bien des aspects, il aggrave même le projet initial de Metzger et Möller. Il fait de plus appel à des techniques déjà largement éprouvées dans d'autres films nazis : utilisation d'un événement historique justifiant l'adoption de mesures antijuives de nos jours, détournement d'une première version écrite ou filmée avec un récit comparable mais dans une perspective radicalement différente, déclinaison d'un discours où, pour dénigrer les juifs, interviennent les thèmes du sexe, de l'argent et du complot. Ces thèmes apparaissent clairement dans le résumé du scénario, publié sous la forme d'une brochure à l'occasion de la sortie du film en France.[1]

Scénario

« Nous sommes en 1733, à Francfort, où le duc Karl Alexander, prince régnant du Wurtemberg, a envoyé son chambellan faire l'acquisition d'un joyau de prix qu'il destine à la duchesse. De prix est, au reste, une façon de s'exprimer, car si le joyau convoité représente effectivement une énorme valeur, le chambellan a reçu

1. Bibliothèque des arts et des spectacles, Arsenal, BRO 01133.

l'ordre formel – nécessité fait loi – d'en discuter âprement le montant d'achat. Pour ce faire, l'officier s'est rendu dans le ghetto et, avec une habileté qu'il croit méritoire, il a obtenu d'un fils d'Israël, le marchand de bijoux Joseph Süss Oppenheimer, l'abandon à des conditions presque insignifiantes d'une admirable et rutilante couronne. Toutefois Joseph Süss Oppenheimer, répondant à des mobiles personnels, a manifesté le désir d'être autorisé, en dédommagement de ses concessions, à livrer lui-même, à Stuttgart, le fastueuse couronne au duc Karl Alexander. Le chambellan a donné son assentiment.

Or, à cette époque, un décret fermait aux israélites le territoire du Wurtemberg. Le caractère particulier de son expédition conférait à Joseph Süss Oppenheimer un avantage exceptionnel, dont il entendait, à bonnes fins, utiliser la portée. Il allait se faire astucieusement le diligent ambassadeur de ses coreligionnaires, et provoquer par sa souplesse autant que par sa duplicité, leur immixtion progressive dans le royaume qui leur était interdit.

Avec l'opiniâtre ténacité des gens de sa race, Joseph Süss Oppenheimer, indifférent aux rebuffades, dépourvu de dignité, ne devait pas tarder, par ses intrigues, à retenir l'attention, puis à gagner la sympathie et la confiance du prince, dont sa clairvoyance lui avait permis de déceler les besoins et de mettre à nu les bas et dégradants instincts.

L'esprit de Karl Alexander – que l'Histoire représente comme un homme désespérément faible en dépit de ses crises et de ses emportements – trouve à se satisfaire dans les complaisances dangereuses de Joseph Süss.

Devenu en quelque sorte le perfide conseiller du souverain, Joseph Süss Oppenheimer prend insensiblement en mains, le temps aidant, les rênes du pouvoir. Il est pour Karl Alexander proxénète et bailleur de fonds. Il prélève, sur les inépuisables ressources du ghetto francfortois, les sommes que nécessitent les charges écrasantes de la cour. Il institue des impôts, opprime le peuple, jette dans les bras du prince les plus belles filles de Stuttgart. Il est assisté dans sa tâche néfaste par un autre israélite, le rabbin Loew, son âme damnée, l'exécuteur de ses basses œuvres.

L'abolition du décret du Wurtemberg, s'ajoutant à des précédents méfaits imputables à Süss, soulève des protestations véhémentes dans le peuple : les sanctions, prises contre ceux qui sont accusés d'ourdir un complot susceptible de menacer la sécurité de l'État, entrent immédiatement en vigueur. Un forgeron qui a osé affronter Joseph Süss est pendu sur la place publique. Pour lui, et afin d'intensifier son supplice, le gibet est hissé à une hauteur qui, jusqu'alors, ne fut jamais atteinte.

Karl Alexander croit naïvement à l'indépendance de sa souveraineté, que Süss a fait miroiter à ses yeux. Il se sépare d'avec ses ministres, augmentant de cette manière l'omnipotence scandaleuse de l'intrigant. Le conseiller d'État Sturm est incarcéré pour outrages, son gendre le rejoint au cachot, tandis que sa fille Dorothée, souillée par Süss qui, dans un but inavouable, exerça sur elle un odieux chantage, se suicide, de honte.

Mais, Süss n'a pas tablé sur les effets de la justice immanente. Grisé par son triomphe impudent il se roule dans l'orgie, traitant par le mépris la scission que son attitude a fait naître entre le prince et son peuple.

Les crimes se paient. La mort tragique de Dorothée déclenche une révolution. La foule se rue au palais de Wurtemberg. La cour est en fête. Mais l'heure du châtiment a sonné. Karl Alexander est terrassé, sous le coup de l'émotion, par une embolie. Le sort de Süss, suant de frayeur, est à régler. Les hommes s'emparent de lui.

Une répression, aussi sévère que légitime, est exercée contre les israélites : ils disposent de trois jours pour quitter le territoire du Wurtemberg. Quant à Joseph Süss, il est conduit, sous les quolibets du peuple, vers le gibet qui, en son honneur, a été surélevé. Son corps se balance bien au-dessus du niveau qu'il imposa pour la pendaison du forgeron. Au sein de 1738, le ciel de Stuttgart est, pour tout de bon, dégagé de ses impuretés ».

Publié en 1941, pour la présentation du film en France, ce résumé met en valeur le contenu antijuif du film où les thèmes du sexe, de l'argent et du complot occupent une place centrale. Les mots employés pour décrire l'attitude de Süss sont d'ailleurs explicites. En 1733, le « marchand de bijoux » Süss, totalement « dépourvu de dignité », parvient « par sa souplesse autant que par sa duplicité » à faire « immixtion dans le royaume » et à prendre « insensiblement en mains les rênes du pouvoir ». Ce « fils d'Israël », « assisté dans sa tâche néfaste par un autre israélite, le rabbin Loew », devient pour Karl Alexander « proxénète et bailleur de fonds ». Bientôt il opprime « le peuple », s'en prend à ceux qu'il accuse « d'ourdir un complot », souille la belle Dorothée et « se roule dans l'orgie ». Mais « les crimes se paient » et Süss, arrêté et jugé, est conduit en 1738 au gibet où « son corps se balance ».

Au-delà du fait que dans ce résumé le nom du prince soit Karl Alexander et non pas Charles-Alexandre, plus français, il faut surtout chercher à inscrire la thématique du film dans l'imaginaire national-socialiste pour bien décrypter son message. Dans le film de Veit Harlan, les juifs sont présentés comme des intrus, tenaces et insinuants, qui troublent un pays jusque-là prospère et tranquille et qui, en dépit de tous leurs efforts, leur reste étranger. C'est précisément parce qu'ils sont étrangers qu'ils mettent en danger la communauté du peuple (*Volkgemeinschaft*) magnifiée en permanence par la propagande nazie. Dans cette affaire, les Juifs utilisent des armes devenues banales dans le discours antisémite et l'idéologie nazie : le sexe, l'argent et le complot.

Le sexe

Ce thème, coutumier des films de Veit Harlan, apparaît dès la première image du film lorsqu'un soldat, maladroit et cherchant à canaliser la foule, dévoile les seins d'une jeune femme en tirant trop brusquement sur son corsage. La scène est fugace mais le regard amusé du duc souligne l'incident et met en évidence l'aspect égrillard d'un film recommandé, pour cette raison, uniquement à des spectateurs adultes.[2]

Le réalisateur a tout au long du film volontairement souligné le côté séducteur de Süss, en multipliant les gros plans et même les très gros plans du visage et des yeux de l'acteur. Ferdinand Marian devient avec ce rôle un véritable « sex-symbol » qui reçoit d'ailleurs des lettres d'amour de spectatrices allemandes enthousiastes.[3] L'ascendant de Süss sur les femmes est manifeste dans le film. Au-delà de sa maîtresse (Luziana), il s'exerce en effet sur la duchesse et même sur la naïve Dorothée. N'est-ce

2. *Cf.* Photogrammes reproduits p. 125. Soulignons aussi l'aspect osé (pour l'époque) d'autres séquences du film : le duc lutinant de très jeunes filles au bal et, surtout, le viol de Dorothée. Le code Hays en vigueur aux États-Unis depuis 1930 interdisait la simple suggestion d'un viol. En Allemagne, on hésite aussi à recommander un film si « osé » aux adolescents, bien qu'il soit déclaré « d'intérêt national ».

3. Témoignage de Veit Harlan à son procès de 1950 et Friedrich Knilli, « Antisemitism for Entertainment. A Case Study of the German Feature Film "Jud Süss" (1940) » dans *Communications*, Francfort, Verlag Peter Lang, Heft 2, janvier 1987, p. 81-93.

pas cette dernière qui le fait entrer à Stuttgart ? N'est-ce pas la duchesse qui encourage Charles-Alexandre à suivre ses conseils ? N'est-ce pas Luziana qui, face à la maison détruite du forgeron, clame son admiration pour l'intelligence – et aussi la cruauté – de Süss ?

Veit Harlan ne cherche pas seulement à présenter Süss comme un homme à femmes et un séducteur patenté. Il le décrit aussi comme un proxénète. C'est lui en effet qui offre au duc un ballet composé de jolies filles. C'est lui également qui donne une de ses bagues à l'une d'entre elles afin qu'elle soit plus docile et qu'elle accepte de suivre le duc dans ses appartements privés. C'est lui enfin qui organise un grand bal masqué réunissant uniquement des jeunes filles et expliquant au duc tout excité qu'il lui a réservé « la fleur même de la jeunesse ». Dans le film, les dialogues sont très explicites puisqu'ils soulignent que ces jeunes filles le changeront des « péronnelles » habituelles :

> Süss
>
> « J'ai remplacé les intriguantes péronnelles bien falotes de la cour par une sélection des fleurs les plus magnifiques pour que votre altesse choisisse ».
>
> Le duc pousse un cri d'admiration en découvrant les jeunes filles qui dansent. Süss suggère aussitôt :
>
> « Maintenant Altesse si vous permettez votre berger va vous présenter ses brebis. (…) Mina Fiebelkorn, dix-huit ans à peine. » Et il s'adresse à cette dernière : « Mais ne soyez donc pas si timide. Vous avez des trésors sous la soie. Laissez donc le prince voir vos jolies jambes (…) ».[4]

Dans d'autres séquences les hommes du Wurtemberg, notamment Sturm, Faber et Röeder, parlent ouvertement et sans la moindre ambiguïté des menaces planant sur leurs femmes et leurs filles. Jacques Christy, un journaliste français qui a signé un autre résumé du film, décrit de son côté le personnage de Süss comme un « odieux proxénète (qui) eut tôt fait de mettre à nu les bas instincts de Charles-Alexandre ». Et le même homme de préciser encore :

4. Citation d'après les dialogues de la version française du film.

« Des femmes ? Il ne tenait qu'à lui d'en faire surgir par dizaines. Les plus belles, les plus sensuelles, les plus troublantes du royaume. Des fêtes orgiaques ? Le prince n'avait qu'à commander : il serait entendu et exaucé. Prostitueur le Juif Süss ? Si peu ! Et après ? Quand bien même cela fût ? N'était-il pas venu trouver Charles-Alexandre pour lui apprendre à jouir de la vie, à être heureux ? »[5]

La manière dont Süss est présenté dans ce texte évoque la description des juifs proxénètes de Vienne que l'on trouvait déjà en 1924, sous la plume de Hitler, dans *Mein Kampf*.[6] Dans ce pamphlet, Hitler donnait aussi une définition très personnelle du juif de cour, l'accusant d'encourager les princes « à la débauche » en leur offrant « des plaisirs toujours renaissants » :

« Toute cour a son Juif de cour, c'est le nom qu'on donne aux monstres qui torturent le bon peuple et le poussent au désespoir, tandis qu'ils offrent aux princes des plaisirs toujours renaissants. C'est lui qui plonge les princes allemands dans d'éternels besoins d'argent, en les détournant de leur vraie tâche, en les aveuglant par les plus basses et les pires flatteries, en les poussant à la débauche et en se rendant par là de plus en plus indispensable ».[7]

Veit Harlan a pratiquement la même vision des juifs que Hitler. Dans son film, Süss est en effet un entremetteur et les juifs sont d'autant plus dangereux qu'ils doivent faire face à un déséquilibre sexuel. Au début du film, dans l'unique séquence située dans le ghetto de Francfort, Harlan filme un vieillard en train de parler à la fenêtre à une jeune femme à l'épaule dévêtue. Le plan suggère une union très désaccordée. Lors de l'entrée en masse des juifs à Stuttgart, les hommes sont infiniment plus nombreux que les femmes et les séquences situées dans la synagogue mettent aussi en évidence l'absence des femmes juives. En outre, ni Süss, ni Levy, ni le rabbin Loew n'ont d'épouse légitime. Ils sont sans famille dans le film nazi alors que le film anglais de Lothar Mendes attribuait à Süss à

5. *Le Juif Süss* raconté par Jacques Christy *in Le Film complet*, n° 2501, Paris, le 25 juin 1941, p. 5. Cf. livret photographique.

6. Adolf Hitler, *Mein Kampf*, édition intégrale, La défense française, s.d, p. 56.

7. *Ibid.* p. 279-280 *sq.*

la fois une fille et une mère. Dans le roman de Feuchtwanger Süss avait aussi une véritable famille et dans la nouvelle de Hauff, on s'en souvient, la sœur de Süss jouait un rôle de premier plan. Rien de comparable donc dans le film de Harlan où les Allemands « aryens » sont les seuls à fonder des familles traditionnelles, familles évidemment menacées par l'intrusion au Wurtemberg de tant de mâles célibataires.

Süss, qui affiche clairement sa volonté de transgresser les interdits et de s'emparer d'une femme aryenne, est l'incarnation même de cette menace. C'est seulement après que Sturm a refusé de la manière la plus catégorique la main de sa fille, en déclarant « jamais un juif ne souillera une vierge de mon pays », que Süss devient cruel, allant jusqu'à torturer Faber et violer Dorothée. Élément aggravant, ce forfait est présenté non comme le résultat d'une pulsion mais comme une action au contraire longuement préméditée.

Le film nazi décrit en effet le financier juif comme un être calculateur qui cherche à se venger des humiliations que le père et le mari de la victime lui auraient infligées. Il oppose donc le Dieu de vengeance de l'Ancien Testament au Dieu de pardon et d'amour du Nouveau Testament. Et pour que les choses soient encore plus claires, Süss évoque aussi dans les dialogues la loi du talion : « œil pour œil, dent pour dent ».[8] La séquence où il secoue un mouchoir à sa fenêtre pour ordonner la torture de Faber souligne également que son crime a été prémédité. Ce passage, qui évoque une scène très célèbre de *La Tosca* (Puccini), a apparemment beaucoup plu à Goebbels qui appréciait tant l'opéra.

Dans ses mémoires publiées vingt années après l'effondrement de l'Allemagne nazie, Harlan soutient que le juif Süss historique aurait commis « des cas innombrables de crimes sexuels ».[9] C'est un pur fantasme qui fait écho à une rumeur également sans fondement mais ayant largement circulé au début des années 1920

8. Contrairement à la manière dont les nazis présentaient la loi du talion, à laquelle ils faisaient constamment référence, il s'agit moins dans cet élément du droit hébraïque d'encourager une vengeance quelconque que d'en codifier et d'en réduire la portée. *Cf.* Raphaël Draï, *Œil pour œil : le mythe de la loi du talion*, Paris, éd. Joseph Clims, 1986.

9. Veit Harlan, *op. cit.*, p. 159.

dans les milieux nationalistes, à l'époque où les troupes françaises occupaient la Ruhr. Selon cette rumeur, des soldats noirs originaires d'Afrique et incorporés dans l'armée française auraient été les auteurs d'une série de viols de jeunes filles allemandes. En réalité, aucun « crime sexuel » n'a été attribué à Süss lors de sa condamnation à mort, Dorothée n'existant même pas. Il n'en est donc pas question dans le moindre document historique. Veit Harlan le sait parfaitement, mais qu'importe ! Le viol de Süss joue un rôle si important dans son film que, même vingt ans après l'écroulement du IIIe Reich, il n'arrive pas à le remettre en question. C'est ce viol en effet qui justifie le suicide de Dorothée, puis l'arrestation et l'exécution de Süss. Il n'est que suggéré dans la séquence où on voit Dorothée enlever la bague de ses doigts, les anneaux des rideaux arrachés, le lit de Süss, puis Dorothée quittant brusquement le palais de Süss, l'œil hagard et les cheveux défaits, mais, pour l'époque, ce sont des images très osées et terriblement suggestives. D'autant que le viol est aggravé par la virginité de la blonde Dorothée qui n'a même pas eu l'occasion de consommer son mariage précipité avec Faber. Ce thème évoque un autre fantasme popularisé par Hitler dans *Mein Kampf* :

> « Le jeune juif aux cheveux noirs, épie, pendant des heures, le visage illuminé d'une joie satanique, la jeune fille inconsciente du danger, qu'il souille de son sang et ravit ainsi à son peuple (...) ».[10]

Harlan s'inspire donc, en 1940, d'un fantasme exprimé par Hitler dès 1924. Et on ne peut même pas invoquer l'inconscience du réalisateur dans la mesure où celui-ci établit clairement, à diverses reprises, un parallèle entre le début du XVIIIe siècle, où l'histoire du film est censée se dérouler, et la période contemporaine, où le droit national-socialiste s'applique avec rigueur. Les lois du Wurtemberg, qui interdisaient aux juifs d'accéder à la principauté, faisaient ainsi largement écho aux lois de Nuremberg. Adoptées en septembre 1935 « pour la protection du sang et de l'honneur allemand », ces lois interdisaient toute relation

10. Adolf Hitler, *op. cit.*, p. 325.

sexuelle entre juifs et « aryens ». Avant le début du tournage, Harlan fait lui-même le rapprochement entre les lois du Wurtemberg et les lois de Nuremberg.[11] Il fait par ailleurs marcher les soldats du Wurtemberg au pas de l'oie (comme ce sera le cas ultérieurement, d'abord en Prusse, puis dans toute l'Allemagne) et fait référence dans la séquence finale du film, par l'intermédiaire de l'un des juges, à un décret ordonnant le bannissement des juifs « dans le pays tout entier » en reprenant à son compte la rhétorique nazie. Le magistrat conclut en effet :

> « (...) Puissent nos descendants faire en sorte de ne pas l'oublier. En le respectant, ils s'épargneront bien des souffrances, bien des peines, et ils préserveront leur sang des souillures de cette race maudite ».[12]

Est-il nécessaire de préciser que l'idée même de souillure de la race (*Rassenschändung* pour reprendre l'expression des lois de Nuremberg) n'a aucun sens au XVIIIe siècle ? À travers un passé idéalisé, le film cherche surtout à exalter la nation allemande au XXe siècle et à justifier l'interdiction des relations sexuelles entre juifs et « aryens ». Le langage du film relève bien davantage de l'Allemagne nazie que du Wurtemberg au XVIIIe siècle.[13]

L'argent

Le film développe également un thème omniprésent dans la propagande nazie : l'argent juif. Dans le film, l'anti-héros *Jud Süss* est associé en permanence à l'argent, physiquement quand il le manipule et verbalement quand il en parle, or il en parle tout le temps, y compris à la synagogue pendant les cérémonies religieuses. L'association du juif et de l'argent est amorcée en fait dès la première apparition de Süss, lorsque celui-ci ouvre un coffre-fort où pièces d'or et bijoux s'entassent. L'association revient ensuite à diverses

11. *Cf.* Interview de Veit Harlan *in Der Film*, 20 janvier 1940.
12. Citation d'après les dialogues de la version française du film.
13. Victor Klemperer, *LTI : La Langue du IIIe Reich*, Paris, Albin Michel, 1996.

reprises, notamment lorsque le rabbin Loew reproche à Süss le trop grand faste dans lequel il vit, en particulier sa maison, ses habits, ses maîtresses. Dans les dernières images du film, juste avant d'être pendu, Süss trouve encore l'énergie de hurler :

> « Ah, prenez mes biens, prenez tout mon argent, mais laissez-moi la vie. Je suis innocent. Je ne suis qu'un pauvre juif. Laissez-moi la vie. Je veux vivre ! Je veux vivre ! Vivre !... »[14]

Süss est présenté non pas comme « un pauvre juif » mais au contraire comme un riche financier qui habite un palais magnifique et dispose même d'un lit en or. L'argent est omniprésent : celui qu'il prête au duc pour ses besoins personnels, celui qu'il prélève en multipliant les taxes et les impôts au Wurtemberg, celui qu'il cherche à réunir auprès de ses coreligionnaires pour former une armée de mercenaires au service du prince. Le poids de cet argent est souligné aussi de manière visuelle, notamment lorsque Süss ouvre une bourse pleine de pièces d'or. On montre d'abord son visage, puis la caméra avance rapidement et filme en gros plan l'argent qui, roulant sur la table, se transforme progressivement, grâce à un fondu-enchaîné, en ballerines tournoyantes. (Cf. photogrammes, p. 155.) La technique du réalisateur est mise ainsi au service de l'idéologie, en associant le juif non seulement à l'argent mais également à la corruption. Le moment où, juste avant cette transformation, Süss tient une bourse en main correspond aussi à un choix très significatif du réalisateur. En effet, il évoque presque irrésistiblement les gravures antijuives du Moyen Âge et de la période moderne où les financiers juifs étaient représentés comme des usuriers rapaces.[15]

Les dialogues du film soulignent également à plusieurs reprises l'association juif-argent. Faber, archétype du jeune allemand sain et lucide, explique à Dorothée que Süss est l'unique responsable de l'augmentation des prix des denrées alimentaires. C'est encore

14. Citation d'après les dialogues de la version française du film.

15. Cf. gravures anonymes du Moyen Âge et du XVIIe siècle, pages suivantes, dont le film de Veit Harlan s'est largement inspiré.

Faber qui, lors de la séquence du bal masqué, lance à Süss assis à une table où il joue et gagne aux cartes :

> « Le bel argent que vous gaspillez là ! Vous l'avez gagné honnêtement ? Est-ce que par hasard vous ne savez pas qu'il vient du peuple et ce qu'il a coûté de peine ? Le pays saigne et le Juif s'amuse. Le Juif joue le Wurtemberg. Il donne nos filles pour enjeu et notre cher duc tient la banque ! »[16]

L'aspect néfaste de Süss ne se réduit pas seulement à la corruption du duc et au viol de Dorothée. C'est la société tout entière que « l'argent juif » transforme et met même progressivement en péril. En plongeant le Wurtemberg dans une économie moderne, le prêteur d'argent provoque aussi l'augmentation des prix, des taxes et des impôts. Ces augmentations sont à l'origine, dans le film de Veit Harlan, des protestations de plusieurs artisans, notamment le meunier et le forgeron. Mais elles n'ont pas d'effet et le forgeron assiste donc, totalement impuissant, à la destruction et à la ruine (au sens propre comme au sens figuré) de sa propre maison.

16. Citation d'après les dialogues de la version française du film.

Le scénario du film nazi est également pervers parce qu'il présente Süss comme un individu insinuant[17], usant autant de sa séduction que de sa fortune pour parvenir à ses fins. La perversité du film réside aussi dans le fait que Süss apparaît comme quelqu'un d'immensément riche mais qui n'en proclame pas moins constamment qu'il n'est qu'un « pauvre juif ». C'est donc un dissimulateur, comme le prouve la séquence du début du film où, vêtu de hardes et évoluant dans une maison modeste du ghetto de Francfort, il ouvre brusquement un coffre-fort rempli d'or

et de bijoux. (Cf. photographie du film, page précédente, en haut.) Cette accumulation de richesses conduit nécessairement les spectateurs à en déduire qu'il ne faut surtout pas croire les juifs lorsqu'ils mettent en avant leur pauvreté. Alors que ces derniers ne reçoivent même plus de tickets de rationnement leur permettant d'acheter des vêtements neufs, la propagande nazie s'efforce donc d'accréditer l'idée que les juifs sont plus que jamais des simulateurs et des privilégiés.

Le complot

Au-delà du thème du sexe et de l'argent, le scénario du film *Jud Süss* développe aussi le thème récurrent du « complot juif ». Il soutient en effet que les juifs cherchent à appliquer un plan de domination universelle consistant à s'emparer du pouvoir et à détruire l'État. Déjà développé dans les *Protocoles des Sages de Sion*, dont la première édition allemande date de juillet 1919[18], le même fantasme est régulièrement repris ensuite par Hitler qui souligne à diverses reprises l'influence déterminante que le pamphlet a exercée sur lui :

> « Quand j'ai lu, il y a longtemps, *Les Protocoles des Sages de Sion*, j'en ai été bouleversé. Cette dissimulation dangereuse de l'ennemi, cette ubiquité ! J'ai compris tout de suite qu'il fallait faire comme eux, à notre façon bien entendu ».[19]

Par bien des aspects, le scénario de Veit Harlan présente Süss avec le même rapport trouble de fascination /répulsion que les nazis manifestaient à l'égard des juifs. Süss est incontestablement dans le film de 1940 un être séduisant mais il dissimule constamment ses véritables intentions. Il fait aussi preuve d'un appétit de pouvoir illimité et d'un don d'ubiquité lui permettant d'apparaître sur tous

17. En allemand, « Süss » signifie doux, mielleux

18. Norman Cohn, *Histoire d'un mythe, La « Conspiration » juive et les Protocoles des Sages de Sion*, Gallimard, NRF, 1967, chapitres VI et IX. Précisons que ce livre a été constamment réédité dans l'Allemagne nazie de 1933 à 1945.

19. Hermann Rauschning, *Hitler m'a dit*, rééd. Hachette-Pluriel, 1979, p. 317-318.

les fronts : arpentant les routes du Wurtemberg qu'il administre, épiant ses adversaires à l'intérieur du palais du duc, échafaudant dans la synagogue ses louches machinations. Il parvient ainsi à éliminer ceux qui tentent de s'opposer à lui : le forgeron Boegner, le conseiller Sturm, le greffier Faber. Il s'impose aussi comme le principal conseiller du duc. Süss n'est pas l'unique juif malfaisant ; on le présente dans le film comme « l'ambassadeur de ses coreligionnaires ». Son but ultime est de régenter la province tout entière au profit des juifs ; il a l'intention en effet de faire du duché du Wurtemberg la terre promise de ses coreligionnaires. Il exprime d'ailleurs cet espoir dans la première séquence où il apparaît, avant son départ de Francfort, en s'adressant à Levy, son dévoué secrétaire, qui lui reproche alors très sévèrement son comportement :

> « Laisse-moi travailler pour notre race. En très peu de temps je l'affranchirai. Elle sera plus forte. tu verras, bientôt… »[20]

Par la suite, lorsqu'il est parvenu à entrer au service du duc et qu'il cherche à réunir une forte somme d'argent pour recruter des mercenaires, il demande au rabbi Loew de l'aider. Avant de l'écouter, ce dernier lui reproche ses lectures impies et ses habits trop luxueux et déclare :

> « Le seigneur veut que son peuple dispersé le suive, vêtu de sacs, couvert de cendres, et qu'il règne caché sur les peuples de la Terre ».[21]

Peu de temps avant d'être pendu, Süss invoque, de manière très ambiguë sa « mission » : « Je n'ai rien fait de mal ! J'ai toujours agi pour mon souverain. » On peut penser qu'il évoque alors le duc Charles-Alexandre mais on peut aussi traduire « souverain » par Dieu des Juifs et judaïsme.

Le scénario de Harlan met en lumière l'aspect comploteur du judaïsme camouflé (« *Das Getarnte Judentum* »), en démasquant

20. Citation d'après les dialogues de la version française du film.

21. Citation d'après les dialogues de la version allemande. Dans la version française la tirade est encore plus sournoise : « Le seigneur veut que son peuple soit discret et qu'il se disperse pour gouverner ainsi toute la Terre ».

les crimes de Süss et sa véritable nature.[22] Le thème du masque, déjà présent dans la nouvelle de Hauff, le roman de Feuchtwanger et la version filmée de Lothar Mendes, occupe une place centrale dans le film nazi. Le doucereux Süss est censé être présenté, pour une fois, tel qu'il est véritablement, c'est-à-dire, en dépit de son apparence avenante, de son beau costume et de sa politesse appuyée avec les dames, comme un obsédé sexuel, un financier rapace et un comploteur sans scrupule. Son ascension politique est à l'origine de catastrophes épouvantables : la prostitution de jeunes filles allemandes, la ruine et l'exécution du forgeron Boegner, le déshonneur et le suicide de l'innocente Dorothée. Elle fait également planer une menace sur le Wurtemberg tout entier, jusqu'au moment où, après la mort du duc, Süss est démasqué, arrêté et finalement exécuté. Tout peut alors rentrer dans l'ordre car l'avenir allemand est préservé. Ce n'est d'ailleurs pas un hasard si pour son lancement en Allemagne, *Jud Süss* a été présenté, en septembre 1940, avec un court métrage intitulé : *Nos enfants, notre futur*. Le film décrit moins en effet un temps révolu que le présent et le futur de l'Allemagne.

Ce qu'il y a de remarquable également dans le scénario de Harlan, c'est que les lois du Wurtemberg y apparaissent, à l'instar des lois de Nuremberg, comme des lois susceptibles de protéger les Allemands face aux hordes juives étrangères. Les dialogues du film soulignent également, à plusieurs reprises, que les envahisseurs juifs sont des agresseurs. On est assez loin de la réalité car à l'époque de Joseph Süss Oppenheimer deux familles juives seulement furent autorisées à s'installer à Stuttgart. En outre, la tension qui secouait le Wurtemberg opposait uniquement catholiques et protestants. Le véritable Süss Oppenheimer s'est bien gardé d'intervenir d'une quelconque manière dans cette querelle entre chrétiens. Mais qu'importe ! Une fois de plus la propagande nazie confisque l'histoire et présente les juifs comme

22. Comme le souligne à plusieurs reprises Victor Klemperer dans son *Journal*, tome 2, 1942-1945, Seuil, 2000, notamment le 5 juin 1943, la propagande nazie dénonce fréquemment l'art du camouflage chez les juifs. Une publicité, reproduite dans *Hamburger Tagelblatt* du 18 novembre 1939, annonçait de son côté la réalisation d'un film au titre éloquent : *Le Juif Süss sans masque*.

les instigateurs d'un machiavélique et obscur complot. En invoquant l'aspect préventif des mesures antijuives, celles-ci apparaissent plus justifiées encore. Joseph-Peter Stern a bien mis en évidence la curieuse manie des nazis qui consistait à inverser la réalité, en attribuant aux juifs leurs propres fantasmes de domination universelle et leur propre volonté d'anéantir physiquement leurs adversaires.[23] Éclatante dans *Jud Süss*, cette manie souligne la relation trouble de fascination /répulsion des nazis à l'égard des juifs. C'est une propagande d'autant plus efficace que le film n'est jamais présenté comme un film antijuif. Avant qu'il soit achevé, une directive du ministère de la Propagande explique d'ailleurs clairement aux organes de presse qu'il n'est pas question de mettre en évidence l'antisémitisme du film. La publicité évite donc de souligner l'aspect antijuif du film.[24] Elle met l'accent sur sa valeur documentaire et sur le sérieux avec lequel le travail de reconstitution historique a été mené.[25] Le cinéma nazi confisque donc doublement le passé : dans le récit et dans la présentation du récit. Les dates mentionnées au début et à la fin du film visent en fait, comme le texte suivant le générique, « les événements relatés dans ce film reposent sur des faits historiques », à cautionner historiquement un film qui n'a rien d'historique. Sa présentation évacue également le fait qu'il n'est pas davantage fidèle à la nouvelle de Hauff, au roman de Feuchtwanger ou au film de Mendes. Elle laisse entendre qu'il s'inscrit dans la filiation de la littérature bourgeoise et du cinéma expressionniste, enracinant ainsi son message antijuif dans la culture et les traditions germaniques. Ces dernières donnent au film ses lettres de noblesse et contribuent également à son succès.

23. J-P. Stern, *Hitler, le Fürhrer et le peuple*, 1975, rééd. Flammarion, 1995.

24. Joseph Wulf, *Theater und Film im Dritten Reich*, p. 400 et Willi Boelcke, *Kriegspropaganda 1939-1941*, Stuttgart, Deutsche Verlags Anstalt, 1966, p. 332.

25. En France, pour la première du film, on distribue même une brochure où figurent plusieurs gravures allemandes de Joseph Süss Oppenheimer en 1738.

Techniques et techniciens au service d'un film nazi

Le message antijuif du film est véhiculé également par diverses techniques cinématographiques, notamment le cadrage, l'éclairage, les mouvements de caméra, le rythme du montage, les fondus-enchaînés et le travail sur la bande-son. Dans la propagande nazie les juifs apparaissent avec des stéréotypes qui expriment souvent leur laideur morale. Ces signes étaient presque toujours les mêmes : un grand nez, une longue barbe, des cheveux sombres et bouclés, un manteau noir et un chapeau ridicule. On les présentait de cette manière à l'occasion du carnaval, notamment à Cologne en 1934 et à Singen (Bade-Wurtemberg) en 1936, lorsque des acteurs grimés en juifs » défilaient dans les rues, sur des chars ou à pied.[1]

Apparemment, Goebbels aurait exprimé le souhait que l'acteur Werner Krauss soit lui aussi affublé d'un nez postiche pour *Jud Süss* mais tant le réalisateur que l'acteur lui opposèrent un refus catégorique.[2] Le film de Harlan véhicule pourtant une iconographie caricaturale : les juifs sont systématiquement vêtus de costumes sombres, éclairés par une lumière qui vient du bas,

1. *Cf.* Photographies page suivante, arch. Yad Vashem, Jérusalem (Israël), FA 192 /4 et Arch. municipales de la ville de Singen. Ces caricatures de juifs étaient également présentes avant-guerre à l'occasion du carnaval, en février, dans plusieurs autres villes allemandes.

2. Veit Harlan, *op. cit.,* p. 167.

soulignant ainsi leur aspect malfaisant, et quelques figurants portent ostensiblement faux nez et fausse barbe. Le personnage de Süss est plus complexe car, au cours du film, il se déguise pour pouvoir accéder à la cour du duc. Il va donc raser sa barbe et ses boucles, porter une perruque claire, et revêtir un costume de gentilhomme. Avant d'être effectif et pour qu'il ne puisse pas passer inaperçu, le déguisement est annoncé dans les dialogues lorsque Süss explique à l'envoyé du duc, d'abord incrédule, qu'il va changer d'apparence afin de pouvoir entrer à Stuttgart : « Bien entendu, je me transformerai. »

Étant idéologiquement très importante, la transformation est soulignée techniquement par l'utilisation d'un fondu-enchaîné. Grâce à ce procédé optique le spectateur assiste, en gros plans, à la métamorphose de Süss. Cette transformation fonctionne un peu sur le modèle de *Docteur Jekyll et Mr. Hyde* ou sur celui des hommes qui deviennent des loups-garous dans les films d'horreur de séries B américains.[3] *Jud Süss* n'est pourtant pas un film d'horreur et le changement d'apparence du personnage principal est d'autant plus significatif qu'il n'est pas subi mais au contraire prémédité. Les costumes luxueux de Süss soulignent encore mieux que ce changement est effectivement recherché. Déguisé, malgré son apparence avenante, Süss apparaît toutefois comme un faux « doux » et même, d'une certaine manière, comme l'incarnation du Diable. Images, éclairages et dialogues soulignent d'ailleurs son aspect diabolique. Un travelling arrière associe même le masque du Diable, sculpté dans la moulure d'un plafond, au visage de Süss épiant des hommes qui cherchent en vain à s'opposer à ses sombres desseins.[4] À ce moment précis Sturm ouvre un livre et cite à Charles-Alexandre les écrits antijuifs de Luther où on associe de manière explicite le Juif au Diable :

> « Souvenons-nous, amis chrétiens, que notre ennemi le plus férocement implacable, après le Diable, c'est le Juif ».[5]

3. Il existe au moins une trentaine de films inspirés du personnage du roman de Robert Louis Stevenson *Docteur Jekyll et Mr. Hyde* (1895). Parmi les versions cinématographiques les plus marquantes, il faut citer celle de Friedrich Murnau (1920) avec Conrad Veidt, celle de Rouben Mamoulian (1932) avec Frederich March et le celle de Victor Flemming (1941) avec Spencer Tracy. Le premier film de loup-garou, *The Werewolf* a été réalisé en 1913 par Henry McRae mais la grande époque des films de série B sur ce thème est l'Amérique des années 1940-1950.

4. Cf. Photogrammes p. 156.

5. Citation d'après les dialogues de la version française du film.

Pour la propagande nazie, cette identification a plusieurs avantages. D'abord, elle s'inscrit dans l'histoire en reprenant une association fréquente du vivant même de Süss dans les chansons et les pamphlets. On n'a pas attendu en effet l'exécution du financier juif pour le démoniser. Cette identification au Diable a aussi le mérite d'être très facilement compréhensible par un grand nombre de spectateurs. La propagande nazie n'hésitait donc pas à user et abuser de cette comparaison. Hitler ne dénonçait-il pas de son côté dans *Mein Kampf* et ses diverses déclarations publiques « les menées sataniques des Juifs » ? L'hebdomadaire *Der Stürmer*, très largement diffusé en Allemagne et dont un exemplaire était même affiché à tous les coins de rue, popularisait de son côté les slogans : « Qui connaît le Juif connaît le Diable » (1935) ou encore « Qui se bat contre le Juif lutte contre le Diable » (1936).[6]

Dans *Jud Süss,* Levy et le rabbin Loew apparaissent eux aussi comme des êtres malé-

6. Victor Klemperer, *Journal,* tome 1, 1933-1941, Seuil, 2000, p. 193 et 293.

fiques. Toutefois, leur apparence physique ne se modifie pas beaucoup. Ils gardent tout au long du film une barbe non taillée, une *kippa* ou un chapeau sur la tête, et un long caftan sombre sur le corps. Le rabbin Loew porte aussi à plusieurs reprises sur ses épaules, par-dessus un costume oriental, un châle de prières rituel à franges (*talith*), dont la blancheur souligne encore davantage l'apparence étrange. Or un juif religieux ne revêt le *talith* pour la prière que dans une synagogue. Les images de juifs marchant dans la rue avec un châle de prière correspondent surtout à un fantasme de l'imaginaire nazi : c'est un peu l'équivalent, d'une certaine manière, des juifs revêtus du San-Benito, la tunique des pénitents, aux temps de l'Inquisition. Ces images de juifs en *talith* soulignent le caractère « asiatique » et donc étranger attribué au judaïsme par la propagande national-socialiste. Elles révèlent également la banalisation d'une culture de la cruauté en Allemagne nazie[7].

Cette culture a fait son apparition dès le printemps 1933, lorsqu'on a commencé à ridiculiser publiquement des juifs religieux dans les rues. Après l'Anschluss en 1938, on voit aussi les policiers obliger les juifs à nettoyer les rues de Vienne avec des brosses et des balais, sous le regard amusé des badauds.[8] Les séances d'humiliations publiques des juifs sont encore plus fréquentes par la suite. Elles sont restées inscrites de manière presque indélébile dans la mémoire de ceux qui les ont subies. Au printemps 1944, Victor Klemperer le souligne d'ailleurs avec amertume dans son *Journal* :

> « Je veux porter témoignage (...). Ce ne sont pas les grandes choses qui importent, mais la tyrannie au jour le jour que l'on va oublier. Mille piqûres de moustiques sont pires qu'un coup sur la tête. J'observe, je note les piqûres de moustiques (...) ».[9]

7. Cf. photographies p. 144.
8. Cf. photographies p. 144.
9. Victor Klemperer, *Journal,* tome 2, 1942-1945, Seuil, 2000. Samedi 8 avril 1944, p. 471.

Le film *Der Ewige Jude,* tourné en Pologne par des opérateurs de la Wehrmacht au même moment où Veit Harlan réalise *Jud Süss* en Allemagne, témoigne également d'humiliations visant les juifs.[10] Il présente divers types de juifs orientaux, d'abord barbus et dans leurs habits traditionnels, avec chapeau, caftan et *talith*, puis rasés et avec des vêtements européens (en complet-ves-

10. *Der Ewige Jude (Le Péril juif)* est supervisé par Fritz Hippler en 1940. En mars 1942 Hippler, nommé Intendant du cinéma, devient le principal responsable du cinéma allemand. En France, le film est d'abord diffusé à l'exposition « Le Juif et la France », au Palais Berlitz, à Paris, de septembre 1941 à janvier 1942, dans un texte doublé en français par André Castellot. Il est ensuite projeté en salles, à partir de juillet-août 1942, c'est-à-dire au moment des premières grandes rafles de juifs en France. Certaines images tournées en Pologne pour ce film étaient destinées, au départ, à *Jud Süss* mais Veit Harlan a refusé de les y incorporer. L'analyse la plus poussée du film est celle de Stig Hornshoj-Moller, *Der Ewige Jude : Quellenkritische Analyse eines antisemitischen Propagandafilms*, Göttingen, Institut für den Wissenschaftlichen Film, 1995. Cf. photographies p. 145.

ton). Le contraste visuel est évidemment saisissant et vise à mettre à nouveau en garde les spectateurs allemands contre le danger du judaïsme camouflé. Le film ne montre pas une pratique devenue courante parmi les soldats allemands de la Wehrmacht, consistant à arracher les poils de barbe aux juifs et à les forcer à réciter à voix haute des prières. C'était évidemment une forme de sadisme mais c'était aussi devenu un rituel où l'humanité des victimes était évacuée en réaffirmant publiquement leur identité juive. Certains soldats allemands allaient parfois plus loin en obligeant leurs prisonniers à revêtir un châle de prières, quelques instants seulement avant de les exécuter. Nombre de photographies, en particulier celles prises à Lukow en novembre 1942, attestent la réalité et la banalité de pratiques confirmées par la suite par les témoignages de quelques rares survivants. On remarque sur certaines photographies que les soldats sont parfois hilares au moment où ils commettent leurs forfaits.[11]

L'apparence des juifs dans les films allemands de cette époque n'est jamais anodine. Elle est au cœur même de l'imaginaire et de la propagande nazie. Par contraste, les personnages aryens sont systématiquement présentés avec des vêtements plus clairs et plus sobres.

11. Cf. Photographie p. 144, en bas.

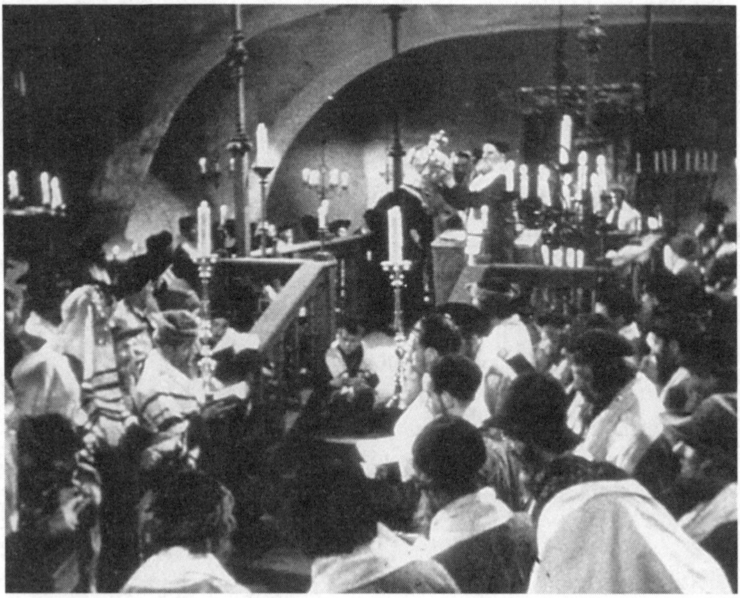

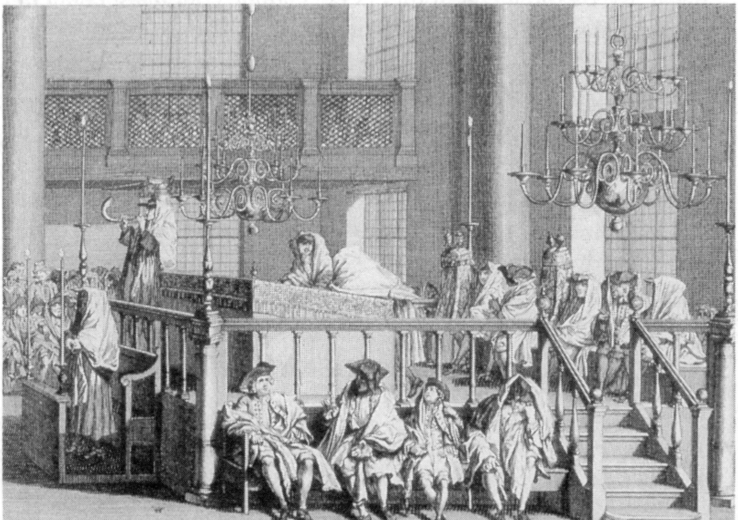

Ils sont souvent blonds comme Faber et Dorothée et leur visage, éclairé latéralement et de manière traditionnelle, est beaucoup plus lumineux. Les relents expressionnistes de certains éclairages permettent de bien souligner la dichotomie juifs /non juifs, tout en associant, sur le modèle de l'iconographie chrétienne médiévale, les juifs à l'ombre et au danger. Veit Harlan et son opérateur, Bruno Mondi, se sont visiblement inspirés de gravures et de caricatures pour certaines séquences du film, notamment celle où Süss tire des pièces d'or de sa bourse et celle où les juifs sont réunis à la synagogue, reconstituée en studio sur le modèle de l'Alteschul du ghetto de Prague.[12]

La séquence où Süss épie ses adversaires à travers un trou dans le plafond (filmée en champ/contre-champ) nous paraît également significative car elle impose visuellement le thème du juif comploteur. (Cf. photogrammes, p. 156.) Le procédé est primaire mais il est efficace car il est immédiatement compris par une large partie du public. C'est le cas également de certains symboles évocateurs : une étoile de David, un chandelier à sept branches, une *mezouzah* à l'entrée d'une porte, les rouleaux de la Torah dans la synagogue.

D'autres éléments facilement décryptables par les spectateurs soulignent la spécificité des personnages juifs : en particulier leur regard fuyant qui les empêche de fixer leurs interlocuteurs (démasqué par Faber, Süss baisse les yeux et continue à parler en regardant le sol), leurs gesticulations et aussi leur façon de s'exprimer en bougeant constamment leurs mains.[13]

Des tics, étudiés par Harlan en visionnant des films expressionnistes et des films yiddish, sont conjugués aux gestes saccadés et au désordre apparent de la synagogue à l'occasion de la cérémonie de *Simhat Torah*.[14] Les longues barbes désignent les

12. Cf. gravures p. 147 ayant certainement inspiré les images de Bruno Mondi pour le film de Veit Harlan, p. 146.

13. Dans ses mémoires, *op. cit.*, p. 160, Veit Harlan précise qu'il a dû limiter W. Krauss et F. Marian à plusieurs reprises quand, « dans la fièvre du jeu, ils se mettaient à gesticuler ou à faire des mouvements qui, par leur outrance, pouvaient provoquer des réactions antisémites ».

14. « Simhat Torah » signifie Joie de la Torah. Il s'agit d'une fête juive qui correspond à la clôture du cycle annuel de lecture du Pentateuque. À cette

personnages juifs et celle que Süss a dû couper, au début du film pour se déguiser, repousse ostensiblement dès son arrestation. Les personnages juifs sont également les seuls à exprimer ouvertement un sentiment de peur : Boegner monte à l'échafaud sans le moindre cri et Faber ne trahit pas ses amis, même sous la torture. Le rabbin Loew multiplie en revanche les signes nerveux sur son visage lorsque Süss lui explique qu'un grand danger plane sur ses coreligionnaires, Levy grimace et se cache piteusement derrière les rideaux pour se soustraire à la foule déchaînée, Süss geint et implore sa grâce en déclarant : « Je n'ai pas un seul geste à me reprocher ». Malheureusement pour lui, au moment où il prononce cette phrase, ses mains et son corps bougent, contredisant ainsi son argumentation. Ces signes mettent en évidence la lâcheté des juifs et leur proximité avec l'animalité, liée également à leurs hurlements, à leur système pileux très développé et aux fortes odeurs auxquelles on va même jusqu'à les associer dans ce film.[15]

Ils s'opposent aux visages impassibles, aux moustaches taillées, au calme stoïque et à la sobriété dont les « aryens », même dans les pires situations, ne se départent jamais. La dignité de la cérémonie religieuse au temple protestant, lors du mariage précipité de Dorothée et Faber, n'a pas le moindre rapport avec l'exaltation désordonnée des chants et des danses juifs à la synagogue. L'agitation de Süss avant son exécution est d'autant plus dissonante qu'elle

occasion, en signe d'allégresse, on sort les Sépharim de l'Arche et les fidèles expriment leur joie par des danses et des chants exubérants dans la synagogue, autour de la Torah. Le choix de représenter cette cérémonie dans le film n'est pas anodin ; il vise avant tout à souligner l'aspect étrange et donc étranger de la religion juive.

15. Après avoir refusé la main de sa fille, Sturm chasse Süss et se précipite sur la fenêtre qu'il ouvre brusquement en s'exclamant : « De l'air ! » On en déduit que Süss sent mauvais et que l'on cherche ainsi à évacuer son odeur de la pièce.

s'inscrit dans le cadre d'une cérémonie très soigneusement ordonnancée où chacun doit être à sa place, silencieux et sans bouger : le bourreau, les corps constitués et même, sur les gradins, à l'inverse de la version anglaise de 1934 où la populace s'agitait dans tous les sens, la foule apparaît au contraire disciplinée, comme dans les grands meetings du national-socialisme. Jusqu'au bout, Süss continue donc de se singulariser en gesticulant et en suppliant qu'on l'épargne. Seule la mort le rend finalement immobile, silencieux et digne. Si le film fonctionne correctement, les spectateurs doivent vivre l'exécution de Süss un peu comme un soulagement ; sa mort, l'élimination physique du juif, rétablit en effet l'ordre naturel qu'il avait lui-même contribué à perturber. Le film donne aussi à voir la frontière qui, selon l'idéologie national-socialiste, doit séparer clairement deux mondes bien distincts : celui des juifs et celui des « aryens ».

Cette idée de frontière apparaît notamment dans le plan symbolique mais anachronique d'une barrière à l'entrée de la ville que l'on retrouve à quatre reprises. C'est en la franchissant que Süss pénètre pour la première fois à

Stuttgart. C'est en la passant plus tard que la cohorte de juifs envahit la ville. Par la suite, cette même barrière est associée à de nouvelles taxes, lorsque Levy explique au meunier avec un « raisonnement talmudique » que, d'après lui, tout le monde bénéficie de l'augmentation des prix. Cette limite apparaît à nouveau au moment de l'arrestation de Faber, lorsque ce dernier tente en vain de quitter la ville.[16]

L'image évoque un peu l'entrée de la Wehrmacht au poste-frontière en Pologne en septembre 1939.[17] L'endroit évoque aussi, avec infiniment moins de poésie, le petit pont séparant l'étrange château de *Nosferatu le vampire* du reste du monde. Dans *Jud Süss* c'est le financier-vampire qui franchit le premier ce seuil symbolique, après avoir été sollicité par un émissaire étranger.[18] Süss est présenté en effet comme

16. *Cf.* photogrammes p. 150-151.
17. *Cf.* photographie p. 149.
18. Dans *Jud Süss* de V. Harlan, Remchingen tient un peu le rôle de Jonathan Harker dans *Nosferatu le vampire* de F. Murnau, 1921. Les deux hommes se rendent en effet chez un « vampire », facilitant ainsi, involontairement, l'arrivée du monstre en ville. C'est cette installation qui menace bientôt la ville et ses habitants.

l'incarnation du Mal et toute la structure du film de Harlan est comparable à celle du film de Murnau. C'est une transgression, en l'occurrence l'entrée de Süss-Nosferatu à Stuttgart, qui provoque une série de catastrophes. Au moment où les juifs pénètrent en ville, un habitant déclare d'ailleurs : « Les juifs s'abattent sur notre terre comme des sauterelles ». Les mots viennent évidemment de la Bible, mais les images qui les accompagnent s'inspirent de codes purement cinématographiques, notamment ceux en vigueur dans les films d'horreur.[19]

Le film de Harlan ne se contente pas d'associer Süss au Diable ou à un vampire en matérialisant, visuellement également, l'existence d'espaces séparés entre juifs et « aryens ». La bande-son, avec le jeu sur la langue et sur la musique, le montage, avec l'utilisation intensive de fondus-enchaînés, et le point de vue de la caméra, avec la confiscation du champ visuel par Süss, contribuent également à rappeler la nécessité d'instituer une frontière bien nette entre les deux mondes.

Par le biais de la langue, le film souligne le cosmopolitisme des juifs qui, à la différence de la nouvelle de Hauff, du roman de Feuchtwanger et du film de Mendes, sont les seuls à utiliser des mots français : « Demoiselle », « Permission », « Pardon »...[20] Les personnages juifs s'expriment aussi dans une langue émaillée d'expressions yiddish (« Nu », « Moire », « Goyim »...) et d'altérations de la langue allemande. On a même l'impression en écoutant Loew et Levy dans la version originale du film qu'ils sont tous les deux affublés d'un défaut de prononciation et qu'ils zézayent. Certes, Süss s'exprime mieux, mais il conserve tout de même un très fort accent autrichien, lié à l'origine de l'acteur mais certainement travaillé et volontairement accentué pour ce rôle. En brocardant le parler pittoresque de Süss, le film cherche en effet à

19. Curieusement les images de l'arrivée des juifs dans ce film de fiction évoquent irrésistiblement d'autres images, bien réelles celles-là, de l'expulsion et de la déportation des juifs d'Allemagne à la même époque.

20. Dans la nouvelle de Hauff, le roman de Feuchtwanger et le film de Mendes, le duc et d'autres allemands utilisaient ces mots étrangers alors que Harlan réserve ces mots exclusivement à Süss de manière à dénoncer son cosmopolitisme.

souligner que l'Allemand n'est pas sa langue maternelle. Il y a d'ailleurs plusieurs passages dans le film où, visiblement, le personnage a du mal à trouver ses mots. Dans une perspective national-socialiste, l'accent et les fautes soulignent l'impossibilité pour Süss de maîtriser son langage. Dans la version originale du film, il n'arrive pas à évacuer certaines tournures ou expressions trop alambiquées. Celles-ci contribuent, à plusieurs reprises, à rendre un peu ridicule sa manière de s'exprimer.

Il s'agit de rappeler de cette manière que les juifs étrangers écorchent la langue allemande.[21] Ils l'écorchent car, à l'inverse des aryens, ils ne la maîtrisent pas naturellement. Le yiddish est présenté dans la même perspective comme un jargon qui altère la belle et pure langue allemande. Au même titre que la race, les nazis revendiquent la pureté de leur langue. L'allemand devant être l'incarnation de l'âme allemande, ils traquent tous les mots étrangers pour éliminer ces impuretés. Dans l'idéologie national-socialiste les juifs même les plus assimilés n'ont que l'apparence de la culture allemande (*Scheinkultur*). Ils sont donc incapables, bien qu'ils en soient inconscients, de maîtriser la langue allemande.[22] La propagande nazie allait jusqu'à soutenir que les juifs, parce qu'ils étaient originaires d'Orient et d'Asie Mineure, n'avaient pas « une constitution buccale qui leur permettait de parler correctement l'allemand ». Leur incapacité à s'exprimer en bon allemand était biologique, c'est-à-dire raciale.[23] Cette incapacité rend comique, dans cette perspective, le passage où Levy demande à un paysan qui utilise le patois souabe de parler « correctement allemand ». D'autant qu'il s'exprime lui-même, à cette occasion, de manière plutôt approximative.

Dans la version française comme dans la version originale la musique trace, elle aussi, une frontière fort nette entre le monde juif, associé à une musique purement vocale de type oriental, et

21. A. Hitler, *Mein Kampf*, notamment p. 281.

22. On affichait même dans les universités allemandes, dès mars-avril 1933, le slogan suivant : « Quand le juif écrit en allemand, il ment. » *Cf.* Victor Klemperer, *Journal 1933-1941, Les Soldats de papier*, t. 1, 25 avril 1933, p. 37.

23. *Cf.* Gerhard Köhler dans la revue *Neues Volk*, cité d'après Lionel Richard, *op. cit.*, p. 229.

le monde non juif, avec une musique instrumentale de ballet pour la cour et, lorsqu'il s'agit d'évoquer le foyer de Dorothée, la chanson *All' meine Gedanken, die ich hab* accompagnée au clavecin ou à l'orgue et qui revient tout au long du film sous la forme d'un leitmotiv. Ces espaces musicaux s'excluent et matérialisent, y compris pour un spectateur peu cultivé ou distrait, l'existence de frontières distinctes entre juifs et non juifs.

Les fondus-enchaînés ont la même fonction. Ils soulignent la manière dont Süss parvient à camoufler son identité, en se déguisant, à transgresser les frontières, en entrant à Stuttgart, et à se fondre temporairement, au sens propre comme au sens figuré, dans le monde chrétien. Ce procédé technique, très utilisé à l'époque du cinéma muet, était beaucoup moins courant à l'époque où le film *Jud Süss* a été réalisé. Il jouait surtout un rôle privilégié dans les films d'horreur, lorsqu'il s'agissait de souligner la transformation physique d'un personnage. Si Veit Harlan l'a utilisé à treize reprises dans son film c'est parce que ce procédé, où on superpose un moment deux images distinctes avant d'enchaîner sur l'une d'elles, permettait de mettre l'accent, évidemment dans une perspective raciste, sur l'existence de deux mondes bien séparés.[24]

C'est le sens en tout cas du premier fondu-enchaîné qui fait passer le spectateur de l'écu du Wurtemberg à l'enseigne du banquier Süss. L'association visuelle entre les deux mondes est choquante, du point de vue nazi, au même titre que les séquences où on assiste à la transformation physique de Süss. Dans le film, les armoiries du Wurtemberg apparaissent à plusieurs reprises, notamment à la cour du duc, sur la façade du château et les fanions des trompettes et chez le conseiller Sturm, sur son fauteuil et sur les livres et documents qu'il utilise. Elles s'opposent aux divers symboles juifs : le chandelier à sept branches, l'étoile de David, les caractères hébraïques.

Le montage a la même fonction : il souligne le contraste et l'opposition entre deux mondes. Ainsi la séquence où les juifs

24. Selon Marc Ferro, *Cinéma et histoire*, Denoël-Gonthier, 1977, p. 51, les fondus-enchaînés du film ont « une signification idéologique » qui trahit clairement la doctrine nazie du réalisateur.

entrent en masse à Stuttgart est présentée juste après l'exécution du forgeron Boegner avec un fond sonore particulier : des chants hébraïques. Le lien entre les deux séquences est Süss ou, plus précisément, l'influence grandissante de ce dernier qui se traduit dans le récit, à ce moment précis, par la disparition d'une frontière étanche entre deux mondes. Il faut attendre le dénouement pour assister au rétablissement d'une frontière symbolique. Süss reprend alors progressivement son apparence initiale. Son élimination, qui résulte de son triple viol, l'espace

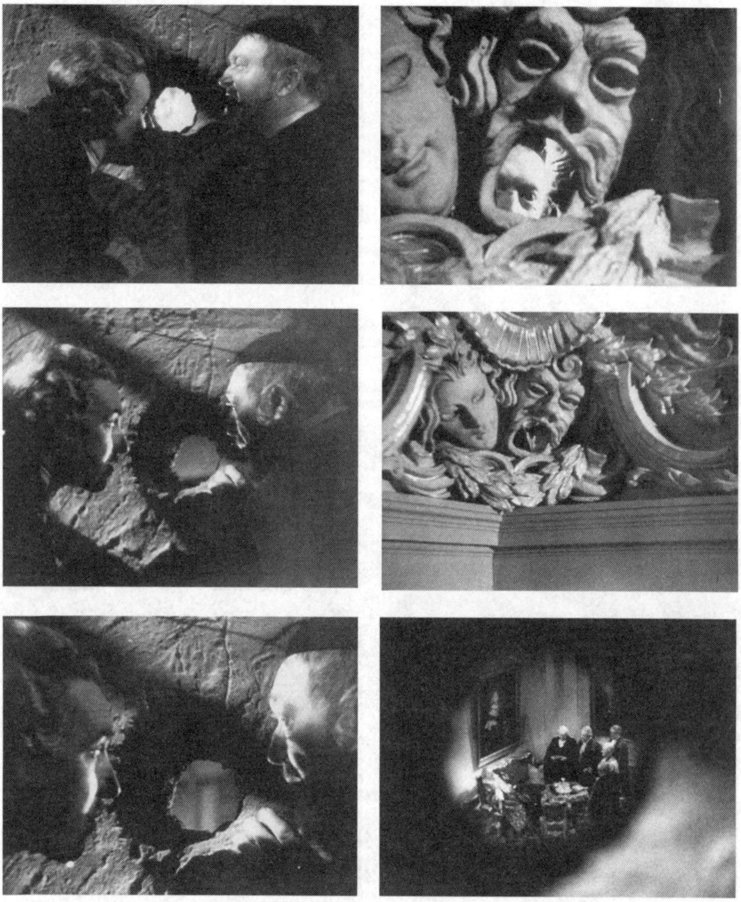

d'une ville interdite aux juifs, la sérénité du Wurtemberg et l'intimité de Dorothée, scelle la réconciliation entre factions catholiques et protestantes. Dans les dernières images la sentence, qui annonce l'expulsion des juifs du Wurtemberg, marque un nouveau départ pour la communauté ressoudée et dont les règles ont été réaffirmées.

Dans le film nazi, si le point de vue de la caméra varie, à plusieurs reprises, il épouse le point de vue de Süss. C'est le cas en particulier lorsque ce dernier observe du haut d'un balcon les ballerines, lorsqu'il se penche à la fenêtre au côté du duc pour jauger la foule en colère, lorsqu'il assiste à l'exécution du forgeron Boegner et, surtout, lorsqu'il espionne ses ennemis à travers les moulures du plafond. (Cf. photogrammes, p. 156.) C'est vers son palais que les regards convergent et c'est aussi à son signal, un simple mouchoir agité à sa fenêtre, que les tortionnaires reprennent ou interrompent le supplice de Faber. Süss parvient donc à imposer sa propre vision au reste de la population. La caméra du cinéaste le souligne, en suggérant que le regard de Süss, omniprésent et omnipotent, lui permet aussi d'hypnotiser certaines proies (le duc, la duchesse, Dorothée). Süss parvient aussi à orienter la manière dont le rabbin Loew regarde les astres puisqu'à sa demande il va faire une lecture bien particulière de l'avenir au duc.

La perversité du film ne réside pas seulement dans la succession des événements et dans le fait qu'on attribue un pouvoir occulte aux juifs. Si ce film est pervers, c'est aussi parce qu'il a la prétention de présenter les juifs objectivement, du point de vue de Süss. Ce n'est nullement le cas mais l'impression qui domine pour la majorité des spectateurs est que l'histoire est présentée à travers le regard de Süss. Le réalisateur ne cesse d'ailleurs de multiplier les gros plans sur ses yeux et son visage. C'est seulement dans les derniers moments du film, lorsque Süss est suspendu dans une cage, comme un oiseau,[25] et qu'il lui devient impossible d'échapper au regard zoologique des Wurtembergeois (et au-delà des spectateurs du film) que le point de vue commence à changer. Démasqué, Süss voit son emprise s'évanouir instantanément alors que Faber, vu de la cage, se libère d'un cauchemar. Reprenant ses esprits, il récupère aussi sa maîtrise du champ visuel. La « délivrance » commence précisément au moment où cessent

25. La comparaison de Süss avec un oiseau a, en allemand, une connotation sexuelle. La présence d'un cygne blanc, au côté de l'étoile de David, sur le lit du financier juif n'est pas non plus anodine. L'oiseau apparaît d'ailleurs dans la séquence où Süss viole Dorothée. Quant à l'exécution, elle évoque l'oiseau dans une cage auquel on couperait « les ailes » pour le punir et l'empêcher définitivement de « prendre son envol ».

les roulements de tambour et les cris de Süss. Une musique douce émerge alors progressivement où on reconnaît très vite le leitmotiv *All' meine Gedanken, die ich hab*. Puis l'horizon s'éclaircit, la neige s'arrêtant de tomber, un peu comme si la mort de Süss permettait à nouveau à chacun de voir et de respirer normalement. Ce changement est accentué sur le plan visuel par un lent travelling-arrière sur la population silencieuse, soulignant ainsi le commencement d'une ère nouvelle. Les Wurtembergeois apparaissent comme délivrés à l'issue de ce qui ressemble un peu à une séance d'hypnose collective. Ils vont à nouveau pouvoir appréhender le monde sans être épiés par un oiseau de mauvais augure. Le film est une arme de propagande redoutable puisqu'il parvient à présenter les juifs comme ayant eu un moment le contrôle de la population. Ce contrôle existait dans l'Allemagne nazie. On le trouve notamment dans les récits cauchemardesques que nombre d'Allemands ordinaires confiaient alors à leurs thérapeutes,[26] mais il était l'œuvre du régime nazi lui-même. Le film est donc une réussite parce qu'il évacue cette responsabilité et attribue à Süss, et à travers lui aux juifs dans leur ensemble, la maîtrise du contrôle mis en place sous le IIIe Reich. C'est une réussite également parce qu'il parvient à persuader les spectateurs qu'ils appartiennent à une communauté soudée et que, pour pouvoir protéger celle-ci, il est nécessaire de prendre certaines mesures à l'encontre des juifs. La propagande nazie est redoutable parce qu'elle ne nie jamais la réalité en bloc, la surveillance policière, les mesures antijuives, certaines défaites militaires, mais en modifie en revanche la signification.

Cette propagande nazie prône une idéologie radicale mais sans jamais se départir d'une forme parfaitement conventionnelle. Peu créative sur le plan artistique, elle multiplie les citations et les emprunts aux grands classiques. Le film de Harlan ne fait nullement exception à la règle. En dépit d'une technique soignée, il apparaît comme un exercice de style qui s'apparente davantage à la littérature bourgeoise et au théâtre classique qu'à l'art cinématographique. Le réalisateur multiplie en effet les séquences

26. Charlotte Berardt, *Rêver sous le IIIe Reich*, Payot, 2002.

d'intérieur, tournées en studio à Berlin-Babelsberg, avec une caméra peu mobile, souvent même totalement fixe, et des acteurs entrant et sortant du champ exactement comme au théâtre. L'action du film se déroule sur une période de cinq années, de 1733 à 1738, mais les séquences sont enchaînées les unes à la suite des autres, sur un rythme frénétique, sans jamais parvenir pour autant à donner l'impression du temps qui s'écoule. Des spectateurs peu attentifs ont d'ailleurs cru que l'histoire se déroulait en quelques jours. L'aspect hors du temps de ce film en costumes est pour le moins curieux. Met-il en évidence une incapacité artistique du réalisateur à représenter le temps qui s'écoule ? C'est possible. Nous aurions cependant tendance à avancer une autre explication. Le réalisateur a rendu son film volontairement « intemporel » pour souligner « l'actualité » de son message raciste et le fait que le IIIe Reich, censé durer 1000 ans, disposait d'une totale maîtrise du temps. Il s'agissait ainsi de donner aux spectateurs le sentiment que l'action du film se conjuguait autant au passé qu'au présent.

Dans ce film plutôt « bavard », où certaines répliques ont même été ajoutées après le tournage grâce à la postsynchronisation, pour renforcer encore son message raciste, les acteurs apparaissent généralement, surtout lorsqu'ils parlent, en plans rapprochés et champ /contre-champ. Cela nuit considérablement à la fluidité du film et ne favorise pas non plus beaucoup l'imaginaire des spectateurs. Mais était-ce l'objectif ? En fait, la propagande nazie n'accorde jamais un rôle très actif aux spectateurs. Elle joue généralement à fond la carte des traditions, puisant largement dans le répertoire artistique déjà familier des spectateurs. Joseph Goebbels, qui a personnellement supervisé ce film de la conception du scénario jusqu'à son lancement publicitaire, aime et encourage cette forme ultra-classique. Il associe aussi l'élite des acteurs et des techniciens du cinéma à certains films importants, de manière à attirer encore davantage de spectateurs dans les salles.

Harlan est entouré pour *Le Juif Süss* des techniciens et artisans les plus réputés du cinéma allemand. Sans citer les noms de tous ces hommes, soulignons au moins la présence de Bruno Mondi à la photographie, Karl Vollbrecht et Otto Hunte aux décors, et Wolfgang Zeller à la musique. Ces hommes sont des techniciens chevronnés. Ils ont déjà fait la preuve de leur talent en travaillant avec de grands réalisateurs expressionnistes : Bruno Mondi a été l'opérateur de Fritz Lang pour *Les Trois lumières* (1921), Karl Vollbrecht et Otto Hunte ont conçu ensemble les décors de *Docteur Mabuse* (1922), *Les Nibelungen* (1924) et *Métropolis* (1926) du même Fritz Lang, et Wolfgang Zeller a signé de son côté la musique de nombreux films muets en Allemagne et la partition du *Vampyr* de Carl Dreyer (*L'Étrange aventure de David Gray,* Norvège, 1932).[27]

Ces techniciens contribuent à la qualité formelle indéniable de *Jud Süss* et donnent aussi au film une certaine coloration expressionniste. Coloration d'autant plus singulière que l'expressionnisme, présenté comme un art « dégénéré » et « enjuivé » en Allemagne nazie, est alors dénoncé et mis à l'index.[28] Or le film de Harlan multiplie les références aux films expressionnistes. Nous avons déjà eu l'occasion d'évoquer, à plusieurs reprises, certaines références au *Nosferatu* de Murnau. D'autres titres du cinéma expressionniste ont également beaucoup inspiré le film de Harlan sur le plan visuel. Le passage où les juifs expriment leur joie à la synagogue s'inspire nettement du *Golem* (Paul Wegener, 1920).[29] La séquence où le rabbin Loew regarde les astres dans une lunette pour prédire au duc son avenir reprend, elle aussi, et pratiquement avec le même cadrage, la séquence d'ouverture de cette version du *Golem* dans laquelle un rabbin,

27. Avant de participer au film *Le Juif Süss* en 1940, Bruno Mondi (1903-1991) a déjà 59 films à son actif, Karl Vollbrecht (1886-1973) en a 27, Otto Hunte (1881-1960) 47, et Wolfgang Zeller (1893-1967) 43. Tous poursuivent, après guerre, une très belle carrière au cinéma.

28. Jean-Michel Palmier, *L'Expressionnisme comme révolte*, Payot, 1978, p. 439 *sq.*

29. Ce film, restauré en 2001, est à nouveau disponible en vidéo et DVD. Son réalisateur et principal interprète, Paul Wegener (1874-1948), devient un fervent national-socialiste sous le IIIe Reich. Kaï Möller (éd.), *Paul Wegener : Sein Leben und seine Rollen*, Hamburg, Rowohlt, 1954 et Elfriede Ledig, *Paul Wegeners Golem*, Munich, Bibliothek, 1989. Selon Ionas Turkow, *in C'était ainsi. La vie dans le ghetto de Varsovie 1939-1943*, Paris, Austral, 1995, p. 403-404, il s'épanouissait même de joie, en avril-mai 1943, en assistant à l'anéantissement du ghetto de Varsovie.

interprété par Albert Steinrück et dont le nom est également Loew, lit dans les étoiles un malheur menaçant la communauté. Le nom du rabbin, qui figure à la fois dans le film de Wegener et dans celui de Harlan, fait évidemment référence à Judah Loew ben Bezalel (1525-1609), plus connu sous le nom du Maharal de Prague. Il a été popularisé par un roman à succès de Gustav Meyrink, *Le Golem* (1915), qui attribue la paternité de la créature à ce célèbre astronome et mathématicien.[30]

On relève la présence d'autres citations de films expressionnistes dans *Le Juif Süss*, notamment la séquence où des barques, éclairées la nuit par des torches, glissent lentement à la recherche de Dorothée. Ces images évoquent immanquablement celles de *L'Aurore* (*Sunrise*, 1927) de Friedrich Murnau dont Harlan s'était déjà inspiré dans *Le Voyage à Tilsit* (1939).[31] Avec les membres de l'équipe technique qui l'entourent, le cinéaste nazi multiplie donc les emprunts aux grands classiques du cinéma expressionniste. Même si certains de ces emprunts sont inconscients, ils sont trop nombreux pour relever du pur hasard. Il y a eu certainement une volonté délibérée, de la part d'Harlan et de Goebbels, d'utiliser l'esthétique de l'expressionnisme de manière à accentuer l'impression que le film adopte « le point de vue juif ». Il s'agissait probablement aussi d'alimenter de cette manière la confusion avec la version tournée par Mendes en 1934, version qui a été visionnée à plusieurs reprises par Harlan et divers acteurs et membres de l'équipe technique du film de 1940. Cette hypothèse repose sur certains plans du film de Harlan qui apparaissent presque comme des copies conformes de plans figurant dans la version de Mendes, notamment la séquence où Süss croise la

30. Contrairement à la légende, ce rabbin et talmudiste, qui a vraiment existé, était opposé à toute forme d'ésotérisme. Dans ces conditions, on a du mal à l'imaginer prédire l'avenir et créer un Golem, même à supposer qu'il en soit capable. *Cf.* André Neher, *Le Puits de l'Exil : la théologie dialectale du Maharal de Prague*, Albin Michel, 1966 et Moshe Idel, *Golem : Jewish Magical and Mystical Traditions on the Artificial Anthropoid*, Albany, State University of New York Press, 1990.

31. Veit Harlan, *op. cit.*, p. 99 et Lotte H. Eisner, *Murnau*, Paris, Le Terrain vague, 1964, rééd. Ramsay, Poche-cinéma, 1987, p. 79 *sq.*

duchesse dans une calèche, celle du feu d'artifice et du bal masqué, celle surtout de l'exécution, dans une cage et sous la neige. On peut analyser les références insolites au cinéma expressionniste dans *Le Juif Süss* comme une volonté délibérée d'alimenter la confusion entre les deux versions cinématographiques.[32] Il s'agissait aussi probablement de rattacher le film nazi à l'atmosphère du cinéma expressionniste de manière à ancrer encore davantage son discours raciste dans les traditions germaniques. Plusieurs acteurs du film de 1940, issus du théâtre classique, ayant joué au préalable dans les pièces de Feuchtwanger ou dans des films expressionnistes, contribuent à favoriser cette captation très sournoise de la culture allemande dont la propagande nazie s'était fait une spécialité depuis quelques années déjà.

32. La ressemblance entre certaines séquences des deux films est à plusieurs reprises troublante. J'ai d'ailleurs eu l'occasion de constater au cours de mes recherches que, dans plusieurs fonds de photographies, certaines images du film de Harlan étaient attribuées à tort au film de Mendes. L'inverse est également vrai.

Le casting de *Jud Süss* et sa signification

Harlan a bénéficié pour *Jud Süss* d'acteurs très populaires en Allemagne qui apparaissent alors régulièrement au théâtre et au cinéma, la plupart du temps dans le même type de rôles. Par leur notoriété et leur image ils contribuent, eux aussi, à faire passer un message antijuif. La distribution du film n'est pas seulement prestigieuse, elle est aussi imposante, à la manière des superproductions hollywoodiennes, avec une vingtaine d'acteurs dans les rôles principaux, une quarantaine d'acteurs dans des rôles secondaires, et une kyrielle de figurants pour les séquences de foule et les cérémonies à la synagogue. Dans ses mémoires Harlan note avec fierté que, pour *Jud Süss*, il était entouré « de l'élite des acteurs allemands ».[1] Et de citer, outre les noms d'Heinrich George et de Werner Krauss, ceux d'Eugen Klöpfer, Albert Florath et Theodor Loos. Examinons d'abord les acteurs des rôles principaux.

Heinrich George (1893-1945)[2] interprète le rôle du duc de Wurtemberg Charles-Alexandre. Acteur déjà très populaire avant

1. Veit Harlan, *op. cit.,* p. 149.

2. Cf. photographies, p. 194-195. Berta Drews, *Heinrich George. Ein Schauspielerleben*, Hambourg, Rowohlt, 1959, Eric Berger, *Heinrich George im Film seiner Zeit*, Wiesbaden, Deutsche Gesellschaft fur Filmdokumentation, 1975, Peter Lareh, *Heinrich George, Komediant seiner Zeit*, Munich, Langen Muller, 1992 et Werner Maser, *Heinrich George. Mensch aus Erde gemacht*, Berlin, édition q., 1998.

l'arrivée des nazis au pouvoir, il a tourné dans trente-six films muets, notamment avec des réalisateurs juifs comme Max Mack et Richard Oswald, et tout le monde se souvient de son rôle de contremaître dans *Métropolis* (Fritz Lang, 1927). Heinrich George a joué également dans nombre de pièces du répertoire classique et dans quelques pièces plus modernes de Lion Feuchtwanger.

À la fin des années 1920, aux côtés de Leopold Jessner, Béla Balasz et Erwin Piscator, il participe à la grande aventure du théâtre d'avant-garde. Il milite aussi dans les rangs de la Völksbühne, un mouvement artistique lié au parti communiste. Il joue dans le film antiraciste de Richard Oswald, *Dreyfus* (1930), où il interprète le rôle d'Émile Zola. L'année suivante il interprète le rôle de Franz Biberkopf dans un film de Phil Jutzi, *Berlin Alexanderplatz* (1931), inspiré du roman d'Alfred Döblin.[3] Après s'être rallié aux nazis il devient le protégé de Goebbels. Il incarne alors un rôle presque autobiographique dans le film *Hitlerjunge Quex* de Hans Steinhoff (1933).[4] C'est l'itinéraire d'un homme du peuple, le bien nommé Volker, qui adhère d'abord au communisme avant de se laisser séduire par le nazisme. Heinrich George joue ensuite dans d'autres films de propagande nazie, ce qui lui permet d'être nommé intendant du Schiller Theater à Berlin et d'obtenir, en 1937, le titre très envié « d'acteur national ». En 1940, l'année où il joue dans *Jud Süss* de Veit Harlan, il participe également à deux autres films en costumes : *Le Maître de poste* de Gustav Ucicky, d'après la nouvelle de Pouchkine, et *Friedrich Schiller* de Herbert Maisch.[5] Il joue ensuite dans un autre film, *Wien 1910* (Emerich Emo, 1942), qui évoque

3. A. Döblin fait partie des écrivains dont les ouvrages ont été publiquement brûlés par les nazis au printemps 1933.

4. Ce film sort à Paris le 14 mars 1942 sous le titre : *Le Jeune Hitlérien*. *Cf.* Francis Courtade et Pierre Cadars, *op. cit.*, p. 37-41 et David Welch, *Propaganda and the German Cinema 1933-1945*, Oxford, Clarendon Press, 1985, p. 59-74.

5. *Der Postmeister* (Le Maître de poste) de Gustav Ucicky est sorti à Berlin le 24 avril 1940 et à Paris le 6 novembre 1940. C'est un des gros succès du cinéma allemand en France pendant l'Occupation. Dans *Friedrich Schiller,* Heinrich George interprète le rôle du fils du duc de Wurtemberg. *Cf.* Linda Schulte-Sasse, *op. cit.,* chap. 5, p. 147-175.

l'itinéraire de Karl Lueger, le premier maire antisémite de Vienne (1895-1910) auquel Hitler vouait un culte quasi filial.[6] C'est donc un acteur du théâtre classique, apprécié du public et choyé par les autorités nazies, qui donne épaisseur et crédibilité au personnage contradictoire du duc dans le film nazi de Harlan.[7]

Werner Krauss (1884-1959)[8] est un autre « monstre sacré » du théâtre. Il a d'abord travaillé avec Max Reinhardt au Burgstheater de Vienne, avant de rejoindre Léopold Jessner au Staatstheater de Berlin. Il a fait ses débuts au cinéma en 1916 et il est devenu rapidement l'une des grandes stars de l'UFA. Il a interprété au total cent dix films muets : parmi eux *Le Cabinet du Dr Caligari* (Robert Wiene, 1919), *Le Rail* (Lupu Pick, 1921) et *Tartuffe* (Friedrich Murnau, 1925). W. Krauss est un acteur de composition qui use et abuse, d'après ses détracteurs, des costumes et du maquillage pour changer d'apparence. Cet acteur-caméléon incarne aussi bien les anonymes que les personnages célèbres, notamment Robespierre dans *Danton* (Dimitri Buchowetzki, 1921) et Ponce Pilate dans *I.N.R.I.* (Robert Wiene, 1923). Il a toutefois une prédilection pour les rôles de traîtres (*Othello*, Dimitri Buchowetzki, 1922), de brutes épaisses (*La Rue sans joie*, Georges Wilhelm Pabst, 1925) et d'assassins (*Le Cabinet des figures de cire*, Paul Léni, 1923).

Ayant travaillé avec divers réalisateurs juifs (notamment R. Oswald, Lupu Pick et P. Léni), W. Krauss interprète plusieurs personnages juifs, tant au théâtre dans les pièces de Lion Feuchtwanger, qu'au cinéma où il apparaît notamment dans *Nathan le Sage* (Manfred Noa, 1922) et *Baruch, Das alte Gesetz* (Ewald-André Dupont, 1923). Il tient également le rôle du *junker* Florian dans *Le Golem* (Paul Wegener, 1920). Cela ne l'empêchera

6. Dorothea Hollstein, *op. cit.*, p. 164-171 et *Film and History*, vol. 15, n° 3, septembre 1985, p. 50-68.

7. L'interprétation du duc de Wurtemberg par H. George dans le film de Harlan nous semble plus convaincante, sur un plan uniquement artistique, que celle de F. Vosper dans le film de Mendes.

8. Cf. photographie p. 193. Wolfgang Goetz, *Werner Krauss*, Hamburg, Hoffmann und Campe, 1954, Werner Krauss, *Das Schauspiel meines Lebens : Einem Freund erzält*, édité par Hans Weigel, Stuttgart, Goverts, 1958 et Herbert Ihering, *Werner Krauss : ein Schauspieler und das neunzehnte Jahrhundert,* Berlin, Vorwerk 8, 1997.

pas de rejoindre les rangs des nationalistes et des antisémites au début des années 1930. Il en est d'ailleurs vite récompensé puisqu'il accède à la vice-présidence de la Chambre de théâtre, peu après l'arrivée des nazis au pouvoir.

Alors que la silhouette d'Henrich George (un homme massif mais petit et rond) est aisément reconnaissable, il n'en va pas de même pour Werner Krauss. Veit Harlan bénéficie donc pour son film d'un acteur passe-partout, capable de modifier son apparence à volonté. Il ne s'en prive pas puisqu'il interprète dans *Le Juif Süss* non seulement deux rôles importants, le secrétaire Levy et le rabbin Loew, mais également divers rôles secondaires : le boucher et un vieillard dans le ghetto de Francfort et un fidèle priant dans la synagogue à Stuttgart. Selon Harlan, c'est Krauss lui-même qui aurait suggéré l'idée de jouer tous ces personnages juifs. Le réalisateur explique, dans un entretien publié avant le début du tournage, en janvier 1940, les raisons qui l'ont convaincu d'accepter une proposition somme toute peu banale :

> (...) En dehors du rôle de Süss « les autres rôles de Juifs seront tenus par un seul acteur, par un artiste allemand qui a déjà donné la preuve de son talent dans nombre de rôles de composition : Werner Krauss. Krauss incarnera le rabbin miraculeux Loew, le secrétaire cauteleux Levy. Il apparaîtra aussi dans d'autres rôles de composition. Il n'est pas dans mon intention en agissant ainsi de présenter uniquement la performance d'un grand acteur. La multiplicité de ces rôles, qui m'a d'ailleurs été suggérée par Krauss lui-même, a un sens plus profond. Il s'agit de montrer que les divers tempéraments et caractères des Juifs (le patriarche pieux, l'escroc retors, le négociant rusé) proviennent en définitive de la même origine ».[9]

L'explication est sans ambiguïté : le fait que le même acteur interprète plusieurs rôles dans ce film a une signification idéologique bien précise. Après une courte hésitation Goebbels s'enthousiasme d'ailleurs pour la suggestion qui a l'avantage, de

9. Déclarations de Veit Harlan dans *Der Film* du 20 janvier 1940, reprises par Joseph Wulf, *Theater und Film im Dritten Reich*, p. 398 et Régine Friedman, *op. cit.*, p. 181.

son point de vue, de mettre en évidence « l'ubiquité des juifs » et de souligner leur implication dans un « complot international ».[10]

En 1943 W. Krauss confirme son intérêt pour ce type de rôles en interprétant l'usurier juif Shylock dans *Le Marchand de Venise* de W. Shakespeare au théâtre.[11] Krauss devait reprendre ensuite le rôle au cinéma, dans une nouvelle adaptation de Veit Harlan, mais la défaite allemande empêche le projet d'aboutir.[12]

Eugen Klöpfer, Albert Florath et Theodor Loos sont au départ des acteurs de théâtre qui ont fait également une belle carrière au cinéma. Le Wurtembergeois Eugen Klöpfer (1888-1950), qui joue le rôle du conseiller Sturm dans le film de Harlan en 1940, tenait le rôle de Joseph Süss Oppenheimer dans la pièce de Feuchtwanger, à Francfort, en 1919 ; il était alors l'interprète favori de Lion Feuchtwanger au théâtre. Il jouait aussi dans les films de réalisateurs juifs comme Richard Oswald, Ewald-André Dupont et Lupu Pick. Devenu un nazi fanatique Klöpfer obtient la direction d'un grand théâtre à Berlin (1934) et la vice-présidence de la Chambre du théâtre du Reich (1935). Goebbels le nomme ensuite Surintendant du théâtre (1936) et administrateur à l'UFA (1937). Dans ses rôles au cinéma, il devient rapidement le prototype de l'Allemand moyen, sage et pondéré. Il participe essentiellement à des films exaltant le patriotisme et les vertus du *Heimat*[13] : *Jugend* (Veit Harlan, 1937), *Friedrich Schiller* (Herbert Maisch, 1940), *La Ville dorée* (Veit Harlan, 1942) et

10. Déclarations de J. Goebbels lors d'une conférence de presse, le 17 janvier 1940, citée par W. A. Boelcke, *The Secret Conferences of Dr. Goebbels 1939-1943*, Londres, Dutton, 1970, et Veit Harlan, *op. cit.,* p. 147-149.

11. La pièce de Shakespeare a été mise en scène au Burgstheater de Vienne, en mai 1943, par Lothar Müthel. Werner Krauss avait déjà tenu le rôle de Shylock à plusieurs reprises, notamment en 1937 au théâtre, lors du festival de Salzbourg, et en 1923, au cinéma, dans *Le Marchand de Venise*, réalisé par Peter Paul Felner. *Cf.* Joseph Wulf, *Literatur und Dichtung im Dritten Reich* et Herbert Ihering, *Werner Krauss, op. cit.*

12. Veit Harlan, *op. cit.,* p. 278-284 et Dorothea Hollstein, *op. cit.,* p. 176-182.

13. L'expression « Heimat » est difficile à traduire en français. Elle désigne le foyer et le pays natal, la petite patrie, et représente quelque chose qui plonge dans l'émotif et est ancré très profondément dans la culture germanique.

Le Feu sous la cendre (Hans Steinhoff, 1943). Son rôle de père de famille et d'édile patriote dans *Jud Süss* ne déroute pas le public car Klöpfer était déjà un peu Sturm dans d'autres film.[14]

Albert Florath (1888-1957) est de la même génération qu'Eugen Klöpfer et il a été également interprète de Lion Feuchtwanger. Devenu d'abord assistant de Léopold Jessner, il finit par délaisser le théâtre pour le cinéma où il participe à cent-quatre-vingt-cinq films au total, en général dans des rôles secondaires. Ayant assez peu tourné au cinéma dans les années 1920, en dehors de quelques films avec Lupu Pick et Richard Oswald, il devient un acteur pratiquement incontournable à la fin des années 1930. En 1939 il tourne dans plus de vingt films, et même davantage encore en 1940. En dehors du *Jud Süss*, où il interprète le rôle du colonel Röder, ancien compagnon d'armes du duc, il participe cette année-là à un autre film antisémite, *Les Rothschild* (Erich Waschneck, 1940). En 1941 il joue dans *Ich Klage an* (*J'accuse /Suis-je un criminel ?)*, un film de Wolfgang Liebeneiner, qui prône ouvertement l'euthanasie des malades incurables.[15]

Theodor Loss (1884-1955), qui joue le rôle du conseiller von Remchingen dans *Jud Süss*, vient également du Staatstheater de Berlin où il a, lui aussi, travaillé avec Léopold Jessner. Avant de faire allégeance aux nazis et d'être proclamé « acteur d'État », il a tourné dans un curieux film pacifiste de Joe May, *Heimkehr*

14. Vingt ans avant sa participation au film de Harlan, Klöpfer tenait un rôle important dans *Sturm* (La tempête) de Martin Berger, 1920. Le nom de famille Sturm, banal outre-Rhin, convenait bien aux rôles d'allemands moyens qu'il interprétait fréquemment. *Cf.* Ulrich Scherzer, *Eugen Klöpfer, sein Leben, sein Wirken,* 1960.

15. Notons que *Ich Klage an* (*Suis-je un criminel ?*) est sorti sur les écrans allemands le 29 aout 1941 et, sur les écrans français, le 2 octobre 1942, c'est-à-dire après l'arrêt du programme d'euthanasie nazi (T 4), mis en application par le décret du 1er septembre 1939. Ce programme, à l'origine du gazage de 70 000 malades mentaux allemands entre l'automne 1939 et l'automne 1941, continue à faire des victimes par la suite, mais de manière moins ouverte et sur une plus petite échelle. *Cf.* K. L. Rost, *Sterilisation und Euthanasie im Film des Dritten Reiches,* Husum, Matthiesen, 1987 et M. Burleigh, *Death and Delivrance : Euthanasia in Germany 1900-1945*, Cambridge University Press, 1994.

(*Le retour du prisonnier*, 1928), et dans plusieurs films de Fritz Lang, notamment *M. le Maudit* (1931) et *Le Testament du Dr Mabuse* (1933).

La distribution de *Jud Süss* réunit donc des acteurs typés et réputés, ayant travaillé dans les années 1920 avec des metteurs en scène juifs, tant au théâtre (Lion Feuchtwanger et Léopold Jessner) qu'au cinéma (Richard Oswald et Fritz Lang). Parmi les autres acteurs issus du théâtre classique, Jacob Tiedkte et Walter Werner ont des rôles moins importants.[16] D'autres seconds rôles du film étaient d'anciennes stars du cinéma muet, notamment Erna Morena et Bernard Goetzke.[17]

La présence d'acteurs déjà connus et appréciés du public ancre le film dans une triple tradition culturelle : celle de la littérature bourgeoise du XVIIIe siècle, celle du théâtre classique et celle du cinéma expressionniste. Mais comme il s'agit d'un film commercial visant le public le plus large possible, le réalisateur cherche également à ce que son film, présenté comme un événement (on utiliserait même aujourd'hui l'expression américaine de « blockbuster »), ne donne pas l'impression d'être trop guindé. Il engage donc des acteurs moins connus mais susceptibles d'attirer un public jeune et avide de nouveaux visages.

Ferdinand Marian (1902-1945), qui interprète le rôle principal de Joseph Süss Oppenheimer, est de ce point de vue un choix tout à fait exemplaire. Ayant débuté au cinéma en 1933, il n'est apparu que dans une dizaine de films, et seulement dans des rôles secondaires. En dehors de son talent et de son charme viennois, ce qui a poussé Harlan à lui confier ce premier grand rôle, alors que Goebbels avait plutôt envisagé de faire appel à des poids lourds comme Gustav Gründgens, Emil Jannings ou Willi Forst, c'est le fait précisément qu'il n'était pas trop connu et qu'il était déjà spécialisé dans les rôles antipathiques ou de criminels.

16. Dans *Jud Süss,* Jacob Tiedkte joue le rôle d'un des membres de l'assemblée des notables (*Konsistorialrat*) et Walter Werner joue alors le respectable mais faible Fiebelkorn, un père de famille outragé.

17. Erna Morena et Bernard Goetzke apparaissaient déjà au cinéma dans *Le Tombeau hindou* (Joe May, 1921)

Marian avait effectivement interprété plusieurs rôles d'assassins, d'escrocs et de pervers au cinéma, notamment un tueur sadique de femmes dans *Die Stimme des Herzen (La voix du cœur* de Karlheinz Martin, 1936), un dictateur latino-américain cruel dans *La Habanera* (Detlef Sierck / Douglas Sirk, 1937), et un traître à la cause irlandaise dans *Der Fuchs von Glenarvon* (*Grandison le félon*, Max Kimmich, 1940). Au théâtre, il était aussi, peu de temps avant le début du tournage de *Jud Süss*, un inquiétant Iago dans *Othello* de W. Shakespeare. L'image d'un homme à la fois séduisant et maléfique, avec un regard perçant, un système pileux développé et une présence physique indéniable, convenait parfaitement au rôle que Goebbels et Harlan souhaitaient lui confier dans *Jud Süss*. Lui-même était moins convaincu et il aurait même tenté d'échapper au rôle mais, malgré un bout d'essai peu concluant, cela n'a pas été le cas. Il a fini par accepter le rôle, certes à contrecœur mais avec le réconfort toutefois du cachet remarquable, pour lui et à cette époque, de 50 000 reichsmarks.[18]

Kristina Söderbaum (1912-2001) obtient la même somme pour le rôle de Dorothée, la fille du conseiller Sturm et la principale « victime » de Süss. C'est inespéré pour cette jeune actrice suédoise de 28 ans encore inconnue quelques mois auparavant. Kristina Söderbaum a tourné en effet son premier film au cinéma en 1936, à l'époque où sa compatriote Zarah Leander faisait également ses débuts en Allemagne nazie. Mais c'était seulement, pour elle, un tout petit rôle. Ses véritables débuts se situent deux ans plus tard, lorsqu'elle obtient coup sur coup un rôle de premier plan dans *Jugend (Jeunesse)* et dans *Verwehte Spuren* (*Sans laisser de traces*, Veit Harlan, 1938). Devenue l'année suivante la troisième épouse du réalisateur, sa carrière cinématographique va être ensuite étroitement liée, pour le meilleur et pour le pire, à celle de son mari-pygmalion. Sur un total de vingt-deux films auxquels elle participe, tant au cinéma qu'à la télévision, elle tourne en effet dans dix-sept films réalisés par Harlan. C'est sans conteste ce dernier qui lui a donné ses plus grands rôles au cinéma, en particulier dans *Das Unsterbliche*

18. Cf. aussi photographie p. 192. Veit Harlan, *op. cit.*, p. 150-153. Selon F. Knilli, H. Geogre et W. Krauss obtiennent également ce cachet exceptionnel pour l'époque.

Herz (Cœur immortel) et *Die Reise nach Tilsit,* (*Le Voyage à Tilsitt*, 1939), *Der Grosse König (Le Grand Roi)* et *Die goldene Stadt* (*La Ville dorée*, 1942), *Immensee* (*Le Lac aux chimères,* 1943), *Opfergang* (*Offrande au bien-aimé*, 1944) et enfin *Kolberg* (1945).[19]

Avec ses cheveux blonds et ses beaux yeux bleus Kristina Söderbaum personnifie, pour une large fraction du public, la jeune allemande idéale, à la fois charmante, dynamique et romantique. Mais, dans la plupart des films où elle apparaît, la jeune femme manque de discernement. Elle va être de ce fait une proie toute trouvée pour un personnage aussi retors que celui du financier juif imaginé par Goebbels et Harlan. Il faut préciser qu'avant même d'interpréter le rôle de Dorothée dans *Jud Süss,* Kristina Söderbaum était surnommée « la noyée du Reich » (*Reichswasserleiche*) car elle finissait fréquemment noyée dans les films où elle apparaissait. Elle n'échappe donc pas au même destin tragique dans *Jud Süss* où nombre d'observateurs ont décelé, à juste titre d'ailleurs, un antiféminisme qui n'a que fort peu à envier à l'antisémitisme.[20]

Malte Jäger qui interprète le rôle du fiancé puis du mari de Dorothée, Faber, n'est pas un acteur connu. C'est un « jeune premier » assez fade qui n'a pas réussi à s'imposer et qui n'apparaît après *Jud Süss* que dans un petit nombre de films, par exemple *Wunschkonzert (L'épreuve du temps),* une comédie musicale d'Eduard von Borsody (1940). Il aurait été choisi par Harlan surtout pour des critères physiques, ses cheveux blonds, son large front et ses yeux clairs qui font apparaître le modèle-type de l'aryen, et une vague ressemblance avec le jeune Friedrich von Schiller. Ce choix souligne une fois de plus la filiation littéraire et théâtrale du film. Face à Eugen Klöpfer qui interprète Sturm, le père de

19. Kristina Söderbaum, *Nichts bleibt immer so, Ruckblenden auf ein Leben vor und hinter der Kamera*, Bayreuth, Erschienen bei Hestia, 1984.

20. Le message antiféministe du film a été souligné par François Garçon, « Cinéma et Histoire : les trois discours du "Juif Süss" », *Annales E.S.C.*, Paris, n° 4, juillet-août 1979, p. 703-706, Régine Friedman, *op. cit.,* p. 239-246, Linda Schulte-Sasse, *Entertaining the Third Reich*, Durham, Duke University Press, 1996, p. 55-62, et Jo Fox, *Filming Women in the Third Reich*, Oxford, Berg, 2000, p. 152-169. Sur l'antiféminisme nazi, on consultera aussi Rita Thalmann, *Être femme sous le IIIe Reich*, Robert Laffont, 1981 et Claudia Koonz, *Les Mères-Patries du IIIe Reich*, Lieu Commun /Histoire, 1989.

Dorothée, Malte Jäger incarne un greffier exalté et impulsif dont l'activisme désordonné évoque le comportement des jeunesses hitlériennes. Le personnage de Faber dans *Jud Süss* n'apparaît pas négatif : le jeune homme a terriblement souffert dans l'aventure où il est torturé et où sa femme s'est suicidée après avoir été violée, mais il n'est pas pour autant une victime passive ; il s'engage et participe activement à l'affrontement avec Süss, et la terrible épreuve qu'il traverse lui permet d'apprendre à se discipliner sous l'autorité d'hommes expérimentés. Le film valorise donc, à travers ce personnage, au-delà du contenu antijuif, l'expérience et la discipline, valeurs cruciales pour tout conflit militaire. Or ce film est aussi, ne l'oublions pas, l'un des premiers films de l'Allemagne en guerre.

D'autres jeunes acteurs font leurs premiers pas dans ce film, en particulier Wolfgang Staudte et Hilde von Stolz qui, dans un registre différent, feront tous deux une belle carrière au cinéma dans l'Allemagne d'après-guerre. Wolfgang Staudte (1906-1984) qui joue un petit rôle de figurant dans *Jud Süss*, non crédité au générique, signe en effet le scénario et la réalisation de *Die Mörder sind unter uns* (*Les Assassins sont parmi nous*, 1946), le premier film de la DEFA[21] où les crimes et la responsabilité des Allemands pendant la guerre sont dénoncés. Staudte réalise ensuite une trentaine de films et, parmi eux, *Kirmes* (*Je ne voulais pas être nazi*, 1960).[22]

Hilde von Stolz (1907-1973), qui interprète le rôle de la comtesse dans *Jud Süss*, joue après guerre dans *Ehe im Schatten* (*Mariage dans l'ombre,* Kurt Maetzig, 1947), film où, pour la première fois en Allemagne, on souligne les ravages de l'antisémitisme sous le IIIe Reich. Cette dénonciation s'effectue à travers l'itinéraire dramatique et réel de la femme juive de l'acteur Joachim Gottschalk. L'actrice tourne ensuite dans un grand nombre de films.[23]

21. Héritère de l'UFA, la DEFA, Deutsche Filmaktiengesellschaft, est la nouvelle structure de cinéma mise en place dès 1946, dans la zone soviétique de l'Allemagne occupée. Ralf Schenk (dir.), *Das zweite Leben der Filmstadt Babelberg : DEFA-Spielfilme 1946-1992*, 1994.

22. Eva Orbanz et Hans Helmut Prinzler, dir., *Staudte*, Berlin, Spiess, 1991.

23. Notamment dans *Die Trapp-Familie* (Wolfgang Liebeneiner, 1956), *Die Christel von der Post* (Karl Anton, 1956) et *Es War die erste Liebe* (Veit Harlan et Fritz Stapenhorst, 1958).

Au-delà des acteurs connus ou inconnus et dont les noms figurent au générique de *Jud Süss,* soulignons aussi la présence d'un nombre impressionnant de figurants. Ceux d'abord qui représentent le peuple allemand et qui apparaissent dès les premières séquences du film, lorsque les soldats défilent et que la foule laisse éclater sa joie à l'occasion du couronnement de Charles-Alexandre. (Cf. photographies, p. 125.) On les retrouve après, à l'occasion des scènes de bal à la cour, lors d'un défilé de protestation devant le château, pendant la recherche du corps de Dorothée, et au moment de l'exécution publique de Süss. Veit Harlan et les dignitaires nazis affectionnent particulièrement ces représentations de foule où l'individu se fond dans la masse. Ces images, que l'on peut voir aussi dans nombre de films nazis de la même époque, exaltent de manière obsessionnelle un *Volksgeist* (esprit du peuple) et une *Volksgemeinschaft* (communauté raciale du peuple).[24]

Le film de Veit Harlan fait aussi appel à une autre catégorie de figurants qui s'opposent complètement à cette communauté : une centaine de juifs qui interprètent les « hordes juives étrangères » envahissant le Wurtemberg et des fidèles en prières à la synagogue. (Cf. photogrammes p. 142, 146 et 151.) Ces figurants ne sont mentionnés ni au générique ni dans la publicité car, depuis 1933, les acteurs juifs sont proscrits des films allemands. Pourquoi interviennent-ils dans ce film ? Si Veit Harlan fait appel à eux de manière quasi clandestine c'est parce que, d'après lui, ils donnaient un gage d'authenticité aux séquences juives. On ne manquera pas de s'interroger sur le cynisme et la mégalomanie de l'artiste-démiurge qui, avec ces figurants, essayait de rendre plus poreuse la frontière entre fiction et réalité. Avec ce film ce n'est pas la fiction qui rejoint la réalité mais d'une certaine manière la réalité qui rejoint la fiction : étrangement, peu de temps après le tournage du film, le sort réel des juifs a en effet ressemblé à la fiction présentée par la propagande nazie.[25]

24. J-P. Stern, *Hitler, le Fürhrer et le peuple*, 1975, rééd. Flammarion, 1995.

25. Un exemple : quelques jours après la sortie du film, les 22 et 23 octobre 1940, l'opération « Bürckel » est déclenchée en Allemagne. Cette opération consiste à expulser des centaines de juifs du Wurtemberg, du Palatinat et de la Sarre vers le sud de la France. La plupart des juifs expulsés seront internés ensuite à Gurs, dans un camp aux pieds des Pyrénées, avant d'être déportés vers

D'où venaient ces figurants juifs ou plutôt ces juifs figurants ? À son procès et dans ses mémoires Harlan explique qu'il s'est d'abord rendu en janvier 1940 avec Alfred Braun, Friedrich Wirth et Conny Carstennsen en « voyage d'études » en Pologne, au ghetto de Lublin, où ils auraient engagé cent vingt juifs qu'ils voulaient utiliser comme figurants, mais Goebbels s'est fermement opposé à la venue de ces hommes à Berlin, pour des raisons à la fois idéologiques et sanitaires. Pas question en effet de faire venir des juifs en Allemagne alors qu'on réfléchissait déjà en haut lieu aux meilleurs moyens de s'en débarrasser en les refoulant le plus loin possible, aux marges du Reich ; de plus, une épidémie de typhus qui venait de se déclarer dans le ghetto de Lublin risquait de menacer l'Allemagne en cas de transfert de population juive. Les concepteurs du film doivent donc renoncer à ces figurants et ce sont finalement d'autres juifs, recrutés et filmés en mars-avril 1940 à Prague, en studio, qui apparaissent dans le film.

Dans ses mémoires Harlan assure que pas un de « ses collaborateurs juifs » n'a tourné sous la contrainte. Il ajoute même, avec son habituelle roublardise, que ces figurants, sachant parfaitement qu'ils participaient à un film antisémite, bénéficiaient « de cachets très élevés ».[26] En fait, en faisant appel à ces figurants, le cinéaste cherchait moins à les aider financièrement qu'à faire bénéficier son film d'une hypothétique valeur documentaire et ethnologique. Léni Riefenstahl, la réalisatrice de *Triumph des Willens* (*Le Triomphe de la volonté*, 1935) et de *Olympia* (*Les Dieux du Stade*, 1938), agissait exactement de la même manière lorsqu'elle sélectionnait une soixantaine de tsiganes dans divers camps de concentration de la région de Salzbourg, en Autriche, pour en faire des figurants dans *Tiefland (Le Bas-Pays)*. Le film n'est sorti sur les écrans qu'en 1954 mais ses prises de vues ont

Auschwitz, à partir de l'été 1942. L'édit d'expulsion des juifs, à la fin du film nazi le *Jud Süss*, prend une signification particulière si on garde à l'esprit ces déportations à l'ouest et l'ouverture à l'est des premiers ghettos. Il annonce aussi, avant la mise à mort systématique, les arrestations, les déportations et l'enfermement systématique des juifs dans des ghettos. L'histoire de ce film a tout au plus quelques mois d'avance sur la tragique réalité.

26. Veit Harlan, *op. cit.*, p. 163-164.

été réalisées en 1940 et 1941. Une très vive polémique éclate en Allemagne, après la fin de la guerre, à propos des figurants tsiganes du film et de leur tragique destinée ultérieure.[27]

Les figurants juifs qui apparaissent dans le film de Veit Harlan pour lui donner un caractère d'authenticité doivent être rapprochés des figurants juifs que la propagande nazie obligeait à participer à des films de propagande à l'intérieur du ghetto de Varsovie. Les images tournées par les opérateurs nazis dans les divers ghettos polonais donnaient la même vision pseudo ethnographique des Juifs : un peuple présenté à la fois comme étrange, étranger et oriental. Ces images relevaient moins d'une quelconque réalité que d'une vision zoologique de l'humanité. Les témoignages des personnes ayant assisté aux prises de vues des opérateurs nazis en Pologne évoquent une réalité bien différente des images présentées par le cinéma nazi.

Les images prises par les nazis dans les ghettos de Lublin, de Lodz, de Theresienstadt et de Varsovie étaient souvent des images complètement falsifiées. Certains opérateurs contraignaient en effet les « figurants juifs » à faire tout ce qu'ils leur demandaient en menaçant de les exécuter en cas de refus. Dans le ghetto de Varsovie, la propagande nazie est allée jusqu'à mettre en scène d'odieuses séquences de banquets ou de promiscuité sexuelle comme l'ont noté Emmanuel Rigenblum et Adam Czerniakov dans leurs journaux respectifs.[28] Un autre témoin bien placé, l'acteur Ionas Tukow, raconte de son côté comment les opérateurs nazis choisirent et dirigèrent les figurants juifs au ghetto de Varsovie :

27. La polémique visant la cinéaste depuis un demi-siècle est quasi permanente. Elle rebondit encore en août 2002, à l'occasion de la célébration des cent ans de la réalisatrice, lorsque des associations gitanes déposent de nouvelles plaintes à son encontre devant les tribunaux allemands, l'accusant d'avoir exploité des prisonniers gitans pour son film et de ne même pas les avoir payés. *Cf.* notamment Hanno Kühnert, *Die Zeit* du 27 mars 1987 et Jean-Michel Frodon, *Le Monde* du 15 août 2002.

28. Emmanuel Rigenblum, *Chronique du ghetto de Varsovie*, Robert Laffont, 1958, rééd. 1978, p. 209, 279, 282 et 291. Adam Czerniakov, *Carnets du ghetto de Varsovie, 6 septembre 1939-24 juillet 1942*, La Découverte, 1996, 238 *sq.*

« (...) Les Allemands firent venir de Berlin une équipe pour tourner un film dans le ghetto sous le titre : *L'Asie en Europe centrale*. (...) On raflait le public dans la rue et on le conduisait sous bonne garde aux différents endroits. On installait le public dans la salle de façon qu'un vieux Hassid à la barbe blanche soit assis avec une jeune femme élégante à son bras. (...) Ils attrapèrent de vieux Juifs et les forcèrent à danser au milieu de la rue. Ils filmèrent aussi un *mikve* (bain rituel) où l'on amena des Juifs pieux à barbe et on les obligea à se baigner avec de jeunes femmes. (...) Ils ne manquèrent pas non plus de filmer un mariage et un enterrement. Pendant que le cortège funèbre se dirigeait vers le cimetière, le chantre Sherman accompagné d'un chœur (et de quelques autres personnes) furent forcés de marcher en tête, tous revêtus d'une toge, d'un châle de prière et d'un chapeau de synagogue. (...) La propagande allemande voulait avec ce film convaincre le monde entier que les Juifs vivaient bien dans les ghettos et en même temps montrer qu'ils ne se conduisaient pas de façon civilisée, de manière à justifier les mesures draconiennes prises à leur égard ».[29]

En 1944, les responsables nazis utilisent également des images mettant en scène les détenus juifs de Theresienstadt. Située à une soixantaine de kilomètres au nord de Prague, cette ancienne forteresse de garnison a été transformée en ghetto et en « zone juive de peuplement ». C'est un ghetto très particulier dans la mesure où il regroupe des familles entières : hommes, femmes, enfants et même vieillards.[30] Avant de commencer à vider le camp-ghetto de ses détenus, les autorités nazies ont pris soin de réaliser un film au titre à lui seul éloquent : *Der Führer schenkt den Juden eine Stadt (Le Führer offre une ville aux Juifs)*. Avec ce film, il s'agissait en quelque sorte de prouver au monde que les juifs étaient traités humainement par l'Allemagne nazie et de démentir par la même

29. *Cf.* photographie p. 145. Ionas Turkow, *op. cit.*, p. 110-112. Des images de ces scènes ont été reprises dans un film de montage de Frédéric Rossif, *Le Temps du ghetto* (1961). Les commentaires et les témoignages qui les accompagnent s'efforcent, dans la mesure du possible, de rétablir la vérité.

30. Destiné en principe à des juifs de langue allemande et des privilégiés, le camp de Theresienstadt accueille environ 140 000 détenus entre novembre 1941 et avril 1945. À partir de l'automne 1944, les détenus encore en vie sont systématiquement déportés à Auschwitz et, à la fin de la guerre, on évalue à 3 000 seulement le nombre d'anciens détenus de ce camp ayant survécu.

occasion les rumeurs de plus en plus insistantes au sujet de leur extermination. Les images du film que nous connaissons soulignent que les juifs menaient une vie normale. La mise en scène débute au printemps 1944 lorsque les grands malades et les personnes les plus âgées ont été déportés à Auschwitz et que les détenus ont nettoyé la ville de fond en comble. Ils ont même dû repeindre certaines rues, décorer certaines maisons, et mettre quelques rideaux aux fenêtres. Des commerces sont ouverts : une banque, une boulangerie, un café et des épiceries. Une délégation de la Croix-Rouge est alors reçue pour visiter cette ville-Potemkine.[31] Tout était faux à Theresienstadt mais évidemment ni l'inspection de la Croix-Rouge ni le film tourné en août-septembre 1944 dans cette ville à l'initiative des nazis ne le soulignaient. Les images du film faisaient apparaître des détenus apparemment bien nourris, habillés convenablement et semblant mener une vie à peu près normale, avec un travail, du jardinage, de la couture et toutes sortes de distractions (football, concert, opéra). Comble de la perversion, le film a été interprété exclusivement par des détenus du camp qui, une fois le tournage achevé, ont été déportés et exterminés à Auschwitz. C'est aussi le sort réservé au réalisateur Kurt Gerron, contraint de participer malgré lui à cette mascarade.[32] Le réalisateur et les figurants-détenus de Theresienstadt n'ignoraient alors ni l'existence ni la finalité d'Auschwitz mais ils n'avaient aucun moyen de se soustraire à cette manœuvre de la

31. On attribue à Grigori Potemkine (1739-1791), gouverneur général en Ukraine à la fin du XVIIIe siècle, la construction de faux villages le long du Dniepr avec des figurants recrutés pour tenir le rôle de « moujiks endimanchés », de manière à impressionner l'impératrice Catherine II et la rallier à ses vues en matière de politique étrangère.

32. Le réalisateur de ce film de propagande est un juif berlinois, Kurt Gerron, très populaire à l'époque de la République de Weimar pour son rôle dans *L'Ange bleu* de Joseph von Sternberg (1930) et pour la réalisation de plusieurs films comiques. Il émigre en 1933 mais il est arrêté à Amsterdam à la fin de 1943. Interné d'abord à Westerbork, il est transféré à Terezin au début de 1944. Sur place, il refuse d'abord de réaliser le film de propagande qu'on lui réclame. Mais le commandant du camp multiplie les pressions, en menaçant de déporter immédiatement tous ses proches. Il finit donc par obtempérer et réalise le film. À l'issue du tournage, avant même que le montage soit achevé, il est déporté à Auschwitz dont il ne revient pas. *Cf.* Barbara Felsmann et Karl Prümm, *Kurt Gerron (1897-1944)*, Berlin, Edition Heintrich, 1992.

propagande nazie. Les images du film ont commencé à être montées alors que la plupart des figurants et le réalisateur étaient déjà morts.[33]

On dispose d'informations moins précises sur les figurants juifs qui, *nolens volens* et dans un contexte différent, ont participé au tournage du film nazi *Jud Süss* en 1940. Pouvaient-ils refuser cette participation ou étaient-ils réquisitionnés d'office ? Pouvaient-ils imaginer l'objectif et l'impact du film de Veit Harlan ? L'historienne anglaise Susan Tegel soutient, dans un article à la fois précis et documenté que, contrairement à ce que prétend Veit Harlan dans ses mémoires, on avait assuré aux figurants juifs que le film ne serait pas antisémite.[34]

Comme il n'y a plus aucun survivant parmi les figurants juifs de ce film nazi on ne peut aujourd'hui qu'émettre des conjectures. Ce qui est certain, c'est que les deux séquences où ces figurants apparaissent ont fortement impressionné les spectateurs allemands de l'époque car ils percevaient qu'il ne s'agissait pas d'acteurs mais bien de véritables juifs, comme l'atteste un rapport des services de sécurité de novembre 1940.[35] Faut-il interpréter leur émotion comme de l'effroi ou de la pitié ? Le rapport ne le précise pas mais on peut penser que c'était sans doute un peu les deux. On doit donc souligner l'efficacité d'un casting où même la sélection des figurants avait une signification idéologique.

Le choix d'acteurs connus et inconnus, conjugué au savoir-faire des techniciens, à l'utilisation de certaines procédés cinématographiques et aux références théâtrales et romanesques, crédibilisent le message antijuif du film *Jud Süss*. Au-delà de ses qualités techniques et artistiques, le film bénéficie aussi, pour son lancement et sa diffusion, de l'hégémonie du cinéma allemand en Europe.

33. Karel Margry, « Theresienstadt 1944-1945 : The Nazi Propaganda Film Depicting the Concentration Camp as Paradise » *in Historical Journal of Film, Radio and Television*, Londres, vol. 12, n° 2, 1992, p. 145-162.

34. Susan Tegel, « The Demonic Effect : Veit Harlan' Use of Jewish Extras in *Jud Süss* (1940) », *Holocaust and Genocide Studies*, Oxford, 2000, vol. 14, n° 2, p. 215-241.

35. Rapport du SD, daté 28 novembre 1940, cité par David Welch, *op. cit.*, p. 291.

L'impact européen du film de 1940

Jew Süss, le film anglais de Lothar Mendes, est parti à l'assaut du marché européen et américain en 1934. Mais, en dépit du « best seller » de Lion Feuchtwanger et de critiques élogieuses, le film n'a pas été un succès commercial ; il n'a même pas rapporté l'argent que les producteurs y avaient investi. Il faut dire qu'il avait coûté fort cher et qu'il n'avait pas pu être distribué dans des pays comme la Suisse, l'Allemagne, l'Autriche, la Tchécoslovaquie, la Pologne et l'URSS. Son message antiraciste ne le rendait pas particulièrement attractif car la crise économique et la montée en puissance de l'Allemagne nazie avaient alors tendance à stimuler l'antisémitisme.

Jud Süss, le film nazi de Veit Harlan, est produit six ans plus tard dans un contexte totalement différent. À la fin de 1940, l'Allemagne nazie domine militairement, économiquement et politiquement une bonne partie de l'Europe. L'antisémitisme s'est développé et il existe même une législation antijuive dans la plupart des pays où le film est diffusé. *Jud Süss* bénéficie donc d'un environnement plus favorable que *Jew Süss*. Il bénéficie également de la puissance économique grandissante du cinéma allemand que Joseph Goebbels a contribué à forger.

Joseph Goebbels était l'un des chefs nazis les plus titrés. Docteur en philologie, il s'exprimait dans un allemand irréprochable et était de ce fait perçu par les autres dignitaires du régime comme une tête pensante et un intellectuel. Séducteur et sensible aux charmes des jeunes actrices, le ministre de la Propagande a constamment manifesté un vif intérêt pour le cinéma, allant jusqu'à prendre pour modèle les films soviétiques, en particulier ceux d'Eisenstein. Cinéphile, il ne passait pas une seule journée sans visionner au moins un long métrage au ministère ou dans la salle de cinéma qu'il avait pris soin de se faire aménager dans sa luxueuse villa de Berlin.[1] Comme Lénine, Trotski et Staline, il accordait une grande importance au cinéma car, faisant moins appel à la raison qu'à l'affectivité, c'est un outil efficace pour orienter les masses. À une époque où la télévision n'existait pas et où le niveau d'instruction était sensiblement moins élevé qu'aujourd'hui, on faisait fréquemment passer des messages politiques par le biais du cinéma. Fritz Hippler, responsable du cinéma au ministère de la Propagande, a bien souligné ce qui poussait Goebbels à s'intéresser de si près au cinéma :

> « (...) Comparé aux autres arts, le cinéma, par sa faculté d'agir directement sur le sens poétique et l'affectivité – donc sur tout ce qui n'est pas intellectuel – a, dans le domaine de la psychologie des masses et de la propagande, un effet pénétrant et durable ».[2]

Hitler, qui attribuait également une grande influence au cinéma en matière de propagande, exprimait exactement le même point de vue dans *Mein Kampf*.[3] On comprend mieux dans ces conditions pourquoi, sous l'impulsion de Joseph Goebbels et avec l'aide de Max Winckler, trésorier et éminence grise du cinéma allemand, la concentration de l'industrie du cinéma allemand a été d'emblée une priorité du IIIe Reich. L'UFA, la firme de cinéma

1. Victor Reimann, *Joseph Goebbels*, Flammarion, 1971, p. 216-219 *sq.*, Robert Edwin Herzstein, *The War that Hitler won : Goebbels and the Nazi Media Campaign*, NY, Paragon House Publishers, 1987, chap. 8, Guido Knopp, *Les Complices de Hitler*, Jacques Grancher, 1999, p. 91-136 et Felix Moeller, *The Film Minister, Goebbels and the Cinema in the Third Reich*, Stuttgart, Menges, 2000.

2. Déclarations de Fritz Hippler, Intendant du cinéma du Reich, *in Film-Kurier* du 5 mai 1941. Citation d'après Francis Courtade et Pierre Cadars, *Histoire du cinéma nazi*, p. 16.

3. A. Hitler, *Mein Kampf*, traduction française, Nouvelles éditions latines, 1934, p. 438.

la plus importante et la plus prestigieuse d'Allemagne, a été nationalisée, si bien qu'il ne subsiste plus que quelques petites compagnies privées indépendantes. Avec ses principales filiales, les compagnies Tobis, Terra et Bavaria, l'UFA représente à elle seule en 1939 plus des trois quarts de la production allemande.[4]

4. Cf. photographies de J. Goebbels et Klaus Kreimeier, *Une histoire du cinéma allemand : la UFA*, Flammarion, 1992, p. 328-339.

De 1933 à 1945, 1 094 films de fiction ont été produits en Allemagne et le nombre de spectateurs augmente très régulièrement : on dénombre en effet 245 millions de spectateurs outre-Rhin en 1933, 362 en 1936, 624 en 1939, 1 062 en 1942 et 1 101 en 1944.[5] C'est indéniablement un succès pour le cinéma nazi, d'autant que celui-ci domine progressivement toute l'Europe en proposant, sur le modèle hollywoodien, un grand choix de films distrayants destinés à tous les publics.

Comme nous l'avons déjà souligné, la majorité des films produits en Allemagne nazie n'étaient pas des films de propagande. C'étaient surtout des comédies musicales (523 films), des mélodrames et des biographies (295) ou des films policiers (123). Quant aux films de propagande (153) où, comme dans *Jud Süss*, le message politique était évident, ils prenaient, eux aussi, la forme d'un spectacle complet, avec une histoire originale, un rythme soutenu, des mélodies agréables, des comédiens populaires et de jolies filles.

Si les studios de Babelsberg rivalisaient difficilement avec ceux d'Hollywood c'était souvent moins pour des raisons qualitatives que quantitatives : à cette époque, en effet, Hollywood produisait tous les deux ans plus de films que l'Allemagne nazie de 1933 à 1945 ! L'industrie du cinéma en Allemagne bénéficiait en revanche d'équipes artistiques de qualité, d'une excellente organisation, d'importants capitaux et même d'une petite avance en matière de films en couleurs. En effet, une quinzaine de films allemands en couleurs ont été distribués en Europe de 1941 et 1945. C'est un peu plus qu'aux États-Unis à la même époque et surtout, selon les spécialistes, le procédé allemand (Agfacolor) était techniquement moins contraignant que le procédé américain (Technicolor).

Toujours est-il qu'à partir de 1939-1940 le cinéma allemand redouble d'efforts pour prendre la place du cinéma américain en Europe. Son hégémonie industrielle et commerciale se renforce

5. Eric Rentschler, *The Ministry of Illusion, Nazi Cinema and its Afterlife*, Cambridge, Massachusetts, 1996, p. 13. En 1942, un spectateur allemand va donc en moyenne 14 à 15 fois par an au cinéma. Ce chiffre culmine en 1944 et n'a jamais été égalé par la suite. Aujourd'hui, un spectateur allemand ne va plus, en moyenne, que 2 fois par an au cinéma.

au fil des mois, à mesure que les troupes allemandes s'imposent dans de nouveaux pays et que les films hollywoodiens disparaissent des écrans. Cette hégémonie repose, au-delà des films, sur un réseau de salles qui s'étend progressivement sur tout le continent. En effet, dans les régions occupées, les autorités allemandes s'empressent d'acheter des salles de cinéma pour alimenter et développer leur propagande. Certaines salles sont purement et simplement confisquées, d'autres sont réquisitionnées et transformées en *Soldatenkino*, d'autres encore sont rachetées et exploitées directement ou par l'intermédiaire d'hommes de paille. Mais, quel que soit leur statut, toutes les salles sont destinées en priorité aux films allemands et, dans une moindre mesure, à des films nationaux produits grâce aux capitaux allemands.

En France par exemple, pendant l'Occupation, c'est la firme Continental, une filiale de l'UFA dirigée par Alfred Greven (1897-1973), qui devient la principale société de production. C'est elle qui donne le signal, à la fin de 1940, de la reprise de l'activité après une interruption de plusieurs mois. Au lendemain de l'éviction des juifs de la profession, les Allemands disposent du meilleur réseau de distribution et d'exploitation du pays. Ils ne se contentent pas de racheter les salles des exploitants juifs et de stimuler la production nationale, ils investissent également des capitaux considérables dans les rouages de l'industrie cinématographique française de manière à y consolider et à y accroître leur influence.[6]

En 1940-41, le IIIe Reich dispose d'un formidable réseau de cinémas en Europe avec, outre les 7 000 salles recensées en Allemagne, plusieurs centaines d'autres, souvent les plus grandes et les mieux équipées, réparties dans toutes les régions occupées ou soumises à son influence. Joseph Goebbels se félicite de l'emprise croissante du cinéma allemand en Europe, soulignant également dans son journal, le 4 octobre 1939, un « succès financier impressionnant » et des « profits considérables réalisés dans ce domaine ».[7]

6. Jean-Pierre Bertin-Maghit, *Le Cinéma sous l'Occupation*, Olivier Orban, 1989, réed. Perrin 2002 et Pierre Darmon, *Le cinéma sous l'Occupation*, Stock, 1997.

7. Traduction d'après Fred Taylor (éd.), *The Goebbels Diaries 1939-1941*, Londres, Hamish Hamilton, 1982, p. 249.

Quelques semaines plus tard, il note encore, à la date du 25 janvier 1940, « les millions de profits » réalisés dans divers pays d'Europe grâce aux films allemands. Et d'évoquer à nouveau, le 8 mars 1941, « les profits magnifiques de l'industrie du cinéma » en précisant qu'avec tout cet argent il va être en mesure d'ouvrir de nouvelles salles, tant à l'ouest qu'à l'est de l'Europe.[8]

Au même moment, une revue professionnelle de cinéma confirme en France que la situation de l'UFA est florissante en Europe en dépit de la guerre.[9] C'est donc bien dans un contexte d'hégémonie militaire, politique et économique que s'inscrit en 1940-1941 l'exploitation commerciale du film nazi *Le Juif Süss*.

Le film a d'emblée une dimension européenne puisque sa première projection publique a eu lieu, le 5 septembre 1940, non pas en Allemagne mais en Italie, dans le cadre de la Mostra de Venise. La première projection publique du film s'effectue donc dans un festival qui propose, cette année-là, uniquement des films tournés par l'Allemagne nazie et l'Italie fasciste.[10] Elle a lieu en présence du réalisateur (Veit Harlan) et des principaux acteurs : Heinrich George, Ferdinand Marian et Kristina Söderbaum. Le film est bien accueilli et les comptes rendus élogieux qu'il suscite sont largement repris, trois semaines plus tard, lorsque l'exploitation commerciale du film débute en Allemagne.

Après la projection à Venise, le film est présenté en exclusivité dans une salle prestigieuse de Berlin, au UFA-Palast, à partir du 24 septembre 1940. Ce jour-là, un grand gala est organisé avec l'équipe complète du film, acteurs et techniciens, en présence de divers dignitaires du régime. L'orchestre de l'Opéra de Berlin, placé sous la direction de Johannes Schüler, interprète à cette occasion les préludes de Franz Listz. À l'issue de la projection,

8. *Ibid.* p. 259.

9. *Le Film*, n° 12, 29 mars 1941, p. 26.

10. La coupe Mussolini du meilleur film italien a été décernée en septembre 1940 au film italien *Les Cadets de l'Alcazar* d'Augusto Genina, qui exalte le sacrifice de jeunes facistes, en Espagne, pendant la guerre civile. Quant à la coupe Mussolini du meilleur film étranger elle est revenue au film allemand *Le Maître de poste*, de Gustav Ucicky. Cette adaptation d'une nouvelle de Pouchkine est interprétée par Heinrich George.

après une longue ovation, Joseph Goebbels félicite chaleureusement Veit Harlan et décerne la plus haute distinction au film pour sa « valeur politique et artistique ». La presse allemande ne manque pas de répercuter ce triomphe. Dès la fin de l'année 1940 le film obtient un énorme succès : à Berlin il est alors à l'affiche dans quatre-vingt-six salles.[11] Il est également projeté dans plusieurs salles des autres grandes villes du Reich, à Leipzig, Breslau, Potsdam, Salzbourg, Karlsruhe, Dortmund ainsi qu'à Vienne, Prague, Strasbourg et Luxembourg. Le succès se poursuit tout au long de l'année 1941 pendant laquelle, d'après l'historien Friedrich Knilli, 4 700 copies du film circulent.[12] Le film est classé comme la septième meilleure recette de l'année 1940-41 en Allemagne et réunit dans ce seul pays plus de dix millions de spectateurs. Le film attire dix autres millions de spectateurs payants en Europe, rapportant au total 6,2 millions de reichsmarks, c'est-à-dire plus de trois fois ce qu'il avait coûté (2 millions de reichsmarks).[13]

11. La capitale du Reich comptait alors environ 400 salles.

12. Friedrich Knilli, « Antisemitism for Entertainment. A Case Study of the German Feature Film "Jud Süss" (1940) » *in Communications*, Francfort, Verlag Peter Lang, Heft 2, janvier 1987, p. 87 et 91.

13. Friedrich Knilli, « Antisemitism for Entertainment », *op. cit.,* p. 81-93.

Le film *Jud Süss* a donc été très largement diffusé en Allemagne où des directives de Hans Hinkel et Heinrich Himmler recommandaient, dès 1940, l'organisation de séances spéciales destinées aux policiers, gendarmes, pompiers, gardiens de prisons ou de camps de concentration, membres de la SS, soldats de la

Wehrmacht et, plus généralement, tous ceux qui, d'une manière ou d'une autre, s'occupaient de la sécurité au sein de l'État national-socialiste.[14]

Mais l'exploitation du film ne s'est limitée ni à certaines catégories de fonctionnaires ni à l'Allemagne nazie. Elle vise aussi un public populaire en Europe continentale : le film est en effet à l'affiche, dès le début 1941, en Finlande, au Danemark, en Norvège, en Hollande, en Belgique, en France, en Hongrie, en Bulgarie, en Roumanie et en Pologne.[15] Après l'invasion de l'URSS, au printemps 1941, de nouveaux marchés s'ouvrent à l'est, au rythme des conquêtes militaires : le reste de la Pologne, les Pays baltes où le film est projeté à Riga à partir d'août 1941, l'Ukraine où il est projeté à Kiev à partir de novembre 1941, et la partie occidentale de l'Union soviétique.[16] Il est également projeté en mai 1941 à Madrid, lors d'une séance exceptionnelle, et, à partir de l'automne 1941, dans la plupart des villes d'Italie. En revanche, nous n'avons trouvé aucune trace de sa diffusion en Suisse, en Yougoslavie et en Grèce, ce qui n'exclut pas pour autant des projections exceptionnelles du film dans ces trois pays.

Même si quelques zones sont épargnées, en plus évidemment du Royaume-Uni, *Jud Süss* obtient, dès 1941, un impact véritablement européen. La langue du film varie d'un pays à l'autre : présenté généralement en version originale avec des sous-titres étrangers, le film circule aussi dans des versions doublées en français, en danois et en italien. Les stratégies publicitaires suivies pour attirer les spectateurs dans les salles ne sont pas les mêmes partout. Selon le pays, on privilégie tel argument ou tel acteur.

En Allemagne et en Autriche Ferdinand Marian occupe une place centrale dans le matériel publicitaire et le lancement du film donne lieu à la publication d'une sélection de documents

14. Lettres de Hinkel et Himmler, responsables de la SS, datées respectivement des 25 et 30 septembre 1940, reproduites par Joseph Wulf *in Theater und Film im Dritten Reich*, p. 403-404.

15. Joseph Wulf, *Theater und Film im Dritten Reich*, p. 408 *sq.* et Dorothea Hollstein, *Antisemitische Filmpropaganda*, p. 104-108.

16. Arch. Yad Vashem (Jérusalem), 12 556, Film, p. 12-13.

historiques.[17] En outre, dès août 1940, d'énormes placards publicitaires recouvrent les murs de toutes les villes allemandes en affichant la couleur, si on peut dire, puisque le visage angoissant de Ferdinand Marian apparaît en gros plan, vert sur un fond violet, avec des yeux jaunes et le titre *Jud Süss* inscrit en lettres rouge vif sur le front. D'autres affiches présentent également des doigts verts, avec des ongles démesurément longs, saisissant un sceptre royal un peu à la manière d'un rapace qui fond sur une proie.[18] Ces affiches utilisent des caractères évoquant les lettres hébraïques de manière à attribuer également au film un aspect documentaire, comme si les juifs étaient montrés de l'intérieur, tels qu'ils sont véritablement.[19] Au début de 1941, les services de propagande

17. Oskar Gerhardt, *Jud Süss : Mätressen und Judenregiment in Württemberg vor 200 Jahren*, Stuttgart, 1940.

18. Cf. photographie p. 201. Notons que l'affiche dessinée en 1941 par René Perron, pour l'exposition « Le Juif et la France » du Palais Berlitz à Paris, reprend la même iconographie. Sur cette affiche on représente en effet une sorte de vampire, aux doigts décharnés, un peu comme les serres d'un oiseau de proie s'agrippant à un globe terrestre.

19. Dans ses mémoires, Veit Harlan, *op. cit.,* p. 177, critique la violence de la publicité qui accompagnait le lancement de son film en Allemagne. Il stigmatise en particulier l'agressivité des affiches, conçues par un journaliste qui, selon lui, était « le contraire d'un national-socialiste ». À l'en croire, ce responsable de la publicité à la compagnie Terra aurait même été « un opposant au régime nazi ». Fantasme ou réalité ? Toujours est-il que l'homme a été effectivement arrêté, jugé et exécuté par la suite pour des paroles subversives. Les informations avancées par Veit Harlan dans ses mémoires lui permettent d'évacuer sa propre responsabilité et de se présenter, lui aussi, comme une victime du national-socialisme, en soulignant « les conséquences tragiques que le film a eu pour lui et pour sa famille », notamment p. 33.

20e Année. N° 2500.
16 pages. — 80 centimes.
Imprimé en France.
21-6-41
Nous publierons prochainement
LE JUIF SÜSS
avec
Ferdinand Marian
Kristina Söderbaum
Heinrich George
et
Werner Krauss
Film
TERRA
distribué par
A.C.E

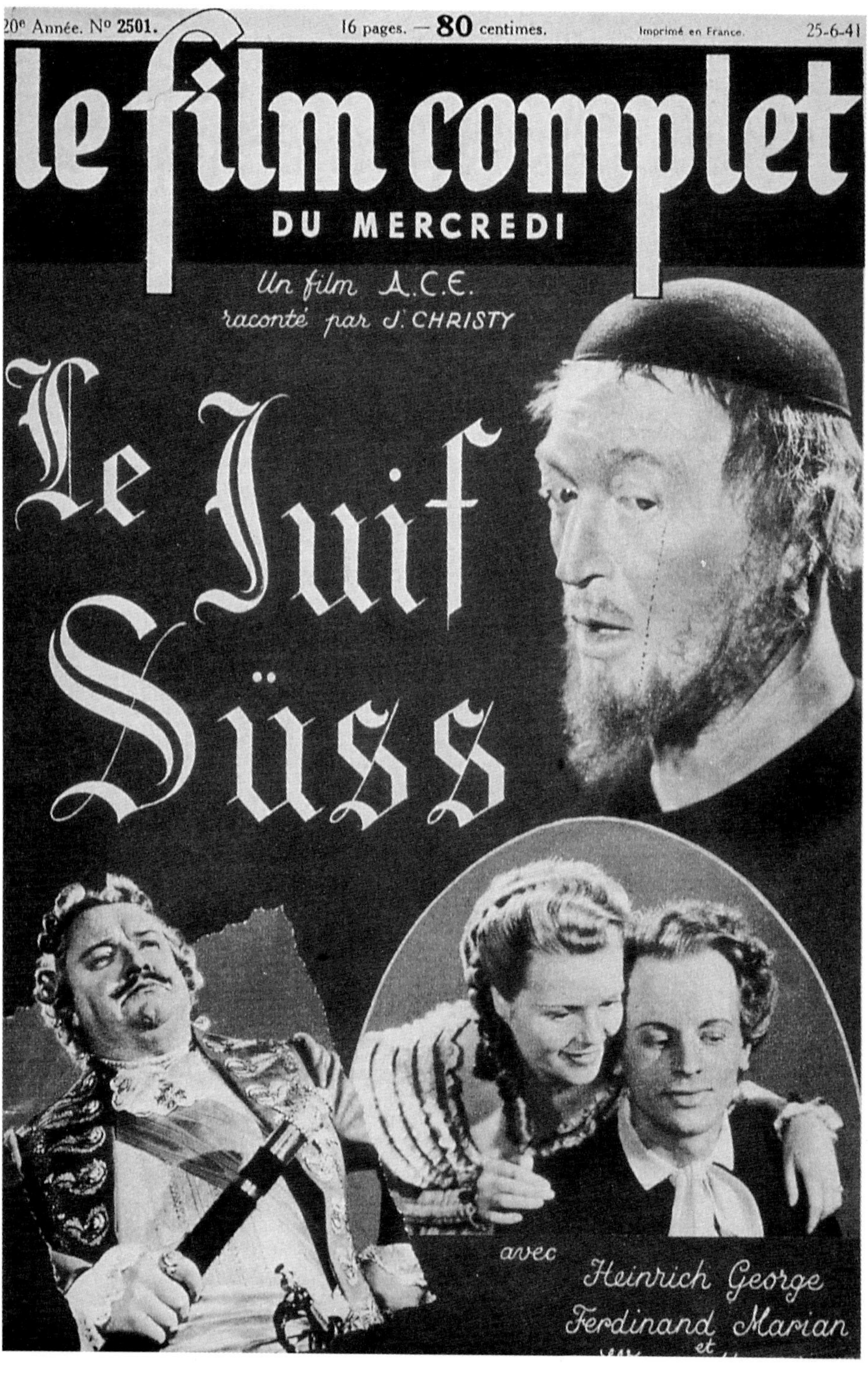
20e Année. No 2501.
16 pages. — 80 centimes.
Imprimé en France.
25-6-41
le film complet
DU MERCREDI
Un film A.C.E.
raconté par J. CHRISTY
Le Juif Süss
avec
Heinrich George
Ferdinand Marian
et

Le Juif Süss

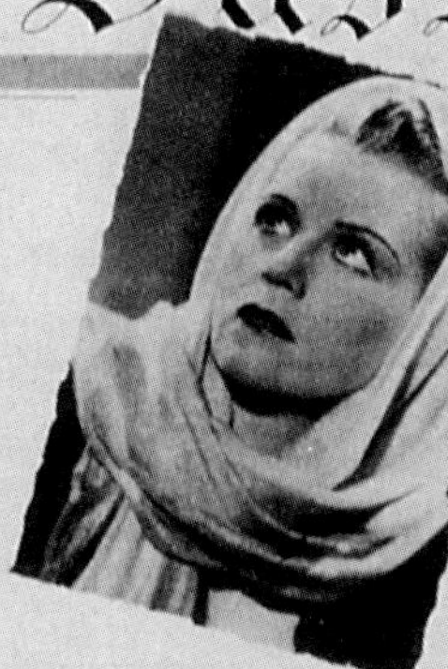

D'après e film de
Veit HARLAN

présenté par l'Alliance Cinématographique Européenne

Raconté par Jacques CHRISTY

DISTRIBUTION :

Joseph Suskind Oppenheimer	FERDINAND MARIAN.
Le duc Charles-Alexandre	HEINRICH GEORGE.
Le secrétaire Lévy / *Le grand-rabbin Lœw*	WERNER KRAUSS.
Conseiller d'État Sturm	EUGEN KLOPFER.
Dorothée Sturm	KRISTINA SODERBAUM.
Faber	MALTER JÆGER.
Colonel Rœder	ALBERT FLORATH.
Hans Bogner	EMIL HESS.

CHAPITRE PREMIER

DE FRANCFORT A STUTTGART.

PARCE qu'il s'était bien comporté sur les champs de bataille, parce qu'il s'était toujours montré un soldat fier et courageux, imbu des plus nobles principes de vaillance, le duc Charles-Alexandre, nouveau souverain du Wurtemberg, reçut, au jour glorieux de son couronnement, l'hommage du peuple souabe.

Toutefois ce guerrier sans reproche, dont l'odeur de la poudre galvanisait l'ardeur combative, n'avait pas, à première vue, l'envergure d'un irrésistible chef d'État. Le duc Charles-Alexandre était, en son for intérieur, un faible. Il subissait aisément l'influence de ceux qui l'entouraient. Il était d'une vanité et d'une puérilité manifestement déconcertantes. Il avait prêté serment sur la Bible d'une voix lasse qui trahissait son impatience à en finir avec l'interminable chapelet des formalités protocolaires.

A dire vrai, il regrettait, sous ses atours princiers, l'humble et poussiéreuse livrée du soldat. Il avait vaguement l'impression, en accédant au pouvoir, de rompre à tout jamais avec son passé. Passé d'héroïsme et de liberté qui l'auréolait d'un évident prestige, mais qui ne suffisait pas, cependant, à vaincre le scepticisme des bourgeois timorés, peu résolus à accréditer les effets de son autorité suprême.

***

Au sortir des cérémonies officielles, Charles-Alexandre, engoncé dans son habit d'apparat, vint, en compagnie du colonel Rœder, son frère d'armes, s'enfermer dans sa chambre et, d'un geste brutal, il dégrafa le jabot qui emprisonnait littéralement son encolure de taureau.

— Je veux de l'air ! ordonna-t-il en épongeant les gouttes de sueur qui mouillaient son front bombé.

L'officier s'empressa d'obéir au désir de son souverain et il tira à lui l'une des hautes fenêtres qui ouvraient sur les jardins du palais ducal.

— Merci, Rœder... tu es un fidèle ami... Ensemble nous fûmes à la peine, ensemble nous nous retrouvâmes à l'honneur... maintenant les plaisirs seront notre apanage... A nous les fins soupers, à nous les jolies femmes !

Un sourire furtif glissa sur les lèvres de l'officier. Il observait avec une attention doucement teintée d'ironie l'épais glouton couronné qui, en poussant un soupir, faisait valser dans l'espace ses escarpins vernis. Le spectacle qu'il avait sous les yeux lui était désagréable à contempler. Aussi s'inclina-t-il vers la porte. Le duc l'arrêta. Déchaussé, sans talon, l'habit ouvert, le rouge aux joues, celui-ci paraissait encore plus trapu, plus bas sur pattes, plus négligé qu'à l'ordinaire.

— Tes services me seront précieux, Rœder...

L'interpellé caressa négligemment le tricorne qu'il tenait à la main.

— Fins soupers et jolies filles entraînent, Altesse, à de lourdes dépenses, remarqua-t-il insidieusement.

Charles-Alexandre se débarrassa de sa perruque poudrée, puis il la déposa sur le lit.

— Bah ! bougonna-t-il, j'ai été sevré de plaisirs pendant assez longtemps. Premier à l'armée, je veux, à présent, être premier parmi les souverains. As-tu compris, Rœder ?

Le ton cessait d'être badin.

Le chambellan opina de la tête.

— J'ai compris, Altesse !

Les traits du prince se détendirent.

— Il faut que ma cour soit la plus éblouissante de l'Allemagne, lança-t-il, en enflant la voix. L'empereur lui-même me jalousera ! Pour la duchesse, tu me trouveras des diamants, des joyaux...

— Mais... Altesse...

— Oui, oui, je sais... tu vas me parler des finances ! Je me moque de cette question. Demain, à l'aube, tu partiras pour Francfort... Tu prouveras ton esprit d'initiative en me ramenant de là-bas une couronne sans pareille...

De l'extérieur parvenaient jusqu'aux oreilles des deux hommes les échos de la frénésie populaire.

ABONNEMENTS France. 104 Nos. 60 francs. 52 Nos. 30 francs.
Compte chèques postaux : 259-10.
R. C. Seine 64.345.

Le MERCREDI et le SAMEDI *de chaque semaine*

Direction, Administration, Rédaction, Publicité, 43, rue de Dunkerque, PARIS (Xe) *Tél. Trudaine 09-92.*

Tous les envois de fonds doivent être adressés au nom du journal, en mandat ou en chèque postal.
Pour les abonnements, les timbres-poste ne sont pas acceptés.

Le duc Charles-Alexandre se remémora les paroles prononcées par lui, lors de sa prestation de serment : « Je jure de rester fidèle à la Constitution de mon duché bien-aimé et de gouverner selon le vieil honneur wurtembeurgeois, pour le bonheur de mon peuple. »

Il regarda le colonel Rœder, qui, dans une attitude de recueillement, écoutait carillonner les cloches de Stuttgart.

— Le bonheur de mon peuple, murmura Charles-Alexandre... et le mien !

Car, chez ce bon soldat, l'homme était pourri de caprices.

***

Après avoir roulé sa bosse aux quatre coins du monde, Joseph Suskind Oppenheimer avait échoué dans le sordide ghetto de Francfort, où son coreligionnaire Lévy s'était offert à lui permettre de se livrer, en toute quiétude, au trafic des pierres et des bijoux.

Nous sommes en 1733.

Ainsi que l'Histoire le précise, un décret fermait à cette époque, aux Israélites, les frontières du territoire du Wurtemberg. On verra pourquoi, par les faits qui vont suivre, nous rappelons, dès à présent, ce détail.

Au cours de sa vie aventureuse — il touchait à peine à la quarantaine — Oppenheimer était arrivé à pénétrer sans vergogne les énigmes de l'Occident chrétien. Il s'était amusé — un amusement dont il entendait, à la vérité, tirer profit — au détriment de tous ces êtres, plus ou moins extravagants, qui, hommes et femmes, encombraient de leurs personnes et meublaient de leurs charmes tapageurs les vieilles cours tant soit peu sur le déclin. Oppenheimer s'était gaussé des uns et des autres, pour la plupart gangrenés par le vice et par les appétits malsains. Rusé comme les plus habiles d'entre ceux de sa race, il avait tiré, pour son compte, les ficelles de toutes ces sinistres marionnettes, gonflées d'ambitions refoulées.

— Je suis riche d'enseignements, confia-t-il à son secrétaire et factotum Lévy, qui l'observait avec une insistance admirative.

Lévy était un hideux personnage qui portait, rivée sur son crâne, une petite calotte noire. Une barbiche rousse prolongeait son facies exsangue, où brillaient deux yeux malicieux à fleur de peau.

— L'abolition du décret de Wurtemberg serait notre seule chance de salut...

— J'y songe souvent, ricana Oppenheimer en rangeant dans son coffre un diadème de grand prix. Je suis passé expert dans l'art de discourir et de flatter, mon bon Lévy. Or, pour nous arracher à la persécution de notre claustration, il me suffirait de séjourner brièvement auprès de ces pantins décadents... et notre retour à Stuttgart serait un fait acquis !

— Tu es stupéfiant, Oppenheimer...

— Stupéfiant, non ! Fils d'Israël, tout simplement... et à la première occasion...

La « première occasion » ne tarda pas à se présenter : l'émissaire de Son Altesse Sérénissime le duc Charles-Alexandre de Wurtemberg vint frapper à la porte du ghetto francfortois. Il n'ignorait pas que les juifs détenaient un lot considérable de joyaux magnifiques susceptibles de satisfaire les exigences de son souverain.

C'est Oppenheimer qui reçut le colonel Rœder dans une officine dont l'aspect répugnant se confondait avec le sien. L'Israélite envisagea instantanément tout le parti qu'il pouvait, avec quelque habileté, tirer de cette visite inespérée. La niaiserie et la faiblesse du duc de Wurtemberg étaient célèbres à Francfort.

Joseph Suskind Oppenheimer n'eut aucune difficulté à envoûter — le terme n'est pas impropre — le chambellan, entre les doigts duquel glissèrent de fabuleuses merveilles : couronnes, colliers, bracelets, topazes diaphanes.

La lueur vacillante d'une chandelle projetait des reflets multicolores, séraphiques, sur un ensemble de diamants d'une valeur inestimable.

Le regard d'Oppenheimer ne brillait pas moins que les pierres.

— Combien cette couronne ? interrogea l'officier.

Le juif hésitait à répondre. Il se grignotait l'index comme pour mieux jouir de l'impression qu'allait produire le chiffre sollicité.

— Cinquante mille thalers, mon colonel...

Il ajouta, aussitôt :

— Mais...

Puis, il s'interrompit.

— Mais ? reprit Rœder en se levant, peu soucieux de conclure l'affaire à ce prix.

— Mais... cela pourrait être... dix mille !

— Expliquez-vous, fit l'officier, surpris par la différence énoncée.

— Mon colonel... mon désir serait d'aller livrer moi-même cette couronne à Son Altesse...

Le colonel se cabra.

— Vous plaisantez, Oppenheimer... Les juifs n'ont pas le droit de franchir la frontière du Wurtemberg...

— Dans ce cas, je maintiens à cinquante mille thalers !

Rœder était perplexe. Son devoir de soldat l'obligeait à se montrer intraitable, à n'accorder nulle concession. D'autre part, les finances de son État et l'agrément de son souverain étaient en cause.

Il chercha un terrain d'entente.

— Réfléchissez, Oppenheimer... Le Wurtemberg a toujours été interdit aux gens de votre race. Vous ne voudriez pas être le premier à enfreindre cette règle ?

— Cinquante mille thalers, mon colonel ! rétorqua le juif, imperturbable.

Oppenheimer et Lévy faisaient le commerce des bijoux.

Comment ? Et avec l'aide de qui ? C'est ce que les événements vont nous révéler.

Au lendemain de la venue à Francfort du colonel Rœder, une calèche prit la route de Stuttgart. Elle transportait un élégant étranger, vêtu comme un prince d'Occident. On la vit dépasser, à fière allure, un léger char à bancs conduit par une frêle jeune fille.

Puis, brusquement, un essieu de la calèche se brisa. Les chevaux caracolèrent et la voiture bascula dans le fossé.

Courbaturé, les membres endoloris, le voyageur se tira, tant bien que mal, de sa fâcheuse posture, et son premier soin, tout en essuyant d'un revers de manche la poussière qui blanchissait son habit, fut de héler le véhicule qui arrivait à la hauteur de la calèche accidentée.

La jeune fille tira sur les rênes de son attelage et se préoccupa charitalement de savoir si l'inconnu souffrait d'une blessure.

— Non, mademoiselle, dit l'homme, mais puis-je implorer de vous une pitié généreuse ?

La blonde conductrice, aux tresses imprégnées de soleil, acquiesça par un signe de tête.

— Je me rends à Stuttgart, mademoiselle, et, si vous acceptiez de me faciliter le voyage en me prenant à vos côtés...

Elle accepta.

— Montez, monsieur, je suis votre servante...

Et c'est ainsi que le plus mielleux des phraseurs, l'extraordinaire Joseph Suskind Oppenheimer, prestigieux illusionniste, incommensurable vantard, porteur de la couronne destinée au duc Charles-Alexandre, se fit convoyer, jusqu'aux frontières du Wurtemberg, par la tendre et chaste Dorothée Sturm, fille unique du conseiller d'État Sturm.

Dorothée Sturm était fiancée au jeune Faber.

A droite : *Oppenheimer ne tarda pas à amener Lévy à Stuttgart...*

Rœder songea à la joie qu'éprouverait son ancien compagnon d'armes devant la rutilante couronne qui allumait sur la table un extraordinaire feu d'artifices de diamants.

— Et puis, Oppenheimer... vêtu comme vous l'êtes... avec la barbe en broussaille que vous portez... cette tenue exotique, ce calot, ces rouflaquettes... votre entrée à Stuttgart occasionnerait un scandale... la foule vous lapiderait...

Le Juif, les mains jointes sur la poitrine, se prosterna jusqu'à terre.

— Je puis, mon colonel, devenir, sur votre ordre, un véritable gentilhomme d'Occident...

Et, lorsqu'il se redressa, il comprit, à la mine de Rœder, que sa cause était gagnée...

***

Le duc Charles-Alexandre était de fort méchante humeur. Son règne ne faisait que commencer, et il était déjà en butte aux tracasseries des mandataires de la noblesse et de la bourgeoisie. Les États du Wurtemberg s'opposaient catégoriquement à l'élargissement d'une liste civile jugée jusqu'alors beaucoup trop conséquente.

Entretenir une garde personnelle ? S'octroyer le luxe superflu d'un corps de ballet ? Charles-Alexandre, qui écumait de se sentir brimé, y songeait-il sérieusement ?

Oui, il y songeait. Il faisait même plus qu'y songer. Le refus irrémédiable de ses conseillers n'était pas un obstacle de nature à l'épouvanter. Il passerait outre à ce refus.

Chemin faisant, Dorothée et le voyageur conversèrent. Oppenheimer apprit que la blonde enfant était fiancée à un jeune archiviste du nom de Faber, qui remplissait également les fonctions de secrétaire auprès du conseiller d'État. Sa clairvoyance permit à l'Israélite de sonder la conscience de celle pour qui le vrai bonheur avait la lumineuse et virginale clarté d'une maison bien tenue.

— Vous arrivez de loin, monsieur ? interrogea Dorothée.

— Oui, gentille demoiselle, de très loin...

Et, comme elle le questionnait du regard, il reprit tendancieusement :

— De partout, enfin, et de nulle part...

Que voulait-il dire ?

— Je suis un citoyen du vaste monde, mademoiselle...

Elle répéta, presque rêveuse :

— Un citoyen du vaste monde !

— Oui, j'ai énormément voyagé... je connais toute l'Europe...

Le cœur ingénu de Dorothée battait bien fort.

— Les voyages sont merveilleux, n'est-ce pas, monsieur ?

— Oui, et les villes sont encore plus belles que ne les fait pressentir l'imagination la plus féconde...

— Paris ! Florence ! Vienne !
— Lisbonne... Amsterdam...
— Approfondir tous ces paradis !
— Demain, pour moi, ce sera Stuttgart, aux richesses imprévues...

Stuttgart !

Joseph Suskind Oppenheimer atteignit sans encombre le territoire du Wurtemberg. L'enceinte de la vieille ville allemande s'ouvrit devant lui. Il prit congé de la douce Dorothée à proximité du palais ducal.

— J'espère vous revoir bientôt, petite demoiselle...

Il se saisit de la main de la jeune fille et la porta à ses lèvres.

— Je garde de ce trop court voyage un souvenir exquis...

Oppenheimer sauta du char à bancs.

— Adieu, monsieur...

La voiture s'engagea lentement dans une ruelle. Le juif eut un sourire qui en disait long sur ses intentions...

CHAPITRE II

Dans la place.

Circonvenir le dolent Charles-Alexandre fut pour Joseph Suskind Oppenheimer un jeu d'enfant.

Pas de ballerines à la cour ? Soumettre le duc à la portion congrue ? Le cauteleux Israélite s'indigna. En présence du souverain, il se montra aussi corrupteur, aussi prévaricateur, que possible.

Des femmes ? Il ne tenait qu'à lui d'en faire surgir par dizaines. Les plus belles, les plus sensuelles, les plus troublantes du royaume.

Des fêtes orgiaques ? Le prince n'avait qu'à commander : il serait entendu et exaucé.

Prostitueur le Juif Suss ? Si peu ! Et après ? Quand bien même cela fût ? N'était-il pas venu trouver Charles-Alexandre pour lui apprendre à jouir de la vie, à être heureux ?

— Vos sujets, Altesse, n'ont pour le luxe et l'abondance que du mépris. Un humble fils d'Israël vous offre, avec autant de respect que de dévouement, de suppléer à cette carence...

Le souverain se renversa dans son fauteuil.

— Autrement dit ?...

Oppenheimer ferma les yeux à demi.

— Autrement dit, Altesse, minauda-t-il, je me crois capable de rendre votre État florissant... le Wurtemberg est riche, extrêmement riche...

Il insista sur ces mots.

— L'argent dort, enchaîna-t-il, et vous allez, par négligence, à la ruine. Vous serez avant longtemps le plus pauvre d'entre tous les souverains !

Charles-Alexandre serra les poings.

— Cela ne doit pas être ! gronda-t-il.

— Cela peut être évité, Altesse, risqua l'Israélite.

L'instant était propice à celui-ci pour se prononcer.

— Les questions financières sont indignes de vous, Altesse. Nous autres, Juifs, possédons les compétences voulues pour traiter ce genre d'affaires...

Le duc ne perçut pas le danger auquel l'exposait son verbeux interlocuteur.

— En instituant droits et impôts, Altesse, on contraindrait le peuple à combler les déficits...

— C'est peut-être une idée !

— N'en doutez pas, Altesse... autorisez mes coreligionnaires à réintégrer Stuttgart, et ils me soutiendront dans mon plan d'action...

Cette perspective choqua toutefois les convictions de Charles-Alexandre.

— Les chrétiens ne me pardonneraient pas, s'exclama-t-il, de céder à votre pression. Déjà certains s'étonnent de vous avoir vu franchir les portes de la ville...

Oppenheimer redevint visqueux comme une limace.

— Votre seul bien-être est en cause, Altesse...

Et il triompha du souverain ainsi qu'il avait triomphé de son chambellan, avec l'hypocrisie abjecte qui le caractérisait et qui ne devait pas tarder à faire de cette bête malfaisante le dictateur exécré du Wurtemberg.

Car les taxes, impôts, droits de péage et autres, s'abattirent sur le peuple avec une virulence impitoyable. Envers « le Juif doux », la basoche, les dames de la cour, sensibles aux bonnes manières, les traiteurs, subjugués par mille libéralités, manifestèrent de l'indulgence. Mais les Wurtembergeois, ennemis jurés du sémitisme, se regimbèrent. Les faveurs concédées par leur souverain à Joseph Suskind Oppenheimer firent naître en eux la crainte du pire.

Ne se répétait-on pas, sous le manteau, les paroles du prince à l'intrus :

— Faites venir les Juifs de Francfort s'ils sont capables de restituer son opulence à mon État !

Et les Juifs vinrent.

L'interminable et répugnant défilé se poursuivit durant des heures sous le regard impuissant et ulcéré de la population souabe.

Sur les fonds inépuisables du ghetto francfortois, Oppenheimer, déliant les cordons de la bourse collective, préleva la somme nécessaire à l'engagement d'un corps de ballet permanent, qui fit s'épanouir d'aise le naïf Charles-Alexandre.

Le duc jeta son dévolu sur quelques-unes des petites ballerines qui évoluaient, souples et éthérées, à proximité de sa loge et, comme on le suppose, Oppenheimer, nommé par décret, en dédommagement de ses complaisances et de sa servilité, concessionnaire pour dix ans des ponts et chaussées du Wurtemberg, se fit un devoir de « raisonner » les récalcitrantes et d'ouvrir, à son souverain et maître, la porte d'un salon aux cloisons ouatées où l'attendaient — en le redoutant — celles qui n'avaient pour se défendre que les larmes jaillies entre les cils de leurs beaux yeux.

L'odieux proxénète eut tôt fait de mettre à nu les bas instincts de Charles-Alexandre. Chaque jour augmentait son ascendant sur l'esprit du souverain. Ses agents rançonnaient et opprimaient le peuple.

L'abolition du décret séculaire du Wurtemberg, s'ajoutant à de précédents méfaits — tous imputables à Oppenheimer — souleva dans la foule des protestations véhémentes.

Un homme osa, avec une crâne énergie, s'élever contre les brimades répétées du Juif. Ce fut le forgeron Hans Bogner, un solide gaillard, taillé en athlète, dont l'atelier était situé au bord de la route, à l'entrée même de Stuttgart.

Oppenheimer s'avisa de faire raser la forge de Bogner, qui, à l'en croire, contrariait la circulation et obligeait les voitures à adopter un itinéraire détourné.

Hans Bogner, attaché à la maison natale, où, de père en fils, ses ancêtres s'étaient succédé, se révolta farouchement.

— Oppenheimer organisa de grandes fêtes au palais ducal.

Lévy couvait du regard son maître et ami.

A droite : *Oppenheimer incita le rabbin à prédire un étonnant avenir au duc :* Les Astres...

— Moi vivant, nul ne touchera à une pierre de cette demeure...

Dans son regard clair, une expression d'irréfutable volonté passa.

Mais qu'était-il eu égard à l'omnipotence pernicieuse d'Oppenheimer ?

Celui-ci le fit appeler à son bureau du palais ducal, où il le reçut avec l'assistance du secrétaire Lévy, son âme damnée.

On présenta à Bogner un registre cadastral sur lequel un fonctionnaire fit courir l'index.

— Votre forge est ici, dit l'homme. La route doit être alignée de cette façon... en conséquence votre maison sera, à notre regret, livrée dès demain aux pioches des démolisseurs...

— Jamais, s'emporta le forgeron. Vos ouvriers n'ont qu'à venir, je les attends de pied ferme !

La force armée accompagna le malin qui suivit l'équipe des démolisseurs chargés de réduire à néant la vétuste demeure du Souabe.

Hans Bogner, fou de rage, se résigna. Il transporta son enclume à quelques mètres de son atelier et, en plein vent, se remit hardiment à la tâche. Sous les coups répétés de son puissant marteau, les étincelles jaillirent. Les Wurtembergeois admirèrent l'opiniâtreté de leur valeureux compatriote.

— Misérable fils de chien, tu paieras de ta vie ton ignominie !

Oppenheimer, pour mieux jouir de sa scélératesse, se fit conduire en calèche sur les lieux où Bogner avait connu, jadis, un paisible bonheur.

Cette manière de provocation poussa à son comble l'exaltation du forgeron. Le gars sursauta.

— Ah ! te voilà, fripouille !

Le Juif se pelotonna auprès de la radieuse Luziana, sa maîtresse, à qui il avait voulu offrir le spectacle de son infamie.

Déjà le marteau de Bogner s'abattait sur les flancs de la voiture. A coups violents, le forgeron frappait, brisant les vitres, traversant la carrosserie, poussant des rugissements sauvages.

On tenta de le saisir, de l'arrêter, de le calmer. Peine perdue. Il était déchaîné, et les gardes durent se mettre à six pour parvenir à le maîtriser.

Oppenheimer, le teint cireux, tremblant de peur, ne recouvra son arrogance que lorsque Bogner fut placé hors d'état de nuire.

Il descendit de voiture, s'approcha du Souabe et lui lança à la face :

— Tu seras châtié sans pitié, racaille !

Et, le soir même, il obtenait de Charles-Alexandre la tête de Bogner.

— L'offense de ce misérable n'était pas dirigée contre moi, mais contre vous, Altesse, qui daignez m'honorer de votre confiance. Il faut un exemple...

Le souverain opina du bonnet.

Cependant l'Israélite désirait étendre la suprématie de son pouvoir.

— Altesse, afin d'assurer votre sécurité personnelle, promulguez une loi spéciale !

— Une loi spéciale ?

— Oui, Altesse... Accordez-moi les pleins pouvoirs, sans lesquels je ne suis auprès de vous qu'un guerrier sans armes !

— Mais...

— Joseph Suskind Oppenheimer veut assurer, Altesse, l'indépendance de votre souveraineté... édifier votre bonheur... Ne l'oubliez pas, Altesse...

Le duc signa le décret sollicité.

Alors, le Juif tira sa révérence. Puis il parut se raviser, pivota sur ses talons et revint glisser quelques mots à l'oreille de Charles-Alexandre, dont le faciès s'enlumina. Sur un signe imperceptible d'Oppenheimer, une porte s'ouvrit, laissant apparaître la fine silhouette d'une jolie fille...

***

Hans Bogner fut jugé sans délai.

Le tribunal le condamna, sous l'inculpation d'attentat prémédité sur la personne du conseiller financier de Son Altesse Sérénissime, le duc Charles-Alexandre, à la peine capitale.

Le gibet fut installé sur la place principale de Stuttgart et, par ordre d'Oppenheimer, hissé à une hauteur qui n'avait jusqu'alors jamais été atteinte.

La rumeur publique grondait, car, dans tout le Wurtemberg, on connaissait honorablement l'estimable famille des Bogner.

Exécution ? Non ! Le conseiller Sturm, lié d'amitié au souverain, parla ouvertement d'assassinat.

— Quel crime a donc commis Hans ? s'indigna-t-il.

Le fiancé de Dorothée Sturm, le jeune Faber, donna libre cours à ses appréhensions.

— Notre duché est devenu la Terre promise de tous les Juifs de Francfort. C'est une honte !

Muette d'horreur, la population de Stuttgart assista à la pendaison d'Hans Bogner !

Tandis que la cage cylindrique qui enfermait le condamné s'élevait à plus de vingt mètres au-dessus du sol, on perçut la voix du forgeron qui clamait incessamment sa haine.

— Immondes Juifs ! Soyez maudits !...

Puis on entendit un déclic sinistre. Le fond de la cage

s'était ouvert et le corps de Bogner se balançait maintenant à l'extrémité de la corde.

Des femmes, dans l'assistance, étouffèrent leurs pleurs et, sur le visage démoniaque de Joseph Suskind Oppenheimer, un éclair de triomphe passa.

Plus tard des groupes se formèrent. On discuta dans les tavernes, sur les places publiques.

— Le Juif nous persécute ! Il veut notre mort ! Il nous faut échapper à sa domination...

Les gendarmes s'efforcèrent de disperser les manifestants.

Chacun, d'ailleurs, commençait à gémir. Les taxes et droits accablaient le peuple aux quatre coins du territoire. Toute la lie de la juiverie francfortoise déferlait sur le pays.

— Mes coreligionnaires drainent l'argent nécessaire à vos besoins, Altesse, déclara Oppenheimer au duc, débordé par les événements.

En effet, le colonel Rœder était venu exprimer à son ancien compagnon d'armes les doléances du peuple souabe.

— Altesse, n'hésitez pas à vous débarrasser de ce monstre, supplia-t-il. Vos sujets sont las de payer les fredaines de ce vil parasite...

— Tais-toi, Rœder ! s'exclama impérativement Charles-Alexandre. Oppenheimer fait pour moi ce que d'autres ne firent pas. Il possède toutes les ruses du politicien averti...

Le vieux rabbin Lœw ressemblait étrangement au perfide Lévy...

— C'est un corrupteur...

— Assez ! Lorsque nous étions sous les armes, toi et moi, je n'ai eu qu'à me louer de tes services ! Je suis, avant tout, un soldat... mais un soldat qui ne sait pas gouverner. Oppenheimer m'est indispensable, à présent...

— Altesse !

— Grâce à Oppenheimer, l'indépendance de ma souveraineté sera bientôt reconnue...

— Que voulez-vous dire, Altesse ?

Le duc s'esclaffa grassement.

— Rœder, les astres me sont favorables, proclama-t-il.

L'officier marqua, à ces mots, une légitime surprise.

— Les astres ?

— Oui, Rœder, je vais boucler le clapet aux protestataires mécontents, aux adversaires du régime. Oppenheimer m'a guidé jusqu'au grand-rabbin, qui lit dans un prodigieux télescope la destinée des êtres...

Le chambellan demeura coi.

— Voilà qui est stupéfiant, n'est-ce pas, Rœder ? ironisa le duc, en mordillant la dentelle de son jabot.

— Mon Dieu, Altesse...

— Désormais, je peux aller de l'avant... comme sur les champs de bataille, je suis sûr de vaincre !

Aveuglé par son éternelle candeur, Charles-Alexandre était bien loin de supposer qu'il n'avait été qu'un instrument, qu'un fantoche, entre les mains d'Oppenheimer, seul auteur de la comédie de l'astrologie.

— Tu peux te fier à tes astres ! avait dit le grand-rabbin (dont la ressemblance physique avec le secrétaire Lévy était troublante) au prince régnant du Wurtemberg.

Se fier à ses astres... posséder une indépendance totale de souveraineté, ambitions de Charles-Alexandre que corroboraient les allégations prometteuses d'Oppenheimer dont le programme se réalisait avec ponctualité.

— Je veux régner en maître absolu !

Rœder n'insista pas.

— Au reste, ricana le duc, c'est toi, mon brave, qui ouvris à Oppenheimer les portes de la ville...

Et il persifla :

— Tu as droit à ma reconnaissance !

Le colonel se retira.

***

Le prestige d'Oppenheimer grandissait d'heure en heure. Le bilan de ses intrigues était considérable. Cet aventurier, à la témérité effrénée, voyait le destin combler ses rêves les plus extravagants.

Il se pavana devant Lévy, hypnotisé par son audace et sa faconde.

— Notre race, dit-il, s'intègre aisément au monde occidental. Elle se fixe sans heurt au cœur même de l'Allemagne...

Le fervent secrétaire se borna à émettre un doute :

— La punition du Seigneur est implacable... lorsque les juifs oublient ce qu'ils sont...

— Tu n'inventes rien, Lévy, railla Oppenheimer. Tu ne fais que colporter les avertissements du grand-rabbin...

Il se moqua.

— Tout cela n'est que fariboles... des papotages, des ragots ! Veux-tu que je te révèle la plus grande farce d'Israël ? C'est la frousse, l'horrible frousse qui paralyse le corps et l'esprit ! Pour conquérir le monde, le monde entier, tu entends bien, il faut savoir refouler sa peur...

Il cligna malignement de l'œil.

— Moi, je sais refouler la mienne !

— Tu as donc peur, Suss ?

— Ne sois pas ridicule... et garde tes questions saugrenues ! Ai-je eu peur lorsqu'il s'est agi de tendre à ce duc lamentable une perche qui fut pour moi un pont ? Ai-je eu peur lorsque vint le moment de traverser ce pont ? Mes pas, mesurés et prudents, précédèrent ceux des autres juifs. Ce fut bientôt la ruée.

Oppenheimer prit un temps pour s'observer avec satisfaction dans un miroir.

— A tous, poursuivit-il, je vous ai offert la Terre Promise, une terre promise dont, à la vérité, je parcours à tâtons, mais sans peur, le chemin sinueux ! Or, cette terre nous devons l'assimiler et non pas nous assimiler à elle, car, si un juif déteint sur une terre, une terre ne déteint pas sur un juif...

Lévy laissa fuser un petit rire nerveux.

— Le Wurtemberg, je le répète, martela Oppenheimer, sera notre Terre Promise. Vous

A droite : *Proxénète et corrupteur, Oppenheimer...*

En bas : *Le duc Charles-Alexandre signa les décrets suggérés par Oppenheimer...*

Ci-dessous : *Dorothée et Faber furent unis selon les rites de la religion catholique.*

avez tous en moi un chef et un ami. Toutes les richesses du duché seront à nous le jour où nos derniers adversaires auront été abattus. Nul ne doit discuter mes ordres. Le duc est à ma merci. Il ne me manque qu'une chose...

— Laquelle ?

Le Juif secoua convulsivement les épaules.

— Une femme !

— Mais... Luziana, ta maîtresse ?

— Je n'ai pas dit : une maîtresse, mais une femme, une vraie, une épouse...

— Toi... te marier pour tout de bon ?

— Pourquoi pas ? Ne suis-je pas un beau parti ?

— Merveilleux ! concéda Lévy.

— Alors ? Je vais épouser la plus pure, la plus convoitée des filles de Stuttgart !

— Ay ! Ay ! Ay !

— Les traditions chrétiennes ont formé sa conscience...

— Comment s'appelle cet oiseau du paradis ?

Oppenheimer posa l'index sur ses lèvres.

C'est à Dorothée Sturm, la fille du conseiller d'État, qu'il faisait allusion, en conclusion de son vaniteux discours.

CHAPITRE III

Infamies.

Le conseiller Sturm faillit choir à la renverse lorsque, le lendemain, on lui annonça la visite, chez lui, de Joseph Suskind Oppenheimer.

Il crut, de prime abord, à une perquisition d'origine politique et fut sincèrement interloqué de se trouver en présence d'un homme aussi courtois que réservé. Toutefois il ne fut pas dupe des politesses trompeuses de celui sur qui, le jour de l'exécution d'Hans Bogner, il avait porté publiquement un jugement sans pitié.

— Monsieur le Conseiller, attaqua le Juif, plus fielleux encore qu'à l'ordinaire, je me présente à vous la main tendue... en allié...

Sturm fronça les sourcils.

— Monsieur Oppenheimer, votre attitude m'incite à m'enquérir auprès de vous du motif précis de votre... dm arche !

— Rien de plus naturel, monsieur le Conseiller...

L'Israélite promena autour de lui un regard circonspect.

— Peut-on parler... en toute tranquillité ?

— Je vous en donne l'assurance, fit le vieil homme en désignant un siège à son visiteur.

Oppenheimer se carra dans un fauteuil, croisa librement les jambes et, après une moue qui paraissait vouloir traduire son hésitation à entrer dans le vif du sujet, commença :

— Monsieur le Conseiller, permettez-moi de vous rappeler, en guise de préambule, que je faillis bien ne jamais atteindre votre bonne et hospitalière ville de Stuttgart !

— Vraiment ?

— Eh ! oui... Ma voiture roula dans un ravin et, sans le secours obligeant de la gracieuse conductrice d'un char à bancs qui se dirigeait vers Stuttgart, je serais resté les quatre fers en l'air et les membres endoloris dans une fâcheuse posture...

Le conseiller Sturm traduisit son impatience en frappant du bout des doigts sur l'angle de sa table de travail.

— Je ne vois pas très bien, monsieur Oppenheimer...

— Vous êtes tout excusable, monsieur le Conseiller... Les précisions suivent en ce sens que le souvenir de ma ravissante conductrice me hante littéralement jour et nuit. Pour ne rien vous cacher, je suis amoureux...

— Il n'est pas en mon pouvoir de servir votre cause !

— C'est ce qui vous trompe, monsieur le Conseiller...

— Comment cela ?

— Ma conductrice... ma blonde conductrice... n'était autre que mademoiselle votre fille...

Sturm se dressa d'un bond :

— Dorothée ?

— Dans tout son charme, monsieur le Conseiller...

Oppenheimer joua sa carte :

— J'ai l'honneur de vous demander la main de Mlle Sturm...

La réponse fut immédiate.

— Je refuse...

Le Juif blêmit sous l'offense.

— Quel prétexte invoquez-vous ?

— Je n'ai pas de compte à vous rendre, monsieur, rétorqua sèchement le conseiller. Pourtant vous ne sauriez ignorer que ma fille est fiancée...

— Oui... oui... à un petit scribouillard sans avenir...

— Faber a ma parole et mon affection. Ses qualités n'ont pas à être mises en doute par vous...

— Mariage d'amour et de misère !

— Ne raillez pas ! Et puis...

Oppenheimer était curieux par définition.

— Et puis ?

Sturm soulagea son cœur du poids qui l'oppressait.

— Et puis, articula-t-il gravement, jamais ma fille, quand bien même elle vous aimerait, ne recevrait mon consentement à son mariage avec vous !

— Pourquoi ?

Oppenheimer entraîna lâchement la pauvre Dorothée.

Au-dessus : *Faber se montra l'un des chefs du mouvement insurrectionnel.*

A gauche : « *Il ne tient qu'à vous, ma colombe, de sauver Faber !* »

— Parce que vous êtes un juif !

Deux mondes s'affrontaient : l'un symbolisé par d'ancestrales traditions de droiture, l'autre représenté par un individu sans scrupule ni honneur.

— Juif ! Vous conférez à vos paroles un caractère péjoratif ! J'interprète celles-ci comme un outrage...

Sur le seuil de la porte, Oppenheimer se retourna.

— Monsieur le Conseiller, je vous prie de réfléchir : Je vous laisse vingt-quatre heures pour vous décider...

***

Selon les rites de la religion catholique, l'archiviste Faber prit pour femme, au jour qui suivit, la sage et douce Dorothée Sturm.

— Je remercie Dieu, mes enfants, de m'avoir autorisé à être le premier témoin de votre jeune bonheur...

Le conseiller d'État, ému aux larmes, étreignit tendrement sa fille.

— Pourquoi pleurer, père, à une heure aussi merveilleuse que celle que nous vivons ?

L'excellent homme s'ingénia à taire la véritable raison de son tourment. Ni Dorothée, ni Faber ne devaient être informés, tout au moins pour le moment, des intentions coupables d'Oppenheimer.

Le juif vint, d'ailleurs, en fin d'après-midi, chercher la réponse du conseiller Sturm. On lui avait appris, entre temps, qu'au matin de la pendaison du forgeron, Sturm avait tenu sur son compte des propos répréhensibles. Il avait dit, notamment, que l'exécution d'Hans Bogner équivalait à un « assassinat judiciaire », et il avait crié, aux échos, le nom du responsable : Suss Oppenheimer.

Aussi, quand le conseiller d'État, sous l'effet de la colère, eut déclaré vertement à l'Israélite : « Jamais un juif ne souillera une vierge de mon pays, » celui-ci n'hésita-t-il pas une seconde à le faire appréhender pour outrage.

Sturm fut déféré devant un singulier tribunal : nommé magistrat, à titre exceptionnel, le secrétaire Lévy fut chargé d'ourdir l'inculpation contre le conseiller d'État. Sa fourberie facilita sa tâche. Sturm s'entendit accuser du crime de lèse-majesté.

— Assassinat judiciaire que l'exécution d'Hans Bogner ? Soit ! Mais, alors, en ce cas, qui est l'assassin ?

Et l'abominable Lévy, dans une grimace qui complétait sa laideur, expliqua :

— C'est le duc !

Les imprécations de Sturm plongèrent ses juges dans une indifférence chargée de mépris.

— Exécrable galimatias de juifs talmudistes ! C'est de dépit qu'enrage Oppenheimer ! Il voulait ma fille... mais il ne l'aura jamais, sachez-le bien, jamais !

— Jamais ? fit, sarcastique, l'ancien bijoutier du ghetto de Francfort. Ce n'est pas prouvé...

Sturm fut emprisonné séance tenante. L'injustice de cette brutale pénalité exaspéra le peuple souabe, ce peuple dont Charles-Alexandre mésestimait les récriminations en prétendant qu' « un bon coup de vin suffisait à calmer sa véhémence ».

Les États du Wurtemberg, devant la gravité d'une situation de plus en plus tendue, se réunirent pour s'occuper, tant de l'évolution du mouvement politique que de la douloureuse affaire Sturm.

Est-il besoin de préciser que l'unanimité des sympathies allait au conseiller d'État, digne représentant de la race aryenne ?

L'imposture d'Oppenheimer était flagrante.

— Messieurs, décréta le colonel Rœder, président de la délégation des États, nous devons, dans l'intérêt général, obliger notre duc à choisir entre les Souabes et les Juifs...

— Son choix, colonel, est déjà fait, à vous en croire...

— Je le crains, répliqua Rœder ; il ne m'a pas dissimulé, lors de notre récente entrevue, que ce misérable Oppenheimer était indispensable à sa vie !

— Obtenez-en confirmation, colonel, et nous agirons en conséquence...

L'officier fut presque évincé par son ancien compagnon d'armes.

Le souverain ne prêtait complaisamment l'oreille qu'aux conseils venimeux d'Oppenheimer.

— Les astres, Altesse, les astres ! Ils font augurer magnifiquement de votre avenir. Agissez, que diable ! Affranchissez-vous de toute tutelle... Écartez toute ingérence hostile à votre grandeur...

— Mais que faire, Oppenheimer ? s'irrita le duc.

— Dissolvez les États généraux, abrogez la Constitution...

— J'ai juré fidélité à la Constitution...

— Belle affaire, Altesse ! La trahison de la noblesse, les complots tramés dans votre entourage, vous délient de votre serment...

Charles-Alexandre fléchit.

— Vous éblouirez l'Occident, Altesse... Vous ferez de grandes choses... de très grandes choses...

— C'est que...

— Voulez-vous faire confiance au plus fidèle de vos adeptes ?

***

Dès lors, le programme de Joseph Suskind Oppenheimer entra dans sa phase finale.

Le duc hâta ses préparatifs de départ. Il se rendait, selon la rumeur, en mission officielle à Ludwigsburg, où il devait rencontrer un ambassadeur de l'Empereur.

En tout état de cause, son absence n'était qu'un prétexte destiné à couvrir le renversement de la Constitution. A la faveur de cette absence, Oppenheimer et ses agents promulgueraient les nouvelles lois fondamentales du duché.

Charles-Alexandre quitterait Stuttgart comme sou-

Le mouchoir fut agité selon un signal convenu.

verain constitutionnel. Il regagnerait la capitale, quarante-huit heures plus tard, comme souverain absolu.

Le règne d'Israël débuterait à l'heure où seraient jetés au cachot les chefs de la nobl sse et de la bourgeoisie.

Oppenheimer se frotta les mains. Il imposerait au Wurtemberg une dictature draconienne.

— Notre triomphe sera éclatant, mon bon Lévy !

Désormais, il prendrait en mains les rênes du pouvoir. C'était l'apothéose.

Mais le jeune Faber, époux adoré de Dorothée Sturm, était de ceux qui veillaient au grain. Il s'avérait l'un des chefs les plus ardents du mouvement insurrectionnel.

— Le temps presse, il faut passer aux actes sans délai, déclara-t-il aux chefs visés de la noblesse et de la bourgeoisie, groupés autour de lui dans le sous-sol de l'hôtel de son beau-père.

Il résuma les événements :

— Le Juif ruine le peuple ! Il macule avec impudence notre Constitution séculaire. Le devoir nous commande d'agir !

Sa proclamation enflamma l'auditoire.

— Oui, reconnut le colonel Rœder, hier encore, j'étais parmi les hésitants... De très chers souvenirs, de nombreux faits d'armes me lient à mon duc...

La voix de l'officier se fit plus sourde.

— Aujourd'hui, je veux oublier tout cela !...

Un instant de silence pesa sur tous ces hommes. Puis les délibérations reprirent. Il fut convenu que le colonel Rœder dirigerait le mouvement.

— Je partirai demain à l'aube, dit Faber, plein de fougue. J'irai alerter les garnisons de province, dont les chefs sont fidèles à la Constitution. Nous soulèverons une armée de conjurés. Nous arracherons notre Wurtemberg à l'emprise tragique 'Israël... et, à la corde qui servit à pendre Bogner, se balancera bientôt le cadavre crasseux de son tortionnaire !

Le duc cria, tempêta... mais une embolie l'abattit...

« Pourquoi me délivre-t-on ? » demanda Faber.

— As-tu, Faber, le mot de passe pour sortir de la ville ?

— Oui...

Le jeune homme ignorait que la police du Juif allait, dans la nuit, changer ce mot.

Lorsque, aux premières lueurs de l'aube, Faber se présenta à la barrière de Stuttgart, la maréchaussée lui mit la main au collet.

Il protesta en vain. A son tour, il était arrêté et ramené, sous bonne escorte, vers la prison centrale.

CHAPITRE IV

Le chatiment.

La lâche incarcération de son mari, suivant celle de son père, acheva de plonger dans le désespoir la pauvre Dorothée. Où était Faber ? Le Juif, à en croire les bruits qui circulaient, l'avait fait conduire dans une cave ruisselante d'humidité afin de le confier aux mains de ses bourreaux. Les supplices qui lui étaient réservés, assurait-on, devaient le contraindre à livrer les noms de ses complices.

Sur ces entrefaites, Oppenheimer était allé trouver, dans le cachot qu'il occupait, le conseiller Sturm. Il lui avait offert de participer à la réorganisation de l'État. Sturm, attaché au principe des vieilles traditions du Wurtemberg, s'était refusé à l'écouter.

Et l'Israélite avait résolu, alors, de tirer vengeance de cet affront en exerçant un abominable chantage sur la personne de Dorothée Sturm.

Le hasard servit ses projets.

La jeune femme, soucieuse d'obtenir la grâce de son mari, se présenta au palais ducal et sollicita une audience d'Oppenheimer. Celui-ci la fit acceder à ses appartements privés et l'accueillit avec les marques de la plus parfaite obligeance. Il évoqua le souvenir de leur voyage en char à bancs sur la route de Stuttgart, et il promit à Dorothée de faire pour elle tout ce qui était en son pouvoir.

— Monsieur Oppenheimer, je vous en conjure, libérez Faber...

Elle se traîna à genoux devant le Juif, qui l'aida à se relever.

— Vous l'aimez tant que cela ? questionna-t-il.

— Oh ! oui !

— Heureux homme... qui s'opposa à mon bonheur !

Dorothée s'étonna :

— Faber s'opposa à votre bonheur ?

— Eh ! oui... mais à son insu, sans doute. N'est-ce pas votre père qui m'empêcha de vous déclarer mon amour ?

Oppenheimer sentit son visage s'empourprer. L'innocence, la jeunesse de Dorothée faisaient naître en lui un désir bestial.

— Petite madame, le salut de Faber ne dépend que de vous...

Ses mains s'accrochèrent aux épaules frissonnantes de Dorothée.

— Vous serez bien mignonne avec votre bon ami

« Je suis un pauvre juif ! » larmoya Oppenheimer.

Oppenheimer... Il ne vous veut que du bien... beaucoup de bien... votre bon ami Oppenheimer...

Le poing sur la bouche, une expression horrifiée dans le regard, la jeune femme recula jusqu'à l'une des fenêtres de la pièce qu'encadraient de lourdes tentures.

A travers la fine étoffe de la robe, Oppenheimer, les yeux révulsés, devinait une chair jeune et fraiche que ses mains épaisses essayaient de palper.

— Vous serez toujours mignonne, jolie Dorothée, toujours, je ne vous ferai aucun mal... Vous serez ma petite femme, à moi, rien qu'à moi...

— Je vous hais !

— Je t'adore !

— Laissez-moi!... lâchez-moi!...

Lâcher ainsi sa proie ? Oppenheimer saisit violemment Dorothée entre ses bras robustes ; il la poussa vers le lit, couvrant son cou de baisers.

Désespérée, la pauvre enfant se débattit...

***

Un juge d'instruction régla pour la forme le sort de l'archiviste Faber.

— Tes complices ?

— Je ne prononcerai pas un nom...

— Tu risques gros... le retour au cachot... des supplices dont l'application modifiera peut-être tes résolutions...

— Vous ne changerez rien à ma décision de me taire !

— Libre à toi...

— Tout ce que je peux vous dire, c'est que notre conspiration est celle du peuple, souabe qui exècre, autant que nous l'exécrons nous-mêmes, le Juif pillard et criminel...

— Assez !

— Nous abattrons le tyran !

Faber fut ramené au cachot. On lui fit enfoncer les doigts dans une machine infernale.

— Tu ne parleras pas ? interrogea le bourreau.

— Non !

L'homme tourna une clé monumentale, ce qui eut pour effet d'écraser les doigts de Faber entre deux plaques d'acier.

Le supplicié exhala un cri de douleur.

— Seras-tu moins discret, à présent ?

— Non !

Nouveau tour de clé.

Nouveau cri de douleur de Faber, plus aigu, plus déchirant que le précédent.

Cri que perçut, cette fois, Dorothée.

— Mais c'est mon mari que l'on torture ! s'exclamat-elle.

— Oui, ma colombe, c'est ton mari... Il t'appelle à son secours... Refuseras-tu de l'entendre ?

Oppenheimer sortit un mouchoir de sa poche.

— En agitant ce mouchoir à la fenêtre, dit-il, on fera cesser le supplice de Faber...

— Pitié! Pitié! adjura Dorothée.

— Soit... si tu es bien douce, bien docile...

Les cris de Faber redoublaient. Ils n'avaient plus rien d'humain.

Le tyran fut condamné à la peine capitale...

— Des gardes sont en bas qui guettent mon signal... pour faire interrompre, si tu le veux, les souffrances de ton cher époux...

— Monsieur Oppenheimer...

— Ma délicieuse ?

— Pour l'amour de Dieu... sauvez Faber !

Dorothée ferma les yeux.

Triomphant, Oppenheimer agita le mouchoir, puis, brutalement, il précipita la jeune femme sur le lit...

***

La face livide, les mains ensanglantées, Faber fut arraché au fauteuil de torture par la soudaine irruption dans la cave du secrétaire Lévy.

— Relâchez-le...

Ahuri par la douleur, titubant comme un homme ivre, Faber s'approcha du Juif.

— Pourquoi me délivre-t-on ?

Lévy pouffa grossièrement.

— Tu demanderas cela à ta charmante femme !

Incapable de réagir, Faber s'en fut à travers la ville, blême, hagard, tel un automate.

Il chercha Dorothée.

Partout.

Et, de toutes parts, on lui répondit ne pas avoir de nouvelles de la jeune femme.

Le seul endroit où Faber ne songea pas à porter ses pas fut vers la rivière. C'est pourtant la direction qu'emprunta Dorothée en quittant le palais ducal... Dorothée qui ne voulait pas survivre à sa honte et dont le cadavre fut hissé dans une barque, le soir même, à la lueur tragique des torches.

Faber, halluciné, appliqua tendrement ses lèvres sur le cher visage glacé. Escorté par une foule hurlante, chargé du pauvre corps souillé par le misérable Juif, il se rendit au palais.

— Que le Juif soit châtié !

Mais le Juif, son forfait accompli, était parti pour le château de Ludwigsburg, où Charles-Alexandre, encadré par un essaim de jolies femmes, attendait impatiemment son arrivée.

— Altesse, le grand jour a été fixé à demain... Nous materons la racaille de vos États Généraux... Votre souveraineté sera péremptoirement établie...

Une fête étincelante se déroulait à Ludwigsburg quand des émissaires de Stuttgart apportèrent au duc, qui suffoquait dans son habit chamarré, un ultimatum d'une précision absolue : « Se soumettre ou se démettre. »

Se soumettre signifiait la révocation immédiate d'Oppenheimer, le retour des Juifs à Francfort, le respect des libertés wurtembergeoises, le salut du peuple.

Se démettre, c'était abdiquer.

Le duc se regimba.

— Me dicter des conditions injurieuses ? C'est une infamie !

Il parla de faire fusiller les instigateurs de la conspiration. Il cria, tempêta, mais une embolie l'abattit. Sa mort fut instantanée.

Et, comme à cette minute, Rœder, Faber et les mandataires des États Généraux pénétraient dans le château, ordre fut donné aux gardes de se saisir sur-le-champ du Juif Oppenheimer, qui tentait, avec la complicité de Lévy, de s'enfuir précipitamment...

***

Par suite de la mort du duc Charles-Alexandre, le pouvoir passa aux États Généraux. Le Tribunal suprême du Wurtemberg condamna à mort Joseph Suskind Oppenheimer pour avoir souillé et poussé au suicide Dorothée Faber, née Sturm.

— Je suis un pauvre Juif ! larmoya le monstre, au cours de l'audience.

Pour lui, le gibet fut surélevé.

Le corps de l'homme qui voulait conquérir et asservir l'Occident se balança bien au-dessus du niveau qu'il avait imposé pour la pendaison de Hans Bogner.

Le peuple souabe, sous la neige qui tombait à gros flocons, se fit un devoir d'assister à l'exécution du tyran.

— Dans trois jours, tous les Juifs devront, sans exception, avoir quitté le territoire du Wurtemberg...

L'heure de la justice immanente venait, enfin, de sonner. Au seuil de 1737, le ciel de Stuttgart était, grâce à Dieu, dégagé pour tout de bon de ses impuretés.

FIN

JACQUES CHRISTY.

PIERRE RICHARD-WILLM, l'ARTISTE aux DONS MULTIPLES

Lorsqu'il parut pour la première fois à l'écran, son nom, sa svelte silhouette, sa réserve un peu hautaine et son physique de blond aux yeux clairs intriguèrent le public et provoquèrent les suppositions les plus fantaisistes quant à son origine.

Pourtant, il était bien de chez nous, ce jeune acteur d'une si attirante personnalité, puisqu'il était né à Bayonne, d'un père dauphinois et d'une mère alsacienne.

Contrairement à tant d'acteurs qui durent lutter pour faire reconnaître leur vocation, Pierre Richard-Willm eut, dès l'enfance, la possibilité de cultiver à loisir les dons variés qui lui promettaient une carrière exceptionnellement heureuse.

Fils d'un ingénieur, il aurait pu, comme ses frères, suivre l'exemple paternel, pour le plus grand plaisir de son père.

Mais ce bambin paisible, qui n'aimait ni le bruit, ni les jeux violents, montrait de précoces et très nettes dispositions pour la musique, le dessin, la sculpture. Ses parents furent assez sages pour ne pas le détourner de ses passe-temps favoris et ne l'obligèrent nullement à subir des cours de mathématiques ou l'entraînement sportif qui ne le tentaient guère.

D'ailleurs, la guerre mondiale devait l'arracher, très jeune, à ses rêves, à ses études artistiques. Il en revint blessé. Mais cette tragique épreuve, en heurtant sa sensibilité profonde, lui avait enseigné le prix de la vie et l'ancrait dans ses préférences d'antan.

Il entra donc à l'École des Beaux-Arts pour s'y perfectionner en peinture et en sculpture : deux moyens d'extérioriser un tempérament créateur plus soucieux de beauté que de force.

Les loisirs que lui laissait l'École étaient consacrés à l'étude du piano, car ce jeune homme épris de formes et de couleurs était également passionné de musique.

Une autre forme de l'art devait bientôt enthousiasmer le jeune dilettante. L'un de ses camarades était le fils du directeur du fameux théâtre de plein air de Bussang et dessinait des maquettes de décors, des costumes pour les représentations d'été, d'une si belle tenue littéraire.

Pierre Richard-Willm collabora, lui aussi, à la décoration de ce théâtre, qui groupait une troupe jeune, ardente, passionnée pour les chefs-d'œuvre classiques et pour les bonnes pièces nouvelles.

Mêlé à de jeunes acteurs, Pierre Richard-Willm fut naturellement tenté de s'essayer d'abord dans de petits rôles, aux côtés de ses camarades.

(A suivre.)

Ferdinand Marian dans le rôle du Juif Suss.
(*Photo Terra*)

Le Juif Suss et son secrétaire Lévy (Ferdinand Marian et Werner Krauss)
(*Photo Terra*)

Werner Krauss, dans le rôle de Lévy, âme damnée de Joseph Suss.
(*Photo Terra*)

L'ALLIANCE CINÉMATOGRAPHIQUE EUROPÉENNE

présente

UNE ŒUVRE MAGISTRALE

Le Juif Suss

Un Film VEIT HARLAN, de la **TERRA**

avec

Ferdinand MARIAN, Kristina SÖDERBAUM

Heinrich GEORGE, Werner KRAUSS, Eugen KLÖPFER

Ferdinand Marian et Kristina Söderbaum.
(*Photo Terra*)

Avez-vous déjà entendu parler du *Juif Suss*, ou plus exactement de Joseph Suss Oppenheimer? Non? Alors consultez votre dictionnaire et vous y trouverez ces quelques indications :

« Financier wurtembourgeois, né à Heidelberg en 1692, condamné à mort pour crime contre l'Etat et pendu à Stuttgart le 4 février 1738 ».

Le Juif Suss n'est donc pas un être fictif dû à l'imagination d'un romancier. C'est un personnage historique, né à Heidelberg en 1692 qui, du grouillant ghetto de Francfort, est parvenu à s'imposer par ses machinations savantes, à la Cour ducale de Wurtemberg. Le 4 février 1738, la colère du peuple mettra fin aux agissements du sinistre Suss.

Le metteur en scène, Veit Harlan, a traité ce sujet qui appartient à l'Histoire, sans aucune concession et telles scènes de ghetto, de réunions secrètes, de viol, de supplices, tels mouvements de foules, atteignent, par leur véhémence, une grandeur tragique.

Corrupteur, prostituteur, prévaricateur, semant partout l'impureté, renouvelant les jeux du plus subtil machiavélisme, il entraînera dans la ronde infernale du vice son protecteur, le duc Charles-Alexandre de Wurtemberg, qui, n'ayant plus rien à lui refuser, lui confiera la direction de la Monnaie, puis le mettra à la tête du ministère des Finances. Comment, lorsqu'une détestable influence vous a conduit à une débauche éhontée, résister à l'homme qui vous procure non seulement des femmes, mais encore de l'argent en instituant chaque jour de nouveaux impôts dont le peuple, ainsi pressuré, s'afflige?

Mais il est encore des cœurs purs : la révolte gronde et quand le duc Charles-Alexandre meurt, la bienfaisante, la salutaire réaction met un terme aux agissements du sinistre Suss. Celui-ci, le 4 février 1738, devant le peuple délivré des basses servitudes, sera pendu, plus haut que ses victimes, dans l'étroite cage hissée au milieu de la place publique, à quelque vingt mètres au-dessus du sol.

Le metteur en scène Veit Harlan, dont les qualités exceptionnelles nous sont révélées par ce film d'une rare intensité dramatique, a choisi les éléments de son œuvre dans l'histoire et il suffit de s'en référer à divers ouvrages de bonne source pour s'apercevoir que tels faits, tels traits qui pourraient paraître excessifs à d'aucuns, n'ont pas été transposés par le cinéaste. Il n'a pas, en l'occurence, — répétons-le, — raconté une histoire : il a fait de l'Histoire, un point c'est tout. Qu'il ait, au surplus, réussi une œuvre portant la marque d'un art supérieur, voilà qui est encore indéniable et nous oblige à considérer désormais Veit Harlan comme l'un des grands animateurs scéniques de ce temps.

Dès son début, ce film *Terra* nous retrace l'existence aussi fébrile qu'ignominieuse de Joseph Suss Oppenheimer, une atmosphère angoissante, pesante, est créée; le spectateur est haletant, un pathétique, aux singulières résonances, l'enserre : quelques esquisses de tableaux, deux ou trois détails ont suffi à composer, en un instant, cette ambiance infiniment troublante où l'on reconnaît un talent majeur.

Nous resterons soumis à une action vigoureusement soutenue et au rythme harmonieux des images.

Ne point laisser à celui qui voit et écoute le temps de se reprendre, de se ressaisir, le mettre en face de ses révoltes intérieures par l'évolution de personnages contre lesquels il voudrait réagir, l'emprisonner, en quelque sorte, dans une émotion à laquelle il ne peut se soustraire, voilà, n'est-il pas vrai? où se reconnaît la véritable maîtrise.

Comme un metteur en scène a les interprètes qu'il mérite, Veit Harlan a bénéficié pour *Le Juif Suss* d'une éclatante distribution où l'on remarque, parmi les meneurs de jeu, les deux grands comédiens que sont Heinrich George et Werner Krauss. Celui-ci, en vieillard aux sautillements quasi automatiques, au faciès grimaçant, aux hypocrisies minutieusement étudiées, burine une étonnante figure de « rabbi Lévi » (Ah! qu'il serait donc magnifique en Shylock!). Quant à Heinrich George, dans le rôle du duc Charles-Alexandre que sa faiblesse conduit aux plus regrettables acceptations, il atteint aux limites de la perfection.

Aux côtés de ces deux comédiens racés, on appréciera comme il convient la tendre douceur de Kristina Söderbaum, l'ardeur de Malte Jaeger et surtout le talent si nuancé de Ferdinand Marian qui prouve une rare puissance d'expression. La diversité de ses dons le classe d'emblée parmi les vedettes de l'écran et on peut être sûr que son personnage du juif Suss Oppenheimer restera longtemps dans notre souvenir.

Pendant l'exécution des premières victimes du Juif Suss (Ferdinand Marian et Werner Krauss).

(Photo Terra)

On dit qu'il avait refusé, lorsqu'on le lui proposa, le rôle de Joseph Suss Oppenheimer. Il fit bien, avouons-le, de revenir sur ce refus, car un comédien probe, par sa victoire sur un rôle antipathique, ne peut que servir son art.

***

Le sujet authentique, la réalisation somptueuse faite avec art et conscience, l'interprétation enfin font de ce film une très grande œuvre, peut-être la plus grande qu'il nous eut été donné de voir depuis longtemps.

Une scène de luxure avec Ursula Deinert.

(Photo Terra)

Heinrich George dans le rôle du Duc Charles-Alexandre de Wurtemberg.

(Photo Terra)

Ferdinand Marian et Kristina Söderbaum : le Juif Suss et son innocente victime.

(Photo Terra)

Ferdinand Marian et Kristina Söderbaum.

(Photo Terra)

Kristina Söderbaum et Malte Jaeger dans une scène dramatique.

(Photo Terra)

Ferdinand Marian et Werner Krauss (Le Juif Suss et le Rabbin Loew)

(Photo Terra)

du Reich éditent par ailleurs une vie romancée du Juif Süss, accompagné d'images tirées du film.[20]

En Italie le matériel publicitaire est moins connoté. Il souligne essentiellement l'aspect artistique du film, notamment le soin apporté aux décors et aux costumes. Les affiches mettent surtout en avant Werner Krauss, acteur de théâtre ayant déjà participé à plusieurs spectacles en Italie. Dans les pays scandinaves, on insiste davantage sur la présence de Kristina Söderbaum et sur l'aspect mélodramatique du récit. En France, on met l'accent sur l'aspect drame d'aventure : les mentions « une prodigieuse reconstitution historique », « une œuvre magistrale », « un grand film d'aventures » figurent dans le matériel publicitaire qui accompagne le lancement du film. Quant aux affiches du film, elles mettent surtout en valeur Heinrich George.

Présent sur les écrans français avec un autre film[21], l'acteur donne en effet, les 25 et 26 février 1941, au moment où *Jud Süss* sort à Paris, deux représentions exceptionnelles de *Intrigue et Amour* de Schiller à la Comédie-Française. Ces deux représentations sont encensées par la presse collaborationniste et figurent dans les actualités filmées de la semaine où on évoque également une grande réception organisée en l'honneur d'Heinrich George à l'ambassade d'Allemagne à Paris. D'après Robert Cardinne-Petit, cette réception attira six cents artistes, issus pour la plupart

20. J.-R. George, *Jud Süss, Roman, mit 16 Bildern aus dem gleichnamingen Terra-Film*, Berlin, 1941.

21. *Le Maître de Poste* de Gustav Ucicky, récompensé à Venise en septembre 1940, était projeté à Paris depuis le 5 novembre 1940.

HEINRICH GEORGE
le Mounet-Sully allemand
qui va se produire aux Français
est l'hôte de Paris
Paris-soir
Aujourd'hui
HEINRICH GEORGE
"Je vais jou
pour la première
devant le public paris
mais c'est la troisième fois que je viens à
Et il ajoute :
J'ai interprété en Allemagne deux piè
françaises George Dandin et
Le Petit Parisien
Heinrich George
vient d'arriver à Paris
Quelques aphorismes
du célèbre comédie
Les Nouveaux Temps
L'arrivée de HEINRICH G
UN AMICAL ÉCHANGE D'ID
entre artistes français et allem
Paris-so
M. Heinr
Georg
à Pari
Le directeur du Schillertheater
acclamer par un public franco-a
mand des poèmes de Schiller, Gœt
et Victor Hug
Le Matin
HEINRICH GE
À PARIS
Le grand comédien allemand
Heinrich George a reçu l'élite artistique
à l'Institut allemand
LE CRI du PEUPLE
Paris-soir
DES PROJETS

du théâtre et du cinéma français. L'ambassadeur Otto Abetz et Karl Epting, directeur de l'Institut allemand à Paris, accueillirent notamment ce jour-là Jacques Hébertot, Béatrix Dussane, André Brunot, Jean Debucourt, Ginette Leclerc, Albert Préjean et Sacha Guitry.[22]

Des manifestations antijuives accompagnent la diffusion du film *Jud Süss* presque partout en Europe. À Berlin et à Trieste, de jeunes spectateurs défilent à l'issue de la projection en scandant « Mort aux juifs ». À Vienne, un vieil homme juif est piétiné à mort par de jeunes hitlériens qui viennent de voir le film. À Budapest, ce sont des milliers d'étudiants qui manifestent et pétitionnent pour obtenir une meilleure diffusion du film en province ; ils obtiendront gain de cause. En Belgique, à l'issue

22. Robert Cardinne-Petit, *Les Secrets de la Comédie-Française 1936-1945*, Nouvelles éditions latines, 1958. Marie-Agnès Joubert, *La Comédie-Française sous l'Occupation*, Tallandier, 1998, p. 165-171. Voir aussi les Actualités mondiales, présentées en zone occupée à partir du 28 février 1941 et les articles publiés dans *L'Œuvre* du 26 février 1941, *La Gerbe* du 27 février 1941, *Le Film* du 1er mars 1942, p. 12, *Les Nouveaux Temps* du 3 mars 1941, *La Semaine à Paris* du 5 mars 1941, p. 5, *Je Suis Partout* du 7 mars 1941, *Les Cahiers franco-allemands* n° 4, mars-avril 1941, p. 106-110.

de la projection, des boutiques sont pillées et un juif est sévèrement battu. En Tchécoslovaquie, au Luxembourg, en Hollande et même en France, à Nice notamment, la projection du film déclenche des manifestations hostiles aux juifs.[23]

23. Archives de la République fédérale allemande (Coblence), R 58 /156, p. 6-7, 28.11.1940, AN (Paris) AJ 38 244, CDJC (Paris), CCXII-29 et CDXCV-5. Jan Cimbura, dans la revue tchèque *Iluminace* (Prague), V 3, 1993, p. 65-93, J. Wulf, *op. cit.,* p. 406, F. Knilli, *op. cit.,* p. 88 *sq.*, F. Courtade et P. Cadars, *op. cit.,* p. 196 et le *Journal* de J. Goebbels, *op. cit.,* à la date du 8 mars 1941.

Exploitation et critiques

Le Juif Süss, qui a réuni probablement plus d'un million de spectateurs payants en France, a d'abord été présenté en version originale, à partir du 14 février 1941, dans un grand cinéma des Champs-Élysées, à Paris : Le Colisée.[1] Il est resté huit semaines à l'affiche dans cette salle et, à partir du vendredi 19 mars 1941, il a été présenté en version française dans un autre salle prestigieuse de première exclusivité, Le Français, situé sur les Grands Boulevards, où le film est resté cinq semaines à l'affiche.[2]

Le cinéma Le Français, boulevard des Italiens dans le 9e arrondissement, était une salle très moderne, ovoïde, avec des fauteuils cyclamen, qui constituait avant la débâcle le fleuron du

1. Cf. photographie p. 198. Le Colisée était situé au 38, avenue des Champs-Élysées, dans le 8e arrondissement. C'est dans cette même salle que le gala de présentation du film de Jean Renoir, *La Règle du jeu*, avait donné lieu à un chahut mémorable, le 22 juillet 1939. La première du film nazi dans ce cinéma, le vendredi 14 février 1941, est également une soirée de gala réservée à des invités. Le film a remporté ce soir-là un grand succès et son exploitation commerciale commence véritablement le lendemain, c'est-à-dire le 15 février 1941.

2. Selon un placard publicitaire reproduit dans une revue corporative du cinéma, *Le Film*, le 1er mars 1941, « *Le Juif Süss* a refusé du monde au Colisée dès le premier jour. » *La Semaine à Paris* (qui correspond à *l'Officiel des spectacles* ou au *Pariscope* d'aujourd'hui) note de son côté, dans le numéro daté du 19 mars 1941, p. 16 : « Devant le succès sans cesse croissant du film, *Le Juif Süss* passe maintenant simultanément dans deux salles d'exclusivité ».

circuit Haïk-Siritzky. Inaugurée le 23 mars 1940, cette salle d'environ mille fauteuils a été « aryanisée » à la fin de la même année.[3] Comble de perversité, un film antisémite a donc été projeté à Paris dans une salle ultra-moderne construite par des juifs et rachetée par des

3. L'aryanisation consistait en l'occurrence à vendre la salle à un exploitant non juif.

LE NUMÉRO : 8 Fr.

LE FILM

ORGANE DE L'INDUSTRIE CINÉMATOGRAPHIQUE FRANÇAISE

BI-MENSUEL

N° 18

21 JUIN 1941

TRIOMPHAL SUCCÈS de "CORA TERRY" au REX-STUDIO à MARSEILLE

Plus de 220.000 fr. en une semaine

et

Recettes records du film

"LE JUIF SÜSS" au PARIS-PALACE-FORUM à NICE

Plus de 230.000 fr. en une semaine

Après cette exclusivité sensationnelle, "LE JUIF SUSS" a été retenu pour une seconde exclusivité de SIX SEMAINES au COUCOU à NICE

hommes proches des occupants quelques semaines seulement après la débâcle de mai-juin 1940.[4]

Le Juif Süss a quitté le circuit parisien de première exclusivité le 23 avril 1941 et il a poursuivi son exploitation en province. À partir du jeudi 24 avril 1941 il est présenté au cinéma La Scala de Lyon et au Pathé-Palace de Marseille, avec, dans cette dernière salle, en attraction de première partie, le chansonnier Robert Rocca.[5] Le film est passé ensuite, pendant l'été 1941, aux Variétés de Toulouse, à L'Apollo de Bordeaux[6], au Rex de

4. AN (Paris) AJ 38 2284 et Jacques Levain, *L'aryanisation des entreprises juives sous l'Occupation 1940-1944 : l'exemple du cinéma*, mémoire de maîtrise sous la direction du professeur Michel Margairaz, université de Paris VIII, 1994.

5. À cette époque les attractions se situaient encore en première partie de séance, avant la projection du film, avec les actualités et les documentaires. Dans les nécrologies de Robert Rocca (1912-1994), notamment celle du journal *Le Monde* du 15.4.1994, p. 20, on n'évoque évidemment pas ces séances. Elles sont cependant attestées par une photographie de l'affiche du film à Marseille, reproduite dans *Le Film* n° 15 du 10 mai 1941, p. 10. Le Pathé-Palace, situé sur la Canebière à Marseille, disposait alors de 1 745 places.

6. L'Apollo de Bordeaux était une salle moderne de 2 000 places, située juste à côté de la rue Judaïque, qui avait été transformée en « Soldatenkino ». La présentation du film *Le Juif Süss*, le 26 juin 1941, marquait la réouverture commerciale de la salle. La première projection du film *Le Juif Süss* dans cette ville s'est effectuée en présence du préfet de Gironde, Pierre Alype, de diverses personnalités bordelaises et de représentants des autorités occupantes. *Le Film*, n° 19, 5 juillet 1941, p. 26.

EN FRANCE NON OCCUPÉE "LE JUIF SUSS" REMPORTE UN VÉRITABLE TRIOMPHE

Applaudissements frénétiques à Marseille et à Lyon

Marseille. — La présentation au « Pathé-Palace » de Marseille du film *Le Juif Süss* est, sans conteste, le grand événement de la saison; jamais un film n'a reçu un accueil aussi enthousiaste et n'a été applaudi avec autant de chaleur.

Dès la matinée du jeudi 24 avril, jour de sortie de ce film, l'affluence a été énorme et le public a ovationné le film à plusieurs reprises. Le soir, la salle était comble et l'assistance applaudissait à tout rompre, et chaque jour l'accueil a été aussi enthousiaste.

La recette au premier jour s'est élevée à 24.000 fr.; le samedi à 42.000 fr. et le dimanche à 64.000 fr.; de telle sorte que la recette de la semaine dépassa largement les 200.000 francs.

Devant l'affluence toujours croissante, le « Pathé-Palace » décida de garder le film une seconde semaine. Le public marseillais s'est montré particulièrement sensible à la beauté et à la grandeur de cette production prenante.

En même temps qu'à Marseille, *Le Juif Süss* a été présenté à la « Scala » de Lyon. Là aussi, ce film a remporté un succès absolument éclatant. A chacune des séances, la fin du film a été accueillie par des applaudissements comme jamais Lyon n'en a connus. Devant ce succès incontestable, la « Scala » a assuré une deuxième semaine au film. Ajoutons que la presse de la France non occupée est unanime à dire le plus grand bien du *Juif Süss*.

Cependant, la preuve la plus évidente du succès du *Juif Süss* en zone non occupée est l'empressement que montrent les directeurs de salles à programmer le film. Dès que les premiers résultats de Marseille furent connus, le film a été aussitôt loué à Toulouse, Nice, Cannes, Toulon, Perpignan, Nîmes, Avignon, Martigues, Port-de-Bouc, Vichy. Dans la plupart de ces villes, *Le Juif Süss* sera présenté dès mai et juin (1er mai à Toulouse, 22 mai à Nice, 29 mai à Cannes, etc...)

Lorsqu'on connaît l'embouteillage du marché de la zone non occupée, on se rend réellement compte du succès sans précédent que remporte *Le Juif Süss*, principalement en France méridionale.

Toutes les colonnes de Marseille ont été recouvertes de l'affiche ci-dessus.

Façade du « Pathé-Palace » sur la Canebière à Marseille

Grenoble, au Royal de Vichy, au Forum de Nice et pratiquement dans toutes les villes de province, zone non occupée et Algérie comprises.[7]

7. *Le Film*, n° 15 à 25, mai-octobre 1941. L'exploitation du film débute le 1er mai à Toulouse, le 22 mai à Nice, et le 28 juin 1941 à Bordeaux. Selon le témoignage de Henri Msellati, Paris, le 6 novembre 1995, le film nazi *Le Juif Süss* est passé pendant quelques jours en 1941 au Plaza d'Alger ; un cinéma situé dans le quartier populaire de Bab-el-Oued. Information reprise *in* Henri Msellati, *Les Juifs d'Algérie sous le régime de Vichy*, L'Harmattan, 1999.

e cliché ci-dessus reproduit un panneau e grande dimension placé au cœur même de Marseille, sur la Canebière.

A droite : Panneau placé dans le hall du « Pathé-Palace » avec exposition des documents historiques (caricatures de l'époque, textes du jugement, etc...)

'affiche déjà si appréciée à Paris a contribué efficacement au lancement du « Juif Suss » à Marseille.

Voici la photo d'un affichage en plein centre de Marseil

(Photos A.C

À partir du vendredi 18 juin 1941, le film est à nouveau à l'affiche à Paris, cette fois-ci dans un circuit de seconde exclusivité qui représente au total une combinaison de dix-sept salles : Le Palais des Arts et Le Palais des Fêtes dans le 3e arrondissement, Le Saint-Paul Aubert dans le 4e, Le Cluny dans le 5e, Le Cinévog Saint-Lazarre et Le Roxy dans le 9e, Le Tivoli-Aubert dans le 10e, Le Cyrano-Palace dans le 11e, Le Reuilly-Palace dans le 12e,

Les Variétés de Toulouse

Le Rex du Havre

L'Apollo de Bordeaux

Le Noailles de Marseille

Station Opéra à Paris

Le Berthier, Le Maillot-Palace et Le Royal-Monceau dans le 17e, Le Clignancourt-Palace dans le 18e, Le Floréal, Le Danube-Palace et Le Secrétan-Palace dans le 19e, enfin L'Avron dans le 20e arrondissement.[8]

Le journaliste et essayiste Jacques Bielinky note, dans le journal qu'il tient au jour le jour, que les murs de la capitale et les emplacements du métro sont littéralement « couverts d'affiches » pour *Le Juif Süss*.[9] Durant l'hiver 1941-1942 le film passe encore dans de nombreuses salles de quartier, tant à Paris et en proche banlieue qu'en province, au Havre, à Tours, à Nice, à Montpellier, à Saint-Étienne.

À partir du printemps 1942, une troisième forme d'exploitation du film débute, avec des projections gratuites organisées à l'initiative

8. Ces salles ont été recensées par nos soins, d'après le numéro de *La Semaine à Paris* daté du 23 au 29 avril 1941.

9. Jacques Bielinky, *Journal*, présenté et annoté par Renée Poznanski, Cerf, 1992, p. 122, note 47. *Cf.* également photographie p. 203 à droite et Arch. du Consistoire central (Paris), Fonds M. Moch, carton 4.

COMMISSARIAT GÉNERAL D'ACTION SOCIALE
POUR LES FRANÇAIS
TRAVAILLANT EN ALLEMAGNE

Comité d'entr'aide de l'agglomération

4e Séance de Cinéma Gratuit

PROGRAMME

Actualités de la semaine

EN LONGEANT LE MAIN

LE JUIF SUSS

LE COMMISSARIAT GENERAL D'ACTION SOCIALE, comme son nom l'indique, est un organisme uniquement social. Il ne recrute pas. N'hésitez pas à vous adresser à lui quand vous avez des difficultés

de groupements collaborationnistes. C'est ainsi que le Rassemblement national populaire (RNP) de Marcel Déat utilise *Le Juif Süss* comme « locomotive » pour recruter de nouveaux adhérents. Ce mouvement projette ce film à Paris devant 180 personnes, 22, rue de Colbert, dans le 2e arrondissement et devant 120 personnes, 26, rue de Saintonge, dans le 3e arrondissement.[10]

Le Parti populaire français (PPF) de Jacques Doriot se sert du film de la même manière, mettant en place, à partir de l'été 1942, une série de conférences sur une plus vaste échelle encore. Ces conférences se tiennent dans des salles de cinéma de Paris et de la proche banlieue, Versailles, Saint-Denis et Clichy, ainsi que dans la plupart des villes de province : Angers, Bayonne, Besançon, Biarritz,

10. Archives de la Préfecture de Police de Paris (APPP), situation au 1.6.1942 et Renée Poznanski, *La Vie quotidienne des Juifs à Paris*, Hachette, 1994, p. 755, note 56. Sur le Rassemblement national populaire de Déat, créé en 1941, on consultera essentiellement Philippe Burrin, *La Dérive fasciste. Doriot, Déat, Bergery, 1933-1945*, Seuil, 1986.

Vous avez vu

Le Juif Suss !

Vous avez entendu notre orateur !

ET MAINTENANT ?

ETES-VOUS CONVAINCU QUE LE JUIF

doit être mis hors la loi dans une France nouvelle, socialiste et nationale ?

SI OUI,

ralliez *LE PARTI POPULAIRE FRANÇAIS* qui, indépendamment des mesures d'ordre nécessaires qu'il propose pour « REFAIRE LA FRANCE », en chassera les JUIFS.

PARTI POPULAIRE FRANÇAIS

BULLETIN D'ADHESION

Nom : ....

Prénoms : ....

Adresse : ....

SIGNATURE :

à retourner : 10, rue des Pyramides, à PARIS.

Imp. S.A.F.I.J., 25, r. du Jour, Paris (1er)

Caen, Chalon-sur-Saône, Dax, La Rochelle, Nancy, Poitiers, Rennes, Rouen, Reims.[11] À chaque séance le film, introduit par un cadre du parti, donne lieu à un débat qui met en évidence les mérites de la collaboration franco-allemande et permet de recruter de nouveaux adhérents. Le PPF ne manque jamais de distribuer, lors de ces séances, des tracts au texte explicite[12].

Le film a été présenté dans ce cadre par divers ténors de la collaboration, notamment George Montandon au Ciné des Batignolles à Paris, le 13 septembre 1942, Pierre Bonardi au cinéma Family d'Angoulême le 21 septembre 1942 et Pierre Thurotte au Maillot-Palace, le 6 octobre 1942 à Paris.[13]

11. AN (Paris) 72 AJ 1836, AFIP 1399 et 2503, septembre 1942. Le PPF a été fondé par Doriot en 1936. *Cf.* Philippe Burrin, *op. cit.*, et Jean-Paul Brunet, *Jacques Doriot. Du communisme au fascisme*, Balland, 1986.

12. Tract ci-contre, p. 205 distribué lors des réunions du PPF en 1942.

13. George Montandon (1879-1961), médecin et anthropologue, est un ancien militant communiste devenu fasciste après 1936. Militant au PPF, il dirige sous l'Occupation *L'Ethnie française*, une revue ultra-collaborationniste financée par l'Institut allemand de Paris. Il délivre aussi, à partir de 1942, moyennant finance et pour le compte du commissariat général aux questions juives, de précieux certificats de « non-appartenance à la race aryenne ».

Pierre Bonardi (1887-1964), thuriféraire de sa Corse natale et de la grandeur de l'empire colonial, est chroniqueur à *Gringoire*. Ancien radical-socialiste, il s'est rallié au PPF où il exalte la politique de collaboration avec l'Allemagne nazie, par racisme et par anticommunisme.

Quant à Pierre Thurotte (né en 1900), ancien militant socialiste rallié au PPF en 1936, il a été délégué du Sud-Ouest au PPF (il a fondé deux journaux à Bordeaux : *L'Alerte* et *L'Assaut*) avant d'être nommé délégué national à la propagande dans ce même parti, à Paris. Installé après la Libération en Italie,

Il a été également présenté, à Paris à la même époque, par le mouvement Les Jeunes de l'Europe nouvelle, la section jeunesse du groupe Collaboration, avec *Le Jeune Hitlérien* de Hans Steinhoff, les 7 et 8 novembre 1942.[14] Ces projections remportent un tel succès qu'à la fin 1943, le responsable de la police antijuive (Section d'enquête et de contrôle) suggère, dans un rapport adressé au Commissariat général aux questions juives, l'organisation de nouvelles séances de projection du film partout en France pour intensifier davantage la propagande antijuive :

> « La propagande antijuive n'est pas assez intense. N'y aurait-il pas la possibilité de faire passer à nouveau le film *Le Juif Süss* qui avait commencé à porter ses fruits et dont, personnellement, j'ai pu constater l'action bienfaisante sur un très grand nombre de Français ignorants de la question juive et auxquels ce film a ouvert les yeux ? »[15]

En 1941 pourtant, lorsque le film de Veit Harlan apparaît pour la première fois dans un circuit traditionnel, les critiques français ont tendance à évacuer son contenu idéologique. Ils préfèrent souligner « la perfection du jeu des acteurs », « le rythme endiablé du récit » et « le savoir-faire du réalisateur ». C'était aussi ce qui s'était passé en Allemagne nazie où des consignes très strictes avaient été données pour que les comptes rendus ne fissent pas référence au message antijuif du film. L'historien Joseph Wulf a

il n'est rentré en France après l'amnistie globale de 1953. Il parvient ensuite, en 1959, à se faire élire conseiller municipal à Saint-Maur-des-Fossés, sur une liste favorable à « l'Algérie française ».

AN (Paris) 72 AJ 1836, AFIP 1399 et 2503, *La Suisse*, Havas-OFI, 8 octobre 1942, *L'Assaut* du 10 octobre 1942 et *Le Matin charentais*, cité d'après Pierre Berneau, « À propos des films de l'Allemagne nazie distribués en France de 1940 à 1944 », *in 1895*, Revue de l'Association française de recherche sur l'histoire du cinéma, n° 15, décembre 1993, p. 109-110.

14. AN (Paris) F 17 13348 et Pierre Giolitto, *Histoire de la jeunesse sous Vichy*, Perrin, 1991, p. 543.

15. Rapport du directeur de la SEC (Dieneman) adressé au CGQJ, Vichy, en novembre-décembre 1943. Citation d'après Léon Poliakov, *Le Monde juif* (CDJC), n° 36, octobre 1950, p. 14 et Georges Wellers, *L'Étoile jaune à l'heure de Vichy*, Fayard, 1973, p. 417-418.

recensé trente-huit critiques du film en Allemagne, toutes enthousiastes et pratiquement identiques, à l'exception d'une critique un peu moins dithyrambique publiée dans la *Frankfurter Zeitung*.[16] Cette unanimité n'est pas surprenante en ce qui concerne l'Allemagne nazie car, depuis la promulgation d'une ordonnance signée par Goebbels, le 27 novembre 1936, il est interdit de critiquer le contenu des films : le Parti et l'État national-socialiste sont seuls habilités à évaluer la valeur politique des œuvres destinées aux spectateurs. Les critiques doivent se contenter de rendre compte d'un film en évoquant uniquement son sujet, le jeu des acteurs, les questions relatives à l'esthétique ou à la mise en scène, en s'abstenant de porter le moindre jugement de valeur sur son contenu idéologique. *Le Juif Süss* ayant été proclamé « d'intérêt politique » par le ministère de la Propagande, on voit mal comment la censure aurait pu tolérer une mise en question quelconque de ce film dans les journaux si étroitement contrôlés.

Dans l'Italie fasciste la critique cinématographique n'avait jamais été aussi bridée, en partie grâce à Vittorio Mussolini, le fils du Duce, qui dirigeait *Cinema*, la revue la plus prestigieuse du pays en matière de septième art.[17] C'est dans cette revue que le jeune Michelangelo Antonioni publia, bien avant de passer lui-même derrière une caméra, le 25 septembre 1940, une critique favorable mais nuancée du film *Suss, l'Ebreo* qu'il avait eu l'occasion de voir à la Mostra de Venise. Trois semaines plus tôt, le 6 septembre, il avait déjà signé, à chaud, une critique enthousiaste du film dans *Corriere Padano*. Éludant son message antijuif, Antonioni saluait l'aspect « incisif », « distrayant » et « intelligent » du film. Le même jour dans *La Sera*, un autre critique de cinéma italien allait plus loin en soutenant que le film de Veit Harlan était « la production allemande la plus importante de l'année ».[18]

16. *Frankfurter Zeitung* du 26 septembre 1940, cité d'après Joseph Wulf, *Theater und Film im Dritten Reich*, p. 403.

17. Laurent Scotto d'Ardino, *La Revue « Cinéma » et le néoréalisme italien*, Presses universitaires de Vincennes, coll. Culture et Société, 1999.

18. *La Sera* du vendredi 6 septembre 1940 et Michelangelo Antonioni « L'Ebreo Süss » *in Corriere Padano* du 6 septembre 1940, p. XVIII.

Le Juif Süss
succès triomphal
des chiffres!
ACE
ALLIANCE CINÉMATOGRAPHIQUE EUROPÉENNE
MARSEILLE
PATHÉ-PALACE 1ère semaine 240.000 frs
" 2e semaine 200.000 -
LYON
SCALA 1re semaine 100.000
" 2e semaine 113.000 -
Le record détenu par "le Maître de Poste" avec 110 000 frs est donc battu
Record !
TOULOUSE
VARIÉTÉS 1ère semaine 190.000 -
(2 semaines d'exclusivité)
RECORD : Recettes jamais atteintes par cet établissement avec un spectacle cinématographique
Record !
VICHY
ROYAL (510 places) 71.000 -
Record !
RECORD!
ACE

Le Juif Suss
La Presse est unanime
PARIS-SOIR
Ce Juif, c'est Josef Suss Oppenheimer, ministre du Duc Charles-Alexandre de Wurtemberg. Et ce film est un film historique.
Il est admirablement servi par l'époque, le cadre, les personnages et les faits qu'il évoque.
Mais son mérite essentiel n'est pas dans l'excellence des détails : il est dans un découpage serré, dans un montage vif dont bénéficient rarement les films en costumes.
C'est là le secret de ce film vivant et bien construit, attachant malgré le pathétique impressionnant, la rudesse et la violence de certains détails.
F. H.
LE PETIT PARISIEN
Le Juif Suss est un personnage rigoureusement historique.
Ainsi conçu et réalisé, le film de Veit Harlan est une œuvre saisissante et forte, dont l'intérêt dramatique empoigne dès le début le spectateur et ne se dément pas un seul instant.
François Vinneuil.
LA GERBE
Souhaitons que l'on répande largement cette œuvre d'une excellente qualité cinématographique. Elle est remarquablement interprétée. D.
L'ILLUSTRATION
C'est un très beau film que Le Juif Suss, du metteur en scène Veit Harlan.
R. de B.
BEAUX-ARTS
Le Juif Suss est un grand film, à l'action admirablement menée et toujours passionnante. André Robert.
LE CRI DU PEUPLE
Réalisé par le metteur en scène Veit Harlan, le film est clair, vivant et dense. De belles images vastes et aérées, des raccourcis heureux, une bonne cadence. Et l'interprétation est magistrale.
Georges Champeaux.
AUJOURD'HUI
Le rôle du Juif Suss Oppenheimer est tenu par Ferdinand Marian. Il a réussi à dessiner un personnage inouï d'astuce et de duplicité, implacable et servile, visqueux à force d'obséquiosité, et répugnant de cruauté quand il se croit sûr de l'impunité.
Hélène Garcin.
LA FRANCE AU TRAVAIL
Quel plaisir, enfin, de revoir Werner Krauss, qui fut ce « Caligari », ce « Jack l'Eventreur » non oubliés et que nous retrouvons aujourd'hui, aussi inquiétant, aussi maléfique, admirable que naguère.
Odile Montval.
NOUVEAUX TEMPS
Voilà encore une de ces productions allemandes de belle qualité.
Werner Krauss, encore une fois, tient, dans Le Juif Suss, deux rôles : celui de Lévy l'acolyte du conseiller financier, et il y est calamiteux et chattemite, puis celui du rabbin Loew, ruisselant de vieillesse et de criarde sagesse, familier des astres et des accommodements avec Jéhovah, bourru, chancelant, tout en tics, mi-végétal mi-fantôme; à lui seul, il est tout un ghetto. L'étourdissant comédien!
Nino Frank.
LE MATIN
C'est un film curieux, original et captivant.
Les aventures extraordinaires du sémite Josef Suss Oppenheimer, sorti du ghetto de Francfort, et arrivant, avec l'opiniâtre ténacité des gens de sa race, à conquérir l'esprit du duc Charles-Alexandre de Wurtemberg, tiennent du prodige.
Cette prodigieuse reproduction historique donne une présentation d'une rare intensité dramatique.
L'ŒUVRE
L'œuvre de Veit Harlan est une des plus belles réussites de l'écran.
Jean Laffray.
LE FILM
Puissant drame historique à grande mise en scène dont le sujet, profondément symbolique, retrace les événements tragiques qui se déroulèrent à Stuttgart de 1733 à 1738.
La réalisation de Veit Harlan est de premier ordre ainsi que l'interprétation, notamment celle de Ferdinand Marian et de Werner Krauss dans les deux rôles caractéristiques de ce film évocateur qui laisse le spectateur sous une impression qui se prolonge.
L'AUTO
Comme un metteur en scène a les interprètes qu'il mérite, Veit Harlan a bénéficié pour Le Juif Suss d'une éclatante distribution, où l'on remarque, parmi les meneurs de jeu, les deux grands comédiens que sont Heinrich George et Werner Krauss.
ACE
UN FILM VEIT HARLAN DE LA TERRA
TERRA

En Belgique, l'écrivain pro-nazi Gaston Derycke trouve également que *Le Juif Süss* est « un film remarquable » et que « du premier au dernier, les interprètes sont excellents ». Il félicite chaleureusement le réalisateur (Veit Harlan), en saluant « une maîtrise, une efficacité et une opportunité [qui] justifie toutes les audaces ». Et d'ajouter en guise de conclusion :

> « On trouverait difficilement, en France ou en Amérique, un autre cinémateur (*sic*) capable de conduire avec autant de sobriété, de rigueur, de puissance, en ayant moins recours aux artifices de mise en scène et de montage, un tel récit en images ».[19]

En France, dans la zone occupée, la plupart des professionnels s'enthousiasment également pour ce film. C'est le cas notamment de François Vinneuil, Georges Champeaux, Georges Courcy, Nino Frank, Raoul Ploquin, Maurice Bardèche et Robert Brasillach qui multiplient les superlatifs.

Vinneuil-Rebatet était probablement le critique de cinéma le plus célèbre et le plus redouté de France. C'était un esthète, bon connaisseur également de peinture et de musique, qui ne faisait pas mystère de son engagement dans la mouvance la plus radicale de l'extrême droite (il écrivait régulièrement avant-guerre dans *l'Action française* et dans *Je Suis Partout*). Partisan d'une collaboration étroite avec l'Allemagne nazie pendant l'Occupation et affichant un antisémitisme exacerbé, il signe en avril 1941 un virulent pamphlet, *Les Tribus du cinéma et du théâtre*, où il fustige rétrospectivement les « méfaits » des juifs dans le cinéma français. Responsable de la section « cinéma » à l'exposition « Le Juif et la France » du Palais Berlitz, il publie ensuite plusieurs livres exaltant la collaboration, en particulier *Les Décombres* (Denoël, 1942) qui remporte un succès

19. Gaston Derycke, « Chronique du cinéma » in *Le Nouveau Journal*, Bruxelles, n° 165, 12-14 avril 1941. Cet homme, qui a publié une histoire du cinéma particulièrement antisémite, *Destin du cinéma*, Bruxelles, La Roue solaire, 1943, a aussi écrit dans *La Toison d'or*, un hebdomadaire fondé à Berlin à la fin 1944 par Léon Degrelle. Condamné à mort par contumace, Gaston Derycke (1914-1975) se réfugie en France après la guerre, où il rejoint la presse d'extrême droite.

considérable.[20] Après avoir salué la sortie sur les écrans en France de la version nazie de *Jud Süss* dans *Je Suis Partout* du 21 février 1941, il publie dans *Le Petit Parisien*, un quotidien populaire au très fort tirage, une analyse beaucoup plus poussée du film où il y compare « l'escroc Süss Oppenheimer » à des figures plus familières des lecteurs français : Marthe Hanau, Alexandre Stavisky et Bernard Natan. Dans cet article, il soutient que le film « est une œuvre saisissante et forte, dont l'intérêt dramatique empoigne dès le début le spectateur et ne se dément pas un seul instant ». Et d'achever son panégyrique de manière quasi prophétique :

> « (...) C'est encore un film rempli de vérités infiniment utiles à propager après les mensonges dont nous avons été abreuvés pendant des années, riche d'enseignements dont chacun peut faire son profit pour l'étude d'une question dont la solution n'intéresse plus seulement aujourd'hui la France, mais l'Europe entière ».[21]

Un ami de Vinneuil-Rebatet, le journaliste et romancier lyonnais Georges Champeaux, signe également une critique très enthousiaste du film. Grand mutilé de guerre, l'ancien militant socialiste et fondateur du PCF dans la région lyonnaise, est devenu un collaborationniste engagé et même enragé. Il tient une chronique cinématographique régulière dans *Le Cri du Peuple* (l'hebdomadaire du PPF) et signe à l'occasion des articles vengeurs dans *Gringoire* et dans *Combats*, le journal de la Milice.[22]

20. François Vinneuil était un pseudonyme utilisé par Lucien Rebatet (1903-1972) pour ses critiques de cinéma. Condamné à mort à la Libération, sa peine est commuée en travaux forcés en 1947, puis il bénéficie d'une libération conditionnelle en 1952. *Cf.* Philippe D'Hugues, « François Vinneuil critique de l'Europe nouvelle » in *Cahiers de la cinémathèque*, Toulouse, n° 55-56, décembre 1991, p. 35-44 et la biographie de Robert Belot, *Lucien Rebatet : un itinéraire fasciste*, Seuil, 1994.

21. F. Vinneuil in *Le Petit Parisien* du 2 mars 1941. Cet article est reproduit p. 217

22. On lui doit notamment une critique favorable du film antisémite *Les Rapaces* dont il a déjà été question dans *Le Cri du Peuple* du 6 février 1941, p. 4. Il signe encore dans *Je Suis Partout* du 7 juillet 1944 un article élogieux en hommage à Philippe Henriot, abattu quelques jours auparavant par la Résistance.

Dans l'article consacré au *Juif Süss* il exalte l'aspect « clair, vivant et dense » du film et couvre les acteurs d'éloges avant d'établir, lui aussi, une comparaison entre le rôle néfaste joué par Joseph Oppenheimer en 1737 et celui de certains hommes politiques français, deux cents ans plus tard :

> « Oppenheimer en 1737, c'est le Blum de juin 1936, rigolant à la fenêtre de sa maison de l'île Saint-Louis en compagnie du cher Auriol. C'est Zay se faisant photographier en pyjama dans je ne sais quel refuge voisin de Chamonix. C'est Mandel jetant en prison des journalistes français anti-juifs ».[23]

C'est pratiquement un appel au meurtre puisque Süss a été pendu à l'issue d'un grand procès, présenté dans le film, et que les hommes politiques français auxquels il est fait allusion, tous les trois d'origine juive, sont alors emprisonnés en attendant d'être jugés. Léon Blum sera, à la suite du procès tronqué de Riom, livré aux autorités allemandes par Vichy et déporté à Dachau puis Buchenwald. Quant à Jean Zay et Georges Mandel, tirés de leurs cellules, ils seront exécutés par la Milice, respectivement en juin et juillet 1944.

Georges Courcy, critique de cinéma *Au Pilori*, un hebdomadaire pro-nazi qui affiche sur sa première page depuis juillet 1940 sa détermination à combattre « l'emprise judéo-maçonne », est plus direct encore. Exprimant son admiration pour le travail des comédiens du film, il souligne l'interprétation remarquable de Ferdinand Marian et de Werner Krauss, et termine sa critique en clamant sa haine des juifs :

> « (...) Il faut que ce soient là deux véritables artistes pour avoir campé avec tant de réalisme deux youtres infâmes ».[24]

Nino Frank, scénariste et critique de cinéma, est moins trivial. Il encense dans *Les Nouveaux Temps*, le journal de Jean Luchaire qui prône lui aussi la collaboration avec l'Allemagne nazie, cette

23. G. Champeaux *in Le Cri du Peuple* du 19 février 1941, p. 4. Cet article est reproduit p. 216

24. G. Courcy *in Au Pilori* du 7 mars 1941.

« production de belle qualité ». Critique littéraire cosmopolite, Nino Frank (1904-1988) était un familier de Joyce, de Fitzgerald et de Malraux. Son itinéraire politique apparaît pour le moins sinueux. Antifasciste et pacifiste avant-guerre, il a signé sous l'Occupation de nombreux articles dans des journaux ultra-collaborationnistes comme *Les Nouveaux Temps* et *La Gerbe*. Faisant l'éloge du pamphlet antisémite de Vinneuil-Rebatet, *Les Tribus du cinéma*, il réclame, lui aussi, une épuration plus poussée de « l'esprit juif » dans le cinéma français. Il travaille en même temps pour diverses sociétés de cinéma italiennes, comme Discina et Francinex, qui ont leur siège en Italie fasciste. Il continue à évoluer par la suite puisqu'il s'investit dans la Résistance et participe activement, en août 1944, au célèbre film documentaire sur la libération de Paris. Il signe ensuite, de 1945 à 1947, de nombreux articles dans *L'Écran français*, une revue de cinéma proche du PCF.

En février 1941, il soulignait « la haute tenue de l'interprétation » du film *Le Juif Süss*. Il appréciait moins le jeu de Ferdinand Marian qu'il juge cabotin dans le rôle du « sournois corrupteur », que l'interprétation « plus sobre » de Werner Krauss. Cette sobriété est cependant très relative dans la mesure où, comme il le souligne d'ailleurs lui-même, « l'acolyte de Süss » (Loew) apparaît dans le film comme « calamiteux et chattemite, mi-végétal mi-fantôme ». À propos de l'acteur qui interprète dans ce film plusieurs personnages juifs, le journaliste-scénariste conclut avec admiration et avec des mots sans appel : « Il est à lui seul tout un ghetto. »[25]

Raoul Ploquin (1900-1992) a été l'un des principaux dirigeants du cinéma français sous l'Occupation. Ce proche de Paul Marion travaille d'abord à Berlin comme producteur délégué pour l'UFA de 1927 à 1939. Puis, de septembre 1940 à juin 1942, il dirige à Paris le COIC (Comité d'organisation de l'industrie cinématographique) où il prône la collaboration franco-allemande. Il signe aussi plusieurs articles en ce sens dans *L'Œuvre* et dans *Les Cahiers franco-allemands*. Il exprime constamment un antisémitisme virulent,

25. *Les Nouveaux Temps* du 22 février 1941, p. 2 et Nino Frank, *Petit cinéma sentimental*, La Nouvelle Édition, 1950, où son itinéraire politique compliqué n'est évoqué que de manière allusive. Plus explicite : Olivier Barrot, *L'Écran français 1943-1953*, Les Éditeurs français réunis, 1979, note 25, p. 30 *sq*.

insistant même, en 1940, pour que les juifs soient éliminés de l'industrie cinématographique française, non seulement en métropole mais également dans les départements algériens.[26] À la fin août 1941, il assiste à l'inauguration de l'exposition antijuive « Le Juif et la France », au Palais Berlitz, à Paris, et, au printemps 1942, il souligne « l'importance de productions telles que *Le Juif Süss* et *Le Jeune Hitlérien* » avant de conclure à propos des deux films :

> « Nous aimerions que le cinéma français produise à son tour des films d'une haute tenue, au service de la nouvelle politique française ».[27]

Maurice Bardèche (1908-1998) et Robert Brasillach (1909-1945) s'enthousiasment également pour le film antisémite de Veit Harlan. Dans la réédition de 1943 de leur *Histoire du cinéma* (Denoël, 1935), qui était avant-guerre la bible de nombreux cinéphiles, ils affirment que *Le Juif Süss* est un « admirable film antisémite » avec des « acteurs exacts et magnifiques ». Et d'exalter tout particulièrement le dénouement du film, c'est-à-dire la séquence de l'exécution de Süss, qui évoque selon eux « un *crescendo* presque joyeux auquel on ne saurait comparer que le *crescendo* des meilleurs films américains ». À noter que le qualificatif « admirable » a disparu dans la troisième édition du même livre (chez l'éditeur André Martel en 1948), mais que l'expression « le *crescendo* presque joyeux » y figure toujours. Elle disparaît seulement dans les rééditions ultérieures.[28]

26. Après son départ du COIC il produit, pour son compte, plusieurs films, notamment *Le Ciel est à vous* (Jean Grémillon, 1943-1944), *Les Dames du bois de Boulogne* (Robert Bresson, 1944-1945) et, dans les années 1950-1960, la série du *Gorille*, avec Roger Hanin dans le rôle-titre.

27. AN (Paris) F 7 15293, F 42 21, AP BA 2097 et CDJC, XIb-525 et CCXXXV-24. *Cf.* également les déclarations reproduites *in Cinémondial* n° 36 du 1er mai 1942. Citation d'après Francis Courtade, *Les Malédictions du cinéma français*, Alain Moreau, 1978, p. 203.

28. Maurice Bardèche et Robert Brasillach, *Histoire du cinéma*, Denoël, 1943, p. 360 et la réédition du même livre, André Martel éditeur, 1948.

CINÉMAS
MOULIN ROUGE
MAX DEARLY - CHARPIN
JEAN TISSIER
LE GRAND ELAN
Un grand metteur en scène
GEZA von BOLVARY
Une grande vedette
ZARAH LEANDER
Un grand film
« PREMIERE »
en exclusivité au cinéma
LE PARIS
AUJOURD'HUI
TROIS ARGENTINS A MONTMARTRE
avec
GEORGES RIGAUD
RAFAËL MEDINA
MILLY MATHIS
et PIERRE BRASSEUR
réalisation
ANDRÉ HUGON
au
Max Linder
CE SOIR, PREMIERE A BUREAUX FERMES
AU COLISEE en exclusivité
DESTINÉE TRAGIQUE D'UN TYRAN
LE JUIF SUSS
VEIT HARLAN
Ferdinand MARIAN - Kristina SÖDERBAUM
GEORGE - Werner KRAUSS Eugen KLOPFER
ACE

"LE JUIF SUSS"

AU COLISÉE

C'est l'histoire, hautement symbolique, du Juif Joseph Oppenheimer, dit le Juif doux (der süsse Jude) qui naquit dans le ghetto de Francfort, devint conseiller fiscal du duc Charles-Alexandre de Wurtemberg, pressura les paysans souabes, suscita une révolte de la population de Stuttgart et fut pendu sur une place de cette ville en l'année 1738. Un précurseur malheureux des Rothschild.

Charles-Alexandre avait été un des meilleurs lieutenants du prince Eugène. Général, puis feld-maréchal de l'armée impériale, il s'était distingué à Cassano et à Landau, et avait écrasé les Turcs à Petervarad. Elu duc de Wurtemberg en 1733, il devait mourir quatre ans plus tard.

Les familiers de Casanova sont très renseignés sur son fils à qui le Vénitien a consacré quelques-unes des pages les plus savoureuses de ses Mémoires. Le fils de Charles-Alexandre était somptueux dans ses goûts. Il consacrait des sommes considérables à ses bâtiments et à ses équipages. Mais son plus grand luxe, c'était le théâtre. Il avait une troupe de comédiens français, une troupe de chanteurs italiens pour l'opéra sérieux, une autre pour l'opéra bouffon, et un corps de ballet également italien, que dirigeait le célèbre Noverre.

Moins fastueux, Charles-Alexandre n'en avait pas moins été, lui aussi, un bourreau d'argent. Il avait aimé beaucoup de jolies filles et avait offert beaucoup de robes et de bijoux. C'étaient précisément ces galanteries qui l'avait mis, dès le début de son règne, sous la coupe du doux Oppenheimer.

Les premières images montrent Charles-Alexandre faisant le serment de respecter la constitution du Wurtemberg : il gouvernera avec le concours d'une diète, élue par les nobles et les bourgeois. On passe de là au ghetto de Francfort où un émissaire de Charles-Alexandre est venu faire une visite à Oppenheimer, riche joaillier, en vue d'acquérir quelques colliers et quelques bagues. Oppenheimer consent à vendre au duc, avec les plus larges facilités de paiement, tous les bijoux dont celui-ci a envie. Il lui avancera même une forte somme d'argent. Une seule condition : il obtiendra un passeport pour Stuttgart, ville interdite aux Juifs.

Un mois plus tard, le duc doit déjà à Oppenheimer, dont il a fait son conseiller fiscal, 300.000 thalers. Celui-ci ne réclame rien, mais Charles-Alexandre tient à se libérer. Le doux Oppenheimer lui suggère alors un moyen tout simple. Que lui, duc, lui concède les routes et les ponts du Wurtemberg. Avec le montant des péages qu'il percevra, il pourra non seulement se rembourser, mais encore verser dans la caisse ducale des sommes considérables.

La Diète proteste, mais le duc passe outre. Sur le conseil d'Oppenheimer, il se prépare à la supprimer : elle sera remplacée par un ministère à sa dévotion. Sollicité d'entrer dans ce ministère, le conseiller Sturm, président de la Diète, se récuse. Oppenheimer ayant manifesté l'intention de devenir son gendre, Sturm formule un refus plus catégorique encore et, appréhendant une intervention du duc en faveur de son conseiller, il brusque le mariage, depuis longtemps projeté, de sa fille et de son secrétaire.

Oppenheimer est à ce moment-là le vrai maître du Wurtemberg, et, comme la plupart des Juifs arrivés, il fait tout pour hâter sa chute. Oppenheimer, en 1737, c'est le Blum de juin 1936, rigolant à la fenêtre de sa maison de l'île Saint-Louis en compagnie du cher Auriol. C'est Zay se faisant photographier en pyjama dans je ne sais plus quel refuge voisin de Chamonix. C'est Mandel jetant en prison des journalistes français anti-juifs. On doit à la vérité de reconnaître que le doux Oppenheimer va beaucoup plus loin que n'iront ses congénères. Il fait pendre un forgeron qui lui avait manqué de respect, livre à la torture le gendre de Sturm et viole la fille. Il finira, il est vrai, beaucoup plus mal que Blum, Zay et Mandel, lesquels s'apprêtent... Mais ceci est une autre histoire.

III III III

Réalisé par le metteur en scène Veit Harlan, le film est clair, vivant et dense. De belles images vastes et aérées, des raccourcis heureux, une bonne cadence. Et l'interprétation est magistrale.

Heinrich George rend admirablement le côté sensuel et veule de Charles-Alexandre, son mépris à l'endroit du Juif indispensable qui le perd, ses colères qui frôlent la démence, son sentiment de sa propre bassesse d'âme. Werner Krauss, qui a assumé deux rôles, dessine d'un trait aigu les silhouettes du rabin Loew et du secrétaire Lévy. Ferdinand Marian, qui fait Oppenheimer, est remarquable de souplesse cauteleuse. Les acteurs de second plan ne sont pas moins dignes d'éloges.

Georges CHAMPEAUX.

LE CINÉMA

COLISÉE. — « Le Juif Süss », film de Veit Harlan.

Le juif Süss est un personnage rigoureusement historique. Né à la fin du XVIIe siècle, dans le ghetto d'Heidelberg, il avait fait fortune à Francfort dans le commerce de bijoux. En 1733, il parvint à s'introduire à la cour du duc Charles Alexandre, prince régnant du Wurtemberg, malgré la sévérité des lois antijuives en vigueur dans toute l'Europe du temps.

Devenu une sorte de dictateur du Wurtemberg, Süss pressura les habitants en levant pour son compte de terribles impôts, en désorganisant les affaires, en semant la ruine ou la gêne par ses spéculations. Il joua avec férocité des lettres de cachet et même de la peine de mort contre ceux que son règne indignait. Il ouvrit les villes à des tribus avides de ses coreligionnaires. Il provoqua des émeutes, complota pour la guerre civile et la guerre étrangère. Charles Alexandre, qui s'obstinait à le protéger tout en le méprisant, trépassa brusquement en 1737. Aussitôt arrêté, Süss expiait quelques mois plus tard ses crimes au bout d'une corde.

On voit que Süss est pour nous, hélas ! une figure d'une extrême actualité. C'était déjà un escroc comme Stavisky, Amar, la femme Hanau, Bernard Natan et l'innombrable suite de faussaires et banquiers marrons. C'était un pillard de deniers publics, un organisateur de misère, un agitateur et un provocateur comme les milliers d'agents du marxisme.

M. Veit Harlan, le metteur en scène et le principal scénariste du film, a très habilement porté à l'écran cette figure si typique d'une race. Les quelques traits plus romancés qu'il a pu ajouter à cette biographie véridique concourent à rehausser encore cette peinture, mettant en lumière le sadisme, le besoin de corruption, la perfidie cauteleuse et visqueuse de l'Oriental. La funeste et répugnante hégémonie de Süss est concrétisée par le calvaire qu'il inflige à la famille du chrétien Sturm, un conseiller d'Etat qui a eu le courage et la lucidité de le démasquer.

Cette terrible lutte est semée d'épisodes admirablement racontés avec une vigueur sobre et concise. M. Veit Harlan, que nous connaissions peu jusqu'ici, se révèle comme un des plus puissants narrateurs du cinéma allemand. Il a également le don du pittoresque. Son évocation historique est pleine de saveur et de vérité, qu'il s'agisse des scènes du ghetto ou de la synagogue ou de la vie d'une cour dissolue.

Le rôle de Süss est tenu par un jeune comédien, M. Ferdinand Marian, qui est descendu jusqu'au fond de son odieux personnage, qui en a rendu avec la plus intelligente pénétration la duplicité, la cruauté, la fausse élégance.

Il a auprès de lui deux des plus illustres acteurs de Berlin. Le magnifique Heinrich George, cet homme stupéfiant d'activité, qui est le créateur du *Maître de poste*, le directeur et l'incomparable animateur du Schiller-Theater, campé avec le plus vigoureux réalisme la figure du duc Charles Alexandre, sensuel, borné et qui cherche à se leurrer sur sa propre faiblesse par des accès de colère sauvage. Werner Krauss, lui, a dessiné une double composition qui restera parmi les chefs-d'œuvre de sa carrière si remplie. Il est tour à tour un petit entremetteur d'une agitation fébrile et un vieux rabbin chassieux, lourd et rusé. Il a rendu ainsi deux types très différents de juifs avec une acuité et un relief hallucinants.

Tous les rôles secondaires sont joués d'une façon excellente.

Ainsi conçu et réalisé, le film de Veit Harlan est une œuvre saisissante et forte, dont l'intérêt dramatique empoigne dès le début le spectateur et ne se dément pas un seul instant. C'est encore un film rempli de vérités infiniment utiles à propager après les mensonges dont nous avons été abreuvés pendant des années, riche d'enseignements dont chacun peut faire son profit pour l'étude d'une question dont la solution n'intéresse plus seulement aujourd'hui la France, mais l'Europe entière.

FRANÇOIS VINNEUIL.

Si *Le Juif Süss* suscite un réel enthousiasme parmi les professionnels et les critiques parisiens, qui sont pour la plupart des partisans déclarés de la politique de collaboration franco-allemande, il n'en va pas toujours de même en zone non occupée. Dans cette partie du territoire, la censure allemande n'intervient pas directement et la censure française laisse assez curieusement passer, probablement par inadvertance, plusieurs articles défavorables au film. Ainsi *Temps nouveau*, l'hebdomadaire catholique dirigé par Stanislas Fumet à Lyon, dénonce dans son numéro du 9 mai 1941, non sans humour mais de manière très claire, l'aspect « anti-chrétien et si peu français » d'un film où, somme toute, on ne fait grâce aux spectateurs « d'aucune ficelle » et même « d'aucune corde à pendre le Juif » :

> « (...) À présent que l'on veut refaire la France ou, comme on se plaît à l'écrire ici, à la retrouver, nous signalons à M. Xavier Vallat, commissaire général aux questions juives, qui certainement tiendra compte de la susceptibilité de l'âme populaire, le caractère pénible du film anti-chrétien et si peu français *Le Juif Süss*, qui a pour but d'exaspérer la passion des petits. Ce genre de film d'importation nous est désagréable :
>
> 1° Parce que son sujet est idiot.
>
> 2° Parce que la fidélité la plus élémentaire aux enseignements de l'Église réprouve ses intentions.
>
> 3° Parce que les Français n'aiment pas qu'on leur donne des leçons de jugement aussi peu nuancées.
>
> Ses qualités techniques ne sont pas en cause. C'est un film bien joué, bien photographié, correctement mis en scène, sans plus, et ne comportant pas le moindre élément de surprise ; tout ce qui arrive là-dedans est prévu au compas : nulle psychologie. On ne nous fait grâce d'aucune ficelle, d'aucune corde à pendre le Juif. Dieu quelle bêtise ! Mais la bêtise est contagieuse et nous demandons, s'il est temps encore, que l'on fasse un effort pour nous en préserver ».[29]

Outre la virulence du propos visant un film dont « le sujet est idiot », on notera que l'auteur anonyme de la critique présente ce film « anti-chrétien » comme un film « étranger », utilisant

29. *Temps nouveau* du 9 mai 1941.

notamment les expressions : un film « si peu français », un film « d'importation » et un film « prévu au compas ».

Cet article peut laisser croire qu'au printemps 1941 ni la véritable nature de Vichy ni ses initiatives en matière de mesures antijuives n'étaient encore clairement appréhendées. N'est-il pas paradoxal en effet de demander à Xavier Vallat, commissaire général aux questions juives et qui patronne la projection du film en zone non occupée, d'intervenir afin d'empêcher sa diffusion « s'il est temps encore » ? On peut aussi interpréter l'article comme une provocation ironique visant le régime de Vichy. La réponse de l'État français ne se fait d'ailleurs pas longtemps attendre : l'hebdomadaire *Temps nouveau* est suspendu pendant quatre semaines pour sa critique ironique ; ce qui pousse certains lecteurs à dénoncer la censure de Vichy qui a « Süss-pendu *Temps nouveau* ». L'hebdomadaire est définitivement interdit, quelques semaines plus tard, en août 1941 alors que le film poursuit toujours une exploitation commerciale normale en zone non occupée.

Un autre article, publié dans *Esprit* en juin 1941, sous la signature de Marc Beigbeder, présente également *Le Juif Süss* comme un film contraire à « la tradition et à l'esprit français ». Selon son auteur, un étudiant en philosophie très proche d'Emmanuel Mounier, « ce film prétendument historique (...) charge Israël de toutes les noirceurs de la Terre ». De plus, il est fait « pour le plaisir démoniaque d'avilir une race à laquelle il ne reproche que d'être encombrante et, comme les autres, de vouloir vivre ». Tout en reconnaissant des « qualités techniques » au film et l'existence d'un « problème juif en France », l'auteur achève ce qu'il faut bien appeler un réquisitoire contre une œuvre dont « il ne faut heureusement pas incriminer le cinéma français » :

> « (...) Exciter les plus basses passions, les plus mesquines, contre des malheureux est peut-être de l'excellente propagande, mais le moins que l'on puisse dire (et on mâche ses mots) est que ce n'est ni beau, ni propre, ni juste. (...) Ce n'est qu'en contribuant à maintenir un certain niveau de dignité française que l'on contribuera à faire que la France se rénove. Il ne s'agit point, pour le cas qui nous occupe, de nier la problème juif – ce serait la meilleure façon d'ouvrir les vannes aux courants les plus suspects – mais il s'agit

> de ne pas souffrir qu'il soit traité autrement qu'à la lumière de la tradition et de l'esprit français. Remercions les jeunes Français qui l'ont fait comprendre à la salle [en manifestant] ».[30]

Emmanuel Mounier, directeur-fondateur de la revue *Esprit,* est à l'origine de la publication de cet article. Il exerce un très fort ascendant sur l'équipe dirigeante de l'école des cadres d'Uriage.[31] Il a également joué un rôle direct dans la publication d'un troisième article qui dénonce, dans la revue *Jeunesse*, éditée en juillet 1941 par cette même école, « l'invasion » des écrans français par les films étrangers. Parmi les titres cités, l'article s'en prend particulièrement à deux films allemands antisémites, *Les Rapaces* et *Le Juif Süss*, avant de conclure d'une manière parfaitement explicite :

> « La production française d'avant-guerre nous avait habitués à moins de lourdeur, à un esprit plus sûr, moins malsain... plus spécifiquement français ».[32]

En août 1941, la revue *Esprit* est à son tour interdite par l'amiral Darlan à Vichy, et Mounier se voit notifier, le mois suivant, l'interdiction de fréquenter l'école d'Uriage. Il sera arrêté et interné, quelques mois plus tard, en février 1942, pour avoir pris des contacts avec la Résistance.[33] Ces trois critiques négatives montrent que le film *Le Juif Süss* n'a jamais fait l'unanimité en France. Il est d'ailleurs aussi à l'origine d'un certain nombre de manifestations et d'attentats.

30. *Esprit*, juin 1941, p. 598-599.

31. L'école des cadres d'Uriage a été créée en août 1940, avec l'appui du secrétariat à la jeunesse de Vichy, par le capitaine de cavalerie blindée Pierre Dunoyer de Segonzac. Elle a pour mission de former de jeunes cadres. Dès 1941 elle commence à prendre ses distances avec le régime de Vichy. *Cf.* Bernard Comte, *Une utopie combattante : l'école des cadres d'Uriage*, Fayard, 1991.

32. *Jeunesse*, juillet 1941, cité d'après Bernard Comte, *op. cit.,* p. 273-274.

33. *Ibid* et Michel Winock, *Esprit : des intellectuels dans la cité 1930-1950*, Seuil 1975.

L'accueil controversé du *Juif Süss* en France

Comme le suggère la dernière phrase de l'article concernant *Le Juif Süss* dans la revue *Esprit*, phrase qui d'après Marc Beigbeder aurait été ajoutée par Mounier en personne, la projection du film suscite indignation et protestation. Au-delà des critiques négatives publiées dans quelques périodiques, ce film est aussi à l'origine de manifestations hostiles que la censure de Vichy s'évertue à passer sous silence. Dès la fin d'avril 1941, quelques étudiants perturbent la diffusion du film et tentent d'en interrompre la projection. Comme ils n'y arrivent pas et que le film continue à attirer un nombre important de spectateurs au cinéma La Scala de Lyon, ils décident de changer de stratégie ; ils alertent leurs camarades et, ayant réussi à réunir plusieurs dizaines d'étudiants, ils investissent ensemble la salle de cinéma, le 5 mai 1941. Parmi ces étudiants lyonnais, pour la plupart proches des milieux catholiques, citons notamment les noms de Marc Beigbeder, Jean-Marie Domenach, Gilbert Dru, Paul Troigros, Romuald Jomaron, Marcel et Raymond Péju.[1] L'intrusion interrompt très vite la

1. Témoignage de Marcel Péju à l'auteur, Paris, le 4 mai 1999, Jacques Duquesne, *Les catholiques français sous l'Occupation*, Grasset, 1966, p. 138-139 et Dominique Veillon, *Le Franc-Tireur, un journal clandestin, un mouvement de Résistance 1940-1944*, Flammarion, 1977, p. 60 *sq.*

projection du film et, dès que la lumière est rallumée, ils en profitent pour lancer du balcon où ils avaient pris soin de se masser des tracts au slogan vengeur : « Pas de films nazis. Rendez-nous nos pommes de terre et gardez vos navets. » Ils entonnent ensuite à tue-tête La Marseillaise.

Renée Bédarida détaille également cette manifestation dans son histoire du mouvement Témoignage chrétien, en précisant la manière dont, selon elle, celle-ci s'est achevée :

> « (...) Au bout d'un quart d'heure, alors qu'ils commençaient à n'avoir plus de voix, la police arriva. Les manifestants se dispersèrent alors à la hâte dans les rues avoisinantes ».[2]

Mais selon d'autres témoignages, il y aurait eu alors une bagarre et quelques arrestations. Nous n'avons pas pu trouver d'archives pour le confirmer et la presse locale n'est évidemment d'aucun secours en la matière car la censure de Vichy empêchait que les incidents soient connus et détaillés. Plus que les critiques à l'égard du film, c'est sans doute la référence indirecte à cette agitation et son approbation implicite qui sont à l'origine de l'interdiction de la revue *Esprit* par Vichy, d'autant que l'agitation de Lyon fait école et sert rapidement de modèle à d'autres étudiants. Le 19 juin 1941, s'inspirant des étudiants lyonnais, une quarantaine de lycéens encadrés par une dizaine de leurs professeurs, parmi eux André Mandouze, Charles Devivaise et le père Chéry, perturbent la projection du même film au cinéma l'ABC de Bourg-en-Bresse. Léon Werth a pu décrire cette manifestation de manière précise grâce au témoignage de son fils, Claude Werth, qui y a lui-même participé :

> « Les professeurs, les élèves, le père Chéry crièrent : "À bas Hitler". Mandouze et le professeur de philosophie [Charles Devivaise] furent traités, par quelques opposants de "sales Juifs" et de "vendus aux Juifs". Quelques spectateurs d'âme bourgeoise protestèrent : ils avaient payé leur place, ils étaient venus pour

2. Renée Bédarida, *Les Armes de l'Esprit : Témoignage chrétien (1941-1944)*, Les Éditions ouvrières, 1977, note 8, p. 30.

voir le spectacle. Le cri "À bas Hitler" déconcerta les partisans du Maréchal qui n'osaient quand même pas répondre un "Vive Hitler". Un petit vieux, qui restait sagement assis à sa place, murmurait : "Heil Hitler", doucement, gentiment, sans colère.

Les gendarmes conduisirent au poste André Mandouze et le professeur de philosophie. Mandouze ne fut qu'encadré, mais ils passèrent les menottes au professeur de philosophie. Une quarantaine de jeunes gens les suivaient dans la rue et obtinrent que les menottes fussent enlevées. Après vérification d'identité, les deux professeurs furent relâchés ».[3]

Dans ses *Mémoires*, André Mandouze souligne qu'après avoir été relâché il a continué, avec une poignée d'élèves, à peindre des croix gammées sur les affiches de manière à mettre en garde la population contre le message raciste du film.[4]

Au même moment, à Toulouse, un groupe d'étudiants socialistes interrompt également la projection du film *Le Juif Süss* en lançant des tracts hostiles dans la salle à partir du balcon et, à la suite d'une intervention de l'archevêque Mgr Saliège, le film est temporairement retiré de l'affiche dans la ville rose.[5]

D'autre part, en dépit des protestations des autorités occupantes, la centrale catholique, dont les avis sur les films étaient alors placardés sur toutes les églises de la zone non occupée, a classé le film de Veit Harlan dans la catégorie 4 bis. C'était un moyen habile et sans risque d'exprimer son rejet du film car le 4 bis se situait entre 4, film inoffensif mais dont certains passages sont regrettables, et 5, film à proscrire. De plus, dans certaines villes de la zone non occupée, Saint-Étienne, Montpellier et Annemasse, curés et pasteurs sont intervenus afin d'éloigner les fidèles d'un film qu'ils présentaient, eux aussi, comme « anti-chrétien ».

3. Léon Werth, *Déposition : Journal 1940-1944*, Grasset, 1946, rééd. Viviane Hamy, 1992, p. 219.

4. André Mandouze, *Mémoires d'outre-siècle*, tome 1, *D'une Résistance à l'autre*, Viviane Hamy, 1998, p. 82.

5. Pinches Szmajer, « Contribution à l'histoire du Bund à Paris » *in Combat pour la Diaspora,* Paris, n° 4, 3e trimestre 1980, p. 56. C'est George Fried, un militant du Bund, qui est à l'origine de cette action à Toulouse que Philippe Boukara m'a signalée. Je tiens ici à l'en remercier chaleureusement.

Lorsqu'elles sont connues, ces interventions provoquent la colère de la presse collaborationniste. *L'Union française* dénonce même une pétition réclamant l'interdiction du film à Saint-Étienne, mais comme le film passe tout de même dans cette ville (au Kursaal) sans obtenir le succès escompté, le journal accuse alors les membres de l'Église de tout faire pour écarter les fidèles de la salle en présentant le film comme « contraire à la charité » et à « l'œuvre de rénovation du maréchal Pétain ». Quelques jours plus tard, le même journal ultra-collaborationniste s'en prend aux milieux religieux de Montpellier, pour les mêmes motifs ; il trouve « inconcevable de voir défendre les Juifs par ceux qui ne peuvent tout de même pas oublier que c'est la tribu de Judas qui a crucifié le Christ ».[6]

De son côté, *L'Émancipation nationale*, organe du PPF, attaque le curé et le pasteur d'Annemasse parce qu'ils ont clairement déconseillé à leurs fidèles d'aller voir ce film. Il s'en prend aussi au rabbin Robert Meyers[7], présenté comme la cheville ouvrière d'un complot visant le film[8] :

> « À la grande joie de la population autochtone, on avait annoncé la projection sur un écran de cette ville du célèbre film *Le Juif Süss*. Averti par les éléments douteux dont regorge Annemasse, un rabbin d'une localité voisine (...) s'en alla trouver ses confrères, le curé et le pasteur du lieu. On le vit sortant du presbytère et se frottant sardoniquement les mains, entrer chez le pasteur d'où il sortit une heure après encore plus joyeux. Il avait, en effet, abouti à ses fins et, quel ne fut pas l'étonnement pour ne pas dire la stupéfaction

6. *L'Union française* du 8 juin 1941 (Écho) et du 22 juin 1941 (A-E. Lange).

7. Ancien rabbin de Neuilly, Robert Meyers s'occupe de la région d'Aix-les-Bains depuis la fin 1940. Surveillé par la police de Vichy, le rabbin Meyers est arrêté quelques mois plus tard à Annemasse, le 28 décembre 1942, avec son épouse Esther Meyers, la fille du grand rabbin Jules Bauer. Ils avaient mis en place dans cette ville frontière une filière pour faire passer clandestinement de jeunes juifs étrangers vers la Suisse. Déporté dans le convoi 43 du 13 février 1943, Robert Meyers est mort avec son épouse à Auschwitz.

8. CDJC CXCIII-133a p. 11, CDXXIV-8 et CCXII-29 p. 11. L'auteur de l'article publié dans *L'Émancipation nationale*, responsable départemental du PPF, a été arrêté et condamné à mort par la cour de Justice de Haute-Savoie, le 31 mai 1945. Dans son réquisitoire, le commissaire du gouvernement soulignait qu'il était un indicateur de la Gestapo et qu'il n'était probablement pas étranger à l'arrestation et à la déportation du rabbin Meyers et de sa femme.

des fidèles, aussi bien des catholiques que des protestants, d'entendre après l'Évangile du dimanche, leurs pasteurs respectifs leur déconseiller d'aller voir ce film.

Non content de cette victoire apostolique, le rabbin alla rendre visite – noblesse oblige – au sous-préfet de Saint-Julien, au maire d'Annemasse et au chef communal de la Légion, leur demandant d'interdire ce film qui fustige avec une si juste vigueur les crimes et les vices d'Israël. Les autorités se contentèrent de l'interdire aux mineurs de moins de 18 ans. Solution alambiquée qui n'empêcha pas le public d'applaudir vigoureusement ce film et de faire des réflexions qui n'étaient pas à l'avantage de la race élue.

(...) Continuerons-nous longtemps à tolérer que les Juifs essaient de faire la loi chez nous et qu'ils distribuent même parmi les éléments sains de notre pays leur or corrupteur ? (...) Et, comme il est dit dans l'Évangile avec une variante, que leur or retombe sur leurs têtes et les étouffe !!! »[9]

L'intervention du rabbin Meyers n'est pas imaginaire. C'est elle effectivement qui a mis en garde le curé et le pasteur d'Annemasse contre le film. Les interventions des curés et des pasteurs contre le film *Le Juif Süss* étaient souvent sollicitées par des rabbins. Si ces derniers n'avaient plus la possibilité de s'exprimer publiquement lors des cérémonies officielles, dans la presse ou à la radio, ils conservaient parfois de bonnes relations avec des hommes d'Église. Ils pouvaient donc leur demander d'intervenir afin de mettre en garde leurs fidèles. Le rabbinat français, souvent injustement accusé de passivité, a joué dans l'affaire du film *Le Juif Süss* un rôle aussi précoce qu'efficace. Dès avril 1941 Isaïe Schwartz, le grand rabbin de France, dénonce de manière énergique l'annonce de la projection du film en zone libre et il adresse même la lettre suivante à Xavier Vallat à Vichy :

« Monsieur le commissaire général aux Affaires juives,

J'ai l'impérieux devoir d'attirer votre attention sur le film *Le Juif Süss* projeté sur l'écran de certaines grandes villes de la zone non occupée et qui doit passer, dit-on, cette semaine à Vichy.

9. *L'Émanciaption nationale* du 31 janvier 1942, sous le titre : « Impudence juive ».

Œuvre de haine où l'imagination a plus de part que la vérité historique, elle constitue une attaque d'une violence inouïe contre les Juifs dont, par ailleurs, elle tourne la religion en dérision.

Au nom de mes coreligionnaires, j'ai l'honneur de vous demander instamment de vouloir bien intervenir pour faire cesser une campagne d'excitation dont tout est à craindre ».[10]

La lettre du grand rabbin a été transmise à la vice-présidence du Conseil (c'est-à-dire à cette époque le cabinet de l'amiral Darlan). Elle n'a eu aucun effet et le film est donc passé, quelques jours plus tard, au cinéma Royal à Vichy. Toujours est-il qu'à la suite de cette mise en garde plusieurs rabbins ont réussi, localement, avec l'aide d'ecclésiastiques, à entraver la diffusion du film. Dans d'autres pays d'Europe des appels au boycott du film ont été également lancés.[11] Ces appels et leurs résultats sont limités mais ils permettent de nuancer les informations, fondées mais univoques, publiées dans la presse professionnelle et collaborationniste où sont systématiquement mis en avant les applaudissements, voire les ovations dont le film bénéficie à Paris et dans plusieurs villes de province, comme Lyon, Marseille, Toulouse, Vichy, Montpellier et Nice. Ces manifestations d'enthousiasme sont indiscutables car elles sont attestées par diverses sources et témoignages qui se recoupent.[12] Elles

10. AN (Paris) AJ 3861. Lettre datée de Vichy, le 29 avril 1941, sur du papier à l'adresse du Consistoire central des Israélites de France, signée par le grand rabbin de France, Isaïe Schwartz.

11. C'est le cas en particulier au Danemark et en Tchécoslovaquie. *Cf.* critique négative du film *Le Juif Süss in Kristeligt Dagblad* du 28 février 1941 et article publiée par Jan Cimbura dans la revue tchèque *Iluminace* (Prague), V 3, 1993, p. 65-93, où les réactions négatives des spectateurs tchèques lors de la projection du film sont analysées.

12. Claude Vigée évoque en ce qui le concerne dans *La Lune d'hiver*, Flammarion, 1970, p. 110, les « longs applaudissements » que le film remportait à Marseille et à Toulouse, en mai 1941, « lors de chaque représentation ». Cette information est confirmée, à chaud, dans l'hebdomadaire des professionnels du cinéma où on fait état de l'ovation que le film suscite, à plusieurs reprises, à Marseille et où on souligne aussi qu'il se classe en tête des recettes dans cette ville. (*Cf. Le Film*, n° 15 du 10 mai 1941, p. 10 et n° 20 du 19 juillet 1941, p. 32). À Toulouse, plusieurs passages du film sont « salués de nombreux applaudissements » et, faute de place, la direction du cinéma doit « refuser

n'expriment toutefois qu'un seul aspect de l'accueil réservé au film en France.

En outre, si le succès commercial du film est indéniable puisqu'il attire, en France, sans doute plus d'un million de spectateurs payants, son succès idéologique apparaît beaucoup plus problématique. En effet, comme le souligne le propriétaire du cinéma Le Paris à Clermont-Ferrand dans *Le Chagrin et la Pitié* (Marcel Ophuls, 1971), la majorité des spectateurs qui allaient voir *Le Juif Süss* pendant l'Occupation n'étaient pas particulièrement antisémites. Ils allaient voir le film avant tout par curiosité :

> « (…) Il y avait, pour *Le Juif Süss*, une catégorie de clientèle, c'était l'antisémite : l'antisémite qui était vengé si vous voulez, et à qui ça plaisait. Il y avait aussi les collaborateurs. Puis il y avait les gens qui étaient là par hasard ; ils allaient voir *Le Juif Süss*, pour 80 % de la clientèle, comme ils auraient été voir *Trois Argentins à Montmartre* qu'on passait à l'époque, ou des imbécillités pareilles ».[13]

Une enquête consacrée il y a quelques années au cinéma à Toulouse pendant la guerre arrive à la même conclusion :

> « Tous nos témoins s'accordent sur le fait que le succès du film [*Le Juif Sûss*] est imputable à un élan de curiosité et non à un phénomène d'adhésion à l'antisémitisme ».[14]

des spectateurs (*Cf. Le Film*, n° 18 du 21 juin 1941, p. 69). À Lyon, le film a battu « tous les records » et « à différentes reprises, les applaudissements éclataient, ce qui ne s'était jamais produit dans notre ville » (*Cf. Le Film*, n° 17 du 7 juin 1941, p. 90 et *L'Émancipation nationale*, 17 mai 1941, p. 12). *Au Pilori* du 19 juin 1941, p. 2, souligne de son côté les applaudissements qui accompagnent l'exécution de Süss dans plusieurs salles de cinéma, à Paris. Selon *L'Union française* du 22 juin 1942, le film obtient « un succès énorme et déclenche l'enthousiasme des spectateurs » à Montpellier. *Film Kurier* du 16 juillet 1941 parle de son côté d'applaudissements qui accompagnent les représentations du film à Vichy.

13. Témoignage de Pierre Le Calvez dans le film de Marcel Ophuls, *Le Chagrin et la Pitié*, 1971, cité d'après *L'Avant-Scène* (Cinéma), n°127-128, juillet-septembre 1972, p. 36-37.

14. Isabelle Dario, *Cinéma et société à Toulouse sous Vichy 1940-1944*, maîtrise d'histoire sous la direction de Pierre Laborie, Toulouse Le Mirail, 1988, p. 163.

Par ailleurs, les spectateurs français sont-ils sortis de la projection du film en étant convaincus par son message antijuif ? Rien n'est moins sûr car le film s'adressait avant tout à des spectateurs allemands, conditionnés dans le Reich hitlérien par une propagande aussi intensive que protéiforme : radio, affiches, enseignement. Les spectateurs français semblent avoir été beaucoup moins réceptifs à la rhétorique antijuive du film que les spectateurs allemands. André Gide, qui a vu le film et qui n'est pas particulièrement philosémite, s'est même demandé dans son *Journal* si « ce type de propagande grossière », si loin de la mentalité française, ne faisait pas, en France, « une sorte de propagande à l'envers ». À Nice, en janvier 1942, il note :

> « Rien de moins fait pour éclairer la différence du niveau de culture de nos deux peuples. [Ce film semble] s'adresser à un public qui, pour comprendre, a besoin qu'on lui épelle les sentiments et ne sait lire que des majuscules. Tout est sur-indiqué, l'action, le texte, les dialogues et le jeu des acteurs. C'est proprement intolérable ».[15]

Et de préciser qu'il a même quitté la salle avant la fin de la projection. Le comportement d'André Gide n'a rien d'exceptionnel. À Toulouse un jeune homme de vingt-cinq ans quitte également la salle de cinéma, en pleine projection, en appelant les spectateurs mécontents à se joindre à lui. Comme il n'est suivi par personne et qu'il va jusqu'à insulter les employés du cinéma, il est conduit au commissariat où il explique que le film est, selon lui, « trop favorable à la propagande allemande ». Apparemment ce jour-là l'affaire en reste là pour lui.[16]

L'hostilité de certains spectateurs à l'égard du message raciste du film ne se limite pas, en France, à une simple manifestation de mauvaise humeur ou à un départ précipité et bruyant de la salle de projection. Entre 1942 et 1944 plusieurs bombes explosent

15. André Gide, *Journal*, à la date du 5 janvier 1942, rééd. La Pléiade, 1997, t. 2, p. 799.

16. Isabelle Dario évoque aussi, *op. cit.*, p. 164, le témoignage d'un lycéen, aujourd'hui libraire à Toulouse, déclarant avoir perçu le film comme « de la propagande trop chargée ».

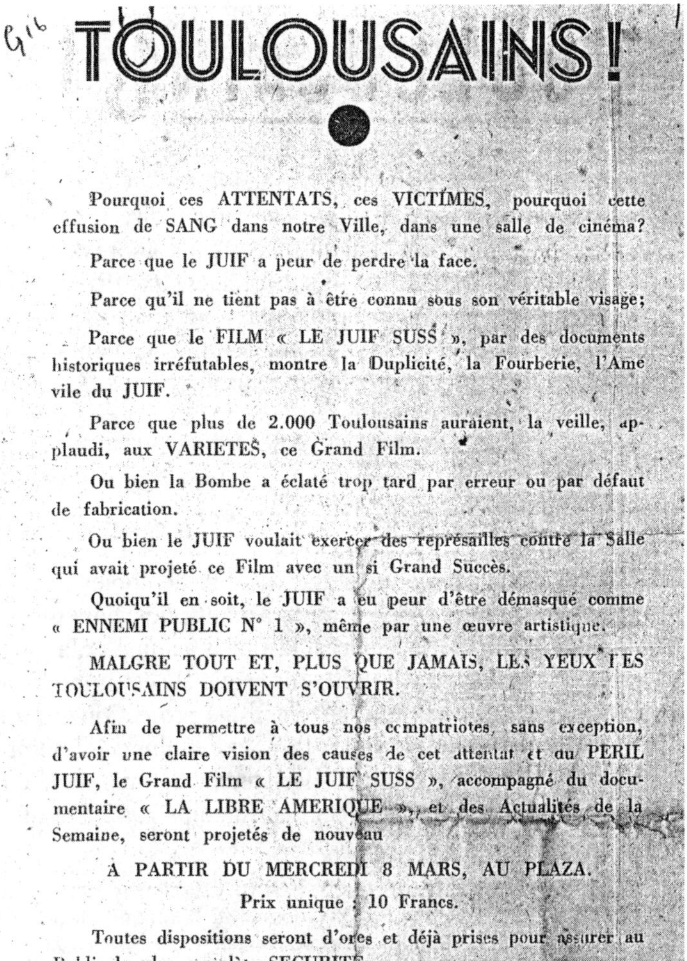

TOULOUSAINS !

Pourquoi ces ATTENTATS, ces VICTIMES, pourquoi cette effusion de SANG dans notre Ville, dans une salle de cinéma?

Parce que le JUIF a peur de perdre la face.

Parce qu'il ne tient pas à être connu sous son véritable visage;

Parce que le FILM « LE JUIF SUSS », par des documents historiques irréfutables, montre la Duplicité, la Fourberie, l'Ame vile du JUIF.

Parce que plus de 2.000 Toulousains auraient, la veille, applaudi, aux VARIETES, ce Grand Film.

Ou bien la Bombe a éclaté trop tard par erreur ou par défaut de fabrication.

Ou bien le JUIF voulait exercer des représailles contre la Salle qui avait projeté ce Film avec un si Grand Succès.

Quoiqu'il en soit, le JUIF a eu peur d'être démasqué comme « ENNEMI PUBLIC N° 1 », même par une œuvre artistique.

MALGRE TOUT ET, PLUS QUE JAMAIS, LES YEUX DES TOULOUSAINS DOIVENT S'OUVRIR.

Afin de permettre à tous nos compatriotes, sans exception, d'avoir une claire vision des causes de cet attentat et du PERIL JUIF, le Grand Film « LE JUIF SUSS », accompagné du documentaire « LA LIBRE AMERIQUE », et des Actualités de la Semaine, seront projetés de nouveau

A PARTIR DU MERCREDI 8 MARS, AU PLAZA.

Prix unique : 10 Francs.

Toutes dispositions seront d'ores et déjà prises pour assurer au Public la plus complète SECURITE.

Imp. du Sud-Ouest, 6, rue Sainte-Ursule — Toulouse. TW 12621 - 4-III-44

dans des salles où le film était (ou devait être) projeté. Une bombe fait même un mort et trente blessés le 26 août 1942 à L'Olympia de Clichy, où le RNP de Déat organisait la projection du film lors d'une séance spéciale. Une autre bombe fait deux morts et vingt-quatre blessés le 6 octobre 1942 au Maillot-Palace de Paris, dans une autre séance organisée par le PPF. Une troisième bombe fait trois morts et huit blessés le 1er février 1944 au cinéma Variétés de Toulouse. *La Dépêche de Toulouse* du 7 mars 1944 et des tracts distribués dans la ville annoncent cependant que le film sera à nouveau très vite à l'affiche, dès le 8 mars, au Plaza de Toulouse.[17]

Ces attentats, comme ceux que mentionnent Georges Sadoul et David Diamant[18], visaient directement ou indirectement le film *Le Juif Süss*. Ils montrent bien qu'un certain nombre de résistants étaient hostiles à un film dont ils s'efforçaient, par divers moyens, de limiter l'impact, d'autant plus que, nous l'avons vu, ce film était utilisé, depuis l'été 1942, par des mouvements collaborationnistes pour recruter de nouveaux membres. Au moment où les mesures antijuives se radicalisent avec une succession d'amendes collectives, le port obligatoire de l'étoile jaune en zone occupée, la multiplication des rafles et les déportations à destination d'Auschwitz dans les deux zones, *Le Juif Süss* devient un outil presque banal de la propagande. À l'initiative des occupants on tire même un grand nombre de copies du film en format 16 millimètres, de manière à multiplier, hors du circuit commercial habituel, les séances destinées à stimuler la politique de collaboration avec l'Allemagne nazie. Il est impossible de chiffrer les spectateurs qui assistent à une projection gratuite du film à partir de l'été 1942, mais ils sont certainement nombreux et s'ajoutent aux 20 millions de spectateurs qui ont payé leur billet d'entrée entre l'automne 1940 et le printemps 1942. La diffusion

17. Cf. document p. 229. AN (Paris) F 60 1678, Londres : écoute de Radio-Paris le 27.8.1942 ; Archives de Paris, dossier 337, affaire Cyrylle Rivière ; APPP, dossier attentats dans les salles de cinéma de Paris, et *La Dépêche de Toulouse* du 7 mars 1944.

18. Georges Sadoul parle, dans *Le Cinéma pendant la guerre 1939-1945, Histoire générale du cinéma*, t. 6, Denoël, 1954, p. 21 d'une bombe qui aurait explosé durant l'hiver 1941-1942 dans une cinéma du 15e arrondissement où le film était à l'affiche. De son côté, David Diamant évoque dans *Les Juifs dans la résistance française 1940-1944*, Le Pavillon, Roger Maria éd., 1971, p. 101 et 292, une bombe ayant visé le cinéma Delta, dans le 9e arrondissement à Paris, où le film était projeté en janvier 1942. En dépit de recherches dans les archives de la préfecture de police à Paris, je n'ai pas pu retrouver d'informations sur ces deux attentats qui, s'ils ont eu lieu, n'ont certainement fait aucune victime.

du film *Le Juif Süss* se poursuit en effet, dans plusieurs pays d'Europe, après la mise en place de la Solution finale et jusqu'à la capitulation de l'Allemagne nazie. Au printemps 1945, les Alliés entrent à Berlin, s'emparent d'un nombre impressionnant de copies de films et interdisent la diffusion publique de ce film antisémite. Tous ceux qui ont participé d'une manière ou d'une autre à sa conception vont alors devoir rendre des comptes à la Justice.

Les responsables du film face à la justice

Après la guerre, nombre de femmes et d'hommes impliqués dans *Le Juif Süss* ont été mis en accusation. Plusieurs acteurs du film ont vu alors leur carrière brisée et deux d'entre-eux sont morts brusquement juste après la fin de la guerre, en 1946 : Ferdinand Marian dans un accident de voiture, près de Munich, le 7 août, et Heinrich George pendant sa détention à Sachsenhausen, le 26 septembre.[1] Werner Krauss et Eugen Klöpfer, deux des plus grandes stars de l'UFA, n'ont pratiquement plus jamais refait de cinéma et la première tentative de W. Krauss pour remonter sur des planches, en Suisse, s'est soldée par une émeute. Le fils de W. Krauss et la femme de F. Marian se sont suicidés ultérieurement. Quant à Kristina Söderbaum, elle participe encore à un petit nombre de pièces et de films par la suite mais, en dehors des œuvres créées par Veit Harlan, elle n'apparaît plus que dans des rôles secondaires. Ne parvenant pas à retrouver

1. Toutes sortes de rumeurs ont circulé sur les conditions dans lesquelles ces deux comédiens sont morts, à quelques jours d'intervalle. On a parlé de tortures infligées par les Soviétiques, par esprit de vengeance, à Henrich George, de suicide, et même d'exécution sommaire pour Ferdinand Marian en invoquant l'action d'une mystérieuse patrouille de sécurité, pendant le couvre-feu, en zone d'occupation occidentale. Apparemment, ces informations fantaisistes, colportées par la presse allemande et très largement reprises par la presse française, étaient sans fondement.

P.9883

la notoriété acquise à l'époque triomphale du IIIe Reich, elle finira par renoncer à sa carrière d'actrice et s'établira comme photographe à Munich.[2]

Après avoir réalisé *Le Juif Süss,* Veit Harlan multiplie les productions de prestige pour le IIIe Reich : en 1942, *Der Grosse Konig* et *Die Goldene Stadt* ; en 1943, *Immensee* ; en 1944, *Opfergang* et en 1945 *Kolberg*. Plusieurs de ces films obtiennent des récompenses et Goebbels accorde même au réalisateur le titre exceptionnel de « Professeur ».[3]

Kolberg, mis en scène par Harlan quelques mois seulement avant l'écroulement du régime nazi, exalte la résistance héroïque du peuple allemand dans la ville prussienne de Kolberg, face à l'armée napoléonienne. C'était alors le film le plus cher de toute l'histoire du cinéma allemand (8,5 millions de reichsmarks). Plusieurs séquences avaient été tournées simultanément avec six caméras et, pour figurer la neige dans un port, on avait même dû acheminer jusqu'au lieu du tournage des wagons entiers de sel. Le film avait bénéficié d'une figuration exceptionnelle : on parle de 180 000 soldats et de 6 000 chevaux ! Après montage, le film n'a pas eu une exploitation normale car la ville de Berlin était déjà encerclée et en partie détruite par les Alliés ; *Kolberg* a pourtant été parachuté dans la poche de La Rochelle, en janvier 1945, pour stimuler la résistance des soldats assiégés.[4]

Veit Harlan a donc bénéficié de moyens exceptionnels pour tourner, d'octobre 1943 à août 1944, cette étrange et inutile superproduction. C'est la situation militaire qui l'a empêché de

2. En plus des films de son mari, Kristina Söderbaum est apparue dans trois films : *Zwei Herzen im Mai* (1958) de Geza Maria von Bolvary, *Karl May* (1974) d'Hans Jürgen Syberberg et, aux côtés de Hugh Grant et Malcolm McDowell, dans *Night Train to Venice* (1992) de Carlo Quinterio. *Cf.* Kristina Söderbaum, *Nichts bleibt immer so, Ruckblenden auf ein Leben vor und hinter der Kamera*, Bayreuth, Erschienen bei Hestia, 1984 et la nécrologie de l'actrice par Jacques Siclier dans *Le Monde* du 15 février 2001, p. 29.

3. Goebbels remet en effet à Harlan, le 5 mars 1943, une médaille de « Professeur », à l'occasion des 25 ans de la création de l'UFA. *Cf.* Joseph Goebbels, *Tagebücher*, documents présentés par Louis P. Lochner, Zürich, Atlantis Verlag, 1948, p. 247-249.

4. Veit Harlan, *op. cit.,* p. 257-272.

mener à bien par la suite d'autres projets moins ambitieux, notamment l'adaptation d'une célèbre pièce de Shakespeare, *Le Marchand de Venise*. À la fin de 1944, Veit Harlan a déjà écrit le scénario et choisi plusieurs acteurs pour ce nouveau film antisémite. Outre sa femme, Kristina Söderbaum, il a en effet engagé Horst Caspar pour le rôle de Bassanio et Werner Krauss pour celui de Shylock.[5] L'écroulement du Reich n'a pas permis à ce projet d'aboutir et Veit Harlan décide au printemps 1945, par mesure de sécurité, de quitter Berlin. Il s'installe alors avec sa femme et ses enfants à Hambourg, chez des amis suédois. Et c'est dans cette ville portuaire, ou tout du moins ce qu'il en reste, qu'il assiste à l'écroulement final du régime et aux débuts de l'occupation anglaise.[6]

Tous ses films sont immédiatement confisqués et il est lui-même arrêté à plusieurs reprises. Il doit faire face à la dénazification et à deux procès retentissants. Dans ses mémoires, il affirme que, selon lui, « on n'avait rien de sérieux à lui reprocher ».[7] C'est un point de vue discutable mais ce qui l'est moins et qui l'autorise à faire de telles affirmations, c'est la lenteur et les difficultés de l'épuration dans l'Allemagne morcelée de l'après-guerre. Dans leurs zones d'occupation respectives, les puissances occidentales imposent des règles strictes en matière de cinéma. Elles excluent au départ tous les artistes et techniciens qui, d'une manière ou d'une autre, ont pactisé avec les nazis. Pour travailler à nouveau, les professionnels du cinéma doivent remplir de longs questionnaires où ils détaillent leurs activités et leur attitude pendant le régime nazi. Ils doivent

5. Veit Harlan, *op. cit.*, p. 278-284. Précisons que Werner Krauss connaissait bien le rôle de Shylock puisqu'il avait déjà eu l'occasion de l'interpréter à plusieurs reprises, notamment en 1923 dans le film de Peter Paul Felner et, en mai 1943, dans une mise en scène de Lothar Müthel au Burghtheater de Vienne. *Cf.* Werner Krauss, *Das Schauspiel meines Lebens : Einem Freund erzält*, Stuttgart, Goverts, 1958 et Joseph Wulf, *Theater und Film im Dritten Reich*, *op. cit.*

6. Rappelons que Kristina Söderbaum est la fille du Dr Söderbaum, ancien recteur de l'Académie des sciences de Stockholm, préposé à la remise du prix Nobel en Suède. Au printemps 1945, elle a encore la nationalité suédoise. Le couple tente donc (en vain) de se réfugier en Suède. *Cf.* Veit Harlan, *op. cit.*, p. 255-256 et Kristina Söderbaum, *Nichts bleibt immer so*, 1984.

7. Veit Harlan, *op. cit.*, p. 300-303.

également répondre aux questions qu'on leur pose à plusieurs reprises et dans toutes sortes de commissions. La tâche de ces commissions est d'autant plus difficile que le cinéma n'est pas, évidemment, l'unique milieu professionnel à être examiné de manière scrupuleuse. Au total, treize millions de dossiers arrivent devant les tribunaux spéciaux et le début de la Guerre froide complique encore les choses. Dans ce contexte, la dénazification n'est pas seulement lente, elle devient aussi très superficielle et le milieu du cinéma échappe largement aux purges dès 1947. Même la réalisatrice du sinistre *Triomphe de la volonté*, Léni Riefenstahl, finit par être dénazifiée en faisant passer son film pour « un film documentaire sur le parti nazi ». Se présentant comme une victime du régime, elle affirme qu'elle n'a jamais été nazie ni membre du parti nazi, qu'elle ne faisait pas de politique, et que le film tourné à Nuremberg était, selon elle, une commande à laquelle il lui était impossible de se soustraire.[8]

La dénazification de Veit Harlan intervient pratiquement à la même époque, en décembre 1947, à l'issue de sept mois de débats. Dès qu'elle est connue, elle provoque une levée de boucliers car Veit Harlan était certainement le cinéaste de fiction le plus célèbre de l'époque nazie et, loin d'assumer ses responsabilités, il continue à clamer qu'il n'avait pas la moindre responsabilité, qu'il était « apolitique » et qu'il n'était pas, lui non plus, membre du parti nazi. Il minimise aussi son rôle au sein de l'appareil de propagande nazie, se présentant comme un artiste manipulé par le démoniaque Joseph Goebbels. À aucun moment, ni dans sa défense ni dans les mémoires qui en résultent, il n'assume ses propres choix et leurs conséquences.[9]

8. Jean Solchany, *Comprendre le nazisme dans l'Allemagne des années Zéro, 1945-1949*, PUF, 1997, p. 37 *sq.*, Klaus Kreimeier, *op. cit.*, « La grammaire de la démocratie », p. 558-566 et Linda Deutschmann, *Triumph of the Will : The Image of the Third Reich*, Wakefield, N. H., Longwood Academic, 1991.

9. Veit Harlan est mort, à Capri, le 14 avril 1964. Ses mémoires ont été publiés à titre posthume, d'abord en allemand, sous le titre *Im Schatten meiner Filme* (« À l'ombre de mes films »), Gütersloh, 1966. Le titre de la version française du livre est plus explicite : *Le cinéma allemand selon Goebbels*, France-Empire, 1974. Il s'agit en fait, pour ce cinéaste officiel du régime nazi, d'attribuer la responsabilité du film *Le Juif Süss* à Joseph Goebbels dans ce qui apparaît avant tout comme un plaidoyer *pro domo*.

Il parle très longuement en revanche, avec fascination et complaisance, des dignitaires nazis qu'il côtoyait aux heures glorieuses du régime hitlérien et les photographies qu'il reproduit dans ses mémoires attestent qu'il affectionnait s'afficher publiquement avec Goebbels, Goering et Streicher. Un chapitre entier de ses mémoires est consacré aussi au « magnétisme de Hitler » mais il n'a pas la moindre phrase pour regretter son adhésion au régime nazi. Il élude constamment l'essentiel en évacuant la question des avantages financiers considérables, obtenus grâce aux films réalisés et produits à cette époque, se contentant de marteler qu'il était « mobilisé » comme un soldat, qu'il ne faisait « qu'obéir aux ordres », qu'il ne prenait pas la moindre initiative et que c'était Joseph Goebbels, et lui seul, qui était l'unique maître d'œuvre du film *Le Juif Süss* :

> « Le rôle principal du drame que je vais retracer, ce n'est pas moi qui le tiens mais le docteur Joseph Goebbels. (...) Goebbels m'ordonna de réaliser le film (...). Des images furent tournées – sans moi – qui montraient Marian en gros plan, et d'autres qui montraient Klöpfer en train de lire une proclamation ordonnant l'expulsion de tous les Juifs de Stuttgart. Ces images donnèrent au film un caractère provocateur qu'il n'avait pas auparavant. Il est certain que je ne suis absolument pas responsable de la version modifiée par Goebbels telle qu'elle fut présentée ensuite dans les salles de cinéma. (...) Goebbels était le diable en personne. (...) Pour être franc, je ne suis pas mécontent de m'être trouvé face à face avec ce démon. Le diable est, de toutes façons, plus intéressant que ne le sont la plupart des êtres humains. En outre j'ai connu, pendant l'époque hitlérienne, des périodes qu'en tant qu'artiste je ne voudrais pas avoir manquées. Il y a, parmi les films que j'ai réalisés, plusieurs que j'ai fait avec enthousiasme. Et je ne cache pas que j'étais heureux pendant le tournage et après, quand le succès me récompensait. (...) Quant au film *Le Juif Süss* qui a eu pour moi et pour ma famille des conséquences si tragiques, il aurait été fait dans tous les cas, même sans moi. (...) Je m'aperçois, hélas, que je dois payer cher ce bonheur, aujourd'hui ».[10]

Veit Harlan est malhonnête parce qu'il utilise le procédé du retournement victimaire en s'érigeant lui-même en victime et

10. Veit Harlan, *op. cit.*, p. 11, 175-176 et 32-33.

en assurant de surcroît n'avoir « rien su de la solution finale » pendant la guerre. Plus honnêtement, Kristina Söderbaum reconnaît en ce qui la concerne que depuis un voyage en Suède, en 1944, elle n'ignorait plus l'existence des camps d'extermination auxquels son mari « lui interdisait de croire ». Veit Harlan soutient par ailleurs dans ses mémoires que « les forfaits horribles commis sur les Juifs en 1943, 1944 et 1945 furent les séquelles du vent de panique qui se mit à souffler quand la défaite ne faisait plus de doute ».[11]

En se présentant comme une victime et un simple exécutant, il reprend aussi à son compte le système de défense de nombreux dignitaires nazis à Nuremberg en 1945-1946.[12] En 1961, Eichmann prétendra encore qu'il ne faisait qu'exécuter les ordres et n'était qu'un minuscule rouage au service d'une très grande machine.[13] C'est un peu l'attitude du cinéaste qui soutient, dès les premiers interrogatoires liés à la dénazification, qu'il lui était absolument impossible de se soustraire aux ordres. Il est d'abord mis hors de cause par les commissions de dénazification mais, le 15 juillet 1948, quatre anciens déportés juifs, citoyens allemands, décident de se porter partie civile et déposent une plainte contre lui pour « offense au peuple juif » et « crime contre l'humanité ». Le 14 décembre 1948, à l'issue d'une procédure judiciaire passablement compliquée (c'est l'une des toutes premières fois où la notion de « crime contre l'humanité », utilisée par les Alliés à Nuremberg, est examinée par un tribunal allemand), la plainte

11. Régine Friedman, *op. cit.*, p. 258 et Veit Harlan, *op. cit.*, p. 142. Les exécutions massives de juifs ont débuté à partir de l'été 1941 et non pas en 1943-1944, comme le prétend Harlan, « quand la défaite ne faisait plus de doute ».

12. Didier Lazard, *Le Procès de Nuremberg. Récit d'un témoin*, Les éditions de la Nouvelle France, 1947, Henri Donnedieu de Vabres, *Le Procès de Nuremberg*, Domat-Montchrétien, 1947, Louis Saurel, *Le Procès de Nuremberg*, Rouff, 1965, Joe Heydecker et Johannes Leeb, *Le Procès de Nuremberg*, Buchet-Chastel /Corréa, 1969, Léon Poliakov, *Le Procès de Nuremberg*, Gallimard, coll. Archives, 1971 et Yves Ternon, *L'Innocence des victimes*, Desclée de Brouwer, 2001.

13. Léon Poliakov, *Le Procès de Jérusalem*, CDJC, Calmann-Lévy, 1963, p. 87 *sq.*, Haïm Gouri, *La Cage de verre : journal du procès Eichmann*, Albin Michel, 1964 et Jochen Von Lang, *Eichmann, l'interrogatoire*, Belfond, 1984.

est déclarée recevable et l'ouverture du premier procès public de Veit Harlan est fixée au début de 1949.

Avant l'ouverture de ce procès Veit Harlan met en scène, comme si de rien n'était, la pièce anglaise *Les Yeux de l'amour*. Il part ensuite en tournée avec la pièce et sa femme, Kristina Söderbaum, qui y interprète un des rôles principaux. La tournée remporte un réel succès mais, même si le nom de Veit Harlan ne figure ni sur les affiches ni sur les programmes, les représentations sont fréquemment interrompues par des manifestations hostiles qui débouchent parfois sur des bagarres. À Bayreuth, ces incidents prennent même une telle tournure que des chars américains doivent intervenir pour dégager les abords du théâtre et rétablir le calme.[14]

Au début de 1949, l'agitation de rue ne se limite pas à la pièce mise en scène par Harlan. Avec le déclenchement de la Guerre froide, d'anciens nazis commencent à relever la tête et dénoncent « la justice des vainqueurs à Nuremberg », alors que la presse allemande joue dans la mesure du possible un rôle pédagogique en dénonçant régulièrement « la renaissance du nazisme en Allemagne ».[15]

Dans ce contexte, la projection du film *Oliver Twist* (David Lean, 1948) va provoquer une émeute à Berlin en février 1949. Ce film présente Fagin, un receleur juif interprété par Alec Guinness, affublé d'un énorme nez postiche, d'un défaut de prononciation marqué et de traits de caractères comparables aux stéréotypes racistes de *Jud Süss*. (Cf. photographies du film p. 241.) Dans ce film anglais inspiré du célèbre roman de Charles Dickens, publié pour la première fois en 1838, Fagin apparaît comme un usurier qui apprend à des enfants à voler sans se faire attraper. Les survivants de la Shoah sont scandalisés par la manière dont le personnage juif est représenté dans le film ; ils trouvent indécent par ailleurs que l'on puisse voir de telles images en Allemagne, quelques mois seulement après la fin de la Solution

14. Veit Harlan, *op. cit.*, p. 305.

15. *Jewish Chronicle* du 11 février 1949 citant *Hamburger Allgemeiner Zeitung*.

finale. Dénonçant une provocation, ils organisent une grande manifestation de protestation au Kurfurstendamm, en secteur anglais à Berlin, à proximité immédiate de la salle de cinéma où le film est projeté. Il n'est pas question pour les autorités anglaises de céder et le film reste donc à l'affiche. Le lendemain, une seconde manifestation est organisée au même endroit ; elle dégénère très vite, provoquant de sérieux incidents dont la presse internationale se fait aussitôt l'écho. *La Tribune de Genève* détaille l'enchaînement des événements :

> « Le 21 février 1949, soit quatre années à peine après l'effondrement du régime hitlérien, la police berlinoise est intervenue activement contre des Juifs. Le renouvellement des manifestations qui avaient eu lieu la veille à propos de la présentation du film *Oliver Twist* a donné lieu à des bagarres sanglantes qui ont fait des blessés des deux côtés. Il est symptomatique que plus de trois mille personnes ont assisté en spectateurs impassibles à l'incident qui a mis aux prises Juifs et policiers.
>
> Une vingtaine de policiers qui gardaient les abords du cinéma Kurbel réussirent à repousser un premier assaut des manifestants. Ceux-ci revinrent à la charge, obligeant cette fois les gendarmes à faire usage de leurs matraques pour ne pas être débordés. (...)
>
> Un groupe d'émeutiers réussit alors à enfoncer la porte d'une sortie de secours et à pénétrer dans la salle. La représentation dut être interrompue. (...) Bientôt les assaillants se mirent à bombarder la police au moyen de pierres trouvées en abondance parmi les ruines des maisons environnantes. (...) Un policier atteint d'une pierre s'étant effondré sur la chaussée, le visage couvert de sang, ses camarades tirèrent quelques coups d'avertissement. On pouvait entendre dans les rangs de la foule des cris tels que : “À bas le fascisme !”, “Pas de Troisième Guerre mondiale !”, “Suffisamment de Juifs sont morts dans les camps de concentration !” »...
>
> Les manifestants se retirèrent enfin lorsque les affiches annonçant *Oliver Twist* furent enlevées et remplacées par celles d'un autre spectacle ».[16]

Le magazine *Radar* reproduit de son côté des photographies de l'émeute avec la légende suivante : « Cette photo (le Juif Fagin interprété par A. Guinness) a mis Berlin à feu et à sang ». Et,

16. *La Tribune de Genève* du 23 février 1949.

plus suggestive encore : « Cet Israélite que les *schupos* tentent d'emmener dans une voiture de la police a eu six membres de sa famille brûlés à Dachau ».[17]

Selon le correspondant à Berlin du *Journal de Genève,* les manifestants rassemblés autour du cinéma où le film *Oliver Twist* est projeté ne sont pas tous juifs. Il y a également parmi eux des manifestants non juifs qui protestent simplement parce qu'on les empêche de voir le film de leur choix. D'après le journaliste suisse, certains manifestants prennent en effet la défense du personnage de Fagin en affirmant :

> « Tous les Juifs sont comme ça et si nous voulons voir ce film, c'est parce que nous voulons voir les Juifs tels qu'ils sont en réalité ! »[18]

La projection (puis l'interdiction) du film *Oliver Twist* a donc divisé l'opinion publique allemande en février 1949. L'antisémitisme véhiculé par le personnage de Fagin, souligné encore par le jeu de l'acteur, l'éclairage et le cadrage de certains plans, a également provoqué une agitation dans d'autres pays où le film était projeté. Il fut également retiré de l'affiche à Vienne (Autriche), dans plusieurs villes de France (Metz et Roanne), du Maroc et du Canada. Il a été aussi totalement proscrit en Israël et aux États-Unis pendant plusieurs années.[19] Il était toutefois à l'affiche à Hambourg dans la dernière semaine de février 1949.[20] Or, c'est précisément dans cette ville que se déroulait le premier procès public de Veit Harlan, devant le tribunal de première instance, du 3 mars au 23 avril 1949. Les défenseurs du cinéaste allemand demandèrent aussitôt que tous les membres de la cour visionnent le film *Oliver Twist*, de manière à relativiser le contenu

17. *Radar* du 6 mars 1949. On soulignera au passage la confusion souvent faite encore à cette époque entre Dachau et Auschwitz.

18. Citation d'après le *Bulletin intérieur du CRIF*, Paris, n° 14, 1er-15 mars 1949, p. 11.

19. Le film anglais *Oliver Twist* ne sortira aux États-Unis qu'en 1951, après que de nombreuses coupures eurent été faites dans les scènes où le personnage de Fagin apparaît.

20. *Agence Télégraphique Juive* du 25 février 1949.

antisémite de *Jud Süss*. Assez curieusement, la cour accéda à cette demande et le film anglais fut donc visionné par ses membres très peu de temps après l'ouverture du procès de Veit Harlan.[21]

Ce procès a immédiatement un retentissement considérable en Allemagne. Suivi par un public très assidu puisque les 1 000 fauteuils de la salle, constamment occupés, auraient été négociés au marché noir à des prix exorbitants, il fait à plusieurs reprises la Une de la presse. C'est certainement une des affaires judiciaires les plus importantes de l'Allemagne d'après-guerre qui donnera lieu d'ailleurs, cinquante ans plus tard, à la réalisation d'un film documentaire.[22]

Trois ans à peine après les procès des grands criminels de guerre à Nuremberg, procès au cours desquels le film *Le Juif Süss* a été mentionné à plusieurs reprises, l'affaire a le mérite de mettre en lumière les fondements mêmes du nazisme. Elle souligne également la responsabilité des artistes en faisant défiler à la barre, comme témoins, un grand nombre de vedettes du cinéma allemand de l'époque : des réalisateurs et des producteurs (Erich Engel, Alfred Greven, Als Teichs, Fritz Hippler) et surtout des actrices et des acteurs alors très connus (Kristina Söderbaum, Werner Krauss, Eugen Klöpfer, Malte Jäger, Gustav Fröhlich, Gustav Gründgens). C'est aussi d'une certaine manière le premier grand procès de l'Allemagne nazie instruit par un tribunal allemand.

Le film *Le Juif Süss*, dont Harlan est à la fois co-scénariste et réalisateur, est d'emblée au cœur des débats. Projeté à cinq reprises devant les membres de la cour, il suscite des réactions et des analyses absolument contradictoires. Certains témoins soulignent son aspect très nocif alors que d'autres mettent au contraire en avant sa totale innocuité. Le procureur général Gerhard Kramer dénonce la manière dont les juifs y apparaissent. Il souligne que le film a sciemment falsifié les faits historiques

21. *New York Herald* du 4 mars 1949 et *Life* du 7 mars 1949.

22. *Jud Süss – Ein Film als Verbrechen ? (Le Juif Süss : un film devenu crime ?)*, documentaire allemand de Horst Königstein, produit par Reiner Milker, NDR, diffusé sur Arte le 21 septembre 2001. Ce film reconstitue, avec des acteurs, les audiences de 1949 tout en réunissant les témoignages de certains journalistes ayant couvert le procès à l'époque, notamment Ralph Giordani.

afin de justifier un certain nombre de mesures antijuives adoptées par les autorités nazies de l'époque et qu'il a aussi contribué à préparer psychologiquement les spectateurs à l'extermination des juifs.

On présente en effet souvent *Le Juif Süss* de Veit Harlan comme un appel au meurtre ou l'annonce de la mise en application de la Solution finale. C'est une interprétation contestable dans la mesure où le film a été conçu et réalisé en 1939-1940, à une époque où l'extermination systématique des juifs n'avait pas encore débuté ; en revanche, le film a effectivement joué un rôle dans la mise en condition des spectateurs et il a continué à circuler bien après le début de la mise en place de la Solution finale au cours de l'été 1941. Son impact est également durable comme le prouve notamment l'affaire Bruno Lüdke, un « serial killer » sévissant dans l'Allemagne hitlérienne. Accusé du meurtre d'un grand nombre de juifs, l'homme a été arrêté en janvier 1943. Interrogé par la police, il a fini par avouer une trentaine de meurtres, alors qu'on lui en attribue quatre-vingts, mais ce qu'il faut surtout souligner dans cette affaire c'est qu'il invoque pour sa défense la campagne de propagande visant les juifs et se présente lui-même comme une « victime du film *Le Juif Süss* ».[23]

Malgré ses efforts, le procureur ne réussira pas en 1949 à établir que Veit Harlan haïssait les juifs, qu'il avait pris l'initiative du film et qu'il était devenu un intime de Goebbels. Il interroge Léopold Gutterer, ancien secrétaire d'État au ministère de la Propagande, comme simple témoin, lui demandant maladroitement s'il a lui-même « eu connaissance de la solution finale en 1940 ». La réponse, nécessairement négative puisque la Shoah débute à partir de l'été 1941, conforte Veit Harlan qui prétend à nouveau à cette occasion n'avoir rien su de l'extermination des juifs et des chambres à gaz pendant la guerre. Le cinéaste minimise aussi sa responsabilité dans la conception du scénario et soutient,

23. Franz von Schmidt, *Mord im Zwielicht*, Stuttgart, 1962 et F. Knilli, *Communications*, 1987, p. 91. Cette affaire, plutôt dérangeante pour le régime nazi, a donné lieu ultérieurement à un film de fiction : *Nachts, wenn der Teufel kam / Les SS frappent la nuit,* (Robert Siodmak, RFA, 1957).

non sans cynisme, que le personnage de Süss est positif dans son film puisqu'il sacrifie sa fortune « pour ses frères de race ». Et pour accroître encore la confusion, invoquant les lettres d'amour que des spectatrices allemandes enthousiastes adressaient à Ferdinand Marian, il conclut en ajoutant avec aplomb :

> « Le vilain de l'histoire c'était finalement le duc et les antisémites du film qui représentaient les idées du national-socialisme ».[24]

Les juges ne sont pas convaincus par ses explications et ses interprétations peu crédibles. Le film est clairement perçu comme « une incitation à la haine raciale » visant un groupe particulier d'individus. Toutefois, comme les témoignages sont contradictoires et qu'il n'est pas possible d'établir un lien très précis entre le film et les sévices exercés à l'encontre des juifs à la suite de sa diffusion, Veit Harlan est acquitté, au bénéfice du doute, sous les applaudissements de l'assistance.

Dénonçant le scandale que constitue à ses yeux cet acquittement inattendu, le procureur général fait aussitôt appel.[25] Après examen du dossier, la Cour suprême de Cologne infirme le jugement précédant et décrète que, comme le film est « criminel », son réalisateur doit être accusé effectivement de complicité de « crime contre l'humanité ». Veit Harlan est donc renvoyé en deuxième instance, avec cette mise en accusation, devant le tribunal de Hambourg.[26]

Le second procès de Veit Harlan se déroule à nouveau à Hambourg, en mars-avril 1950, mais dans un esprit assez différent du précédent. Pour certains observateurs, le contraste est même saisissant :

24. Veit Harlan, *op. cit.,* p. 164. Le livre de souvenirs de Veit Harlan reprend les arguments mis en avant à son procès.

25. Il avait requis contre Veit Harlan une peine de deux ans de prison et une amende de 100 000 marks.

26. Pour la Cour suprême de Cologne, il existe en effet « une relation de cause à effet entre le film et les persécutions antijuives. (...) Tous ses auteurs et ses exécutants conscients en sont également responsables. » Citation d'après Léon Poliakov, « Le procès Veit Harlan » *in Le Monde juif*, CDJC, n° 37, novembre 1950, p. 4.

« Quand le second procès fut ouvert, l'atmosphère avait radicalement changé en l'espace de douze mois. Veit Harlan avait regagné toute son ancienne assurance, celle du temps de sa splendeur nazie, il disposait de toutes les ressources de son esprit versatile et de tout son mordant. Les dépositions de ses confrères les plus célèbres tournaient à l'apothéose. Le public avait pris nettement parti pour lui. Le ressentiment se tournait vers les accusateurs. Les rôles s'étaient intervertis ».[27]

En effet, les dépositions défavorables à l'accusé sont alors accueillies par des huées, des sifflets, voire des insultes. Karena Niehoff, témoin à charge, est tout particulièrement visée comme le souligne avec indignation un journaliste suisse :

« Sa déposition fut annihilante pour Harlan. C'est alors qu'éclatèrent dans le prétoire des incidents éminemment déplorables, rappelant des temps que l'on espérait révolus et prouvant que l'antisémitisme n'est pas mort en Allemagne. "Sale juive ! *Saujüdin* !" criait-on dans la salle. "Chassez-là d'Allemagne !" Pendant de longues minutes les injures s'abattirent sur la malheureuse Karena Niehoff qui d'ailleurs tint tête admirablement à ses insulteurs. Veit Harlan lui-même avait interrompu le témoin en s'écriant "Vilaine effrontée !" (*Freche Person* !) »[28]

Comme des croix gammées en papier sont lancées dans la salle d'audience et que des invectives antisémites, « Cochons de juifs ! », « Hors d'Allemagne ! », sont reprises par une partie du public, Walter Tyrolf, le président du tribunal, finit par lever la séance et, après avoir fait appel à des renforts de police, il fait même évacuer la salle. Le procès continue ensuite à huis clos, alors que des incidents se poursuivent à l'extérieur du Palais de justice. Certains observateurs assurent pourtant que le président du tribunal était, comme les jurés, « nettement favorables à l'accusé ».[29]

27. Antonina Valentin, « Un procès-témoin » *in Évidences*, juin-juillet 1950, p. 4 et Wofgang Benz, « Postwar Society and National Socialism : Remembrance, Amnesia, Rejection » *in Tel Aviver Jahrbuch für deutsche Geschichte*, Band XIX, 1990, p. 1-12.

28. Georges Blun, *Le Journal de Genève* du 26 avril 1950, p. 1.

29. Antonina Valentin, Georges Blun, *op. cit.,* Herbert Prado und Siegfried Schiffner, *Historisches und juristisches Material zum Fall Veit Harlan*, Verlag Auerdruck, Hambourg, 1949, 58 pages.

Alors que le chancelier Adenauer, le président de la République et certains intellectuels allemands dénoncent la renaissance de l'antisémitisme en Allemagne et les agissements de « néo-nazis isolés » à l'occasion de ce procès, Veit Harlan se contente d'évoquer une « provocation » orchestrée par les communistes ; il peut ainsi donner le change, sans condamner clairement les perturbateurs.[30]

Ce second procès s'attache moins au film, dont les interprétations restent toujours contradictoires, qu'au comportement de Veit Harlan lui-même. Certes, l'artiste est jugé responsable du film qu'il a réalisé et dont il a co-signé le scénario, mais il bénéficie de « circonstances atténuantes » parce qu'il n'était pas membre du parti nazi, parce que le film a été entrepris au départ contre sa volonté, à l'initiative de Goebbels, parce qu'il n'est pas établi que ce film ait directement contribué à la Solution finale et parce que le véritable Süss Oppenheimer est « un personnage controversé et même criminel selon certains historiens ».[31] Veit Harlan est donc acquitté pour la seconde fois par un tribunal allemand, le 29 avril 1950, avec des arguments pour le moins spécieux, faisant référence au point de vue assez particulier « de certains historiens ».

C'est à l'étranger, et en particulier en France, que ce nouvel acquittement soulève les critiques les plus vives. Si le journal *Le Monde* ne consacre tout au plus que quatre lignes à ce verdict[32], et si la plupart des autres quotidiens ne mentionnent même pas cette information, deux périodiques tirent un certain nombre d'enseignements du procès. Au lendemain d'une mise en garde d'Alfred Grosser qui déplore « l'échec de la dénazification en

30. *Ibid.* et Veit Harlan, « Échauffourées pendant l'audience », *op. cit.*, p. 325-328. *Le Journal de Genève* souligne, le 2 mai 1950, p. 8, que le président de la RFA (Theodore Heuss) à prononcé la veille, à l'occasion du 1er mai, une allocution radiodiffusée dans laquelle il condamnait lui aussi clairement la renaissance de l'antisémitisme en Allemagne.

31. Landgericht Hamburg, *Urteil in der Strasuche gegen den Filmregisseur Veit Harlan wegen Verbrechens gegen die Menschlichkeit*, 1950, 85 pages.

32. L'article du journal *Le Monde* précise le 3 mai 1950, à la rubrique Allemagne : « Veit Harlan, directeur de production du film antisémite *Le Juif Süss*, tourné pour le compte des services de propagande de Goebbels, a été acquitté par un tribunal allemand de Hambourg ».

Allemagne », Antonina Valentin appelle à la vigilance dans un article important publié en juin-juillet 1950 dans la revue *Évidences* où, après avoir détaillé le procès de Veit Harlan, elle dénonce la résurgence de l'antisémitisme en Allemagne de l'Ouest.[33]

Léon Poliakov déplore de son côté, dans un article publié en novembre 1950 dans *Le Monde juif*, la revue du Centre de documentation juive contemporaine, à propos du procès et de l'acquittement de Veit Harlan, que la « déformation des notions juridiques essentielles » continue, après l'écroulement de l'Allemagne nazie, « à régir l'activité de maint tribunal dans l'Allemagne du chancelier Adenauer ». Offensif, il conclut l'article en stigmatisant les arguments auxquels « se croient obligés d'avoir recours les juristes allemands de notre époque, désireux à tout prix d'acquitter un concitoyen ».[34]

Les deux articles dénoncent les insuffisances de la justice allemande sans les comparer d'une manière ou d'une autre à celles dont la justice française faisait également preuve pour éviter de sanctionner les acteurs ayant prêté leur voix au doublage du film en français. Il faut dire qu'en France l'épuration n'est plus vraiment à l'ordre du jour depuis les premières mesures d'amnistie liées à la loi du 16 août 1947.[35]

Pourtant, si on se reporte à la presse de l'Occupation, le doublage du film *Jud Süss* à Paris avait été tout particulièrement soigné. En mars 1941, le périodique de la corporation du cinéma présentait même la version française du film comme « un exploit et une réussite de nos techniciens du doublage » :

33. Antonina Valentin, « Un procès témoin » *in Évidences*, n° 11, juin-juillet 1950, p. 1-5 et Alfred Grosser, « Le néo-nazisme » *in Évidences*, n° 9, mars-avril 1950, p. 12-18. Précisons que ces articles, publiés dans cette revue de l'American Jewish Commitee, évoquent aussi la multiplication des profanations de cimetières juifs en Allemagne de l'Ouest.

34. Léon Poliakov, « En marge du film *Le Juif Süss* : Le procès Veit Harlan » *in Le Monde juif*, CDJC, n° 37, novembre 1950, p. 2-4.

35. Claude Singer, « Limites de l'épuration » in *L'Université libérée, l'Université épurée, 1943-1947*, Les Belles Lettres, 1997, p. 301-351, Claude Singer, « Les contradictions de l'épuration du cinéma français 1944-1948 », *Raison présente*, Nouvelles Éditions rationalistes, n° 137, 2001, p. 3-37 et Stéphane Gacon, *l'Amnistie*, Seuil, 2002, p. 161 *sq.*

> « Toute l'atmosphère du film a été conservée, les chansons hébraïques notamment ont été respectées. C'est donc bien une adaptation dont il faut féliciter son auteur, monsieur Paul Janssen de Venloo. Une telle réussite n'a pu être obtenue qu'au prix d'une longue et patiente suite d'efforts et de soins minutieux ».[36]

C'est un producteur d'origine belge, Paul Janssen de Venloo, qui supervisait le doublage du film en français.[37] Mis en question dans le cadre de l'épuration professionnelle du cinéma, après la Libération, il est à notre connaissance l'unique membre de l'équipe technique à avoir été sanctionné temporairement pour ce travail.[38] Dans les interrogatoires auxquels il est soumis de 1944 à 1946 il reconnaît sans difficulté avoir doublé ce film. Il présente toutefois ce choix comme un moyen « de donner du travail aux techniciens français alors au chômage » et souligne, à plusieurs reprises, « ne pas être antisémite ». Il assure aussi qu'il a « des amis juifs » et que, selon lui, le film n'était ni un film de propagande ni un film antisémite :

> « J'ai visionné la copie en décembre 1940 et j'avoue loyalement que rien ne m'a choqué dans ce film. À aucun moment il ne m'est venu à l'idée que ce film pourrait être considéré comme un film antisémite. (…) Et mes collaborateurs qui ont vu le film au moment de la synchronisation (techniciens, dialoguistes, artistes, etc.) n'ont pas non plus soulevé la question de l'antisémitisme. (…) À mon avis le rôle odieux du film est celui du duc de Wurtemberg (…) ».

36. *Le Film* n° 12 du 29 mars 1941, p. 42.

37. Né à Ramlez en Égypte en 1875, Paul Janssen de Venloo s'installe en France en 1908 où il est d'abord distributeur de films dans la région du Nord, avant de produire des films muets à Paris. Il co-produit notamment le film de Raymond Bernard *Le Miracle des loups* (1925). Il fonde ensuite une société qui prend de l'importance au début du parlant en France (3 films produits en 1929-1930). En août 1940, il sollicite l'ACE, avec laquelle il était déjà en contact avant la guerre, pour obtenir le doublage de films allemands en français. Il assure au total le doublage d'une vingtaine de films allemands et, parmi eux, *Le Juif Süss*.

38. Suspendu en novembre 1944, il a été licencié sans indemnités en décembre 1946 et il n'a été autorisé à reprendre une activité de production qu'à partir d'octobre 1948. Entre-temps c'est son fils, Roger Janssen de Venloo, qui a poursuivi ses activités de producteur, à la tête de la société Majestic, avec notamment des films comme *J'ai 17 ans* (André Berthomieu, 1945), *Quai des orfèvres* (H-G. Clouzot, 1947), *Pattes blanches* (Jean Grémillon, 1948)…

En quoi le rôle de Oppenheimer est-il plus choquant que celui de Shylock dans *Le Marchand de Venise* de W. Shakespeare ? »[39]

Paul Janssen de Venloo poursuit ensuite sa défense en précisant que la version française du film *Le Juif Süss* s'appuie sur un texte de Raymond Migeon et qu'elle a été réalisée en décembre 1940 par Jean Gaudray, résistant de la première heure, aux studios Melodium de Neuilly. Jean Gaudray est effectivement un résistant et les comédiens qui doublent les acteurs allemands en français assurent également « avoir ignoré le contenu du film » dont ils doublaient pourtant des dialogues explicites. En dépit de protestations unanimes, il apparaît que plusieurs d'entre eux, mais pas tous, étaient des partisans déclarés de l'Allemagne nazie. C'est le cas au moins de trois d'entre eux dont l'itinéraire est significatif et mérite d'être évoqué ici : Raymond Rognoni, Henri Valbel et Lucien Blondeau.

Raymond Rognoni (1892-1965) a doublé Heinrich George dans *Le Juif Süss*. Premier prix du Conservatoire (1922), cet ancien pensionnaire de la Comédie-Française (1922-1929) était un homme de théâtre estimé, directeur-fondateur d'une école de spectacle. Avant-guerre, il apparaît au cinéma dans quelques films, en particulier dans *L'Argent* (Marcel L'Herbier, 1936), *La Maison du Maltais* (Pierre Chenal, 1938), *La Famille Duraton* (Christian Stengel, 1939) et il double Heinrich George dans *Le Jeune Hitlérien* (1933) et dans *Cœurs immortels* (1939). Partisan affiché de la collaboration avec l'Allemagne nazie sous l'Occupation, il double à la même époque d'autres films allemands et participe, à plusieurs reprises, à des émissions de propagande sur Radio-Paris. Il joue également dans l'un des rares films français antisémites, *Les Corrupteurs* (Pierre Ramelot, 1942), et double encore, en mars 1944, un documentaire de propagande nazie en français : *Katyn*.[40]

39. Cf. document reproduit en annexe, Archives de Paris, 337, 338 et Perotin, 901 /64 /1 /152 Paul Janssen de Venloo dans une note destinée au président du CRIE, avril 1948.

40. AN (Paris) F 21 8112 et *Annuaire biographique du cinéma et de la télévision en France*, 1953-1954, p. 634.

Henri Valbel (1885-1956) a doublé en ce qui le concerne Eugen Klöpfer dans *Le Juif Süss*. Ancien élève du Conservatoire et pensionnaire de la Comédie-Française (1915-1916), il s'est lui aussi régulièrement produit sur scène avant-guerre, notamment à l'Odéon et au Théâtre des Noctambules. Il a interprété de petits rôles dans un grand nombre de films, notamment dans *Fra Diavolo* (Mario Bonnard, 1931), *François Ier* (Christian-Jaque, 1936) et *Les Monts en flammes* (Luis Trenker, 1938). Sous l'Occupation il double plusieurs films allemands en français, notamment *Les Rapaces* (1939) et *Président Krüger* (1940). Il joue aussi dans *Forces occultes* (Paul Riche, 1943), un film français de propagande antimaçonnique et antisémite.[41]

Quant à Lucien Blondeau, né en 1884, qui double Werner Krauss dans le rôle uniquement de Levy, c'est un spécialiste de la synchronisation qui apparaît aussi régulièrement au théâtre. Au cinéma, il n'a tenu que quelques petits rôles, notamment dans *Cartouche* (Jacques Daroy, 1934), *Marthe Richard au service de la France*, (Raymond Bernard, 1937) et *Premier de cordée* (Louis Daquin, 1943). Un rapport de police, daté du 1er novembre 1944, le présente comme un fervent admirateur du régime nazi, membre du Mouvement social révolutionnaire[42] et adhérant de la Légion des volontaires français depuis 1942. De son côté, après la Libération, il nie formellement tous ces engagements. Il est donc difficile de trancher. Toujours est-il qu'il participe à plusieurs émissions de propagande sur Radio-Paris et tourne encore, en juin 1944, dans *Heures d'angoisse*, un film de propagande dénonçant les dangers de la Résistance.[43]

41. AN (Paris) F 21 8113, *Annuaire biographique du cinéma et de la télévision en France*, Édition et documentation artistiques, 1953-1954, p. 105 et Henri Temerson, *Biographies des principales personnalités françaises décédées au cours de l'année*, 1956, p. 145. Précisons que Paul Riche est le pseudonyme de Jean Mamy, journaliste ultra-collaborationniste, fusillé après la Libération.

42. Fondé par Eugène Deloncle sous l'Occupation, le MSR est une émanation directe de la Cagoule, un mouvement d'extrême droite qui avait fait beaucoup parler de lui en 1936-1937 en perpétrant plusieurs assassinats politiques.

43. AN (Paris) F 21 8106 et Z 5 100 et *Annuaire biographique du cinéma et de la télévision en France*, 1953-1954, p. 105. Précisons que *Heures d'angoisse* n'a pas été distribué en France en raison de la Libération.

Les acteurs-doubleurs dont il vient d'être question plaident tous les trois non coupables lorsqu'ils sont interrogés dans les diverses commissions d'épuration mises en place à la Libération. Il en va de même des autres acteurs ayant doublé *Jud Süss* en français (Richard Francœur pour Ferdinand Marian, Maurice Lagrenée pour Werner Krauss dans le rôle du rabbin Loew et Colette Broïdo pour Kristina Söderbaum) qui n'étaient pas des collaborationnistes notoires.[44] Signalons aussi, dans des rôles secondaires, les voix de L. Givry, H. Darbrey, C. Guerini, J. Gournac, C. Peran, G. Saillard, R. Blancar, J. Derives, J. Clarieux, C. Didier, P. Morin et S. Nivette.

S'il apparaît un peu vain de chercher à sonder la sincérité des hommes et des femmes ayant participé à la version française du film nazi en 1940, qui se défendent comme ils le peuvent et avec des résultats très variables en 1945-1946, il faut faire une place à part à Jean Darcante (1910-1990). C'est en effet lui qui, dans la version française, prête sa voix à Malte Jäger (Charles Faber). C'est l'acteur le plus célèbre de l'équipe de synchronisation du film et c'est celui aussi dont la défense est la moins crédible.

Acteur de théâtre et disciple de Gaston Baty, Darcante a monté sur les planches plusieurs grands auteurs classiques comme Labiche et Feydeau. Il a aussi créé, le 20 février 1942 au Théâtre Montparnasse, pour la première fois en France, *La Célestine* de Fernando de Rojas.[45]

Après la Libération, Darcante prétend « avoir été gaullisant et anti-allemand depuis le 24 juin 1940 ». Pourtant, proche d'André Castellot, il avait signé sous l'Occupation plusieurs articles dans *La Gerbe*, l'hebdomadaire collaborationniste dirigé par Alphonse de Chateaubriant.[46] Il avait aussi beaucoup fréquenté les autorités allemandes même si, d'après lui, c'était pour pouvoir

44. Colette Broïdo précise même après la Libération, dans le cadre d'une commission d'épuration, que son père était juif.

45. Cette pièce, écrite à la fin du XVe siècle par un marrane, c'est-à-dire un juif converti, faisait l'apologie de la dualité des êtres et du double langage. Yirmiyahu Yovel, *Spinoza et autres hérétiques*, Paris, 1991.

46. Alphonse de Chateaubriant, prix Goncourt 1911, est président du mouvement Collaboration sous l'Occupation.

continuer à exercer son métier et pour obtenir les autorisations dont il avait besoin puisque, depuis la fin 1943, il dirigeait le Théâtre des Champs-Élysées. Au printemps 1944, l'ancien combattant patriote, qui a obtenu une citation pour la campagne militaire de mai-juin 1940, rejoint un mouvement de résistance, aux côtés notamment du journaliste Claude Vermorel et de l'acteur Bernard Blier. Il participe aux combats de rue à Paris, durant l'été 1944, et tient, peu après la Libération, le rôle du grand chef de la résistance dans *Vive la Liberté* d'Edmond Gréville (1944-1945). Devenu président du Syndicat national des acteurs, il prend à la même époque la direction du Théâtre de la Renaissance. Il n'est pas sanctionné par l'épuration bien qu'il ait été sévèrement critiqué, à plusieurs reprises, notamment par René Rocher, Henri Jeanson et Paul Meurisse, pour sa participation au doublage du film nazi *Le Juif Süss*. Ces critiques, reprises par plusieurs journaux dans les années 1950, reposent en grande partie sur ses propres déclarations, bien que ces dernières soient plutôt confuses sur ce sujet. Jean Darcante soutient en effet que ne parlant pas un mot d'allemand il n'a absolument pas compris qu'il doublait un film antisémite ? C'est assez peu crédible dans la mesure où il devait prononcer, dans ses dialogues en français, certaines insultes explicites, notamment « vil juif », « valet de juif », « sale talmudiste ». Il prétend que « la portée du film » lui a complètement échappé mais dans des déclarations antérieures, faites en mars 1946, il affirmait pourtant : « Au bout d'une heure au studio je n'avais plus de doute. Pouvais-je pour autant interrompre le travail de la journée ?[47] »

Ces contradictions, déjà mises en évidence peu après la Libération, nous conduisent à nous interroger sur la sincérité d'acteurs qui, ayant accepté de participer au doublage du film, proclament ensuite, la main sur le cœur, avoir été trompés ou avoir tout ignoré de son message antijuif. Trompés par qui et sur quoi au juste ? Difficile sans doute pour ces hommes eux-

47. Sur Jean Darcante, AN (Paris) F 21 8108, article d'Henri Jeanson dans *Le Canard enchaîné* du 6 septembre 1944 (« N'oublions pas le passé ») et J. Darcante, *Théâtre : la grande aventure*, éd. du Sorbier, 1985, p. 125-126 *sq.*

mêmes de le préciser. Outre ce syndrome qui pousse les doubleurs du film à se présenter, eux aussi, en victimes, il faut souligner leur propension à minimiser, voire à évacuer complètement le contenu antisémite du film. C'est à peu de chose près l'attitude de Veit Harlan et des acteurs allemands. En France comme en Allemagne, la justice s'est montrée magnanime à l'égard des artistes qui avaient participé à ce film. Certes, sa diffusion a été totalement prohibée mais les acteurs et les créateurs qui y avaient participé n'ont été condamnés dans la plupart des cas que de manière formelle, essentiellement sur le plan moral. Ils n'ont jamais été contraints à rembourser même une partie de l'argent qu'ils avaient pu gagner grâce au film. Ils n'ont pas eu non plus d'amende même symbolique à verser. La faiblesse de la justice dans les années d'après-guerre paraît étonnante avec le recul car le film est condamné et désormais unanimement décrié. Il semble pourtant que ce n'était pas encore si tranché après-guerre, comme le suggèrent certains arguments mis en avant par les accusés pour se défendre. Les comparaisons avec *Le Marchand de Venise* et *Oliver Twist* sont d'ailleurs éclairantes de ce point de vue. Elles prouvent que la tolérance à l'égard de l'antisémitisme était plus grande il y a cinquante ans qu'aujourd'hui. Cette tolérance diminue progressivement avec les années et les films que Veit Harlan parvient encore à tourner dans les années 1950 n'obtiennent plus qu'un faible succès, sans rapport avec l'accueil de l'époque nazie.[48]

Ils suscitent en effet un rejet de plus en plus net, tant en Allemagne que dans les pays européens où ils sont diffusés (Autriche, Suisse, France…) car le nom du réalisateur apparaît désormais indissociable de la propagande génocidaire du IIIe Reich. En 1950, les pétitions anti-Harlan se multiplient. (Cf. document p. 256-257.) En 1951

48. En onze ans (1935-1945) Veit Harlan avait tourné vingt films et huit films seulement de 1945 à 1964 : *Unsterbliche Geliebte*, L'Amoureuse éternelle (1950-51), *Hanna Amon* (1951), *Die Blaue Stunde* (1953), *Sterne uber Colombo*, Le Tigre de Colombo et *Die Blonde Frau des Maharadscha*, La Prisonnière du Maharadja (1954), *Verrat an Deutschland*, L'Espion de Tokyo (1955), *Anders als Du and Ich,* Le Troisième sexe (1957) et *Ich werde dich auf Handen tragen,* Impudeur (1958).

Six millions assassinés !

Dans les camps de concentration de l'Etat nazi ils furent victimes d'une haine démente. Ce ne sont pas seulement les responsables de cette haine et les bourreaux dans les chambres de torture qui sont coupables de cruautés inimaginables. Tous ceux qui ont mis leur force et leur savoir-faire au service d'une chasse à l'homme sont également coupables ! Peuvent-ils continuer à exercer une quelconque influence sur l'opinion publique en Allemagne fédérale ?

VEIT HARLAN

le réalisateur du film de haine antijuive « Jud Süss » essaie d'exercer à nouveau une telle influence ! Au lieu de garder le silence il se met à nouveau en avant avec le soutien de certains grands studios. Et cela fait à peine cinq ans que les persécutions antijuives ont cessé en Allemagne.

On demande par conséquent une

INTERDICTION

de toute présentation publique des films de Veit Harlan ainsi que des mesures appropriées contre les films portant atteinte à l'honneur de la démocratie allemande, tant en ce qui concerne leur contenu que leurs participants.

11 novembre 1950, Die Falken,
Mouvement de jeunesse socialiste d'Allemagne de l'Ouest
Comité de Hambourg

des manifestations perturbent la projection des nouveaux films de Veit Harlan.[49] Et ces manifestations sont même encouragées par la commission allemande pour l'Unesco qui, oubliant pour une fois tout langage diplomatique, en vient à suggérer que l'on interdise purement et simplement à l'avenir au cinéaste de réaliser d'autres films pour « ne pas rouvrir de nouvelles blessures ».[50] Un journal

49. Richard F. Hanser, « Public Riots over Showing of Two New Films-Harlan, ex Nazi, Attacked », *in The New York Times*, 22 avril 1951.

50. Citation d'après « Veit Harlan indésirable » *in JUNA*, Bulletin de presse de la Fédération suisse des communautés israélites, le 8.1.1951.

Sechs Millionen gemordet!

In den KZ des nationalsozialistischen Staates wurden sie das Opfer einer wahnsinnigen Rassenhaßidee.

Nicht nur die geistigen Urheber dieser Rassenhetze und ihre Schergen in den Folterkammern sind schuldig an den ungeheuren Grausamkeiten. Alle, die bewußt Kraft und Können in den Dienst solcher Menschenverfolgung einsetzten, machten sich mitschuldig!

Soll ihnen in der Bundesrepublik die Möglichkeit bleiben, weiter auf die öffentliche Meinung einzuwirken?

VEIT HARLAN

der Regisseur des Judenhaß-Filmes „Jud Süß" versucht es wieder! Statt sich in stiller Reue zurückzuziehen, läßt er sich mit Hilfe einiger Filmgesellschaften wieder in den Vordergrund schieben. Und seit dem Ende der Menschenverfolgungen in Westdeutschland sind erst fünf Jahre vergangen.

Daher fordern wir das

VERBOT

einer öffentlichen Aufführung von Harlan-Filmen und die Einleitung geeigneter Maßnahmen gegen Filme, die durch ihren Inhalt oder ihre Mitwirkenden das Ansehen des demokratischen Deutschlands verletzen.

Die Falken
Sozialistische Jugendbewegung Deutschlands
Landesverband Hamburg

Herausgeber: Die Falken, Landesverband Hamburg. Verantwortlich: Klaus Happersberger
Druck: Wartenberg & Weise, Hamburg

de Munich proclame l'année suivante dans le même état d'esprit mais avec plus de violence encore : « On préférerait lui jeter 200 000 marks à la gueule plutôt que de laisser encore faire des films ». Et *France-Soir* nous apprend qu'au même moment les manifestations d'étudiants appelant à boycotter les films de Veit Harlan se multiplient et touchent particulièrement les villes universitaires allemandes, notamment Munster, Francfort, Heidelberg et Fribourg.[51] *Le Troisième sexe* (1957), qui présente l'homosexualité comme s'il s'agissait d'une maladie et d'une perversion, est le film le plus controversé de Veit Harlan après-guerre. Présenté comme « un sinistre navet » et accusé d'encourager l'homophobie ambiante, il déclenche des émeutes à sa sortie en Allemagne, en Suisse, et même en France. En raison des protestations qu'il suscite, il est d'ailleurs très vite retiré de l'affiche à Paris et dans diverses villes françaises. Il sera même interdit ici et là.[52]

Même si, dans les années 1950, le regard que l'on porte sur Veit Harlan, sur son film *Le Juif Süss* et sur son œuvre cinématographique n'a plus grand chose à voir avec celui du début des années 1940, on est assez loin encore de ce qu'il va devenir peu à peu dans les années 1990 et 2000.

51. *Münchner Abendzeitung* et *France-Soir* du 1er février 1952, cités d'après P. Cadars et F. Courtade *in Anthologie du cinéma*, n° 72, Harlan, mars 1973, p. 99.

52. Le film est d'abord sorti à Stuttgart, sous le titre *Das Dritte Geschlecht* (*Le Troisième sexe*) ou *Anders als du und ich* le 31 octobre 1957. *Cf.* Veit Harlan, *op. cit.*, p. 360-363. À Paris, il est brusquement retiré de l'affiche à la suite de menaces visant les salles où il était projeté. Sur l'agitation liée à sa sortie dans la capitale française on consultera notamment l'article de Jeander (Jean Derobe) dans *Libération* du 19 et 30 janvier 1959, *Combat* du 28 janvier 1959 et « Le Troisième sexe d'un hypocrite » dans *Aux Écoutes* du 27 mars 1959.

La circulation du film de 1945 à nos jours

Au printemps 1945, les Alliés se partagent les copies et les négatifs des films allemands produits sous le IIIe Reich. *Le Juif Süss* fait évidemment partie des films confisqués dont la projection est désormais totalement prohibée. Pourtant, le film continue à être projeté, en séances privées, dans la partie orientale de Berlin qui se trouve dans la zone d'occupation soviétique. Ces projections étonnent car les films américains étaient totalement proscrits dans cette zone, même en séances privées. S'agissait-il de compenser un manque, en laissant passer des films allemands qui s'inspiraient du modèle hollywoodien et avaient le parfum de l'Occident ? Pensait-on en haut lieu que ce film était moins nocif politiquement qu'un western ou qu'un film policier américain ? S'agissait-il seulement d'étudier la technique de propagande utilisée ? Pour l'heure la question reste ouverte.[1]

Au printemps 1950 le gouvernement de Bonn interdit à son tour la projection du film en public. Mais des copies de *Jud Süss* continuent à circuler dans les deux parties de l'Allemagne et dans certains pays d'Europe de l'Ouest. En octobre 1950, une projection du film au grand jour est programmée en France ; la séance est

1. Holger Theurerkauf, *Goebbels' Filmerbe : Das Geschäft mit unveröffentlichten UFA-Filmen*, Vienne, Ullstein, 1998, p. 171.

annulée quelques jours avant la date prévue, mais la tentative déclenche un scandale et une polémique.

Ce scandale a pour origine une copie du film, placée sous séquestre (au Domaine) après la Libération, avec d'ailleurs nombre d'autres films allemands ou italiens pris à l'ennemi. À l'automne 1950 il devait être projeté à titre exceptionnel, avec l'accord du Centre national du cinéma, dans un ciné-club du Quartier latin à Paris. Il ne s'agissait ni d'une séance commerciale ni d'une quelconque tentative de réhabilitation du film mais seulement de satisfaire la curiosité de cinéphiles. L'annonce de cette projection suscite immédiatement une vive émotion et de multiples protestations. Tant et si bien que la préfecture de police interdit la séance, mais l'affaire n'en reste pas là et prend vite une tournure politique. Dans les milieux gaullistes et communistes de la Résistance, on critique sévèrement la lenteur et les hésitations des pouvoirs publics. Les 9 et10 octobre 1950 des conseillers municipaux adressent des questions écrites au préfet de police au sujet de cette projection annulée *in extremis*. Le sénateur résistant (Fédération républicaine) Jacques Debu-Bridel revient de son côté sur l'affaire, le 2 novembre 1950 au Conseil de la République, en la présentant comme un élément parmi d'autres d'une offensive « de manifestations racistes, d'apologie de la Collaboration et d'attaques répétées contre la Résistance ».[2]

Le secrétaire général de l'UNEF (Union nationale des étudiants de France) adresse aussi une protestation solennelle au ministre de l'Intérieur et des groupes d'étudiants socialistes défilent dans les rues du Quartier latin, devant le Cluny-Palace où le film devait être projeté, pour manifester leur indignation.[3] Pour mieux comprendre l'émotion que cette tentative de projection du film suscite, on doit souligner que moins de dix ans auparavant le film avait été projeté commercialement, pendant un certain temps dans cette même salle.

2. *Droit et Liberté* du 20-26 octobre 1950 et *Le Monde juif* (CDJC), n° 37, novembre 1950, p. 17.

3. *Naïe Presse* du 5 octobre 1950 et *Le Populaire* du 17 octobre 1950.

Dans la presse d'opinion, on fait donc très largement écho à ces protestations mais on les interprète de manière parfois contradictoire : pour le royaliste *Aspect de la France,* l'affaire est une provocation et « une manœuvre juive-allemande ». Pour le progressiste *Témoignage chrétien,* elle confirme au contraire la « montée de l'antisémitisme en France » et la convergence d'une offensive visant à réhabiliter Vichy :

> « Cette reprise du film *Le Juif Süss* entre dans un courant qu'il faudrait être aveugle pour ne pas voir. Elle va de pair avec la réhabilitation du nazisme et du collaborationnisme à laquelle s'efforcent quelques-uns de nos compatriotes, obstinés à prouver qu'ils eurent toujours raison, qu'ils furent toujours infaillibles et impeccables. Les rancunes qu'ils entretiennent, les haines qui chatouillent constituent autant d'alibis supplémentaires mais ils font là une triste besogne ».[4]

Il semble en fait qu'il s'agissait ni d'une manœuvre juive ni d'une tentative de réhabilitation de Vichy mais de la simple curiosité d'étudiants cinéphiles. L'émotion considérable suscitée par la tentative avortée de projection du film *Le Juif Süss* n'est pas compréhensible si on évacue aussi le contexte très particulier dans lequel cette affaire éclate : le scandale se situe en effet quelques mois après l'acquittement définitif de Veit Harlan en Allemagne, au moment où débute en France un débat très tendu sur l'amnistie. Le 24 octobre 1950, un nouveau projet d'amnistie est mis à l'ordre du jour à l'Assemblée nationale. C'est la première fois qu'un projet d'une telle ampleur est sur le point d'aboutir dans la France d'après-guerre. Les débats débouchent quelques semaines plus tard, le 5 janvier 1951, sur l'adoption d'une loi d'amnistie générale pour les délits liés à la période de l'Occupation. Avant même l'adoption et la promulgation de cette loi qui doit contribuer à tourner une des pages les plus sombres de l'histoire de France, le philosophe et ancien résistant Vladimir Jankélévitch exprime son amertume et sa désapprobation :

4. *Aspects de la France* du 20.10.1950 et Frère Genevièvre dans *Témoignage chrétien* du 27 octobre 1950.

> « Il n'y a plus coupables ni innocents, et les procès en collaboration s'effritent comme se dissout l'évidence morale de la honte et de la trahison ».[5]

La France n'est pas l'unique pays où ce film circule presque ouvertement. Au début des années 1950, on signale aussi des copies du film de Veit Harlan dans plusieurs pays arabes.[6] Veit Harlan désavoue et interdit toute projection du film et brûle même, de manière spectaculaire, une copie du négatif, à Zurich, en avril 1954. L'opération s'effectue face à une caméra, devant un journaliste du *Spiegel*, et en présence d'un huissier. D'après Harlan l'autodafé devait empêcher qu'une copie du film soit vendue à l'ambassade d'Égypte *via* la Suisse :

> « Selon une enquête que mena mon fils, je pus vérifier que les Égyptiens étaient prêts à acheter le négatif pour cent cinquante mille francs suisses. S'il était tombé entre leurs mains, tout le Proche-Orient aurait été inondé de copies agrémentées d'une « préface » anti-juive qu'à défaut de ma confection personnelle un autre se serait chargé de faire ».[7]

Fantasme ou réalité ? Outre qu'on ne comprend pas bien en quoi une « préface anti-juive » s'imposait, la médiatisation de l'autodafé rend problématique la sincérité du cinéaste. La presse suisse et la presse allemande s'interrogent ouvertement sur la démarche du réalisateur, devenu tardivement le censeur le plus enragé de son propre film.[8]

Il est difficile de savoir si ce comportement est sincère ou calculé, d'autant que le choix du feu pour faire disparaître un film proscrit n'est pas non plus anodin mais, au-delà des symboles et des arrière-pensées du réalisateur, il ne fait pas de doute que le

5. Claude Singer, *L'Université libérée, l'Université épurée*, p. 343 *sq.*

6. *Die Welt* du 2 octobre 1950, *Die Neue Zeitung* du 1er octobre 1952 et *Daily Worker* du 7 octobre 1952.

7. Veit Harlan, *op. cit.*, p. 353.

8. *Ibid.*, Arch. de Yad Vashem (Jérusalem), P 13 /23, Walter Wiss : « Veit Harlans missglückter Sühneakt in Zurich », 8 avril 1954 et *Die Welt* du 23 avril 1954.

film *Le Juif Süss* circule effectivement en Égypte, en Syrie et au Liban peu de temps après la crise de Suez (en octobre 1956). Les copies du film (doublées en arabe) auraient été acheminées dans ces pays musulmans par l'intermédiaire de l'Union soviétique. Il s'agissait alors pour cette grande puissance, dans le contexte de la Guerre froide et des rivalités entre les deux blocs au Proche-Orient, d'alimenter une campagne de dénigrement visant à la fois l'Allemagne de l'Ouest et Israël. C'est en tout cas la manière dont la presse française présente l'affaire :

> « On vient d'apprendre que le film nazi *Le Juif Süss* dont en principe toutes les copies devaient avoir été détruites en Allemagne vient d'être projeté à Beyrouth et au Caire. Cette bande de propagande antisémite avait été préalablement doublée en dialecte local. Le gouvernement de Bonn, alerté, a protesté auprès du responsable (allemand) de la non-destruction complète du film. La première enquête (officieuse) aurait révélé qu'il s'agissait d'un geste de propagande fait par les Soviets. Après avoir saisi (en prise de guerre) plusieurs exemplaires du film *Le Juif Süss* en Allemagne en 1945, les services soviétiques de propagande auraient trouvé le moment opportun pour relancer une campagne à la fois contre Israël et contre l'Allemagne de l'Ouest ».[9]

Certes, il convient de prendre ces informations avec précaution car le monde est alors divisé en deux blocs antagonistes et, dans cette phase aiguë de la Guerre froide, on a parfois bien du mal à comprendre qui manipule qui, d'autant que le conflit Est-Ouest débouche alors sur une offensive d'envergure où désinformation rime avec volonté de disqualifier l'adversaire à tout prix. Si les Soviétiques assimilent avec perversité Israël aux « dirigeants nazis d'Allemagne de l'Ouest », les Occidentaux, et au premier chef l'État d'Israël, assurent de leur côté avec non moins de mauvaise foi que Nasser est « un nouvel Hitler sur le Nil ».

9. *Aux Écoutes* du 30 avril 1958. Voir aussi *Der Spiegel* du 23 avril 1958 et *Variety* du 7 mai 1958. En décembre 1960 un rapport du bureau parisien de l'American Jewish Committee signale que le film nazi *Le Juif Süss* circule en Egypte, en version arabe, sous le titre *Le Juif errant*. Ce rapport, citant plusieurs articles de la presse égyptienne, semble fiable.

Dans le film *Colline 24 ne répond plus* (Thorold Dickinson, Israël, 1954), on présente aussi d'anciens nazis aidant l'armée égyptienne à combattre les Juifs dans la Palestine de 1948, à la fin du mandat anglais. Dans *Exodus*, le roman de Léon Uris (1958) situé à la même époque et très vite porté à l'écran par Otto Preminger (États-Unis, 1960), arabes et anciens nazis sont également associés à diverses reprises.[10] La presse israélienne souligne en ce qui la concerne, à juste titre, que la Shoah est systématiquement niée dans le monde arabe et que l'on trouve facilement en Égypte *Les Protocoles des Sages de Sion*.[11] Elle ajoute d'autre part que Nasser recommande la lecture de ce pamphlet « de manière à comprendre les sombres machinations des Juifs » et accuse ouvertement « le dictateur fasciste » de s'entourer de « conseillers nazis ».[12] Juste après l'expédition de Suez, le journal *Maariv* soutient, photographies à l'appui, que *Mein Kampf* est toujours très lu dans les camps militaires égyptiens.

Fantasme ou réalité ? Même si l'admiration de Nasser pour Hitler est attestée par divers témoignages, il ne faut pas surestimer la portée de ces informations. Le risque d'une nouvelle Shoah est faible en 1956, comme l'a montré Tom Segev dans l'étude qu'il a consacrée à l'évolution de la perception du génocide en Israël. Il n'en est pas moins constamment invoqué par les autorités israéliennes parce qu'il contribue à souder les citoyens entre eux et permet aussi de faire l'économie d'un débat sur la légitimité et l'utilité d'une intervention du pays, aux côtés des Anglais et des Français, le long du canal de Suez.[13]

10. Notons toutefois que dans *Exodus* le rôle du nazi von Storch était tenu par un acteur bien connu du théâtre yiddish : David Opatoshu.

11. La traduction en arabe de ce célèbre faux a été rééditée au Caire, le 23 novembre 1951, par *Al-Asas (Le Fondement)*, sous la signature de Muhammad Khalifa al-Tunsi. *Cf.* aussi Bernard Lewis, *Sémites et antisémites*, Fayard, 1987, p. 208 et 258.

12. Sylvia G. Haïm, « Arabic Anti-Semitic Literature » *in Jewish Social Studies*, NY, vol. XVII, n° 4, 1955, p. 307-312, déclarations de Nasser publiées dans *Al-Ahram* du 29 septembre 1958 et Yehoshafat Harkabi, *Arab Attitudes to Israël*, Tel-Aviv, 1968, rééd. Jérusalem, Israël University Press, 1972.

13. Tom Segev, *Le Septième Million : les Israéliens et le génocide*, Liana Lévi, 1993, p. 353-354.

La circulation du film antisémite *Le Juif Süss* dans les pays arabes au moment de l'expédition de Suez est avérée mais nous ne pouvons à l'heure actuelle ni mesurer la portée réelle du film dans ces pays à cette époque ni savoir si ce film a été vu uniquement dans des petits cercles ou au contraire par un public plus large. Nous disposons en revanche d'informations plus précises sur la manière dont le film circule ultérieurement. Ainsi, en 1959, la presse occidentale fait état d'un projet de vente clandestine du négatif de *Jud Süss*, à Lübeck, pour 100 000 dollars, au frère du roi d'Arabie saoudite, Ibn Séoud. La tentative échoue mais des copies du film sont à nouveau saisies et détruites, à plusieurs reprises, dans les années 1960. En 1967, la Cour suprême d'Allemagne de l'Ouest rappelle que le film, constituant une incitation à la haine raciale, reste interdit, mais en dépit de ce rappel rien ne change : en 1968, un producteur qui tentait de vendre une copie passée clandestinement de Bâle à Karlsruhe est condamné à une forte amende et à une peine d'emprisonnement ; en 1972, d'autres tirages du film sont confisqués par le ministère public à Stuttgart et une plainte est déposée contre les personnes qui tentaient cette fois-ci de vendre une copie du film pour 12 500 deutschmarks. Ces multiples condamnations supposent des transactions réussies grâce à des réseaux très actifs en Allemagne de l'Ouest et prouvent surtout que l'interdiction du film, constamment répétée, n'a en fait jamais été véritablement respectée.[14]

À partir des années 1970, la projection du film est autorisée, à titre exceptionnel, lors de séances destinées à étudier le film sur un plan purement historique et /ou cinématographique. Mais même dans ce cadre, la circulation du film pose encore des problèmes car nombre d'individus ou de groupes s'opposent, parfois de manière violente, à une projection publique. En France, nombre de séances sont systématiquement perturbées. Des incidents accompagnent ainsi la projection publique du film en avril 1972 à Perpignan lors d'un festival de cinéma (Confrontation VIII : Réflexion sur la

14. *Variety* des 7 avril 1958, 9, 12, 16 décembre 1959 et 8 mai 1968, *National Zeitung* du 26 juillet 1963 et *Allem. unabh. jüd Wocenz.* du 24 novembre 1972, p. 12.

question juive au cinéma), en mars 1975 à Vincennes (université de Paris-VIII), en janvier 1976 à Nantes (université des lettres) et en avril 1978 à Valence (au festival Cinéma et Histoire).[15]

En Allemagne, même si le film n'est plus interdit à partir de 1990, sa projection publique soulève encore bien des difficultés. Ainsi, au début de 2001 une pétition circule pour empêcher sa diffusion dans le cadre d'une exposition historique consacrée à Joseph Süss Oppenheimer, au musée juif de Furth, en Bavière. Signée par des journalistes, des enseignants et des écrivains, la pétition invoque la persistance de l'antisémitisme et l'influence dangereuse de l'extrême droite dans cette partie de l'Allemagne. Les pétitionnaires n'obtiennent pas gain de cause mais, à la suite de cette effervescence, le film est projeté en dehors du musée juif, à l'université populaire.[16]

En Israël ou aux États-Unis, les projections du film sont généralement moins controversées et, depuis quelques années, ce film est même devenu un objet d'études à part entière. Il aide à analyser et à expliquer, sans grand danger, la manière dont la propagande nazie fonctionnait car il n'a plus la nocivité qu'il pouvait avoir autrefois, soixante années après sa réalisation, dans un tout autre contexte historique et géographique. À l'origine de débats sur l'idéologie, la propagande et l'antisémitisme du IIIe Reich, le film nécessite toutefois explications et mises en garde. En effet, les spectateurs ne décryptent plus du tout aujourd'hui certains codes, stéréotypes et sous-entendus évidents à l'époque du régime hitlérien, y compris pour les spectateurs les moins avertis. Il faut donc apporter ces informations aux spectateurs d'aujourd'hui et surtout les mettre en garde, avant le début de la projection, pour qu'ils ne puissent pas prendre certains aspects du film au premier degré. Pour réduire encore les risques de dérapages on ne manquera pas aussi de souligner, avant la diffusion du film, que le cinéma du IIIe Reich

15. François Garçon, *op. cit., Éléments pour une analyse du fascisme /2*, séminaire de Maria A. Macciochi, Paris VIII-Vincennes, 1974-1975, 10 /18, 1976, Jacques Siclier dans *Le Monde* du 8 et 12 avril 1978 et Robert Grelien dans *La Revue du cinéma (Image et son)*, n° 329, juin 1978, p. 40-43.

16. Lionel Richard, « Polémiques autour du *Juif Süss* » dans *Le Monde diplomatique,* septembre 2001.

nous en apprend beaucoup plus sur l'idéologie nazie et la façon dont les juifs étaient perçus à cette époque que sur la manière dont le véritable Joseph Süss Oppenheimer pouvait vivre au début du XVIIIe siècle.

Il est nécessaire aussi de faire brièvement le point des connaissances sur la vie des juifs dans l'Empire germanique avant l'émancipation, le destin tragique et si particulier de ce juif de cour, et la manière dont son image a évolué tout au long de ces deux derniers siècles dans la mémoire collective. Si on dispose d'un temps très limité, on aura tendance à privilégier la projection d'extraits du film plutôt que l'ensemble : bien introduits, ces extraits doivent avant tout mettre en évidence l'utilisation de certaines techniques cinématographiques, notamment le choix des cadrages, de la musique, des fondus-enchaînés, et les fondements idéologiques du national-socialisme, exaltation d'une mythique communauté du peuple, antisémitisme, antiféminisme. Il n'est évidemment pas question de passer le film ou des extraits en boucle, publiquement, sans commentaire ou sans explication. Même dans un musée juif ou historique, les images de ce film restent dangereuses et nécessitent donc introduction, analyses et commentaires. En l'absence de ces précautions élémentaires, les images du film risqueraient de provoquer adhésion ou au contraire rejet violent de la part du public. Ces précautions concernent la projection publique du film devant un groupe de spectateurs.

À titre individuel, les chercheurs peuvent en revanche, sans restriction ni censure, visionner ce film en entier, séquence par séquence ou même plan par plan dans les divers centres spécialisés qui en ont une copie, notamment à la fondation Murnau de Wiesbaden et aux Bundesarchiv de Coblence en Allemagne, à la bibliothèque du Congrès de Washington et dans les archives de l'université Brandeis aux États-Unis, à la cinémathèque des Armées (ECPA) au fort d'Ivry ou aux Archives du film du Centre national du cinéma, à Bois-d'Arcy, en France.[17]

17. Le Centre de documentation juive contemporaine offre également cette possibilité puisqu'il dispose désormais d'une copie vidéo du film, en version originale, consultable sur place et sur rendez-vous.

Si nous avons souligné certaines précautions indispensables pour les projections publiques de la version de Veit Harlan, c'est parce que son film circule aussi, évidemment dans un esprit radicalement différent, dans les milieux néo-nazis. Dans les années 1980, la revue professionnelle américaine *Variety* signale à diverses reprises que *Le Juif Süss* et d'autres films de propagande nazie circulent illégalement aux États-Unis.[18] Le CEDADE (Circulo espanol de amigos De Europa), une organisation néo-nazie dont le siège est situé à Barcelone, diffuse largement le film en Europe.[19] S'il reste compliqué pour un particulier de se procurer le film sur ce continent, il est en revanche extrêmement facile d'en obtenir une copie aux États-Unis. En effet, depuis 1983, *Le Juif Süss* y est en vente libre, comme document historique, et il est même exempt de droits pour d'éventuelles projections publiques. La société qui commercialise le film dans ce pays est spécialisée dans l'exploitation de films historiques mais pas particulièrement dans les films néo-nazis. Elle propose une copie certes assez médiocre et en version originale, avec des sous-titres anglais généralement peu appréciés des spectateurs américains, mais pour un prix somme toute accessible : une trentaine de dollars, c'est-à-dire à peu près autant d'euros. En 1984 et 1985, deux autres sociétés de vidéo ont également mis ce film à leur catalogue. Il est donc facile aujourd'hui de se le procurer par correspondance ou en surfant sur la Toile. Plusieurs sites proposent d'ailleurs aux internautes de faire l'acquisition d'une copie vidéo du film pour une poignée de dollars. Depuis une vingtaine d'années, *Le Juif Süss* est donc disponible sans entrave, en vente ou en location, dans toute l'Amérique du Nord et, à partir de là, dans le reste du monde.[20] Cette banalisation du film va-t-elle contribuer à entraver la réhabilitation de Joseph Süss Oppenheimer ?

18. Not. *in Variety* du 31 octobre 1984. Information reprise par Daniel M. Kimmel, « Goebbel's work » *in Film Comment*, novembre-décembre 1986, vol. 22, p. 74-75.

19. *CEDADE*, n° 172, 1990, p. 42. Je remercie Marc Knobel, spécialiste des mouvements néo-nazis et du négationnisme, qui m'a communiqué cette information.

20. *Le Juif Süss* de Veit Harlan (1940) est inscrit au catalogue de plusieurs sites spécialisés dans la vente par correspondance de livres et de films sur Internet. On peut se le procurer avec un simple numéro de carte bleu, à partir de n'importe quel pays du monde, y compris la France.

Vers une réhabilitation du véritable Joseph Oppenheimer

Depuis 1940, la notoriété du film nazi éclipse complètement le film anglais, le roman de Feuchtwanger, la nouvelle de Wilhelm Hauff et le personnage historique sur lequel on ne dispose que d'informations très parcellaires. Le film de Harlan a eu un tel impact qu'il impose aujourd'hui une image n'ayant pas grand-chose à voir avec la réalité. L'onde de choc du film nazi est si puissante qu'elle écrase complètement le véritable personnage historique, imposant sa propre image et sa propre vérité. Dans l'esprit du plus grand nombre, le nom de Joseph Süss reste étroitement associé au film antisémite de Veit Harlan. À telle enseigne que lorsque Lion Feuchtwanger, romancier juif et antinazi, publie en 1946 un nouveau livre en France, et que l'éditeur souligne sur le bandeau accompagnant le livre, qu'il s'agit du « célèbre auteur du *Juif Süss* », le journal *Franc-Tireur*, issu de la Résistance, fait aussitôt paraître un entrefilet vengeur dans lequel Feuchtwanger, associé une fois de plus malgré lui au film nazi, est voué aux gémonies. Intitulé « À la cage », l'article dénonce « le fauve Lion Feuchtwanger », gratifié également à cette occasion d'une autre épithète animalière : « hyène qu'attire l'odeur du cadavre ». Quelques jours plus tard, *Franc-Tireur* rectifie le tir en titrant avec humour : « Encore fallait-il qu'on le Süss », mais la manière dont cette rectification s'effectue prouve qu'il subsiste encore une certaine confusion entre le roman et le film. L'auteur de l'article prend en effet soin de bien souligner que Lion Feuchtwanger « n'est aucunement responsable du film que la propagande nazie tira de son livre » :

> « Tout en nous réjouissant que M. Lion n'ait jamais fait partie de la ménagerie Goebbels, nous ne pouvons que regretter la confusion que crée la bande du nouveau livre de M. Feuchtwanger : « le dernier roman du célèbre auteur du *Juif Süss* ». On aimerait bien voir la tête des anciens laudateurs du film quand ils ouvrent le livre acheté sur la foi de cette alléchante promesse ! »[1]

Conscient de la confusion entre son livre et le film de Harlan, Lion Feuchtwanger se résout à ne pas rééditer immédiatement son roman en Europe. Pour le tirer du purgatoire où l'impact du film nazi l'a plongé, il entreprend une recherche sur son héros, de sa genèse romanesque sous la République de Weimar à la dérive antisémite du film nazi mais, en 1958, la mort interrompt sa tentative de réhabilitation littéraire. La veuve de l'écrivain, Martha Feuchtwanger, poursuit l'entreprise en se lançant, à partir de l'année suivante, dans un grand procès en Amérique contre le film nazi. Aidée d'une armée d'avocats, elle invoque alors la « contrefaçon » et l'image négative dont l'œuvre littéraire de son mari est, d'après elle, durablement entachée. Cette procédure juridique passablement compliquée vise à préserver l'intégrité de l'œuvre littéraire de son mari en interdisant à l'avenir la projection du film de Veit Harlan. Cette tentative échoue car la justice américaine ne parvient pas à établir que le film nazi est issu du roman de Lion Feuchtwanger. Il n'est donc pas possible d'effacer, même sur le plan juridique, l'image négative du film de Harlan qui reste étroitement associée au roman de Feuchtwanger. En 1958 et en 1966, deux nouvelles adaptations du roman de Feuchtwanger sont annoncées au cinéma : la première, produite par Peter Goldbaum, avec un scénario de Jochen Huth et une réalisation de William Dieterle, devait être interprétée par l'acteur O. W. Fischer. La seconde, produite par

1. *Franc-Tireur* des 22 et 26 novembre 1946.

Hans Oppenheimer, devait réunir Hans Habe et Romy Schneider dans les rôles principaux ; mais les deux projets sont abandonnés et aucun film ne contribue donc à réhabiliter le roman de Lion Feuchtwanger.

Lorsque ce dernier est réédité, plus tardivement en France qu'ailleurs, à la fin des années 1970[2], la mention qui figure en gros caractères sur la couverture apparaît encore ambiguë : « Une grande œuvre trahie par un film tristement célèbre ». Cette phrase et le texte de la préface rédigé par Léon Poliakov, prouvent bien que l'ombre du film de Veit Harlan plane toujours à cette époque sur le roman de Feuchtwanger.[3] C'est encore le cas en février 2000 quand, à l'occasion de la réédition du livre de Feuchtwanger, dans une nouvelle traduction en français, Frédéric Vitoux signe un article dans *Le Nouvel Observateur* intitulé : « La malédiction du *Juif Süss* ». Le biographe de Céline prône dans cette critique enthousiaste « la plus éclatante des réhabilitations [pour] ce magnifique et érudit tableau de l'Allemagne du XVIIIe siècle », mais il est tout à fait conscient du long travail qu'il reste à faire pour y parvenir puisqu'il rapporte l'anecdote suivante :

> « Dans une librairie du centre de Paris, une dame jette un œil sur la table des nouveautés. Elle aperçoit *Le Juif Süss*. Son sang ne fait qu'un tour. Comment ! *Le Juif Süss* ! Elle repensait sans doute au film réalisé par Veit Harlan en 1940, dont l'affiche caricaturale couvrait

2. Si on en croit le dépôt légal, le roman de Lion Feutchwanger *Le Juif Süss* n'a été réédité en France qu'en 1978 ; il avait été réédité plus rapidement en Angleterre, aux États-Unis et en Roumanie (1945), en Allemagne (1950), en Israël (1953), en Italie (1956) et même en URSS (1964).

3. L'édition de 1978 chez Balland, reprise dans la version Club le Grand Livre du mois et Hachette en 1979 et dans la collection Le Livre de poche en 1980.

sous l'Occupation les murs de Paris. *Le Juif Süss*, l'archétype du film nazi, antisémite, commandé par Goebbels, et qui arrachait des cris d'admiration aux critiques les plus collabos ! La dame apostrophe le libraire. « Vous n'avez pas honte ? Si vous ne retirez pas ce livre de votre librairie, je ne retournerai plus jamais chez vous ! » Le libraire bredouille, oui, il fera disparaître le livre. Exit *Le Juif Süss* ! »[4]

Dans l'avant-propos de la nouvelle de Wilhelm Hauff, publiée en 2001 sous un titre à lui seul éloquent, *La véritable histoire du Juif Süss,* la traductrice, Nicole Casanova, souligne de son côté :

« Il est triste et injuste que l'on prenne parfois, aujourd'hui encore, en France, Feuchtwanger pour le scénariste ou au moins l'inspirateur du film de Veit Harlan. Certains refusent de le lire à cause de cette infamie imaginaire ».[5]

Le Juif Süss apparaît donc aujourd'hui encore comme un archétype répulsif. Ne va-t-on pas jusqu'à qualifier certains films de « Juif Süss » lorsqu'il s'agit de dénoncer l'image négative qu'ils véhiculent ? C'est ainsi qu'en 1976 Pavel Korsec et Léon Rosen qualifient *La Terre de la grande promesse*, un film polonais d'Andrzej Wajda, tiré d'un roman de Ladislas Reymont (1899) où les juifs étaient déjà présentés de manière caricaturale, de « *Juif Süss* communiste ». La sociologue Annie Goldmann voit dans *Lili Marleen*, un film allemand réalisé par Rainer-Werner Fassbinder en 1981, avec des personnages juifs également antipathiques et caricaturaux, « un nouveau *Juif Süss* ».[6]

4. F. Vitoux, « La malédiction du *Juif Süss* » *in Le Nouvel Observateur*, n°1841, 17-23 février 2000, p. 123. La nouvelle édition du roman de Feuchtwanger est traduite et préfacée par Serge Niémetz, Belfond, octobre 1999.

5. W. Hauff, *La Véritable Histoire du Juif Süss*, éditions du Félin-Arte, 2001.

6. Pavel Korsec et Léon Rosen, « Le cinéma polonais "terre promise" de l'antisémitisme : un *Juif Süss* communiste » dans *Les Nouveaux Cahiers* (Alliance israélite universelle), n° 44, printemps 1976, p. 5-16 et Annie Goldmann, « Un nouveau *Juif Süss* : *Lili Marleen* » article publié dans *Le Monde* du 16 mai 1981 et reproduit dans *CinémAction*, « Cinéma et judéité », n° 37, 1986, p. 210-212. La manière dont les personnages juifs ont été représentés dans ces deux films a, en effet, suscité une vive polémique en France. On peut toutefois juger excessive la comparaison de ces deux films avec *Le Juif Süss*.

On pourrait multiplier ce genre d'exemples pour confirmer que l'expression *Juif Süss* est passée, au moins en France, dans le langage courant, comme l'équivalent d'une représentation antisémite et caricaturale. Pour lutter contre l'image imposée par le film de Veit Harlan, des hommes de théâtre se sont pourtant lancés eux aussi dans une tentative de réhabilitation de Joseph Süss Oppenheimer. En mai 1981, Walter Andreas Schwarz présente sur les ondes de Southwest-Radio, en coproduction avec Saar-Radio, une pièce en allemand retraçant la vie du financier du Wurtemberg d'une manière très positive. Cette pièce radiophonique, adaptée du roman de Feuchtwanger, a été découpée en quatre épisodes d'un peu plus d'une heure, avec Alex Corti comme narrateur et toute une troupe d'acteurs professionnels.[7] En février 1982, Jacques Kraemer monte de son côté, d'abord au théâtre de Bobigny puis dans plusieurs villes de l'Est de la France, une pièce dont le titre est également explicite : *La Véridique histoire de Joseph Süss Oppenheimer dit Le Juif Süss*. Le metteur en scène cherche à « décaper les mythes qui ont enseveli la vérité historique [tout en réhabilitant] le véritable personnage que le film de Veit Harlan occulte toujours ». À partir du mythe, le film nazi visionné par le metteur en scène est présenté comme le point de départ de la pièce, Jacques Kraemer cherche à retrouver la complexité d'un personnage historique :

> « Le texte et la mise en scène de Jacques Kraemer visent à rétablir la vérité historique et à reconstruire un théâtre en prise sur l'histoire ».[8]

De son côté, Dieter Munck met en scène, en 1983, une pièce de rue sur la place du marché de Bonn, où il cherche également à réhabiliter ce personnage au destin tragique. En 1984, un téléfilm

7. Parmi eux Hans Korte (Süss), Manfred Böhm (Charles Alexandre), Eric Schildkraut (Landauer). La musique est signée Peter Zwetkoff.

8. Cf. document page suivante. J. Kraemer, *La Véridique Histoire de Joseph Süss Oppenheimer dit Le Juif Süss in L'Avant-Scène (Théâtre)*, n° 704, 15 février 1982, p. 4 et programme de la pièce. Précisons que Jacques Kraemer, directeur du théâtre populaire de Lorraine, a monté des pièces de Molière, Brecht et Vian et, en janvier 2002, sa propre version du *Golem* à la cartoucherie de Vincennes.

CRÉATION

MAISON DE LA CULTURE SEINE-SAINT-DENIS

co-production : Théâtre Populaire de Lorraine
Maison de la Culture de la Seine-Saint-Denis
Maison de la Culture de Reims

La Véridique Histoire de Joseph Süss Oppenheimer dit Le Juif Süss

DE JACQUES KRAEMER

MISE EN SCÈNE DE JACQUES KRAEMER
SCÈNOGRAPHIE ET COSTUMES
D' YVES SAMSON

AVEC Jean-Gabriel Nordmann : Joseph Süss Oppenheimer
Yves Gourvil : Karl-Alexandre
Coco Felgeirolles : Maria-Augusta
Jacques Brucher : Remchingen
Patrick Larzille : Suffolk
Annick Cizaruk : Antonello
François Job : Lehning
Bernard Waver : Weissensee
Anne-Marie Brucher : Gisela
André Lacombe : Schloss
Aristide Démonico : Landauer
Guy Perrot : Pancorbo
Catherine Robillard : Héléna
Anne Morello : Johanna
Philippe Arveiler : Rolf
Claude Guedj : Caën
Louis Mérino : Harrprecht
Michel Parent : Reischach
Serge Frédéric : Pflug
Alain Frérot : Faber
Conseiller musical : Jean-Louis Méchali
Régie générale : Alphone Humbert, Robert Dauchot – Assistant mise en scène : François Job – Réalisation des costumes : Nicole Géraud – Réalisation plastique des éléments scéniques : Farouk Ratib, du sol : Michel Casses – Régie scène : Olive Sanchez – Régie lumière : Olivier Coupille, Olivier Sand – Régie son : Jean-Pierre Caron.
Décor réalisé dans les ateliers de la Maison de la Culture de la Seine-Saint-Denis, sous la direction de Rachid Tazaïrt assisté de : Jean-Pierre Barberot, Floréal Lopez, Louis Landreau, Daniel Delfau, Karim Belkebla, Jean Marc.

CALENDRIER DES REPRÉSENTATIONS

BOBIGNY du 26 février au 16 mars
AULNAY-SOUS-BOIS du 19 au 21 mars
à la maison de la culture, tous les jours à 20 h 30 sauf le lundi, dimanche à 16 h 30

UN THEATRE
EN PRISE SUR L'HISTOIRE

La Maison de la Culture présente, à Bobigny du 26 février au 16 mars, et à Aulnay du 19 au 21 mars, «La véridique histoire de Joseph Süss Oppenheimer dit le Juif Suss» de Jacques Kraemer par le Théâtre Polaire de Lorraine.

Prenant pour point de départ le roman écrit en 1925 par **Lion Feuchtwanger**, **«LA VERIDIQUE HISTOIRE DE JOSEPH SÜSS OPPENHEIMER DIT LE JUIF SUSS»** relate l'histoire du conseiller financier et politique de Karl Alexandre, Duc de Wurtemberg, entre 1732 et 1738. Süss était un de ces «juifs de Cour», occupant une position privilégiée auprès des princes dans l'Allemagne morcelée du XVIIIè siècle, alors que l'immense majorité des juifs croupissait dans les ghettos.

A la mort du Duc du Wurtemberg, **Joseph Süss Oppenheimer** fut arrêté et condamné à mort. Il fut pendu sur la place publique à Stuttgart le 4 février 1738. Son procès et son exécution soulevèrent une intense émotion dans toute l'Allemagne, tant était manifeste qu'il avait servi de bouc émissaire, de catalyseur aux divers mécontentements.

Cette «affaire» engendra une abondante littérature et, surtout, servit de prétexte à un film nazi tourné en 1940 par **Veit Harlan**. Commande directe de **Goebbel**, **«LE JUIF SUSS»** fut l'un des plus grands succès cinématographiques en France durant la période de l'occupation.

Le texte et la mise en scène de **Jacques Kraemer** visent à rétablir la vérité historique et à re-construire un théâtre en prise sur l'histoire. On peut faire référence à **Shakespeare**, à **Schiller**, en précisant que la démarche a été, ici – en quelque sorte – l'inverse de la leur. Toujours, chez ces maîtres du genre, il s'agit de partir de l'histoire pour parvenir au mythe. Ici, partant des mythes, on recherche l'Histoire dans le but de reconstruire un grand théâtre historique qui ne soit, ni une reconstitution, ni une fresque, ni une image esthétisante et imposante.
L'ambition principale de ce spectacle étant d'ouvrir sur de multiples questions, historiques, idéologiques, et, avant tout théâtrales.

réalisé par Rainer Wolffhardt, d'après un scénario de Gerd Angermann, avec Jörg Pleva dans le rôle-titre, est diffusé en Allemagne par la grande chaîne de télévision ZDF, à une heure de grande écoute. Son titre allemand, *Joseph Süss Oppenheimer : Geschichte und Geschichten um eine historische Gestalt*[9] montre qu'il s'agit à nouveau de démêler les histoires colportées par la légende noire de la vie réelle de ce personnage historique. En 1987, Hansjörg Utzerath reprend à Nuremberg la pièce apologétique de Paul Kornfeld *Le Juif Süss* (1930) et, en 1988, Wolfgang Mehring monte à nouveau au Wurtemberg *Lea*, une pièce dramatique d'Albert Dulk (1848) s'inspirant de la nouvelle

9. « Joseph Süss Oppenheimer : histoire et histoires d'un personnage historique ».

de Wilhelm Hauff. Par ailleurs le Théâtre juif de Varsovie a inscrit, parmi ses projets de spectacles en yiddish, l'adaptation de la pièce *Jud Süss* de Lion Feuchtwanger en 2003-2004.[10]

Mais en dépit de toutes ces tentatives, la mauvaise réputation du film nazi continue à coller à la peau du personnage historique. Si le film de Veit Harlan hante encore la mémoire de ceux qui l'ont vu ou en ont seulement entendu parler, si des hommes de spectacle comme Thomas Harlan et Goetz George sont toujours obsédés par le rôle que leurs pères ont joué dans cette affaire, la légende noire de Joseph Süss Oppenheimer a bien du mal à se dissiper.[11]

Grâce aux pièces de théâtre et aux études historiques qui se multiplient[12], le personnage apparaît pourtant en voie de réhabilitation mais le processus est lent et plusieurs projets de films visant à l'accélérer ont encore avorté ces dernières années. Dans les dernières lignes de *L'Image et son Juif*, l'historienne Régine Friedman souligne que Margarethe von Trotta et Volker

10. Barbara Gerber, *op. cit.*, p. 288 *sq.*, archives de Yad Vashem, Jérusalem, 2° 85-56, Madeline Puzo, « Who was *Jud Süss* ? » dans *American Theater* du 13 décembre. 1996, p. 16-18 et le site Internet du Théâtre juif de Varsovie.

11. Thomas Harlan et Goetz George sont respectivement les fils de Veit Harlan et de Heinrich George. Thomas Harlan est réalisateur. Il a notamment monté une pièce sur la lutte héroïque des Juifs dans le ghetto de Varsovie et tourné un curieux film de fiction, *Wundkanal* (Allemagne, 1984), dans lequel le rôle d'un ex-nazi est tenu par un authentique criminel de guerre, Alfred Filbert. Ce film est presque une psychothérapie puisque, questionné dans un documentaire que Robert Kramer tourne au même moment, *Notre nazi* (France, 1984), il proclame la haine qu'il éprouve à l'égard de son propre père, Veit Harlan. Quant à Goetz George, plus connu aujourd'hui sous le nom de Schimanski grâce à la série TV du même nom, il a une prédilection pour les rôles de monstres auxquels il s'évertue à donner un visage humain. C'est le cas en particulier dans *La Mort est mon métier* (Allemagne, 1977), un film de Theodor Kotulla, où il interpréte le rôle de Rudolf Höss, le premier commandant du camp d'Auschwitz. Selon l'actrice Hanna Schygulla (*L'Express* du 4.11.1999, Paris, p. 27), il cherche à exorciser de cette manière le rôle que son père tenait dans le film de Harlan.

12. En particulier celle de Barbara Gerber, *Jud Süss, Ein Beitrag zur historischen Antisemitismus und Rezeptionsforschung*, Hans Christians Verlag, Hambourg, 1990 et celle de Jefferson Chase, « The Wandering Court Jew and the Hand of God : Wilhelm Hauff's Jud Süss as Historical Fiction » dans *The Modern Language Review*, 93, 1998.

Schloendorf ont à leur tour décliné, au début des années 1980, une proposition d'adaptation du roman de Feuchtwanger au cinéma.[13] Serait-il encore trop tôt pour entreprendre un film qui, prenant en compte le destin tragique de Joseph Süss Oppenheimer, éviterait à la fois caricature antisémite et béatification à titre posthume ? On peut penser que non et de nouveaux combats seront sans doute dans ce cas bientôt livrés. Il est grand temps en effet de dépasser le stade d'une simple réhabilitation et d'inscrire à nouveau Joseph Süss Oppenheimer dans l'Histoire. Le roman de Lion Feuchtwanger essayait à sa manière de réhabiliter le personnage historique mais la défense était ambiguë, n'excluant pas l'expression d'une « haine de soi » alors fort courante chez de nombreux intellectuels juifs de langue allemande. Avec le film de Veit Harlan, le cinéma nazi avait confisqué le personnage historique en insufflant encore davantage le doute et la confusion mais nous sommes convaincu que cette mainmise ne sera pas éternelle. Cette étude vise à le démontrer et à accélérer la mise en chantier de nouvelles représentations cinématographiques.

13. Régine Friedman, *op. cit.*, p. 260.

Conclusion

Plus de soixante ans après sa réalisation, *Le Juif Süss* de Veit Harlan est-il encore un film d'actualité ? A-t-il toujours une vraie capacité de nuisance pour des spectateurs qui, pour la plupart, n'ont jamais entendu parler du véritable Joseph Süss Oppenheimer et n'étaient même pas nés à l'époque où le film a été présenté sur les écrans ? On peut très sérieusement en douter : en soixante ans, l'esthétique et la technique cinématographique ont considérablement évolué ; le climat politique et idéologique n'a plus grand-chose à voir non plus avec celui du nazisme triomphant. Nos contemporains vivent dans un monde dominé par les images, avec notamment l'omniprésence de la télévision et d'Internet, et par la force des choses ils ont appris à les critiquer, même s'ils ne savent pas toujours les trier ou les décrypter. Ce n'était pas encore le cas en 1940-1942 et il était sans doute alors plus facile de manipuler des spectateurs ignorant les principes élémentaires de la désinformation et de la propagande.

En outre, en ce début du XXIe siècle, l'Europe est devenue une union démocratique où le racisme et l'antisémitisme sont clairement dénoncés. Même si, depuis quelques mois, en écho aux vives tensions du conflit israélo-palestinien, plusieurs pays européens sont confrontés à de graves incidents antijuifs, l'antisémitisme n'a plus du tout l'aspect fédérateur qu'il pouvait avoir dans l'Europe dominée par l'Allemagne nazie. Nous sommes dans un environnement si différent de celui où le film a été conçu que certaines allusions antijuives, évidentes pour les spectateurs de l'époque, sont devenues incompréhensibles sans explication. C'est une chance que ce film ne puisse plus être vu de la même manière aujourd'hui qu'en 1940-1942, mais l'évolution de sa réception ne le rend pas pour autant inoffensif. Le film véhicule toujours un discours antijuif virulent et, déformant l'histoire, il peut encore stimuler un antisémitisme résiduel toujours prompt à se réveiller. Il est donc indispensable d'être capable d'en démonter les mécanismes, d'en souligner les dangers, d'en expliquer les fondements et d'en combattre les dérives puisque, en dépit de certaines restrictions, ce film circule déjà largement aux États-Unis et dans certains pays d'Europe en vidéo. Sa diffusion est exclue à brève échéance sur les chaînes de télévision traditionnelles mais les nouvelles techniques, Internet et le DVD, risquent quand même d'augmenter sa circulation à l'avenir.

Lorsque j'étudie ce film avec des enseignants ou des étudiants, j'ai tendance à utiliser la formule de Pierre Nora et à le présenter comme un « lieu de mémoire » à part entière du nazisme. En effet, *Le Juif Süss* permet de revisiter les fondements de l'idéologie du IIIe Reich. Son étude permet également de mettre en évidence la technique parfaitement rodée de la propagande nazie qui consiste à pervertir la réalité pour manipuler l'opinion publique. Par divers aspects, les personnages juifs du film de Veit Harlan apparaissent comme les doubles des nazis puisque, comme eux, ils remettent en question la société traditionnelle, ils éliminent méthodiquement leurs adversaires et ils dissimulent aussi constamment leurs véritables intentions. Dans le film, ce sont curieusement les juifs qui se comportent ainsi, comme si les nazis ne pouvaient les envisager et les représenter qu'en leur attribuant des choix maléfiques semblables aux leurs. L'image des juifs dans ce film dissimule donc en filigrane un autoportrait schizophrénique du nazisme.

Ce film a été, comme nous l'avons rappelé, l'un des plus gros succès commerciaux du cinéma de l'époque. Il a attiré un très grand nombre de spectateurs en Allemagne et dans plusieurs pays européens, en particulier en France où il a été largement diffusé, tant en zone libre et dans les départements algériens qu'en zone occupée. On peut le déplorer rétrospectivement mais on aurait tort d'évacuer cette donnée et de se contenter d'une condamnation morale du film, sans examiner de manière plus poussée la manière dont il véhiculait l'antisémitisme. D'autant que son étude nous permet d'accéder à tout un pan du folklore, de l'histoire et de la littérature allemande.

Le scénario du film s'inspire d'un personnage historique réel, mais il s'en sert davantage qu'il ne le sert. En effet, il nous en apprend beaucoup plus sur la manière dont les nazis voyaient le monde et les juifs en 1940 que sur le véritable Joseph Süss Oppenheimer. Les éléments du récit filmique cherchent avant tout à étayer une démonstration visant à confirmer de prétendus méfaits du financier et un imaginaire complot des juifs au Wurtemberg. Le scénariste-réalisateur n'est pas vraiment original en la matière puisqu'il reprend à son compte fables, théories et arguments déjà développés dans certains pamphlets au XVIIIe siècle et dans les minutes du procès ayant abouti à l'exécution de Süss. Ce dernier apparaît dans le film nazi comme le représentant de toute une race : à travers lui, c'est la judaïcité dans son ensemble qui est décrite, dénoncée et vilipendée.

La démarche du scénariste-réalisateur apparaît aux antipodes d'une démarche historique puisqu'il s'agit moins pour lui d'établir ou d'interpréter des faits que de démontrer par tous les moyens dont il dispose, notamment le scénario, les dialogues, la musique, les cadrages, le montage et la direction des acteurs, la culpabilité de Süss Oppenheimer. Veit Harlan confisque donc l'histoire au profit de l'idéologie national-socialiste. Avec ce film, il endosse l'habit du procureur pour mettre en accusation le personnage très répulsif qu'il décrit. Or, ni le cinéaste ni la publicité qui entoure le lancement tonitruant du film ne revendiquent ce choix ; au contraire, pour brouiller davantage les pistes, ils soulignent l'aspect objectif, documenté et même historique du film. L'utilisation de références historiques, d'un folklore et de traditions germaniques contribuent également à masquer le contenu résolument national-socialiste du film. L'efficacité de la propagande nazie repose sur le fait qu'elle n'est pas présentée comme telle et qu'elle finit donc par s'imposer un peu comme une évidence incontestable.

Le film de Veit Harlan dénigre les anciennes élites allemandes, présentées comme corrompues et responsables des méfaits d'un capitalisme financier conquérant. À l'inverse, il valorise une communauté germanique idyllique, le *Volkgemeinschaft*, d'abord divisée puis réconciliée lorsqu'elle a surmonté les épreuves et réussi à éliminer les intrus juifs. Le film exalte aussi identité et traditions régionales à travers l'étendard du Wurtemberg, les confréries d'artisans, la constitution, les lois locales et le dialecte souabe, qu'il oppose clairement au cosmopolitisme des juifs. Au-delà de ceux-ci, il accable aussi le duc et une classe dirigeante décadente qui semble chercher avant tout à satisfaire ses propres intérêts. Ne retenant qu'un aspect du patrimoine et de l'histoire allemande, cette présentation met en évidence l'abandon de la lutte des classes au profit de la réconciliation nationale. Dans *Le Juif Süss,* c'est d'ailleurs clairement hors d'une aristocratie décadente, dans les rangs du Peuple, avec notamment Sturm, Faber et les représentants de diverses corporations, que morale et fidélité sont encore représentées. Le folklore régional lié au Wurtemberg n'est là encore qu'un prétexte pour faire passer un discours entièrement national-socialiste car, au-delà des juifs, le film dénonce le « système » (c'est-à-dire le régime de Weimar, présenté comme inefficace et corrompu), en prônant un renouvellement des élites et une mobilisation du peuple pour remettre le pays sur pied et lui donner la possibilité d'entreprendre des conquêtes. Le film de Veit Harlan n'est donc pas uniquement un film antisémite à costumes qui dénonce l'ennemi intérieur en valorisant des traditions et un folklore révolus, c'est aussi un film tourné vers l'avenir et qui, en évoquant des traditions et un folklore germaniques, fait l'apologie d'une société national-socialiste idéale. Veit Harlan a nié par la suite, après guerre, toute adhésion idéologique de sa part au nazisme ; son film l'exalte pourtant constamment et sans ambiguïté.

Le film instrumentalise des œuvres littéraires, théâtrales ou artistiques dont la notoriété dépasse les frontières de la seule Allemagne, avec notamment la nouvelle de Wilhelm Hauff (1827), le roman de Lion Feuchtwanger (1925) et le film anglais de Lothar Mendes (1934). Il fait également appel à l'iconographie chrétienne, au théâtre élisabéthain et à la littérature romanesque du XIXe siècle. Ces emprunts contribuent à enraciner davantage le message raciste du film dans l'imaginaire européen.

L'iconographie du film multiplie les symboles juifs, avec l'étoile de David, le chandelier à sept branches, la *mezouza*, évoquant ainsi « le juif médiéval au miroir de l'art chrétien ».[1] En regardant le film, on pense nécessairement en effet à la figure de la synagogue aux yeux bandés de certaines églises gothiques. Cette sculpture sert alors à rappeler aux fidèles que les juifs restent dans l'erreur en refusant de voir Jésus comme le Christ, c'est-à-dire comme l'envoyé de Dieu sur terre. Alors que dans le film les chrétiens même les moins sympathiques, catholiques ou protestants, apparaissent surtout dans la lumière, les juifs sont systématiquement présentés dans l'ombre, avec des vêtements sombres et un regard fuyant ; ils sont donc d'une certaine manière l'incarnation du mensonge et du mal. Et le film nazi va même plus loin puisqu'il associe explicitement Joseph Süss Oppenheimer à la figure du Diable. Or cette association, déjà présente au Moyen Âge dans les manuscrits, les sculptures ou les vitraux des églises pour dénoncer les juifs, était plus courante encore au XVIe et XVIIe siècles dans les livres, gravures et pamphlets. Le réalisateur s'est donc inspiré des images et de l'imaginaire de cette époque pour renforcer l'aspect historique de son film. Il a également puisé dans certains pamphlets antijuifs de Luther. Celui-ci associe à plusieurs reprises, dans divers écrits, les juifs au Diable, tout en dénonçant leurs « complots » et en préconisant leur expulsion « définitive » du monde chrétien. Pour dénigrer les juifs, le film ne fait pas seulement appel à des références germaniques et à des thèmes popularisés par le national-socialisme. Il puise aussi dans les pamphlets de Luther, cités à plusieurs reprises, et dans un pan de la culture et de l'iconographie antijuive de l'Occident chrétien. L'analyse détaillée du film met en évidence, au-delà des arguments traditionnels de la propagande nazie, l'existence de tout un courant refusant et remettant en cause l'émancipation des juifs en Europe.[2]

1. Bernhard Blumenkranz, *Le juif médiéval au miroir de l'art chrétien*, Paris, Études augustiniennes, 1966.

2. Luther, *Sur les Juifs et leurs mensonges*, 1542. Sur la persistance et l'importance de l'antijudaïsme chrétien à l'époque contemporaine, on consultera les travaux et les écrits de Jules Isaac, Léon Poliakov et Schmuel Ettinger.

La gestuelle, l'aspect physique et la psychologie de Süss Oppenheimer s'apparentent à des personnages juifs que l'on trouve dans le théâtre anglais de la fin du XVIe siècle, notamment *Le Juif de Malte* de Christopher Marlowe (1589) et *Le Marchand de Venise* (1596) de William Shakespeare. Paul Jansen de Venloo, menacé des foudres de l'épuration pour avoir supervisé le doublage du film en français, avance d'ailleurs pour sa défense, en France, en 1946, que le rôle d'Oppenheimer dans *Le Juif Süss* n'est pas plus choquant que celui de Shylock dans *Le Marchand de Venise*. L'argument est discutable. Dans le film de Veit Harlan Süss Oppenheimer est effectivement assez proche du Shylock de William Shakespeare. Il est également proche des usuriers juifs qui hantent certaines œuvres littéraires et théâtrales. Ce n'est certainement pas un hasard si le scénariste-réalisateur du film nazi travaillait encore, peu de temps avant l'écroulement du Reich hitlérien, à l'adaptation cinématographique du *Marchand de Venise*. *Le Juif Süss* de Veit Harlan s'inscrit clairement dans l'imaginaire théâtral de l'Europe moderne.

Il charrie également des stéréotypes que l'on trouve dans la littérature européenne du XIXe siècle. Des romanciers aussi différents que Walter Scott, Honoré de Balzac, Charles Dickens, Nikolaï Gogol et Fedor Dostoïevski ont effectivement tracé des portraits de personnages juifs caricaturaux et antipathiques. Usurier fourbe et sans scrupules, Süss Oppenheimer rappelle divers personnages romanesques. C'est donc à partir d'antécédents littéraires qui ne proviennent pas uniquement d'Allemagne mais de toute l'Europe que Veit Harlan a élaboré une œuvre dans laquelle il décrit les juifs sur le plan religieux, politique et économique, servant ainsi plus efficacement l'idéologie raciale du IIIe Reich.

Le succès du film met en évidence la persistance de puissants courants antijuifs en Europe. Comment expliquer l'attrait du film hors d'Allemagne ? Ses qualités techniques ou artistiques ? Elles sont réelles mais des films meilleurs font nettement moins d'entrées. L'hégémonie de l'industrie cinématographique allemande en raison de la disparition des films américains en Europe ? Elle joue aussi un rôle mais elle ne permet pas à divers films très attractifs, avec des images en couleurs et des vedettes populaires, d'attirer un public aussi important.

Le succès du film de Harlan s'explique en fait par la conviction alors couramment répandue en Europe, même dans les pays où jusqu'à la victoire nazie une tradition démocratique avait prévalu, qu'il existait effectivement un « problème juif ». C'est certainement pour réfléchir à la solution à apporter à la question juive qu'un grand nombre de spectateurs ont assisté à la projection du film. Cette solution n'était pas à proprement parler la Solution finale mise au point ultérieurement et soigneusement dissimulée ; le scénario du film faisait moins référence à l'extermination des juifs qu'à leur expulsion. Mais la perversité de la propagande nazie consistait précisément, peu de temps avant le début de la Shoah, à présenter les juifs non pas comme les victimes innocentes de mesures arbitraires mais comme les seuls responsables des décrets visant à protéger les populations environnantes de leurs prétendues exactions. Le film nazi ne réussissait pas seulement à imposer une histoire confisquée où le passé et le présent étaient travestis et dénaturés ; il incitait à présenter comme nécessaire un comportement plus offensif à l'encontre des juifs : rafles, déportations, exécutions. Le montage et la musique soulignent en effet le caractère tragique du scénario où l'élimination des juifs apparaît progressivement comme une nécessité. *Le Juif Süss* peut-il être considéré dans ces conditions comme étranger à la Shoah même s'il a commencé à être diffusé avant le début de la Solution finale ? Il ne la provoque pas mais, d'une certaine manière, il la rend possible et même souhaitable. Il pervertit aussi la réalité en présentant les juifs non pas comme des victimes mais comme des tortionnaires, en justifiant les prodromes de la Shoah : persécutions, arrestations et déportations. Même présenté pour la première fois en 1940, il est donc impossible de le dissocier tout à fait de la Shoah, d'autant que sa diffusion continue en 1942 et même au-delà.

L'étude de la propagande nazie, qui avait tendance en son temps à fausser l'histoire pour mettre celle-ci à son service, permet aujourd'hui de mieux comprendre l'histoire de cette époque ; c'est la raison pour laquelle, nous pensons comme Philippe Joutard qu'il ne faut pas craindre le film de Veit Harlan mais se donner les moyens de le voir, de le comprendre et de le critiquer comme un document destiné à nous donner la maîtrise du passé.[3]

3. Philippe Joutard, « L'Histoire au cinéma », entretien avec Michel Sineux et Frédéric Vitoux *in Positif*, n° 189, janvier 1977, p. 14.

ANNEXES

Repères chronologiques :
de Joseph Süss Oppenheimer (1692)
aux représentations du *Juif Süss* (2003)

Joseph Süss Oppenheimer (1692-1738).
1733-1737 Charles-Alexandre, duc du Wurtemberg.
1735 premiers pamphlets fustigeant Joseph Süss Oppenheimer.
1737 (12 mars) mort subite du duc Charles-Alexandre.
1737 (13 septembre) arrestation de Joseph Süss Oppenheimer.
1737 (13 décembre) Süss condamné à mort.
1738 (4 février) pendaison de Süss à Stuttgart.
1738 Multiplication des pamphlets et gravures visant Süss.

1827 Wilhelm Hauff, auteur de romans historiques, publie une nouvelle, *Le Juif Süss*, en épisodes dans le *Morgenblatt*.
1847 E.-F. Grünwald publie la pièce *Léa*.
1848 Albert Dulk publie la pièce *Léa*.
1853 Robert Prutz publie la pièce *Jud Süss*.
1874 Thèse de M. Zimmermann sur Joseph Süss Oppenheimer.
1876 Marcus Lehmann, auteur de l'étude *Süss Oppenheimer*.
1878 E. von Schwartz-Norberg, auteur de la pièce historique *Süss Oppenheimer*.
1886 Salomon Kohn, auteur du roman *Ein deutscher Minister*.
1898-1902 articles d'Adolph Kohut sur Joseph Süss Oppenheimer.

1917 (13 octobre) Première à Munich de *Jud Süss*, pièce en trois actes de Lion Feuchtwanger mise en scène par J. Georg Stollberg avec Franz Scharwenka dans le rôle principal. Reprise ensuite de la pièce à Lodz (janvier-février 1918) par Walter Wassermann, puis à Francfort (février 1919) avec l'acteur Eugen Klöpfer dans le rôle-titre, et à Vienne (juin 1919) avec l'acteur Rudolf Schildkraut.

1921 (juillet)-1922 (septembre) Feuchtwanger écrit son roman *Jud Süss.*

1922 (24 juin) assassinat de Walter Rathenau.

1925 (mai) publication du roman *Jud Süss.* de Feuchtwanger. Succès foudroyant : 40 000 ex. vendus en Allemagne dès la fin 1925.

1926 Accueil triomphal du roman dans les pays anglo-saxons. Il est publié sous le titre de *Power* en octobre aux États-Unis et de *Jew Süss* en novembre en Grande-Bretagne.

1928 Traduction du roman de Lion Feuchtwanger en yiddish.

1929 Traductions du roman de Lion Feuchtwanger en espagnol, en français, en russe, en roumain et en hébreu.

1929 (septembre) Très gros succès de la pièce adaptée par Ashley Dukes d'après le roman de Lion Feuchtwanger (avec Matheson Lang dans le rôle principal) à Londres et à New York, pour la saison 1929-30.

1929 (octobre) La même pièce est montée en yiddish par Maurice Schwartz au Yiddish Art Theater de New York.

1930 Traductions du roman de Lion Feuchtwanger en italien et en japonais.

1930 (janvier) Pièce de Paul Kornfeld mise en scène par Léopold Jessner à Berlin. Ernst Deutsch, ancien acteur de Max Reinhardt, y tient le rôle principal. La pièce est reprise ensuite à Braunschweig, Kiel et Berne (Suisse).

1930 (novembre) Pièce antijuive inspirée de la nouvelle de W. Hauff montée par Paul Eugen Ortner à Breslau.

1931 (octobre) Orson Welles, âgé seulement de 16 ans, tient le rôle du duc de Wurtemberg dans la pièce de Dukes montée à Dublin (Irlande).

1932 (novembre) Lion Feuchtwanger quitte l'Allemagne et s'installe en France, à Sanary, après un bref passage par la Suisse.

1933 (30 janvier) Hitler accède au pouvoir.

1933 (avril-mai) Les livres de Feuchtwanger, parmi eux *Jud Süss* sont brûlés publiquement en Allemagne nazie.

1933 (juin) Pièce *Jud Süss.* montée pour la première fois en hébreu à Tel-Aviv par la troupe Habimah, traduction de M. Avi-Shaul.

1934 (4 octobre). Première simultanée du film anglais *Jew Süss* de Lothar Mendes à Londres, New York et Toronto.

1934 (16 octobre) Projection du film de Mendes à Vienne mais, afin d'éviter des incidents, la projection du film est interdite en Autriche à partir du 22 octobre. Le film n'est pas distribué en Allemagne, en Pologne, en Suisse et en Hongrie.

1934 (23 novembre). Sortie du film anglais à l'Élysée-Gaumont à Paris sous le titre : *La vie de Joseph Süss*.

1938 (novembre) Après la Nuit de cristal, directive de Goebbels visant à mettre rapidement en chantier des films antisémites.

1939 (février) Contrat signé par Ludwig Metzger avec la société de production Terra pour un scénario sur *Le Juif Süss*.

1939 (juillet-août) Eberhard Möller travaille sur le script de Metzger.

1939 (octobre) Veit Harlan est engagé par Goebbels pour réaliser *Jud Süss*. Il retravaille à son tour le script du scénario.

1940 (15 mars) Début du tournage du film de Veit Harlan à Berlin. La séquence de la synagogue avec des figurants juifs est tournée en studio, à Prague.

1940 (août) Fin du montage de *Jud Süss.*

1940 (5 septembre) Première mondiale du film à Venise.

1940 (24 septembre) Première du film en Allemagne, à Berlin.

1940 (novembre) Le film est à l'affiche dans 86 salles à Berlin.

1941 (14 février) Première du film en version originale (STF) au Colisée à Paris.

1941 (26 mars-22 avril) Projection du film au cinéma Le Français à Paris en version française.

1941 (avril-mai) Chahuts du *Jud Süss* à La Scala de Lyon.

1941 (18 juin) Reprise du *Jud Süss* (en seconde exclusivité) dans dix-sept salles à Paris.

1941 (19 juin) Chahut du *Jud Süss* à l'ABC de Bourg-en-Bresse.

1942 (janvier) Bombe déposée par les FTP Maurice Feld et Maurice Feferman au «Delta», 17 bis, bd Rochechouart à Paris (9e).

1942 (février) Émeute en Hollande après la projection du film. En guise de représailles, six juifs sont pendus publiquement.

1942 (26 août) Une bombe explose à 21 h 30 à l'Olympia de Clichy où le Rassemblement national populaire de Déat organise une séance de projection spéciale du film. L'attentat fait un mort et trente blessés.

1942 (6 octobre) Une bombe explose au Maillot-Palace à Paris (74, av. de la Grande-Armée, 17e), dans une séance spéciale organisée par le Parti populaire français de Doriot. L'attentat fait deux morts et vingt-quatre blessés.

1944 (1er février) Une bombe explose aux Variétés de Toulouse, faisant trois morts et huit blessés.

1944 (novembre) Veit Harlan achève une nouvelle adaptation du *Marchand de Venise* de Shakespeare pour le cinéma.

1945 (janvier) Première du film *Kolberg* de Veit Harlan dans la forteresse de La Rochelle.

1945 (mars) Après une tentative de fuite en Suède, il se réfugie à Hambourg.

1945-1946 Harlan est arrêté et libéré à plusieurs reprises.

1946 (décembre) Licenciement et interdiction de travail à Paris pour Roger Janssen de Venloo qui avait supervisé le doublage du film en français.

1947 (décembre) Harlan « dénazifié » est autorisé à retravailler. Il monte une pièce anglaise avec Kristina Söderbaum dans le rôle principal.

1948 (15 juillet) On dépose une plainte contre lui pour crime contre l'humanité.

1949 (mars-avril) Premier procès Harlan qui a un énorme retentissement en Allemagne. Acquittement au bénéfice du doute.

1950 (mars-avril) Second procès Harlan. Condamnation du film mais nouvel acquittement du réalisateur.

1950 (octobre) Scandale lié à une tentative de projection publique du film *Le Juif Süss* au Quartier latin à Paris.

1952 Forte agitation dans la plupart des villes universitaires allemandes contre la projection de nouveaux films réalisés par Harlan.

1957 La projection du film de Veit Harlan *Le Troisième sexe* provoque de sérieux troubles en Allemagne.

1958 Le film nazi *Le Juif Süss* circule dans une version doublée en arabe en Syrie, en Égypte et au Liban.

1958 Projet d'un nouvelle version filmée du *Juif Süss*, produite par Peter Goldbaum, adaptée par Jochen Huth, réalisé par William Dieterle, avec O. W. Fischer dans le rôle principal. Le projet n'aboutit pas.

1959 Projet de vente d'un négatif du film *Jud Süss* en Arabie saoudite.

1966 Annonce d'une nouvelle adaptation pour le cinéma. Production Hans Oppenheimer avec Hans Habe et Romy Schneider dans les rôles principaux. Le projet n'aboutit pas.

1976-1978 Réédition du roman de Feuchtwanger en Allemagne, en Grande-Bretagne et en France.

1981 Adaptation du roman de Lion Feuchtwanger par Andreas Schwarz pour la radio en Allemagne.

1982 Jacques Kraemer monte au théâtre de Bobigny *La Véridique histoire de Joseph Süss Oppenheimer dit «Le Juif Süss»*.

1983 Première version vidéo de *Jud Süss* (en version originale avec des sous-titres anglais) commercialisée aux États-Unis.

1984 Réédition du roman *Le Juif Süss* de L. Feuchtwanger en hébreu et version théâtrale de Rainer Wolffhardt pour la télévision allemande (sur la chaine ZDF).

1987 Reprise à Nuremberg par Hansjörg Utzerath de la pièce de Paul Kornfeld (*Le Juif Süss*, 1930).

1990 Réédition du roman *Le Juif Süss* de L. Feuchtwanger en espagnol.

1992 Réédition du roman *Le Juif Süss* de L. Feuchtwanger en russe et en italien.

2000 Réédition du roman *Le Juif Süss* de L. Feuchtwanger en français dans une nouvelle traduction.

2001 Exposition historique consacrée à Joseph Süss Oppenheimer, au musée juif de Furth, en Bavière.

2003 Nouvelle étude historique : *Le Juif Süss et la propagande nazie : l'histoire confisquée.*

Notes à propos du film *Jew Süss*, réalisé par Lothar Mendes (Grande-Bretagne, 1934), d'après le roman de Lion Feuchtwanger

Première simultanée le 4 octobre 1934 au Tivoli de Londres, au Radio City Music Hall de New York et dans une salle prestigieuse de Toronto (Ontario, Canada). Sortie en Grande-Bretagne le 5 octobre 1934. Sortie aux États-Unis, le 1er novembre 1934, sous le titre *Power.* Sortie à Paris, le 23 novembre 1934, à L'Élysée-Gaumont sous le titre *La vie de Joseph Süss*. Le film est distribué également en Belgique, en Hollande et dans les pays scandinaves.

Production et distribution Gaumont-British : Michael Balcon
Réalisation : Lothar Mendes
Scénario et dialogues : A-R. Rawlison d'après le roman de Lion Feuchtwanger
Adaptation : Dorothy Farnum
Photographie : Bernard Knowles et Gunther Krampf
Montage : Otto Ludwig
Musique : Louis Levy

Interprètes principaux

Joseph Süss Oppenheimer : Conrad Veidt
Charles Alexandre : Frank Vosper
Rabbi Gabriel : Cedric Hardwicke
Landauer : Paul Graetz
Marie Auguste : Betina Hume
Weissensee : Gerald du Maurier
Magdalene Sibylle Weissensee : Joan Maud
Noami Oppenheimer : Pamela Ostrer
Remchingen : Francis L. Sullivan

Générique de début : musique juive sur une sculpture de Saint-Georges, patron de l'Angleterre, terrassant le dragon (c'est-à-dire l'antisémitisme ?)
Suivent 5 cartons :
– Histoire du Wurtemberg
– Rappel de l'antisémitisme
– Rappel de la vie des juifs dans les ghettos
– Origines de Süss Oppenheimer
– Date 1730

Premières images après le générique et les cartons : ouverture sur une prière et la lecture d'un passage de la Bible dans un *Heder* du ghetto de Francfort. Un adulte explique à des enfants juifs, et en particulier à l'un d'eux, la longue histoire de l'antisémitisme. L'enfant déclare aussitôt qu'il veut y échapper. Il s'agit peut-être de Süss enfant.

Süss (Conradt Veidt), apparaît dans une calèche et dans plusieurs gros plans. Il croise la belle Marie Auguste (Bétina Hume) qui, visiblement de son côté, le trouve très séduisant. Mais lorsque elle se renseigne sur son identité on lui répond, avec mépris, que c'est un Juif.

Süss s'exprime en anglais avec un fort accent allemand. On note aussi dans sa bouche de nombreuses expressions en français, notamment « Mille mercis ». Le duc Charles-Alexandre utilise aussi des expressions en français : « Mille pardons », « Mille Tonnerres », « Demoiselle ». Weissensee dit de son côté : « Unique ».

Dès le début du film, Süss, séducteur fort bien habillé, explique à Landauer (Paul Graetz) : « I want Power ». L'expression reviendra à plusieurs reprises dans sa bouche pendant le film. Landauer, personnage imaginé par Feuchtwanger, est un juif de cour traditionnel. Il apparaît un peu ridicule car il parle avec un terrible accent, en utilisant certains expressions en yiddish : il dit par exemple « schnorrer » à propos de Charles-Alexandre. De plus, il gesticule sans cesse et son costume sombre, visiblement trop grand pour lui, accentue son aspect fébrile.

En 1730 Süss croise, sans l'apercevoir immédiatement, Charles-Alexandre (Frank Vosper) dans une auberge. L'habit de ce glorieux soldat, présenté comme un soudard un peu rustre qui aboie presque lorsqu'il parle, a été sali pendant son voyage. Süss apporte spontanément un bel habit propre lui appartenant pour que Charles-Alexandre puisse se changer. L'escorte de Charles-Alexandre propose de payer le costume à Süss. Refus outragé de ce dernier.

La première véritable rencontre entre Süss et Charles-Alexandre se fait un peu plus tard, dans un bal. Charles-Alexandre aborde Süss et le remercie de son geste. Süss élude et flatte Charles-Alexandre en évoquant ses succès militaires et sa notoriété dans les cours de Versailles et de Vienne. Il séduit le soldat sans difficulté grâce à ses récits de voyage, son esprit de repartie qui fait rire Charles et parce qu'il prête aussi à ce dernier, spontanément, de l'argent lors d'une partie de cartes délicate.

Süss rencontre pendant le même bal le rabbin Gabriel (Cedrick Hardwicke). Mystérieux et inquiétant, Gabriel demande à Süss de rendre visite rapidement à Noami, la fille de Süss, qui attend sa venue. Entrée inopinée à ce moment dans la pièce de Charles-Alexandre, visiblement complétement saoul, qui prend le rabbin pour « un sorcier » et lui demande avec insistance « s'il peut faire de l'or ». Réponse négative de Gabriel. Charles-Alexandre tend alors sa main : « Lis-moi donc l'avenir ». Refus initial du rabbin qui, cependant, face à l'insistance de Charles-Alexandre, finit par l'examiner en déclarant qu'il voit deux choses : « La première, je ne la dirai pas et la seconde est une couronne ducale ». Stupeur de Charles qui, incrédule n'y croit pas. Süss, très sérieux a observé toute la scène en silence et sans intervenir. Peu après, Charles-Alexandre apprend la mort du duc en exercice et sa désignation pour lui succéder.

Cérémonies fastueuses de l'intronisation du duc Charles-Alexandre avec de gigantesques feux d'artifice qui représentent son image ainsi que celle de la duchesse Marie Auguste. Süss est appelé par le duc « Jew » de manière presque affectueuse. Il vit désormais dans son entourage et dans le luxe. Landauer, vêtu toujours sobrement, lui reproche ses dépenses fastueuses et s'en prend même au perroquet qu'il a acheté.

Arrivée de Süss dans la maison, entourée de fleurs, où il rencontre sa fille (Noami) qu'apparemment il ne connaissait pratiquement pas.

Rencontre imprévue avec Magdalene Sybille Weissensee (Joan Maude) qui dort au pied d'un arbre, dans la forêt. Alors qu'il se penche sur elle, elle ouvre brusquement les yeux. Elle paraît troublée par ce visage si près du sien et s'enfuit très rapidement.

Fête dans la maison de Süss : grand bal costumé, orchestre de musiciens, jardins avec fontaines et nombreux serviteurs. Vêtu d'un habit brillant, Süss présente des jeunes filles au duc qui déclare l'œil pétillant, à propos de l'une d'elles : « Elle chante vraiment merveilleusement ». Puis, plus que jamais rustre, il boit en écoutant distraitement un air d'opéra jusqu'à ce qu'il aperçoive Magdalene parlant discrètement à Süss, à l'écart. Süss entraîne alors Magdalene dans le parc où le duc, éméché, les rejoint. Le duc demande à Süss de lui amener Magdalene. Süss obtempère et s'éloigne. Rencontre avec le père de Magdalene à qui il annonce une promotion rapide. Désespoir de celui-ci qui comprend ce qui va arriver à sa fille et déclare : « Nous étions heureux ». Süss feint de ne pas comprendre le sens de ces paroles et s'esquive.

Peu après, Magdalene demande une explication à Süss : d'abord gêné, ce dernier finit par lui déclarer qu'il est résolu à tout sacrifier pour le Pouvoir (Power), même l'amour, parce que lui et les siens ont trop longtemps souffert dans le ghetto où on les confinait.

Séquence d'une foule hostile aux juifs évoquant l'Allemagne nazie. On y voit un vieux fripier juif (Jecheskel Seligmann) obligé de danser sous les huées : « *Dance Jew* ». Par ailleurs, le meneur alcoolique du début de pogrome tue accidentellement sa compagne, lors d'une dispute intime, en la frappant violemment avec une bouteille. Il camoufle le corps de la victime dans la charrette à bras du fripier. Ce dernier ne découvre pas le corps qu'il transporte donc innocemment jusqu'à son domicile où il célèbre tranquillement le Seder de Pessah (Pâque), avec sa femme. Pendant la cérémonie, il ouvre sa porte au prophète Élie. C'est à ce moment précisément que la foule, excitée par le véritable assassin, ayant découvert le corps de la femme dans la charrette, fait irruption chez le fripier juif. Ce dernier est immédiatement arrêté.

Landauer plaide auprès de Süss pour qu'il aide à innocenter le fripier, accusé de crime rituel. Süss est persuadé évidemment de son innocence mais il hésite à intervenir car il risque à cette occasion de sacrifier son pouvoir (*Power*). Pressé, il décide finalement d'intervenir et demande au duc, au nom de la Justice, de libérer ce détenu innocent. Le duc est surpris par cette demande qu'il juge désagréable. Il ne met pas en doute lui non plus l'innocence du fripier mais refuse de le faire libérer, laissant entendre qu'il s'apprête à demander prochainement, à Vienne, l'anoblissement de Süss. Mais ce dernier est intraitable : il déchire la demande d'anoblissement, affirme que son destin est étroitement lié à celui du duc, mais annonce qu'il va démissionner. Face à l'ultimatum, le duc signe, à contrecœur, l'ordre de libération de Seligmann.

Süss arrive à Francfort où il est acclamé en héros dans le ghetto. Plans des juifs en liesse l'acclamant de leurs fenêtres. Dans la rue on lui présente respectueusement la Thora et sa propre mère l'accueille en déclarant : « Je suis si fière de toi. (…) Tu as un si beau costume ». Süss remercie la foule d'un balcon et sa mère, poussée par le rabbin Gabriel, lui montre alors d'anciennes lettres. Il comprend que son véritable père était un noble non juif et déclare : « Alors je ne suis pas un juif et j'ai souffert (en tant que juif) inutilement ».

Le père de Magdalene Sibylle, Weissensee, se venge de son déshonneur en amenant le duc dans la maison où vit à l'écart du monde la propre fille de Süss, Noami. Effrayée par l'irruption du duc qui la poursuit, la jeune fille se réfugie bientôt sur le toit de la maison. Puis elle disparaît. Le duc la retrouve aux pieds de la maison, allongée dans les fleurs, morte. Accident ou suicide pour échapper au duc ? Toujours est-il que ce dernier est bouleversé et se résout difficilement à prévenir Süss qui, découvrant le corps de sa fille, s'effondre littéralement, évanoui. Longue veillée funèbre du corps de Noami, recouvert d'une couverture, avec seulement quelques chandeliers. Le rabbin Gabriel s'avance et accuse Süss d'être indirectement responsable de la mort de sa fille. Süss hurle sa douleur et le duc s'enfuit alors, épouvanté.

À la suite du drame, Süss est nommé directeur des Finances par le duc. Il n'a plus de perruque et il ne porte plus qu'un grossier costume noir. Son apparence est désormais sans importance comme le soulignent ses habits de plus en plus rudimentaires. Comme il augmente les taxes, un certain nombre de personnes sont ruinées. Émeute au Wurtemberg où des pantins aux effigies du duc et du Cochon de Juif Süss (*Pig Jew Süss*) sont brûlés par la foule en colère (nouvelle référence à l'agitation antijuive en Allemagne nazie). Süss intervient pour rétablir le calme. Colère et inquiétude du duc qui déclare à Süss : « Tout le pays est contre moi ». Süss lui suggère de reprendre l'initiative en organisant lui-même un coup d'État contre les notables et la Constitution du Wurtemberg. À noter qu'il n'est pas question dans cette version du *Juif Süss* de l'opposition historique entre catholiques et protestants. Süss tend alors au duc un manuscrit où figurent les noms des personnes à arrêter. Le duc signe le document et prend une pose avantageuse qui provoque un éclat de rire de Süss. Après son départ, le duc, vexé, ajoute son nom sur la liste.

Magdalene, toujours amoureuse de Süss en dépit de son comportement, vient l'avertir que son nom figure désormais sur la liste des hommes que le duc à l'intention de faire arrêter. Süss rit à nouveau aux éclats en découvrant la ruse du duc (« Le vieux renard ! »). Il la remercie en lui offrant en guise d'adieu la bague qu'il avait à son doigt.

Repas du duc et de son entourage où on attend en vain des nouvelles du coup d'État. Finalement, un messager se présente et, surprise, c'est Süss en personne qui annonce au duc l'échec du coup d'État. Le duc a alors une attaque et, en attendant qu'un docteur arrive pour l'examiner, Süss se penche sur lui, paralysé mais visiblement conscient, pour lui expliquer qu'il a lui-même tout manigancé de manière à venger la mort de sa fille. Le duc expire et, après sa mort, Süss suggère aux conspirateurs déboussolés et indécis de se protéger en l'arrêtant. Et c'est finalement ce qui est fait.

Au cours de son procès, Süss, enfermé dans une cellule, déclare avoir été un loyal serviteur du duc (*A loyal servant to my master*). Nouvelle référence aux mesures racistes en Allemagne nazie, le juge menace de l'accuser d'avoir eu des relations sexuelles avec une non-juive. Süss rit et assure qu'en ce cas on rira certainement mais pas nécessairement de lui. Süss se défend bien et déclare même avec mordant à ses juges que sa mort étant certaine, ils ne pourront pas le pendre plus haut que les enseignes des artisans et les toits des maisons. Ayant perdu ses habits, sa perruque, mal rasé, il reçoit en prison Weissensee qui lui suggère de se convertir pour échapper à une condamnation à mort. Süss refuse catégoriquement.

Séquence finale. Il neige, comme dans le roman de Feuchtwanger. Süss va être pendu. Il prend son dernier repas dans sa cellule avec Landauer et Rabbi Gabriel, tristes et las. Gabriel lui propose du vin doux de Palestine (*Sweet wine from Palestine*). Mais Süss est déjà ailleurs, perdu dans ses pensées. Il invoque le souvenir de sa fille Noami qu'il a vue, pour la première fois, alors qu'il neigeait précisément, comme aujourd'hui. Le rabbin Gabriel le bénit. Il est conduit à la potence, en charrette, sous la neige. Les spectateurs juifs sont regroupés dans un coin, silencieux, mais la populace hurle à la mort, comme au spectacle. Longue séquence finale où la prière du *Shema Israël*, psalmodiée par le petit groupe de juifs et reprise progressivement par Süss, finit par couvrir les cris de haine de la foule déchaînée. Süss disparaît alors, hissé dans la cage.

On soulignera que dans cette version cinématographique, la pendaison n'est pas montrée. On présente seulement les derniers instants de Süss, vivant, avant l'exécution, comme une montée au Golgotha, en l'occurrence vers la cage où il est hissé avant d'être pendu.

Carton final : « Peut-être un jour le mur de Jéricho entre les peuples finira par tomber ».

Observations au sujet des techniques cinématographiques utilisées : plusieurs fondus au noir et même plusieurs fondus-enchaînés. Cadrage des images très recherché et éclairages sophistiqués : plusieurs séquences sont même « éclairées » avec des bougies. Décors dépouillés de l'intérieur du château du duc. Maison de Süss décorée avec luxe et avec un curieux jardin. Belle reconstitution du ghetto de Francfort avec ses ruelles étroites et les maisons penchées. Travail poussé sur la musique et sur les costumes. Toutefois, lenteur du film et manque de rythme. Séquences plutôt théâtrales juxtaposées comme des tableaux et souvent sans liaison les unes avec les autres. Personnages beaucoup trop nombreux : une vingtaine d'acteurs principaux et au moins autant de rôles secondaires. Récit confus et presque incompréhensible si on n'a pas lu auparavant le roman de Feuchtwanger. Quelques coupes ont été effectuées aux États-Unis pour tenter de rendre ce film un peu moins confus.

Analyse d'après une copie vidéo en anglais (VO sans sous-titres) diffusée sur Channel 4 (G-B.). Je remercie ici Italo Manzi et Jean-Charles Bloch pour leur aide.

Action française 30 Nov 34

L'Ecran de la Semaine

« Le Juif Süss »

En allant voir le *Juif Süss*, le nouveau film de la Gaumont British, tourné par M. Lothar Mendès d'après un roman de M. Léon Feuchtwanger, nous avions la certitude presque absolue de trouver une œuvre de propagande sémitique, très appuyée, très insistante comme la plupart du temps.

Pour cette fois, le cas est plus complexe, il se juge moins facilement que les jérémiades et les apostrophes messianiques dont le théâtre et l'écran juif retentiront toujours. Comme on va le voir, il nous semble que les auteurs, craignant en l'année 1934 de donner à leur tableau des contours trop accusés, aient louvoyé, d'abord avec adresse, ensuite moins habilement. Si bien que leur film apporte de l'eau un peu à tous les moulins, fournit des preuves aux antisémites comme aux défenseurs d'Israël. En tout cas, malgré ses obscurités et son caractère fuyant, c'est une œuvre dont l'intérêt se soutient presque jusqu'au bout, et qui, par contraste avec l'extrême frivolité de la production cinématographique, paraît posséder quelque poids, glisse un peu moins superficiellement sur le sujet qu'elle traite.

La première scène nous dispose aussi mal que possible. De petits Juifs épèlent la Bible dans un ghetto d'Allemagne, vers 1730. Il s'agit dans le texte de délivrance, de terre promise. Un des bambins soupire, demande s'il ne va pas bientôt pouvoir sortir du ghetto : « Non, répond le rabbin, mais un jour peut-être, les murailles tomberont, unifiant tous les peuples. » On peut redouter pour la suite les pires poncifs de la rhétorique israélite. Par bonheur, cela ne dure pas.

Vingt ans plus tard, l'écolier, Joseph Süss Oppenheimer, parcourt dans une superbe calèche les chemins de son pays natal, le grand duché de Würtemberg. C'est un seigneur de l'élégance la plus raffinée, d'une physionomie intelligente et racée. Sa voiture heurte un carrosse menant deux grandes dames très parées. Süss s'excuse, très galant. Les dames contemplent, sans cruauté, ce parfait gentilhomme. Mais par la portière de la calèche sort une tête frisottée, une barbe folle, une calotte noire, deux longues mains trop agiles. « Des Juifs ! » Le cocher des aristocrates, sans même attendre un ordre, fouette son équipage, d'un air hautement offensé.

Joseph Süss cependant, quelques mois plus tard, aura un pied et des partisans dans les plus nobles salons de Würtemberg. Il s'est juré, paraît-il, de parvenir aux plus hautes charges, car c'est le meilleur moyen d'aider à l'émancipation d'Israël. Voilà, ma foi, un symbole assez complet, et qui n'a pas l'air prêt de se démonétiser. Ce qui est plus remarquable encore, c'est que l'on n'ait pas idéalisé Süss. C'est un homme d'un talent prodigieux, une âme sans vulgarité, mais médiocrement scrupuleuse. L'apostolat auquel Süss déclare s'être voué n'a rien de cruel. Il offre même de magnifiques compensations. Le Juif a su gagner l'amitié du prince Charles-Alexandre, soudard brave mais assez gueux, en lui tendant une bourse au tripot. Charles-Alexandre hérite de la couronne ducale du Würtemberg. Il fait du subtil et riche marchand juif son ministre des Finances et son entremetteur très distingué, car le reître a le sang chaud. Süss, personnage bientôt inquiétant par son machiavélisme, sa force de persuasion, son art à s'insinuer partout, est le maître effectif du grand-duché, le héros du palais, où il vit comme un roi. Il peut bien, à ce prix, réclamer la grâce d'un Juif que l'on détenait, paraît-il, à tort en prison.

Comme il faut s'y attendre, cette psychologie d'une petite cour, qui aurait amusé Stendhal avec son Juif, son gros duc, son indolente duchesse, doit céder sur l'écran la place au mélodrame. Nous verrons ainsi le duc responsable de la mort de Naomi, la fille de Süss, qui lui voue désormais une haine mortelle. Le Juif, pour sa vengeance, prépare insidieusement la révolution. Il lance un décret fiscal d'une telle injustice que les paysans le brûlent, lui et le duc, en effigie. On voit Süss, que ses coreligionnaires de Francfort saluaient comme leur rédempteur, charger l'épée à la main le menu peuple chrétien. Mais voilà que ce Süss, dont la figure se précisait diaboliquement, n'est probablement pas Juif. Plus exactement, ce serait, comme disent les nazis, un demi-Juif, le bâtard d'un seigneur. A vrai dire, on nous éclaire mal sur les conséquences de cette révélation. On commence à esquiver, à estomper des traits trop nets. Cela nous vaut d'abord un épisode assez adroitement conduit. Süss, qui n'a plus d'autre but de vie que la haine, décide le duc, ce tonneau de bière, à violer la Constitution, à se faire sacrer roi du Würtemberg à Stuttgart. Le duc adopte tous ses plans, mais sur la liste des indésirables que l'on arrêtera pendant le coup d'Etat, il ajoute secrètement le nom de Süss, dont il est temps de se débarrasser. Le soir choisi pour l'aventure, un courrier se présente devant le duc. C'est Süss qui, retournant les batteries, a fait arrêter tous les conjurés. Ces péripéties politiques, assez abstraites, sont mises en images rapides, très expressive. Le Juif, chez Süss, disparaît presque entièrement durant ces manœuvres, comme pendant la mort du duc, qui a déjà eu des coups de sang et tombe foudroyé en voyant sa déchéance.

Pour l'épilogue, on ne sait trop comment le prendre. Süss se laisse arrêter, juger. On ne trouve aucun chef d'accusation contre lui. Mais ses ennemis détertout une vieille loi moyenâgeuse qui permettait de pendre le Juif coupable d'avoir séduit une chrétienne. Süss aurait cent moyens de fuir, de rentrer même la tête haute dans le palais où la duchesse le regrette. Il préfère mourir. C'est son droit, car tout l'a déçu. Sa ruse, quels qu'en soient les mobiles, a finalement tout gâté autour de lui. Mais cet élégant aurait pu choisir un trépas plus discret que la pendaison, sous les huées de la populace. A cette minute suprême, le Juif reparaît, reprend avec le chœur des rabbins les antiques lamentations de la synagogue.

&

Cela signifie-t-il que Süss, poussant l'équivoque jusqu'au bout, a voulu devenir une sorte de faux martyr? Ou plus simplement qu'envahi par le fatalisme, il n'a pas tenté un geste pour détourner son destin?

De toute façon, de cette physionomie troublante se détachent quelques traits du Juif que l'on vit rarement indiqués sur l'écran avec ce relief : le Juif insinuant, démesurément ambitieux, le Juif corrupteur, malgré lui peut-être, et prétendant justifier les pires manœuvres par la poursuite d'un fumeux rêve d'équité et d'égalité.

On ne se dissimule pas les longueurs de ce spectacle, l'emphase qui gonfle souvent ses monologues et ses dialogues, les faiblesses du scénario surtout dans son dernier chapitre. Mais il fait revivre un personnage captivant, altier, d'une prestigieuse envergure.

Le mérite en revient surtout à Conrad Veidt, que les Anglais eurent le tort d'employer dans des silhouettes de gangsters, de rastas que le moindre débutant aurait rendu avec plus de vérité. Dans un rôle écrasant, qu'il était peut-être le seul au monde à supporter aussi facilement, nous le retrouvons tel qu'il fut en Allemagne, à l'apogée de sa carrière, plus mûri, plus concentré même. Cet aventurier en dentelles, impeccable et insondable, trouve sa place à côté des plus étranges, des plus puissantes compositions de Veidt: le César de *Caligari*, le tsar sanglant des *Figures de cire*. Conrad Veidt, sans doute, est un cabotin, mais d'une allure souveraine. Il faut voir ce visage pétri de nerfs et d'os modeler toute l'âme complexe de Süss, mystique, libertin, généreux, fourbe, sauvage, tendre, et d'un si merveilleux sang-froid dans ses plus folles entreprises. La cape, le tricorne, les magnifiques atours d'un temps de véritable élégance lui sont des costumes bien plus naturels que nos vestons et nos pardessus. Evidemment, il place un peu trop souvent son fameux rire tragique, comme le ténor son point d'orgue. Mais c'est sa seule faiblesse au cours d'un film qu'il soutient tout entier.

François VINNEUIL.

L'Univers israélite
4 janvier 1935

LE CINÉMA

« Le Juif Suss »

En ce temps où les théories antisémites courent les rues, ce nouveau film de Lothar Mendès est particulièrement bien venu, justement parce qu'il ne comporte aucun élément de propagande. En avons-nous vu de ces films juifs où les héros étaient bons, nobles, généreux, merveilleux, servant de repoussoir à leurs méchants persécuteurs ! *Le Juif Süss*, qui a l'avantage de s'inspirer d'une œuvre forte et supérieurement intelligente, du roman de Lion Feuchtwanger, n'a rien de cette pacotille mélodramatique. Il est émouvant sans être sentimental, et l'impression qu'il produit est due à la sobriété et — j'insiste — à la profonde intelligence du jeu de ses interprètes, dont le principal est Conrad Veidt.

Si vous n'avez pas lu le roman de Feuchtwanger, lisez-le. Si vous n'êtes pas allés voir le film du *Juif Süss*, allez-y. Vous ne serez pas déçus.

Quelques mots pour rappeler le sujet : dans une des petites principautés d'Allemagne, au XVIIIe siècle, à l'époque où la Révolution française n'avait pas encore proclamé les principes d'égalité et de tolérance, un Juif, Joseph Süss Oppenheimer, se met en tête de briser le mur du ghetto. Il attache sa fortune à celle de son duc. Devenu son conseiller financier, il sait se rendre indispensable par son activité perspipace et avisée. *Hofjude*, « Juif de cour », il mène une vie élégante et fastueuse, sans oublier, ceopndant, de plaider la cause de ses coreligionnaires opprimés. Conrad Veidt rend merveilleusement la lutte qui déchire cet homme rongé d'ambition qui escalade l'échelle des honneurs, en devenant le mauvais génie de son maître. Celui qui a composé les inoubliables personnages de Cesare (dans *le Cabinet du docteur Caligari*) et de l'étudiant de Prague apporte à l'image de Süss le souffle démoniaque, l'ironie, la subtilité et la passion qui caractérisent son talent. Sec, antipathique, tout en muscles, rusé et invincible, son Juif Süss s'impose, domine, mène le jeu. Et pourtant, au fond de lui, vacille toujours cette étincelle de noblesse qui, dans les courbettes et les bassesses du courtisan, fait sentir l'ancien talmudiste.

Quand sa fille meurt, victime de la concupiscence du duc et de la vengeance d'un père déshonoré, il retrouve dans son âme l'antique courage pour résister à l'éblouissante tentation qui s'offre à lui : car il a appris qu'il n'était Juif que par sa mère, et que, descendant d'un feldmaréchal, il pouvait rejeter pour toujours l'odieuse défroque du ghetto et briguer la sécurité des chrétiens. Mais il s'y refuse. Posément, il renonce à ses ambitions, à la vanité des honneurs, pour rentrer dans le sein du peuple auquel il est attaché par la plus forte des chaînes, celle de la souffrance.

Il se venge terriblement, mortellement du duc indigne. Puis il se dénonce et accepte, comme une expiation, le martyre et la mort. Aux clameurs du peuple, dans la cage de fer qui l'emporte vers le haut du gibet, celui qui fut le puissant directeur des finances et qui n'est plus qu'un homme qui souffre, retrouve dans ses entrailles le suprême cri de la foi : « Ecoute, Israël ! »

Nina GOURFINKEL.

Paul Janssen de Venloo : responsable de la version française du *Juif Süss*

Il répond une première fois aux questions de la commission d'épuration du Comité de libération du cinéma français, le 17 novembre 1944. Suite à cette comparution il est suspendu de ses fonctions. Le 2 mars 1946 il est à nouveau interrogé et, à la suite de cet interrogatoire, il est licencié sans indemnité, avec interdiction formelle de conserver un poste de commandement dans la profession. La sanction est aussitôt contestée par l'intéressé mais elle est d'abord confirmée une première fois, le 9 juillet 1945. C'est donc le fils du condamné, Roger Janssen de Venloo, qui produit le premier film de Clouzot depuis la Libération, *Quai des orfèvres* (1947). L'année suivante Paul Janssen de Venloo adresse (en avril 1948) une nouvelle note au Président du Comité régional d'épuration visant à remettre en question la sanction qui le frappe.

« Monsieur le Président du Comité régional d'épuration

En prenant connaissance de mon dossier j'ai pu constater une mauvaise transcription de la sténotypiste. On me faire dire en particulier que j'ai commencé la synchronisation du *Juif Süss* en août 1940. Je n'ai jamais dit cela. J'ai déclaré que j'ai signé mon premier contrat de synchronisation avec l'ACE en août 1940. *Le Juif Süss* m'a été donné à synchroniser en décembre 1940. (...)

En juillet 1940 toute l'industrie cinématographique se trouvait arrêtée. Les autorités d'occupation avaient interdit la production. S. et G. m'ont suggéré l'idée de constituer une équipe pour effectuer le doublage des films allemands et italiens, ce qui procurerait du travail aux techniciens et aux artistes qui se trouvaient au chômage. Bien qu'ayant toujours exercé le métier de producteur et de distributeur, n'ayant jamais fait de synchronisation, j'ai accepté sous réserve que les maisons étrangères consentent à me donner du travail. Je me suis adressé à M. Ehrt, directeur général de l'ACE que j'avais connu à notre chambre syndicale avant guerre, lequel a accepté et m'a fait confiance en ma qualité de technicien. Voila comment, pour rendre service, je me suis vu à la tête d'une équipe de synchronisation dont j'assumais tous les risques financiers. Au mois d'août 1940 j'ai signé mon premier contrat avec l'ACE et mon équipe a pu se mettre immédiatement au travail. *Le Juif Süss* a été le quatrième film qui m'a été confié. J'ai visionné la copie en décembre 1940 et j'avoue loyalement que rien ne m'a choqué dans ce film. J'ai été intéressé, en tant que producteur, par la technique et le côté artistique de la réalisation qui en faisaient un film de qualité en comparaison de la médiocrité de la production allemande. A aucun moment il ne m'est venu à l'idée que film pourrait être considéré comme un film de propagande ou un film antisémite. Il ne faut pas oublier que nous étions en 1940 et que notre attention n'avait pas été spécialement attirée sur les persécutions dont furent l'objet ultérieurement les israélites. C'est un sujet historique dont l'intrigue se déroule aux environs de 1738 et qui ne peut par conséquent faire aucune allusion aux événements de 1939. A mon avis le rôle odieux du film est celui du duc de Wurtemberg qui sacrifie les libertés de son peuple pour satisfaire ses plaisirs et le texte français appuyait plutôt cette idée. Quant au rôle du juif Oppenheimer (Süss) il est certainement moins ingrat que celui de Shylock dans *Le Marchand de Venise* de Shakespeare. Ce n'était pas la première fois qu'un rôle de ce genre était échu à un israélite. Dans d'autres films le rôle de l'emploi était un étranger et bien souvent les Américains choisissaient le type français pour cet emploi ingrat. A-t-on jamais poursuivi les réalisateurs et producteurs pour ces allusions ? (...) A qui ai-je porté préjudice ? (...)

Je tiens également à signaler que le motif invoqué pour justifier la sanction qui m'a été appliquée est erroné. Il indique «a synchronisé trois films antisémites» alors qu'il n'y en a qu'un à me reprocher. J'aurais pu faire appel de cette décision. Si je ne l'ai pas fait c'est avec l'espoir que le Comité d'épuration rectifierait de lui-même cette erreur en écourtant la durée de l'interdiction prononcée contre moi.»

Sa demande est alors prise en compte et la sanction est finalement levée en octobre 1948.

Documents : Archives de Paris, Pérotin 901/64/1/152 et archives privées.

Remerciements

Je tiens ici à remercier ceux et celles qui, d'une manière ou d'une autre, ont facilité mes recherches, notamment mon amie Sima Szaluta, Peggy Frankston du Holocaust Memorial Museum (Washington), Charles Silver du MOMA, les bibliothécaires du Yivo et de la New York Public Library (New York), Peter Stucki de Zoom, Dokumentation für Film (Zurich), Serge Hoffmann des Archives nationales (Luxembourg), Marcello Pezzetti du CDEC (Milan), les archivistes et bibliothécaires de Yad Vashem (Jérusalem), Marc Vernet Régis Robert et Cécile Blanc de la BIFI, Éric Le Roy du CNC (Bois-d'Arcy), Isabelle Neuschwander, conservateur à la section du XXe siècle aux Archives nationales (Paris), Dominique Bergouignan (bibliothèque de l'Arsenal), François Gasnault des Archives de Paris, Nicolas Feuillie du Musée d'Art et d'Histoire du Judaïsme et les responsables des Archives de la Préfecture de Police de Paris, de l'Institut Goethe et de la BNF (Paris). J'ai également bénéficié du soutien très amical de Jean-Claude Kuperminck (AIU) et d'un certain nombre de mes collègues du CDJC : Sara Halperyn et Marcel Meslati (bibliothèque), Sarah Mimoun et Karen Taïeb (archives), Lior Smadja et Jérôme Aubignat (photothèque) et également Herwig Czech. Knut Pärnpuu, Philippe Boukara Claude Gauteur et Marc Knobel m'ont aussi aidé dans mes recherches. À tous, j'exprime ici mes sincères remerciements. Je remercie aussi ceux et celles qui ont accepté de traduire, relire ou corriger certains passages de cette étude, et particulièrement Anne Zink, Colette Grabli et Pierre Vidal-Naquet pour leurs conseils et observations.

Principales sources utilisées

Archives et centres de documentation

Museum of Modern Art (MOMA, New York)
New York Public Library (New York)
Holocaust Memorial Museum (Washington)
Yad Vashem (Jérusalem)
Archives de la République fédérale allemande (Coblence et Berlin)
Archives municipales de Singen (Bade-Wurtemberg)
Zoom Dokumentation für Film (Zurich)
Centro di documentazione ebraica contemporanea (CDEC, Milan)
Archives nationales (AN, Luxembourg)
Archives nationales (AN, Paris)
Bibliothèque nationale de France (BNF, Paris)
Bibliothèque des arts et des spectacles (Arsenal, Paris)
Archives départementales de Paris, (AP, Archives de Paris)
Archives de la préfecture de police de Paris (PPP)
Bibliothèque du film (BIFI, Paris)
Institut Goethe (Paris)
Centre national du cinéma (CNC, Paris et Bois d'Arcy)
Centre de documentation juive contemporaine (CDJC, Mémorial de la Shoah, Paris)
Musée d'art et d'histoire du judaïsme (MAHJ, Paris)
Alliance israélite universelle (AIU, Paris)
Archives du Consistoire central (CC, Paris)
Archives privées de l'auteur.

Bibliographie

(Sélection et classement alphabétique par thèmes)

A) Histoire du Wurtemberg et des Juifs à l'époque moderne

CARSTEN (Francis L.), « The Court Jews : A Prelude to Emancipation », *Leo Baeck Institute*, 1958, III, Londres, p. 140-156.

COHEN (Richard I.), *Jewish Icons*, University of California Press, Berkeley, 1998.

GAY (Ruth), *The Jews of Germany : A Historical Portrait*, Yale University Press, New Haven, 1992.

GIDAL (Nahum T.), *Les Juifs en Allemagne de l'époque romaine à la République de Weimar*, Könemann, Cologne, 1998.

GRAUPE (Heinz Mosche), *The Rise of Modern Judaism. An Intellectual History of German Jewry (1650-1942)*, Helmut Busk Verlag, Hambourg, 1977, trad. américaine, New York, 1978.

ISRAEL (Jonathan I.), *European Jewry in the Age of Mercantilism (1550-1750)*, Clarendon Press, Oxford, 1985.

LUTHER (Martin), *Vom den Juden und iren Luegen*, (*Sur les Juifs et leurs mensonges*), Wittemberg, 1543.

MANN (Vivian B.) et COHEN (Richard I.) dir., *From Court Jews to the Rothschilds (1600-1800)*, The Jewish Museum, Prestel, New York, 1996.

MEYER (Michael A.), *The Origins of the Modern Jew : Jewish Identity and European Culture in Germany 1749-1824*, Detroit, 1967.

SAUER (Paul), *Die jüdischen Gemeinden in Würtemberg und Hohenzollen*, Kolhammer, Stuttgart, 1966.

STERN (Selman), *The Court Jew*, The Jewish Publication Society of America, Philadelphie, 1950.

VANN (James Allen), *The Making of a State : Würtemberg 1593-1793*, Cornell Unversity Press, Ithaca, New York, 1984.

B) Récits et études sur Joseph Süss Oppenheimer

CHASE (Jefferson), «The Wandering Court Jew and the Hand of God : Wilhelm Hauff's Jud Süss as historical Fiction» *in The Modern Language Review,* n° 93, 1998.

ELWENSPOEK (Curt), *Jud Süss Oppenheimer. Der Grosse Finanzier und galante Abenteurer des 18. Jahrhunderts*, Stuttgart, 1926, trad. anglaise de Edward Cattle, Hurst and Black, Londres, 1931.

GERBER (Barbara), *Jud Süss, Ein Beitrag zur historischen Antisemitismus und Rezeptionsforschung*, Hans Christians Verlag, Hambourg, 1990.

HAUFF (Wilhelm), «Jud Süss» in *Morgenblatt*, Stuttgart, n° 157-182 du 2 au 31 juillet 1827. La nouvelle a été rééditée en Allemagne en 1891, 1907 et 1988. Traduction française de Nicole Casanova sous le titre : *La Véritable Histoire du Juif Süss*, éd. du Félin-Arte, Paris, 2001.

KOHN (Salomon), *Ein deutscher Minister. Roman aus dem Achtzehnten Jahrhundert*, The Bloch Publishing and Printing Company, Cincinnati, 1886.

KOHUT (Adolph), « Joseph Süss Oppenheimer. Ein Beitrag zur deutschen Kulturgeschichte », *in Jahrbuch für jüdische Geschichte und Literatur*, Berlin, n° 5-1902, p. 110-139.

KORNFELD (Paul), *Jud Süss*, tragédie en trois actes et un épilogue, Osterheld und Co., Berlin, 1930, rééd. *in Theater Heute*, n° 2, 1988.

LEHMANN (Marcus), *Süss Oppenheimer, Eine Jüdische Erzählung*, 1876, rééd. Verlag von J. Kauffmann, Francfort, 1888. NB. cette étude a été également traduite en français par le Joint, Paris, 1959.

ORTNER (Eugen), *Jud Süss. Ein deutsches Volkstück aus der Zeit des Absolutismus*, Geschriben 1911. Uraufführung Furth, 1933, Unveröff, Bünhnenskript.

STERN (Selma), *Jud Süss. Ein Beitrag zur deutschen und zur jüdischen Geschichte*, Akademie Verlag, Berlin, 1929, rééd. à Munich, en 1973.

Manfred Zimmermann, *Joseph Süss Oppenheimer : ein Finanzmann des 18. Jahrhunderts*, Rieger, Stuttgart, 1874.

C) De la pièce de Feuchtwanger (1917) au film de Mendes (1934)

DUKES (Ashley), *Jew Süss*, Une tragi-comédie en cinq actes basée sur le roman de L. Feuchtwanger, Martin Secker, Londres, 1929.

FEUCHTWANGER (Lion), *Jud Süss,* Schauspiel in drei Akten, mit vier Bildern, Georg Müller, Munich, 1918.

FEUCHTWANGER (Lion), *Le Juif Süss*, 1925, trad. française de Maurice Rémon, Albin Michel, Paris, 1929, rééd Balland 1978, Le Livre de poche 1980. Nouvelle édition traduite et préfacée par Serge Niémetz, Belfond, Paris, 1999.

HAWRYLCHACK (Sandra H.) et SPALEK (John M.) dir., *Lion Feuchtwanger. Ein bibliographisches Handbuch*, K. G. Saur, Munich, 1999.

HUDER (Walter) et KNILLI (Friedrich), *Lion Feuchtwanger*, Publica, Berlin, 1985.

KAHN (Lothar), *Insight and Action, The Life and Work of Lion Feuchtwanger*, Fairleigh Dickinson University Press, Rutherford, 1975.

KNILLI (Friedrich) et ZIELINSKI (Ziegfried) dir., « Lion Feuchtwangers 'Jud Süss' und die gleichnamigen Filme von Lothar Mendes (1934) und Veit Harlan (1940) » *in Text + Kritik*, n° 79-80, Munich, octobre 1983.

RAWLINSON (Arthur Richard) et FARNUM (Dorothy), *Jew Süss*, Methuen, Londres, 1935, rééd. Garland Classics of Film Litterature, New York, 1978.

SPALEK (John) dir., *Lion Feuchtwanger, The Man, His Ideas, His Work*, Hennessey and Ingalls, Los Angeles, 1972.

STERNBURG (Wilhelm von), *Lion Feuchtwanger : Ein deutsches Schriftellerleben,* Athenäum, Königstein, 1984, rééd. Aufbau Verlag, Berlin, 1994.

TEGEL (Susan), « The politics of Censorship : Britain's 'Jew Süss' (1934) in London, New York and Vienna », *Historical Journal of Film, Radio and TV*, vol. 15, n° 2, Londres, juin 1995.

VILLARD (Claudie), *L'oeuvre dramatique de Lion Feuchtwanger (1905-1948) et sa réception à la scène*, Peter Lang, Berne, 1994.

D) Culture, identité et « question juive » en Allemagne avant 1939

BECHTEL (Delphine), *La Renaissance culturelle juive, Europe centrale et orientale, 1897-1930*, Belin, Paris, 2002.

BERDING (Helmut), *Histoire de l'antisémitisme en Allemagne*, EHESS, Maison des Sciences de l'Homme, Paris, 1991.

BRENNER (Michael), *The renaissance of Jewish Culture in Weimar Germany*, Yale University Press, New Haven, 1994.

COHN (Norman), *Histoire d'un mythe. La 'conspiration juive' et les Protocoles des Sages de Sion*, Gallimard, NRF, Paris, 1967, rééd. 1992.

EHRENFREUND (Jacques), *Mémoire juive et nationalité allemande, Les juifs berlinois à la Belle Époque*, PUF, Paris, 2000.

EISNER (Lotte), *L'écran démoniaque*, Éric Losfeld, 1965, rééd. Ramsay-Poche-Cinéma, Paris, 1985.

FUCHS (Eduard), *Die Juden in der Karikatur,* Albert Langen, Munich, 1921, rééd. Berlin, 1984.

GILMAN (Sander L.), *Jewish Self-Hatred : Antisemitism and the Hidden Language of the Jews,* John Hopkins University Press, Baltimore, 1986.

GILMAN (Sander L.), *The Jew's Body*, Routledge, New York, 1991.

LAQUEUR (Walter), *Une Histoire culturelle de l'Allemagne des années vingt*, Robert Laffont, Paris, 1978.

MOSSE (George L.), *The Crisis of German Ideology, Intellectual Origins of the Third Reich,* The Orginal Library, Grosset Dunlap, New York, 1964.

MOSSE (George L.), *Germans and Jews*, *The Right, the Left, and the Search for a 'third Force' in pre-nazi Germany*, Howard Fertig, New York, 1970.

LESSING (Theodor), *La Haine de soi. Le refus d'être juif*, Berg International, Paris, 1990.

PALMIER (Jean-Michel), *L'expressionnisme comme révolte*, Payot, Paris, 1978.

POLIAKOV (Léon), *Histoire de l'antisémitisme, L'Europe suicidaire 1870-1933,* Calmann-Lévy, Paris, 1977.

SCHATZBERG (Walter) dir., *The Jewish Response to German Culture. From the Enlightenment to the Second World War*, University Press of New England, Hanovre et Londres, 1985.

SINGER (Claude), « Le cinéma yiddish : entre deux mondes » *in Les Cahiers du judaïsme*, AIU, Paris, n° 2, 1998, p. 49-58.

SORLIN (Pierre), *L'antisémitisme allemand*, Flammarion, coll. Question d'Histoire, Paris, 1969.

STERN (Fritz), *Politique et désespoir, Les Ressentiments contre la modernité dans l'Allemagne pré-hitlérienne*, 1961, trad. française Armand Colin, Paris, 1990.

TAGUIEFF (Pierre-André) dir., *Les protocoles des Sages de Sion. Faux et usages d'un faux*, Berg International, Paris, 1992.

THALMANN (Rita), *La République de Weimar*, PUF, Coll. Que-sais-je ?, Paris, 1986.

TRAVERSO (Enzo), *Les Juifs et l'Allemagne*, De la «symbiose judéo-allemande» à la mémoire d'Auschwitz, La Découverte, Paris, 1993

E) Cinéma et propagande en Allemagne nazie (1933-1945)

ALMEIDA (Fabrice d'), *Images et propagande*, Casterman-Giunti, Paris, 1992.

BAIRD (Jay W.), *To Die for Germany. Heroes in the Nazi Pantheon*, Indiana University Press, Bloomington, 1990.

BERARDT (Charlotte), *Rêver sous le IIIe Reich*, Payot, Paris, 2002.

BOCK (Hans Michael) dir., *CinéGraph : Lexikon zum deutschsprachigen Film*, Text + Kritik, Munich, 1984-2003. Données encyclopédiques biofilmographiques.

BOELCKE (Willi A.), *The Secret Conferences of Dr. Goebbels 1939-1943*, Dutton, Londres, 1970.

BRANDT (Hans-Jürgen), *NS-Filmtheorie und dokumentarische Praxis : Hippler, Noldan, Junghans*, Max Niemeyer Verlag, Tübingen, 1987.

COURTADE (Francis) et CADARS (Pierre), *Histoire du cinéma nazi*, Éric Losfeld, Le Terrain vague, Paris, 1972.

DELAGE (Christian), *La Vision nazie de l'histoire à travers le cinéma documentaire*, L'Age d'Homme, Lausanne, 1989.

DEUTSCHMANN (Linda), *Triumph of the Will : The Image of the Third Reich*, Longwood Academic, Wakefield, New Haven,1991.

EISENSCHITZ (Bernard), *Le Cinéma allemand*, Nathan Université, Paris, 2001.

ELSAESSER (Thomas) dir., *The BFI Companion to German Cinema*, BFI, Londres, 1999.

FOX (Jo), *Filming Women in the Third Reich*, Berg, Oxford, 2000.

FRIEDLÄNDER (Saul), *L'antisémitisme nazi*, *Histoire d'une psychose collective*, Seuil, L'Histoire immédiate, Paris, 1971.

FRIEDLÄNDER (Saul), *Reflets du nazisme*, Seuil, Paris, 1982.

FRIEDLÄNDER (Saul), *L'Allemagne nazie et les Juifs*, tome 1 1933-1939, Seuil, Paris, 1997

FRIEDMAN (Régine Mihal), *L'Image et son Juif, Le Juif dans le cinéma nazi*, Payot, Paris, 1983.

FRITZ (Walter) ed., *Der Wiener Film im Dritten Reich*, Österreichisches Filmarchiv, Vienne, 1988.

GITLIS (Baruch), *Cinema of Hate : Nazi Film in the War against the Jews,* Alfa Communication LDT, Bnei-Brak, Israël, 1996.

GOEBBELS (Joseph), *Tagebücher 1924-1945*, présentation de Ralf Georg Reutg, 10 volumes, 1993-1998. Cf. volume 3 1935-1939 et 4 1940-1942, Saur, Munich, 1993. Extraits traduits en anglais par Fred Taylor, *The Goebbels Diaries 1939-1941*, Hamish Hamilton, Londres, 1982.

GOLDMANN (Annie) et HENNEBELLE (Guy) dir., «Cinéma et judéité» *in CinémAction*, n° 37, Paris, Cerf, 1986. Chapitre V, la judéité dans le cinéma allemand, en particulier les articles de F. Garçon, Ch. Delage et A. Goldmann.

GUYOT (Adelin) et RESTELLINI (Patrick), *L'Art nazi*, préface de Léon Poliakov, éditions Complexe, Bruxelles, 1983.

HAPPEL (Gert), *Der historische Film im Nationalsozialismus*, Fischer, Francfort, 1984.

HERZSTEIN (Robert Edwin), *The War that Hitler won : Goebbels and the Nazi Media Campaign*, Paragon House Publishers, New York, 1987.

HITLER (Adolf), *Mein Kampf*, 1926, trad. française, Nouvelles Éditions Latines, Paris, 1934.

HOFFMANN (Hilmar), *The Triumph of Propaganda : Film and National-Socialism 1933-1945*, Berghahn Books, Providence, 1996.

HOLLSTEIN (Dorothea), *Antisemitische Filmpropaganda,* Die Darstellung des Juden im nationalsozialistischen Spielfilm, Verlag Dokumentation, München-Pullach et Berlin, 1971.

HULL (David), *Film in the Third Reich*, University of California Press, LA, 1969.

KLEMPERER (Victor), *LTI : La Langue du IIIe Reich*, Albin Michel, Paris, 1996.

KLEMPERER (Victor), *Journal,* tome 1 : 1933-1941, tome 2 : 1942-1945, Seuil, Paris, 2000.

LEISER (Erwin), *Nazi Cinema*, Macmillan, New York, 1975.

KRACAUER (Siegfried), *De Caligari à Hitler*, 1947, trad. française L'Age d'Homme, Lausanne, 1973.

KREIMEIER (Klaus), *Une histoire du cinéma allemand : la UFA*, Flammarion, Paris, 1992.

LOIPERDINGER (Martin), *Märtyrerlegenden im NS-Film*, Leske & Budrich, Opladen, 1991.

MARGRY (Karel), « Theresienstadt 1944-1945 : The Nazi Propaganda Film Depicting the Concentration Camp as Paradise » *in Historical Journal of Film, Radio and Television*, Londres, vol. 12, n° 2, 1992, p. 145-162.

MICHAUD (Éric), *Un art de l'éternité. L'image et le temps du national-socialisme*, Gallimard, Paris, 1996.

MOELLER (Felix), *The Film Minister, Goebbels and the Cinema in the IIIrd Reich*, Menges, Stuttgart, 2000.

RAUSCHNING (Hermann), *Hitler m'a dit*, éd. de France, 1945, rééd. Hachette-Pluriel, Paris, 1979.

REIMANN (Victor), *Joseph Goebbels*, Flammarion, Paris, 1971.

RENTSCHLER (Eric), *The Ministry of Illusion : Nazi Cinema and its*

Afterlife, Harvard University Press, Cambridge, Massachusetts, 1996.

RICHARD (Lionel), *Le Nazisme et la culture*, Maspéro, 1978 rééd. Complexe, Bruxelles, 1988.

ROST (K. L.), *Sterilisation und Euthanasie im Film des Dritten Reiches,* Matthiesen, Husum, 1987.

SCHULTE-SASSE (Linda), *Entertaining the Third Reich : Illusions of Wholeness in Nazi Cinema,* Duke University Press, Durham, 1996.

STERN (Joseph-Peter), *Hitler, le Führer et le peuple*, 1975, rééd. Flammarion, Paris, 1995.

THALMANN (Rita), *Etre femme sous le Troisième Reich*, Robert Laffont, Paris, 1981.

THEURERKAUF (Holger), *Goebbels' Filmerbe : Das Geschäft mit unveröffentlichten UFA-Filmen*, Ullstein, Berlin et Vienne, 1998.

WELCH (David), *Propaganda and the German Cinema 1933-1945*, Clarendon Press, Oxford, 1983.

WULF (Joseph), *Literatur und Dichtung im Dritten Reich*, Sigbert Mohn Verlag, Gütersloh, 1963.

WULF (Joseph), *Theater und Film im Dritten Reich*, Siegbert Mohn Verlag, Gütersloh, 1964.

WULF (Joseph), *Kunst und Kultur im Dritten Reich. Eine Dokumentation*, Siegbert Mohn Verlag, Gütersloh, 1964.

F) Veit Harlan et *Le Juif Süss* (1940)

COURTADE (Francis) et CADARS (Pierre), « Veit Harlan 1899-1964» *in Anthologie du cinéma*, n° 72, mars 1973, Paris, p. 67-112.

ELEFTERIOU-PERRIN (Véronique), « Le Juif Süss » *in 50 films qui ont fait scandale*, CinémAction n° 103, Gérard Camy dir., Corlet-Télérama, Paris, 2002, p. 38-43.

FERRO (Marc), Joutard (Philippe) et LE ROY LADURIE (Emmanuel), Conversation avec Michel Sineux et Frédéric Vitoux *in Positif*, Revue de cinéma, Paris, n° 189, janvier 1977, dossier «L'Histoire au cinéma», p. 2-16.

FERRO (Marc), *Cinéma et Histoire*, Denoël/Gonthier, Paris, 1977, rééd. Gallimard, Folio Histoire, Paris, 1993, chapitre XII, «Les fondus-enchaînés du *Juif Süss*», p. 159-161.

GARÇON (François), « Cinéma et Histoire : les trois discours du Juif Süss », *Annales E. S. C.*, n° 4, Paris, juillet-août 1979, p. 694-720.

GEORGE (J-R.), *Jud Süss, Roman, mit 16 Bildern aus dem gleichnamihgen Terra-Film*, Berlin, 1941.

GERHARDT (Oskar), *Jud Süss : Mätressen und Judenregiment in Würtemberg vor 200 Jahren*, Stuttgart, 1940.

HARLAN (Veit), *Im Schatten meiner Filme* (À l'ombre de mes films), Siegbert Mohn Verlag, Gütersloh, 1966, rééd en français sous le titre : *Le cinéma allemand selon Goebbels*, France-Empire, Paris, 1974.

KNILLI (Friedrich), «Antisemitism for Entertainment. A Case Study of the German Feature Film 'Jud Süss' (1940)» *in Communications*, Verlag Peter Lang, Heft 2, Francfort, janvier 1987, p. 81-93.

KNILLI (Friedrich) dir., *« Jud Süss » Filmprotokoll, Programmheft und Einzel-anlysen*. Preprints zur Medienwissenschaft, Spiess, Berlin, 1983.

KUGELMANN (Cilly) et BACKHAUS (Fritz), *Jüdische Figuren in Film und Karikatur. Die Rothschilds und Joseph Süss Oppenheimer*, Thorbecke, Sigmaringen, 1995.

LANDAU (Lazare), «Le Juif Süss : histoire et mythe» *in Tribune juive*, Paris, n° 712, 5-11 mars 1982, p. 15-18.

NOACK (Frank), *Veit Harlan, Des Teufels Regisseur,* Belleville Verlag, Munich, 2000.

PALMIER (Jean-Michel) « Le Juif Süss de Veit Harlan » et « Quand des braves gens se souviennent du Juif Süss » *in Eléments pour une analyse du fascisme*, tome 2, Seminaire de Maria-Antonietta Macciocchi, université de Paris VIII-Vincennes 1974-1975, n° 1038, 10-18, Paris, 1976, p. 293-318.

POLIAKOV (Léon), «La véridique histoire du Juif Süss» *in L'Arche*, Paris, n° 260, novembre 1978, p. 57-60.

SCHERR (Lilly), « Le Juif Süss » *in Yod*, Vol. 1, n° 2, p 53-72, INALCO, Paris, 1976.

SÖDERBAUM (Kristina), *Nichts bleibt immer so, Rückblenden auf ein Leben vor und hinter der Kamera*, Hestia, Bayreuth, 1984.

TEGEL (Susan), *Jew Süss,* Flicks Books, Londres, 1996.

TEGEL (Susan), « Veit Harlan and the Origins of 'Jew Süss', 1938-1939 : opportunism in the creation of Nazi anti-Semitic film propaganda », *Historical Journal of Film, Radio and TV,* vol. 16, n° 4, Londres, 1996.

TEGEL (Susan), « The Demonic Effect : Veit Harlan's Use of Jewish Extras in *Jud Süss* (1940) », *Holocaust and Genocide Studies*, vol. 14, n° 2, Oxford, 2000, p. 215-241.

ZIELINSKI (Siegfried), *Veit Harlan. Analysen und Materialien zur Auseinandersetzung mit einem Film-Regisseur des deutschen Faschismus*, Fischer Verlag, Francfort, 1981.

G) Le film nazi en procès et l'après la guerre (1945-2003)

BENZ (Wofgang), « Postwar Society and National Socialism : Remembrance, Amnesia, Rejection » *in Tel Aviver Jahrbuch fûr deutsche Geschichte*, Band XIX, Israël, 1990, p. 1-12.

FLEURY-VILATTE (Béatrice), *Cinéma et culpabilité en Allemagne 1945-1990*, Institut Jean Vigo, Perpignan, 1995.

GROSSER (Alfred), « Le néo-nazisme » *in Évidences*, Paris, n° 9, mars-avril 1950, p. 12-18.

HAIM (Sylvia G.), « Arabic Anti-Semitic Literature » *in Jewish Social Studies*, vol. XVII, n° 4, New York, 1955, p. 307-312.

HANSER (Richard F.), « Public Riots Over Showing of Two New Films-Harlan, ex Nazi, Attacked », *in The New York Times*, New York, 22 avril 1951.

HARKABI (Yehoshafat), *Arab Attitudes to Israël*, Tel Aviv, 1968, rééd. Israël University Press, Jérusalem, 1972.

L'Histoire escamotée. Les tentatives de liquidation du passé nazi en Allemagne, La Découverte, Paris, 1988.

HUSSON (Édouard), *Comprendre Hitler et la Shoah*, PUF, Paris, 2000.

Jud Süss - Ein Film als Verbrechen ? (Le Juif Süss : un film devenu crime ?), documentaire allemand de Horst Königstein, produit par Reiner Milker, NDR, diffusé sur Arte le 21 septembre 2001.

KRAEMER (Jacques), *La Véridique histoire de Joseph Süss Oppenheimer dit Le Juif Süss in L'Avant-Scène (Théâtre)*, n° 704, Paris, 15 février 1982.

LEWIS (Bernard), *Sémites et antisémites*, Fayard, Paris, 1987.

PARDO (Herbert) et SCHIFFNER (Siegfried), *Historisches und juristisches Material zum Fall Veit Harlan*, Verlag Auerdruck, Hambourg, 1949, 58 pages.

POLIAKOV (Léon), « En marge du film *Le Juif Süss* : Le procès Veit Harlan » *in Le Monde juif*, CDJC, Paris, n° 37, novembre 1950, p. 2-4.

PUZO (Madeline), « Who was *Jud Süss* ? » *in American Theater*, 13 dec. 1996, p. 16-18

RICHARD (Lionel), « Polémiques autour du *Juif Süss* » *in Le Monde diplomatique,* Paris, septembre 2001.

REICHEL (Peter), *La fascination du nazisme*, Odile Jacob, Paris, 1993, rééd. Opus, 1997.

REICHEL (Peter), *L'Allemagne et sa mémoire*, Odile Jacob, Paris, 1998.

ROBIN (Régine), *La mémoire saturée*, Stock, coll. « Un ordre d'idées », Paris, 2003.

SCHENK (Ralf) dir., *Das zweite Leben der Filmstadt Babelberg : DEFA-Spielfilme 1946-1992*, Filmmuseum, Potsdam, 1994.

SINGER (Claude), « Les contradictions de l'épuration du cinéma français 1944-1948 », *Raison Présente*, Nouvelles éditions rationalistes, n° 137, Paris, 2001, p. 3-37.

SOLCHANY (Jean), *Comprendre le nazisme dans l'Allemagne des années Zéro, 1945-1949*, PUF, Paris, 1997.

Urteil in der Strafsache gegen den Filmregisseur Veit Harlan wegen Verbrechens gegen die Menschlichkeit, Hambourg,1950, 85 pages.

VALENTIN (Antonina), «Un procès témoin» *in Évidences*, Paris, n° 11, juin-juillet 1950, p. 1-5.

VITOUX (Frédéric), «La malédiction du *Juif Süss*» *in Le Nouvel Observateur*, Paris, n° 1841, 17-23 février 2000, p. 123.

Index des noms propres

Légendes et crédits des illustrations

p. 24 : « Le Juif Joseph Süss Oppenheimer ». Médaille Dan Friedenberg Collection, New York.

p. 25 : portrait de Joseph Süss Oppenheimer en 1738 après son exécution. Gravure anonyme, collection privée.

p. 32 : le destin de Joseph Süss Oppenheimer, avant et après son arrestation. Deux gravures anonymes, 1738, collection privée.

p. 33 : Joseph Süss Oppenheimer dans une cage, comme un oiseau. Trois gravures anonymes, 1738, collection privée.

p. 64 : Orson Welles dans le rôle du duc de Wurtemberg au théâtre à Dublin, en 1931. Autoportrait reproduit dans Richard France, *The Theater of Orson Welles*, Associated University Press, Cranbury, New Jersey, 1977, p. 34.

p. 65 : Ernst Deutsch dans *Le Juif Süss*, une pièce de Paul Kornfeld mise en scène par Léopold Jessner en 1930 à Berlin. A ses côtés Gina Falkenberg dans le rôle de la duchesse. Photographie Ullstein Bilderdienst, ZDF.

p. 71 : film d'Alfred Werker *House of the Rothschilds*, États-Unis, 1933. Debout à gauche, George Arliss dans le rôle de Nathan Rothschid face à Boris Karloff, le baron Ledrantz. Photographie, collection privée.

p. 73 : Conrad Veidt dans le film anglais *Jew Süss* de Lothar Mendes, 1934, inspiré du roman de Lion Feuchtwanger. Livre édité par Ernest Betts, *Jew Süss*, Londres, Methuen, 1935. Document BIFI.

p. 78 en haut : à gauche Conrad Veidt dans *Jew Süss* de Lothar Mendes, 1934. Il se penche vers Frank Vospers (le duc Charles-Alexandre). Photographie du film, BIFI.

p. 78 en bas : à gauche Conrad Veidt dans *Jew Süss* de Lothar Mendes, 1934. A ses côtés Haidee Wright (sa mère) et Cedrick Harwicke (le rabbin Gabriel). Photographie du film, BIFI.

p. 79 : l'exécution de Joseph Süss Oppenheimer sous la neige dans *Jew Süss* de Lothar Mendes, 1934. Photographie du film, BIFI.

p. 90 : Première à Paris, en novembre 1934, du film *Jew Süss* de Lothar Mendes. Prospectus publicitaire, Arsenal.

p. 91 : *Jew Süss* de Lothar Mendes à l'affiche en Hollande. Photographie, Yad Vashem.

p. 99 : Herbert Hübner est le banquier juif Moïse Ipelmeyer, déguisé en Louis XIV à l'occasion d'un bal masqué, dans *Robert und Bertram* de Hans Heinz Zerlett, 1939. Photographie du film, collection privée.

p. 101 : *Robert und Bertram* de Hans Heinz Zerlett, 1939. Au premier plan, à droite, aux côtés de la famille juive Ipelmeyer, Kurt Seifert (Bertram) et Rudi Godden (Robert). Photographie du film, collection privée.

p. 104 : *Les Rapaces / Leinen aus Irland* de Herbert Helbig, 1939. Affiche française d'un film nazi de 1941, BIFI.

p. 105 : *Les Rapaces / Leinen aus Irland* de Herbert Helbig, 1939. Document publicitaire français reproduit *in Le Film*, n° 8, 1er février 1941, collection privée.

p. 106 : *Die Rothschilds* d'Erich Waschneck, 1940. *Film-Kurier* , Allemagne,1940. Document CDJC.

p. 125 : *Le Juif Süss* de Veit Harlan, 1940. En haut, Heinrich George intronisé duc du Wurtemberg. En bas, dans la foule, une femme l'acclamant est dénudée par des soldats maladroits. Photogrammes extraits du film nazi, collection Archives françaises du film-CNC.

p. 132 : préteur juif. Gravure anonyme du Moyen Age. Document CDJC.

p. 133 en haut : *Le Juif Süss* de Veit Harlan, 1940. Ferdinand Marian dans le rôle du préteur juif Joseph Süss Oppenheimer. Photographie du film nazi, collection privée.

p. 133 en bas : préteur juif. Gravure anonyme du XVIIe siècle. Document collection privée.

p. 140 en haut : défilé antijuif au carnaval Cologne, 1934. Photographie Yad Vashem.

p. 140 en bas : défilé antijuif au carnaval de Singen, Bade-Wurtemberg, 1936. Photographie, archives municipales de Singen.

p. 142 : *Le Juif Süss* de Veit Harlan, 1940. Service religieux à la synagogue. Werner Krauss dans le rôle du rabbin Loew (en haut à gauche), Ferdinand Marian dans le rôle de Joseph Süss Oppenheimer (en haut à droite) et plusieurs figurants juifs. Photogrammes extraits du film nazi, collection Archives françaises du film-CNC.

p. 144 en haut : brimades à l'encontre des juifs de Vienne en 1938. Photographie, CDJC.

p. 144 au milieu : brimades à l'encontre des juifs à Vienne en 1938. Photographie DöW, Vienne.

p. 144 en bas : brimades à l'encontre des juifs de Pologne en 1939. Photographie, CDJC.

p. 145 en haut : *Der ewige Jude/Le Péril juif*, film documentaire de propagande de Frantz Hippler. *Film-Kurier*, Allemagne, 1940. Document CDJC.

p. 145 au milieu : *Der ewige Jude/Le Péril juif*, film documentaire de propagande de Frantz Hippler. *Film-Kurier*, Allemagne, 1940. Document CDJC.

p. 145 en bas : « Quand les Juifs rient ». Tract de propagande dénonçant les juifs de Pologne en 1940. Document CDJC.

p. 146 : fidèles en *talith* à la synagogue. Un certain nombre de figurants juifs ont été engagés à Prague au début 1940 pour tourner dans cette séquence. Photogrammes extraits du film nazi, collection Archives françaises du film-CNC.

p. 147 en haut : présentation de la *Thora* dans la *Bimah* pour le *Shabbat*. Gravure de Jacobus Buys, Amsterdam, 1780. Collection Musée d'art et d'histoire du judaïsme.

p. 147 en bas : le son du cor le premier jour de l'an chez les Juifs allemands. Gravure de Bernard Picart, Amsterdam, 1725. Collection Musée d'art et d'histoire du judaïsme.

p. 149 : soldats allemands à la frontière polonaise en septembre 1939. Photographie, CDJC.

p. 150 en haut : Joseph Süss Oppenheimer entre pour la première fois à Stuttgart. Photogrammes extraits du film nazi, collection Archives françaises du film-CNC.

p. 150 en bas : Levy (Werner Krauss) à l'entrée de la ville de Stuttgart. Photogrammes extraits du film nazi, collection Archives françaises du film-CNC.

p. 151 : entrée des Juifs à Stuttgart. Photogrammes extraits du film nazi, collection Archives françaises du film-CNC.

p. 155 : fondu-enchaîné soulignant l'aspect corrupteur de l'argent de Joseph Süss Oppenheimer. L'argent permet en effet au duc de s'offrir de jeunes danseuses dociles. Photogrammes extraits du film nazi, collection Archives françaises du film-CNC.

p. 156 : travelling-avant et arrière montrant Joseph Süss Oppenheimer et Levy épiant le duc et son entourage. Photogrammes extraits du film nazi, collection Archives françaises du film-CNC.

p. 158 : fondu-enchaîné associant la déchéance politique et physique de Joseph Süss Oppenheimer (Ferdinand Marian) après la mort du duc. Photogrammes extraits du film nazi, collection Archives françaises du film-CNC.

p. 172 : Joseph Süss Oppenheimer (Ferdinand Marian) au début du récit, avant son «camouflage». Photographie du film nazi, collection privée.

p. 185 en haut : Joseph Goebbels, ministre de la Propagande et de la Culture, à droite, aux côtés d'Adolph Hitler en 1935, pour l'inauguration de l'autoroute Francfort-Darmstadt. Photographie, CDJC.

p. 185 en bas : Joseph Goebbels remet le 4 mars 1943, à l'occasion des vingt-cinq ans de l'UFA, un diplôme de « professeur » aux cinéastes Wofgang Liebeneiner (à droite) et Veit Harlan (au centre). Photographie, CDJC.

p. 189 : Veit Harlan, Kristina Söderbaum (à gauche) et Heinrich George (à droite, en amorce) aux côtés de Julius Streicher (au centre) pour la première d'un autre film nazi de Veit Harlan, à Nuremberg en 1939. Photographie, CDJC.

p. 190 : *Jud Süss* de Veit Harlan à l'affiche en Allemagne durant l'automne 1940. Matériel publicitaire, collection privée.

p. 192 : *Jud Süss* de Veit Harlan (1940) avec le visage de Ferdinand Marian dans le rôle titre. *Film-Kurier* , Allemagne, 1940. Collection privée.

p. 193 : *Süss, l'ebreo* de Veit Harlan (1940) avec le visage de Werner Krauss dans le rôle du rabbin Loew. Affiche italienne, 1941. Collection privée.

p. 194 : Heinrich George à l'occasion du lancement du film *Le Juif Süss* et de la représentation d'une pièce de Goethe à Paris. Publicité *in Le Film*, n° 10, 1er mars 1941, p. 16, collection privée.

p. 195 : Heinrich George triomphe dans *Le Juif Süss*. Publicité *in Le Film*, n° 10, 1er mars 1941, p. 6, collection privée.

p. 198 : *Le Juif Süss* au Colisée, à Paris. Publicité *in Le Film*, n° 10, 1er mars 1941, p. 2, collection privée.

p. 199 : recettes records pour le film *Le Juif Süss* au Paris-Palace-Forum de Nice. Publicité *in Le Film*, n° 18, 21 juin 1941, p. 3, collection privée.

p. 200 : triomphe du film *Le Juif Süss* à Marseille et à Lyon. Publicité *in Le Film*, n° 15, 10 mai 1941, p. 10, collection privée.

p. 201 : *Le Juif Süss* au Pathé-Palace de Marseille. Publicité *in Le Film*, n° 15, 10 mai 1941, p. 11, collection privée.

p. 202 en haut : *Le Juif Süss* aux Variétés de Toulouse. Photographie *in Le Film*, n° 18, 21 juin 1941, p. 69. Collection Archives françaises du film-CNC.

p. 202 en bas, à gauche : *Le Juif Süss* au Rex du Havre. Photographie *in Le Film*, n° 25, 11 octobre 1941, p. 66. Collection Archives françaises du film-CNC.

p. 202 en bas, à droite : *Le Juif Süss* à l'Apollo de Bordeaux. Photographie *in Le Film*, n° 26, 25 octobre 1941, p. 32. Collection Archives françaises du film-CNC.

p. 203, à gauche : *Le Juif Süss* au Noailles de Marseille. Photographie *in Le Film*, n° 23, 13 septembre 1941, p. 27. Collection Archives françaises du film-CNC.

p. 203, à droite : affiche du film *Le Juif Süss* dans la station de métro Opéra, à Paris. *Le Film*, n° 14, 26 avril 1941, p. 16. collection Archives françaises du film-CNC.

p. 204 : projection gratuite du film *Le Juif Süss* en 1942. Tract reproduit dans Claude-Paul Couture, *La déportation raciale en Seine-Maritime de 1940 à 1944*, Rouen, CRDP, 1981, p. 42.

p. 205 : «Vous avez vu Le Juif Süss». Tract distribué par la PPF après une projection gratuite du film en 1942, collection privée.

p. 208 : succès triomphal du film *Le Juif Süss* en zone non occupée. Publicité *in Le Film*, n° 16, 24 mai 1941, p. 43, collection privée.

p. 209 : La presse est unanime pour le *Le Juif Süss*. Publicité *in Le Film*, n° 11, 15 mars 1941, p. 2, collection privée.

p. 215 : Première à bureaux fermés du film *Le Juif Süss* au Colisée à Paris. Publicité *in Le Cri du peuple* du 14 février 1941, p. 4, collection privée.

p. 216 : critique du film *Le Juif Süss projeté* au Colisée à Paris. Georges Champeaux *in Le Cri du peuple* du 19 février 1941, p. 4, collection privée.

p. 217 : critique du film *Le Juif Süss projeté* au Colisée à Paris. François Vinneuil *in Le Petit parisien* du 2 mars 1941, collection privée.

p. 229 : « Toulousains ». Tract distribué après un attentat au cinéma Les Variétés de Toulouse en mars 1944. Document, archives de Yad Vashem.

p. 234 en haut : Heinrich George et Veit Harlan pendant le tournage du film *Le Juif Süss*. Photographie, BIFI.

p. 234 en bas : Kristina Söderbaum et Veit Harlan jouant avec leur fils. Photographie, BIFI.

p. 241 : Alec Guiness interprétant l'usurier juif Fagin dans *Oliver Twist* de David Lean, 1948. Photographies, BIFI.

p 256-257 : « Six millions/sechs Millionen... » Tract de la section de Hambourg du mouvement de jeunesse socialiste appelant à l'interdiction des films de Harlan en novembre 1950. Reproduit et traduit d'après Siegfried Zielinski, *Veit Harlan*, Fischer Verlag, Francfort, 1981, p. 210.

p. 271 : réédition du livre de Lion Feuchtwanger, *Le Juif Süss*, dans Le livre de poche, en 1980, avec la mention : «Une grande oeuvre trahie par un film tristement célèbre», collection privée.

p. 274 : *La Véridique histoire de Joseph Süss Oppenheimer dit le Juif Süss*. Tract édité à l'occasion de la création de la pièce de Jacques Kraemer, en 1982. Collection privée.

Livret photographique

Annonce du film *Le Juif Süss in Le Film complet* n° 2500, 21 juin 1941, p. 16. Document CDJC.

Le Juif Süss raconté par Jacques Christy *in Le Film complet* n° 2501, 25 juin 1941, p. 1-13. Document BIFI.

« L'ACE présente une œuvre magistrale : *Le Juif Süss* » *in Le Film*, n° 9, 15 février 1941, p. 10-11. Document BIFI.

Table des matières

ANNEXES

Ce volume,
le cinquante-sixième
de la collection « Histoire »,
publié aux Éditions Les Belles Lettres,
a été achevé d'imprimer
en mars 2003
dans les ateliers de Normandie Roto Impression s.a.s.
61250 Lonrai.

N° d'éditeur : 5127.
N° d'imprimeur : 030897
Dépot légal : avril 2003
(Imprimé en France)